本书为广东外语外贸大学所承担省“211 工程”三期重点学科建设项目“人文学中心建设——比较文化视野的文学通化研究”系列成果之一

人文学丛书

人文学丛书 第二辑

主编 栾栋

哈拉维赛博格理论研究

学术分析与诗化想象

刘介民 刘小晨 著

暨南大学出版社
JINAN UNIVERSITY PRESS

中国·广州

图书在版编目（CIP）数据

哈拉维赛博格理论研究：学术分析与诗化想象 / 刘介民，刘小晨著. —广州：暨南大学出版社，2012.8

（人文学丛书·第二辑）

ISBN 978－7－5668－0233－0

Ⅰ.①哈…　Ⅱ.①刘…　②刘…　Ⅲ.①哲学理论　Ⅳ.①B0

中国版本图书馆 CIP 数据核字（2012）第 125275 号

……………………………………………………………………………………

哈拉维赛博格理论研究：学术分析与诗化想象

著　　者：刘介民　刘小晨

丛书策划：史小军
责任编辑：谭水漩　蔡励敏
责任校对：周明恩　王嘉涵

地　　址：中国广州暨南大学
电　　话：总编室（8620）85221601
　　　　　营销部（8620）85225284　85228291　85228292（邮购）
传　　真：（8620）85221583（办公室）　85223774（营销部）
邮　　编：510630
网　　址：http：//www. jnupress. com　http：//press. jnu. edu. cn
排　　版：广州市广海照排设计中心
印　　刷：佛山市浩文彩色印刷有限公司
开　　本：787mm×960mm　1/16
印　　张：23.125
字　　数：395 千
版　　次：2012 年 8 月第 1 版
印　　次：2012 年 8 月第 1 次
定　　价：49.80 元

总 序

栾 栋

克服“单面人”生产和突破“块垒式”教学，探索宽基础、大口径、深层次培养通识通才的途径，是世界所有高校的重大难题，也是广东省建设文教大省不可回避的关隘之一。近几年我们以省重点扶持学科——比较文学为依托，进行了集约性融通的尝试，一系列成果聚焦于“人文学中心建设——比较文化视野的文学通化研究”。2008 年底，我们以此为题，获省“211 工程”三期重点学科建设工程立项，一个融通人文学科的核心实践在广东外语外贸大学拉开序幕。

何谓人文学？从学科脉络上讲，她是研究文史哲互根的学问；从学术本质上看，她是求索中西学融会的艺术；从学理辐射而论，她是探讨教科文贯通的方略；从学丛变数展望，她是文科大类场域趋通的津渡。我们将之作为文学化感通变的“核心加速器”，从“比较文化视野”多向度运作，以推动中外语言文学的通化性研究。这是我们创新团队数十年的精心设计，是我校长期师资建设和学术积累的集成绽放，是我校比较文学在本科、硕士、博士学位授权点和博士后流动站配套后的新拓展，尤其是我校作为省属涉外型重点大学对“明德尚行，学贯中西”校训的认真践履。

“人文学中心”是广东省文科基地重点项目建设的一个工作站。本中心面向海内外招聘学术带头人和教研骨干，大力推动国内外同行间的多向交流，旨在打破近代以来人文领域分科治学人为分界的局限，同时坚守合理的规则，以具有长远规划、长期积累和趋向性影响的重大项目实施，带动人文主干学科多面建设。

从省文科基地已经完成的“人文学研究”成果和全校人文力量的整合情况来看，以“人文学中心建设——比较文化视野的文学通化研究”为题，全面推进省“211工程”三期重点学科建设项目的效率日益加强。广东外语外贸大学的人文人为学校、全省和全国高教界践履这一历史使命的努力正在稳步付诸实施。

本团队积极进行中外语言文学的教研改革，力求在人文学探索上有较大的突破，把中心建成教学科研、学术交流和资料信息的综合平台，努力实现省内领先、国内出色的目标，扩大在国际学术界的知名度。增强实力，协调运作，承担对本学科发展具有中长期导向作用的重大课题，使中心成为在国内外有一定影响力的人文学高层次人才培养基地和文史哲通化研究的资料中心。

“人文学丛书”是“人文学中心”建设的一个信息窗口，她将本项目的水平标高展现给社会。“人文学丛书”也是“文学通化研究”的一个交流平台，她把本团队融贯文史哲和勾兑中西学的成败利钝呈现出来，与学界同仁品鉴。这套丛书包含三个方面的内容，其一是人文学原理与方法探要，其二是中外文史通义问题求索，其三是中外文学通化现象研究。毋庸讳言，这样一套丛书的编著，连同上述“人文学中心”建设的重大任务，都属于既“吃螃蟹”也“尝蜘蛛”的艰险行动。但是全球化的历史潮流迫使我们斗胆进取，面对国际教科文演变的一道难题，中国的人文学者总得交出自己的答卷。

“人文学丛书”第一辑的十部著作已于2011年出版发行，此次第二辑十部著作整装待发。本辑的第一本是栾栋教授主编的《人文学概论》。这部书稿既是一本研究性的著作，也是一种人文学的切题教材。绪论部分首先从学科发生学体察，循序渐进地揭示了人文学的生态概观；其次是从古代艺文志逆推，道动于反地回溯了人文学的古根远源；再次从学术场合论发凡，圆观宏照地擘画了人文学的毗邻大类；最后从学术集约论综述，深入浅出地阐明了人文学的学品基质。正文部分共分三编，以栾栋教授关于“文史哲互根”的命题作为提纲挈领的聚焦点，钻仰古今人文学术大师的人文深衷和思想智慧，把握人文学作为重大研究领域的时代精神。第一编是对华夏人文化成的探索，主要揭示《周易》、《道德经》、《论语》、《庄子》、《史记》、《文心雕龙》等古代典籍的人文思想，说具体点，是从人文学的角度，阐发中国文史通义的学术精华。第二编主要以现代人文大师作为研究对象，我们选取蔡元培、王国维、陈寅恪、鲁迅、钱穆、唐君毅、钱锺书作为钻仰的楷模。大师级的学者远不止这七位，仰泰山朝北斗，是概而论之。人文巨擘是人文学园地的参天大树，是人文学建设的光辉灯塔。他们给了我们榜样，给了我们智慧，照亮了我们前进的方向。第三编是对西方人文学发展的回溯与解析，尤其对西方人文学思想的萌芽期（大致经历了古典人文主义）、兴盛期（近现代人文主义）和重构期（后现代人文主义）作了擘肌分理的研究。从古希腊、文艺复兴到现代主义以及后现代主义，西方的人文学在宗教中洗练，在主义中磨合，在科技中陶冶，有如江河千回百转而入海，在人文学的节点上找到了重审人文的平台。简单地讲，这本《人文学概论》是对人文学历史、现状及各类形态的透视，也是对古今人文学术大师的一次瞻拜。人文学作为一个重大研究领域正在悄然兴起，这本概论既是一次学术巡礼，也是一种教材建设。我们将这本著作献给高校的学科建设，虔诚地祝福人文学。

第二本是陈桐生教授的《〈论语〉十论》。如题所示，全书共探讨了十个论题。“《论语》成书论”力求真实地还原孔门七十子后学“记”、“辑”、“论纂”的情形；“《论语》地位论”试图纠正“《论语》之外，免谈孔子”的偏颇；“《论语》分期论”将全书四百八十六章语录划分为四个时期；“《论语》文体论”探讨《论语》文体渊源及其创新；“《论语》渊源论”追溯孔子学术思想渊源；“《论语》仁学论”论述孔子仁学及其他伦理概念；“《论语》礼乐论”研究孔子的礼乐思想；“《论语》孔子论”讨论《论语》中的孔子自述和弟子时人对孔子的评论；“《论语》人性论”研讨孔子的人性学说；“《论语》教育论”探讨孔子教育言论的方法论意义。在十个论题后面，附有《论语》简注。陈教授研究孔子及其思想多年，在《论语》研究方面的造诣尤其深厚。他通过上述论题的探讨，旨在帮助读者了解《论语》的相关知识及其思想内涵，可谓大手笔撰写国学的通识著作，对儒学研究者是不可多得的参考书，对普通读者更属案头必备。

第三本是王焱副教授的《得道的幸福——庄子审美体验研究》。以幸福问题作为庄学的价值取向在国内外尚不多见。本书是一个耐人寻味的学术探索。作者以审美体验为中心，以实现幸福为旨归，对庄子体道的内在机制与外部效应进行全方位的考察。庄子的审美体验即得道体验，而得道正是庄子所认为的终极幸福。本书对庄子审美体验的发生基点、获得途径、呈现特质、终极依据等进行了系统研究，并对庄子审美体验学说的外部效应，即其历史与现实意义进行了尽可能广泛的扫描式和深入的揭示。古老的思想在本书中变为现代美学话语，诸如，何为得道，为何得道，如何得道，都讲得通俗易懂。得道即领会宇宙精神，达致最高境界。得道之人能享有“至乐”、“逍遥游”、“与物为春”的生命体验。得道是对本性的回归，是对自我与世界原初亲密关联的恢复。要达至体道之境，不仅需要运用高明的处世之方安顿生命，还需要有特别的精神修炼术，使心灵免于无谓的痛苦，重返空明。庄子的审美体验学说能为现代人提供谋求幸福的生命智慧，同时也蕴涵着自身的危机。我们相信，读者不仅能从其中领会庄子的人文思想，同时可以体悟得道的幸福和谋幸福的门径。

第四本是肖四新教授的《欧洲文学与基督教》。基督教在近两千年的发展过程中，已经积淀为一种对欧洲社会的价值观念、伦理准则和生存方式产生巨大影响的文化现象，也构成了欧洲文学的精神底蕴。但基督教的内涵是复杂的，而且是一个动态的历史概念，有其发展变化的历程，这种复杂性与动态性也体现在欧洲文学中。本书在对基督教内涵进行辨析的基础上，以欧洲文学发展史为线，欧洲文学中的经典作家作品为点，从基督教内涵在欧洲文学中的嬗变这一角度出发，对欧洲文学与基督教的关系进行梳理与辨析。本书认为，自中世纪以来，欧洲文学在其发展过程中走过了一条对基督教“顶礼膜拜—反思与反叛—回归与超越”的变迁之路。作者对欧洲文学与基督教关系的解读体现出西方人文主义思想的总体导向。基督教不是文学，但是基督教孕育和孵化了欧洲两千多年来的一种信仰性的文学。信仰性的文学不是宗教，然而信仰性的文学包蕴同时也披露了文学与宗教之间复杂的关系。肖四新教授的解读深入浅出，脉络分明，为读者提供了打开欧洲文学与基督教关系的一把钥匙。

第五本是李亚旭博士的《走向熔铸：全球化时代的文学研究》。如题所示，该书论述的重点问题是全球化时代的文学研究，其基本主张是全球化时代的文学研究应该走“熔铸”之路。作者对比较文学学科发展史与全球化的内在联系作了全面、系统的考察，并从全球化进程各个阶段的特点出发对比较文学法国学派、美国学派与中国学派的学科理论给予“了解之同情”和平实之阐释。他认为，文学的世界性交流与世界市场不断扩展的历史相互影响、相互塑造。简言之，比较文学的学科发展史，是比较文学研究领域从有影响关系的跨国别文学到没有影响关系的跨国别文学、跨学入，将之放到西方后现代人文思潮的大背景中进行阐发和评介，这对读者理解哈拉维赛博格理论及其在整个外国文学发展进程中的意义很有帮助。从本书的字里行间，我们还可以感受到作者传介西方科学哲学思想的良苦用心，读者或可从中获得如何自主创新的学术启发。

第八本是吴云霞博士的《文化传承的隐形力量——越南的妇女生活与女神信仰》。在地域分布上，包含中、日、韩、越的东亚文明是一个可以互相阐释的整体，本书依据对越南民俗的实地考察，从女神信仰这一视角切入东亚精神的内核。作者主要采用民族志的研究方法，考察了越南北部红河三角洲地区一个古老村落的日常生活与风俗场景，勾勒出越南妇女的生计模式、家庭分工、信仰空间与精神传统。由于广泛参与家庭及公共事务，妇女的权威性得以彰显，逐步形成与儒释道思想并存的女神信仰传统。传说与民俗的互补共建令越南女神体系异彩纷呈。本书梳理了女神信仰的故事源头与思想脉络，展现了越南本土文化的特色。东亚文明以儒家文化为内核，结合各国本土观念，形成了独特的民俗。以越南女神信仰为代表的东亚女神信仰融合了儒释道思想，成为一种巫俗，而东亚妇女在衣食住行、婚丧嫁娶等生活层面则切实传承着各自的民族文化，这是以往被忽略的文化潜流。作者侧重研讨越南妇女民俗，分析女神信仰对女性人格的塑造作用，提出“母性精神”在当代社会对女性发展的指导价值。作者从神话语境中探寻越南女神信仰的脉络，于妇女民俗叙述中揭示越南女性的成长。本书的笔调自然流畅，从神话与越俗虚实相生的评介中，展示了女神与女性之间彼此互释的研究路径。

第九本是张竞生博士的《卢梭教育理论之古代源头》。张竞生是我国民国时期第一批留洋（法国）博士，广东籍的新文化运动名人。该书原著是法文。著名作家张培忠先生对张竞生及其著作非常关注，他积极谋划，多方运筹，从法国发掘采编，并请莫旭强教授将之翻译成了中文。作者系统地揭示了启蒙运动思想家卢梭教育思想的古代源头，对于理解卢梭及其思想具有重要的价值。作为“五四”时期的弄潮儿，张竞生将其思想在大江南北广为传播。鲁迅、林语堂等同代人都给予张竞生以相当高的评价。作为北大名教授和“五四”时期的思想家，张竞生是我国新人文研究不可或缺的一位学术人物。本书在前两章对卢梭教育思想的古代源头进行了清晰的总体理论梳理，并分别用智力教育、道德教育、宗教教育、政治教育、女子教育共五章对卢梭教育理论的形成详加分析，以历史考证的方科领域扩展的历史，其世界文学视野从有共同文学源头的欧洲文学，扩展到了东西方跨异质文学的比较研究。这一发展历程是对全球化从以欧洲为中心的资本主义全球化，向以美国为中心的东西方（世界性）全球化推进的反映。本书在讨论比较文学与全球化的“能量流动”的基础上，提出比较文学的一个新趋势，即走向栾栋教授所主张的“熔铸性研究”，并进而论证了此举对于中国软实力建设的必要性与可行性。

第六本是法国让·贝西埃的《文学理论的原理》。贝西埃是巴黎新索邦大学比较文学教授，曾任国际比较文学学会会长。该书是他的代表作之一。作者发现文学研究的危机与人们对作品的某种盲视相关，这种盲视又与文学本身的模糊性和不确定性有密切的关系。本书从哲学、历史和修辞学的多重视野，翻检欧洲文学的重大文类（les grands genres）、重要诗学和文学思潮。第一部分聚焦于作品之场；第二部分探讨作品之体；第三部分解析作品之行；第四部分论述作品自立性、体裁、作者和读者之间的关系。该书是西方高校文学研究的必读书，翻译者是著名教授史忠义先生。史先生是我们外国文学文化研究中心的兼职研究员。他曾先后在洛桑大学和巴黎大学就读，获两所名校的两个博士学位。贝西埃先生行文诡异，尽量不用名词，而用代词和关系从句。其风格既与文学的复杂性和多样性盘根错节，也与他本人的思想特点互为表里。史教授的译文深得贝西埃原著的精神气质。如果说贝西埃的这部著作为我们提供了西方文学理论变化的一个范例，那么史忠义教授的译文则为我们提供了解读贝西埃以及西方文论变化的一个绿色通道。

第七本是外国文学文化研究中心的兼职研究员刘介民教授和广州市华夏学院刘小晨老师的著作《哈拉维赛博格理论研究——学术分析与诗化想象》。西方著名的跨学科学者堂娜·哈拉维（Donna Haraway）思想激进且前卫。她的“赛博格宣言”（The Cyborg Manifesto）是当代重要的一股文化思潮，影响遍及西方社会的方方面面。本书是对当代赛博格理论和方法的专题研究。论域涵括以下主要问题：当代赛博格的理论构思、学术话语、科学哲学等相关方面。作者对这些问题作了深入、严格而又简明的论证。譬如对哈拉维思想体系围绕着“人的本质是什么”这个核心问题的探讨；又如对连接大脑与机器的赛博格系统是否可以用机器替换人体的思维模式研究；再如对人体越来越受到现代科学技术的影响，特别是生物技术和信息技术的发展趋势的影响研究。作者对哈拉维赛博格理论的探讨相当深法，揭示了卢梭的学说体系及其与柏拉图、普鲁塔克、亚里士多德、法沃里努斯、西塞罗、色诺芬、瓦罗等古代思想家的异同。在张竞生眼里，卢梭是一个伟人，是一位天才。然而，他并不满足于仅仅寻找和理清卢梭教育学说的源头，一味赞颂启蒙运动的巨人。他对卢梭思想的局限性和诸多缺憾，也有批评指陈。卢梭的教育思想对西方乃至全世界都具有极大的影响。相信读者通过对本书的阅读，可以加深对卢梭的人本教育和自然教育思想的理解。

第十本是强海燕教授和郭葆玲老师主编的《北美大学人文课程研究》。强海燕教授是国内外知名的教育学专家。她是华南师范大学教育学博士生导师，是广东外语外贸大学的客座教授，也是外国文学文化研究中心的兼职研究员。本书是强教授率领我们团队的中青年骨干教师共同攻关的学术成果之一，也是大学人文通识教育专题研究方面颇具参考价值的学术结晶。作者从跨文化比较的视角，探讨了北美十所知名大学人文教育课程的理念、目的、传统与现代发展，特别关注其中所体现的人文精神。“人文教育课程”研究在通识教育的框架下展开，主要探讨文史哲、艺术与社会科学、写作等科目对“完整的人”的形成所起的至关重要的作用。其中历史篇为读者展示北美国家高等教育及其人文教育课程演变的历史脉络；个案篇对十所选样大学逐一进行微观考察；比较篇分别对世界一流大学、综合性大学、理工科大学、本科教学型大学的人文教育课程进行比较分析，总结不同类型大学人文教育课程的独特性。结语部分揭示了北美大学人文教育课程本质属性的变化和发展，在课程设置模式上的多元性，在课程内容上的动态性和时代感，以及在课程结构和层次水平设计上的科学性，在人文课程两种导向上的利弊问题等普遍性特点。这些发现与思考将对我国大学人文教育课程的建设起到参考、对照、启发和借鉴作用。

上述十种论著从不同角度阐发了人文学的一些大的方面。从表面上看，这些著作云行雨施，各有所专，与建设人文学中心的主旨若即若离，实际上它们都很切近人文学思想的大主题，每部书都从治学理路上体现“文史哲互根”的思想，从学术格局上追求“中西学融通”的大端，在学科交叉上体现“教科文通化”的愿景。细心的读者可以从每本书的字里行间看到历史与人文的磨砺，看到思想与逻辑的扭结，看到学问与学科的切磋。这些都昭示着人文学在起根发苗。

这套丛书的主编是广东外语外贸大学外国文学文化研究中心主任栾栋

教授。他是广东省“211工程”三期重点学科建设项目“人文学中心建设——比较文化视野的文学通化研究”的首席科学家。该丛书的总策划是暨南大学出版社总编辑史小军教授。

“人文学丛书”的出版渐入佳境。人文学中心建设的四个创新团队在夜以继日地工作。在本辑的十部著作付梓之时，第三辑的撰写正有条不紊地进行。此外，人文学研究走出去的思路也在酝酿中。对于广东外语外贸大学的人文学者而言，人文学中心建设是一个持之以恒的学术追求，人文学研究未有穷期。

2012年8月1日

于广州白云山麓

前　言

向赛博格的人文精神致敬

在西方科技文化学术史上，美国加利福尼亚大学堂娜·哈拉维（Donna Haraway）教授的“赛博格（cyborg）”成为当代一股重要的文化思潮，影响遍及西方社会的方方面面。它声势浩大，波澜壮阔，触角多元，内涵丰富，其复杂性是其他思潮无法比拟的。改变人类的赛博格技术曾被认为属于科幻世界，而今，连接大脑与机器的赛博格系统实现了用机器替换人体的一部分。哈拉维思想体系的核心问题是“人的本质是什么”。在哈拉维看来，这种思维模式本质上是人类生存的限定和技术框架。我们的身体越来越受到现代科学技术的影响，随着生物技术和信息技术的发展，这种趋势越来越明显。

自告奋勇赛博格化的人并不鲜见：美国田纳西州的某男子，因触电事故失去了双臂，如今，他装上了能随心所欲活动的人工手臂；完全失明的加拿大某男子，把摄影机拍摄的映像直接传送到脑内，重见光明。医疗福利领域运用赛博格技术，使人们重获新生，获得了前所未有的感觉。在最尖端的领域，用机械替换大脑部分机能的赛博格技术，也在飞速发展。它们在疑难病症的治疗中已取得可喜的效果。如今，这项技术已开始运用于治疗忧郁症、强迫症等疾病，试图进入调整人类内心世界的领域。“赛博格”如今已经渗透在生活的方方面面，甚至有人说，在赛博格时代，几乎每个人都是“赛博格”。因此，如何理解真实的自我，如何理解身体，就成为了一个新的命题。这也使得我们对“阿凡达”的界定变得困难而有趣：它是一个躯体，它又不仅仅是一个躯体。赛博格技术，究竟给人类带来光明的技术，还是不可容忍的人体改造？我们所生活的21世纪，将会是怎样的一个世界呢？在哈拉维看来，最好的解决方法就是借助现代技术来解决技术给人们造成的困境。现代生物技术的发展打破了人与动物之间的界限，动物的大部分器官都能够移植给人类，人类与动物在生物有机体上的区别已不复存在。控制技术的发展使得现代化机器可以在无人控制的情况下自主运行，甚至根据不同条件改变自己的运行方式，生物有机体同机器之间的区别也因此而烟消云散。而在信息技术高度发达、生物技术编码化日益发展的未来，就连物体与非物体之间的界限，即生物体与隐形于物理现象之外的技术间的区别，也可能不复存在。

本书旨在分析国内该领域的研究现状，推动赛博格理论的学术建设。在后现代思潮对理性怀疑和反思并全面侵入各个学术领域的学术环境中，赛博格理论在诞生之初就面临奠基和转向的双重焦灼。赛博格理论基础不坚固，中国的赛博格理论研究从一开始就与当代世界的科技发展和社会生活难以分开。赛博格科学技术的发展和近年来哲学思想界的风云变化，催生了国内该领域当前的局面。这巨大的精神诱惑，促使众多学者跃跃欲试，而我们又该如何领悟赛博格当下的语境，如何理解赛博格神话，如何明晰其中的概念。20 世纪美国著名科学哲学家卡尔·亨普尔（Carl G. Hempel）说："科学技术哲学囊括或者收编了一系列基于科技发展而诞生的哲学、文化和社会方面的反思。"① 本书意在传介西方科学哲学思想，亦启发和展示国人自主之学术创新。

一、年轻的"赛博格"令人热血沸腾

"赛博格"一词，既令人热血沸腾，又令人芒刺在背。

"Cyborg"这个词还相当年轻，英语"cyborg"是"cyb（emetic）"与"org（anism）"的合成词，音译"赛博格"，字面意思为"受控机"；又译作"改造人、生化人"等，是指混合了生物体与机器体的人类。赛博格在第二个引申义上加入"有机体（organism）"的概念，强调钢铁与肉体结合的一种产物，集对立矛盾于一身的统一体。可见，赛博格大多指高科技制造出的半机器半生物的生物体，目的是借人工科技来增加或强化生物体的能力。因此也有人将这个词翻译成"电子人"，但这些译法似乎都不是很贴切，所以，本文直接采用音译，译为"赛博格"。随着计算机、人工智

---

① ［美］卡尔·亨普尔著，张华夏译：《自然科学的哲学》，北京：中国人民大学出版社 2006 年版，第 2 页。

能、网络的兴起，赛博格概念渐渐被应用于生活的各个方面，人类与机器人的关系越来越密切。哈拉维认为赛博格的出现，能打破动物、机器和人的界线，提出赛博格的目的就是指称人与动物、人与机器及物质与精神界限崩溃后的新主体、新世界。根据“赛博格”这个词的某些定义来看，人类对科技所带有的思维与物质方面的依赖，让我们已经变成赛博人了。例如一个配带有心律调整器（pacemaker）的人可能会被认为是赛博人，因为这个人如果失去了那个机器的部分就无法生存下去。可见，赛博格包括某些使用了生物组织和基因的仿生人和生物计算机。

“赛博格”被翻译成“机器人”，源于捷克语中的“robota”（意为“苦工”）。1921 年，捷克科幻剧《罗素姆万能机器人》（*Rossum's Universal Robots*）中第一次出现了“robot”这个词。柏格人（Borg）是一种半人半机器的族群，是赛博格的简称，是标准的人机合体，其个体本身没有自由意志，由“柏格女王”（The Borg Queen）主宰与控制。第二代影集《银河飞龙》（*Star Trek: The Next Generation*, 1987—1994）的柏格人，再到《重返地球》（*Star Trek: Voyager*, 1995—2001）的编剧群对《柏格科技》（*The Borg Science and Technology*）更上一层楼的描写，其中的柏格人除了有宏观的机电装置，血液里还充满了微观的纳米机器人。赛博格结合了虚幻与现实，是广泛运用于科幻小说与电影之中的概念，具备了所有科技特质的总和。因而，它可以推演到个人、社会，乃至于人类世界整体。赛博格是一种反自然的现象，一开始可能是为了解决问题与需求，但后来发现其产生的问题可能比解决的问题还多。科技的干预与监控不仅被视为不自然的，更被当成危险的，让人类面临前所未有的挑战，并展现出重新省思的必要性。文化上的象征将赛博格拓展至文化关系的理论，向科技提供了反射自身的力量。如 1958 年日本川崎市工厂的一名工人被一只机械手臂压在下面不幸身亡，而他们把机器人“杀手”视为一起事故。

“赛博格”这个词最早由美国航空航天局的两位科学家曼弗雷德·克林斯（Manfred Clynes）与内森·克兰（Nathan Kline）于 1960 年提出，指的是采用辅助的器械来增强人类克服环境的能力。① 控制论教授凯文·沃里克（Kevin Warwick）自称是世界上第一个电子人——左臂植入电脑芯

---

① Manfred Clynes, "During A Presentation at NASA Conference in 1960", *The Bady and Technology II Cyborgs*, p. 5.

片。沃里克能够远程遥控门、一只人造手和一张电子轮椅。机器人专家亨利克·克里斯滕森（Henrik Christensen）预言，人类可以在四年之内与机器人发生性关系。卡内基·梅隆（Carnegie Mellon）机器人研究所创始人汉斯·莫拉维克（Hans Moravec）预言，在2040年之前，机器人将以物种的身份出现在我们面前。他断定："机器人会在每一个实质性岗位取代我们的位置，从大体上说，在没有我们人类的情况下，它们也会带领这个世界朝着更好的方向迈进。"①

赛博格在电影中呈现，人机一统的发展、人机界面的融合已有某种程度的进展。外在于人的装置也不断地与人体贴近，创造了一个广泛的赛博空间（Cyberspace）。赛博空间是哲学和计算机领域中的一个抽象概念，指在计算机以及计算机网络里的虚拟现实。"赛博空间"一词是"控制论（Cybernetics）"和"空间（Space）"两个词的组合，是由居住在加拿大的科幻小说作家威廉·吉布森在1982年发表于*Omni*杂志的短篇小说《融化的铬合金》（*Burning Chrome*）中创造出来的，并在后来的小说《神经漫游者》中普及。电影或电视影集中更有如同机器战警、魔鬼终结者等不同程度的人类与机械合体的想象角色。因此赛博格的中译名就有"生化机器人"、"机器有机体"或是"人—机器"等，这些译名其实都代表了科技器械已经而且将持续增强人类的能力。人机合体的赛博格族群的扩散，让机器人似乎不再遥远，也模糊了人与机器人壁垒分明的界线。而西方很多科幻作品对机器人也表现出认同。如《银翼杀手》（*Blade Runner*）主角在1982年首版还是人类，在1992年版则被暗示是复制人，2007年版确定是复制人。在电影《瓦力》（*Wall－e*）中，破旧的机器人瓦力和伊娃之间上演了一出机器与人之间的恋情，不但会爱上女机器人，还凸显出人类的无能愚痴，不再是邪恶的样板。到底是友情还是恋情并不是那么重要，重要的是瓦力在几百年的孤独生活里学会了坚持和等待，在孤独的背后，它的内心一直对未来充满着期待。西方宗教"只有神能造人"的信条，使人型机器人成为禁忌，将人与机器人对立视为惯例，然而人与仿制人的外形、情感已难区分，但两者间仍多是辩证式的争斗关系。这在美国20世纪70年代描写人与机器合体的《无敌金刚》（*The Six Million Dollar Man*）（小说

① 《关于机器人的20个秘密》，美国《探索》2007年4月4日，http：//www. sina. com. cn 2007年4月。

原名为"*Cyborg*"）影集中可以看出。

最近的科幻电影《阿凡达》（*Avatar*）中的阿凡达，与其说是克隆人，不如说是"赛博格阿凡达"——"一次绝望的赛博格狂想，一次哈拉维赛博格意义上的逆向变奏"，是爱欲在工业社会之尾声时充满速度与激情的、企图吞噬一切的最后挣扎与癫狂。《阿凡达》是一部科幻电影，是特定时代人们的潜在恐惧的镜像方式的宣泄，而这种宣泄所调解的是一个作为空集的"真实界"（即虚无）与压抑社会之间的关系。阿凡达作为一种想象界的影像流动，表达了与《变形金刚》、《黑客帝国》、《铁男》相同的思想——预设存在于真实界之中的地球资源几近枯竭、能源危机恐惧，然后用一种黑色幽默的超现实主义的表现手法对之大加鞭挞，最终达到的均衡是存在于人群之中的躁动不安的想象型消解。影片的最后，杰克留在了潘多拉星球，而许多坏事做尽的人则被驱逐回地球。这是否意味着，在潘多拉星球这样的伊甸园里，除了原始的生存状态，也有赛博格的一席之地呢？

这究竟是惊人的奇迹，还是空中楼阁？赛博格的丰富性和能产性，也常常从根本上改变我们认识人类社会的方式。它是我们知识史的一环，开辟了科技与人文结合研究的新局面。因为赛博格疆界的轮廓含混不清，为了理解这个时代的赛博格，必须重建其方法论，重塑其任务，找寻有凝聚力的核心。因为要超越各种研究对象和学科，这些核心正是其纲领。确立赛博格的根基、澄清知识的争端，既是理论性的，也是科学性的。

借助科技，人的能力已比从前提高了许多。无论是机械科技、网络科技，还是生化科技，赛博格都以一日千里的速度向前推进。赛博格源于人类个体，但随着网络与整个社会结合，赛博格几乎可以引申至整个人类社会，并由此可以预测到人类的未来。

2011年香港科幻作家谭剑创作的《人形软件》，获得了首届全球华人科幻星云奖最佳长篇小说奖。这是一部科幻小说，是近似赛博朋客（cyberpunk）又不同于赛博朋客的小说，小说男主人公并不是真人，而是一个飓风级AI的"人形软件"。小说就是一部有画面感的动作片，男主人公（人形软件）一直在赛博空间逃亡，与追杀者打斗，同时在女主人公帮助下追查幕后背景，最后试图上载到真实层面完成"真身"却未尽心愿。小说的文字风格很有意思，通常是一句或两句话为一段，文字节奏紧凑，信息量大，以对话和心理独白推动情节，颇具快节奏的港式风味。虽然一开始用多视点（男女主人公两个、追杀者一个、现实世界的幕后人物一个共四个）推进故事，但读者还是很容易抓住主线，并且各种视点在最后碰撞并达到高潮。从情节上来说，作者以一环扣一环的方式设下悬念，每时每刻的张力都很强。①“人形软件”（humanoid sofware），指的是人类在网络世界的分身（avatar）。普通的分身需要真人花时间来操控（通过各种终端），而“人形软件”是具有人工智能的分身，在经过1 000个小时的学习之后，人形软件可以了解真身的背景、习性、处事方式、思考模式等，可以在无真身监管的情况下完全代理真身在网络世界的行动，比如打游戏和交往。你的人形软件帮你先看几套戏，然后根据你的思维模式挑选你会喜欢的一部推荐给你，这样你本人就省了看其他几套不喜欢戏的时间。又比如人形软件可以先帮忙相亲，找准对象后真身再出场。

二、赛博格身份显现的人文轨迹

赛博格是生物体与机械的混合体，包括义体人和电子脑化的人，也包括机器人、生化人和思考战车等。这些赛博格在某种程度上被赋予了哈拉维在《赛博宣言》中所提出的跨越边界的意义。哈拉维认为赛博格身份和本人的动画形象具有显赫的人文轨迹，“不应该把人类和机械的区别看成是理所当然的”，以此丰富观众对于人物的思考。

人文社会科学以各种各样的方式使用赛博格，各种借用的观念、类比等相互作用，而我们要做的是将它们理清。遵循哈拉维对赛博格研究的忠告，我们将提出一个分类，这个分类与学科的划分并不一致。与寻求坦然法则相关的，是更加伸屈自如、起伏不定、熠熠生辉的赛博格，这可以在很多学者的著作中找到。赛博格是我们时代知识分子的共同话语，尽管学说上不会千篇一律，也不存在学派，但争论是不可避免的。另外还有个时间性的问题，赛博格没有受到知识时尚变迁的侵袭，在人文学科中，总是有或长或短的延迟时间。尽管在这场知识交流的游戏中存在着暂时的延迟，赛博格还是使很多人文与科技结合的研究成为可能，或派生出更多的研究，激发起人们对相关学科著作及进展情况的兴趣。

现代人表现出明显的赛博格身份的人文轨迹。越来越多的人戴隐形眼

① 韩松：《为明天忧思——读谭剑〈人形软件〉》，《文艺报》2011年3月4日。

镜、装心律调整器乃至人工瞳孔，这些可以说都是广义的赛博格。日本把机器人当朋友，将机器人视为好帮手。日本对机器有集体性的信任与好感，并扩散为对机器人的潜意识迷恋。另外，日本认为万物都有神，对“造人”无禁忌，使人型机器人流行开来。但是喜爱机器人的日本，对赛博格也有所保留和存疑。在近年的漫画《铳梦》中，有着人脑的赛博格被用来服务肉身人类，然而后者有个秘密：他们的脑只是芯片。究竟是人脑机器身较优，还是机器脑人身较优？机器人、人、赛博格的关系在此纠结对立，不再像传统机器人作品中表现得那么友好。随着人机共生时代的来临，人与机器、机器人的关系，成为人类必须预先思考的课题。现代知识爆炸，每月以几何级速度剧增，很快会超越人类的生理限制，届时可能在脑中插一片芯片，便能加载大量知识，赢过敌手。哈拉维认为：赛博格的出现，能打破人类、动物、机器的界线，使得社会不再因分类造成阶层高下。但就科技资金及人类心理门槛来看，有能力又愿意“进化”成赛博格的人类，恐怕仍是少数。

西方称这个时代是后现代，或称是空虚年代，但无论怎么称谓，都需要一种审视人的身份的方法。人类的幻想一旦超越了时代的局限，人这个创造者就会成为人之死亡的镜像。为赛博格的范式而迷失的人性，再次显现在有关前社会科学时代的自恋意象中。极大的赛博格浪潮把社会科学冲向岸边，人们处在一个重要的转折点上。思想的退潮、价值的迷失、对传统的依赖，人们被设想为某种抽象，摆脱了时间的制约，精通合法的制度，是人类理性的象征。赛博格以及对于他们著作的研究的重要性，以及超越赛博格的各种可能性的途径，尽管众说纷纭、莫衷一是，但赛博格现象的核心性使对赛博格进行形而上学的思考成为可能。因为只有这样，才能更好地理解这一时期的赛博格的贡献，毕竟赛博格已经无可逆转地改变了我们对人类的理解。

对赛博格进行跨学科的研究有助于解决复杂的现实问题，有助于培育新的学术增长点，有助于建立良好的学术共同体。赛博格之所以能如此显赫，原因有三：第一，赛博格跨学科，提供严密、精确的方法，深入到学科的交汇地带，并希望在寻求科学性的征程中迈出决定性的一步，如在生物学、科学哲学、科学社会学、科幻文学等领域。第二，它是思想性的一个特殊时刻或说是发展的关键时刻，引起了狂热者的关注，超越学科的思维定式，特别是在生命科技、基因食品、科幻文学等方面，取得了重要成果。第三，赛博格穿越和搅浑了科技史的边界，使自然、机器和人的关系发生了改变。

在这里自然和非自然没有界限，哈拉维说“赛博格是以太，是精华”①。本书的主要内容：①导论：哈拉维赛博格理论的基本特征、多样复杂性、批判与超越。②哈拉维赛博格理论人文思潮轨迹：理念、先驱、新的赛博格理论人文学者。③哈拉维赛博格理论的学术趋向、文化身份、基本规定性，对西方后现代人文思潮新的理解与认知。④哈拉维赛博格理论人文思潮谱系：德里达的解构、福柯的批判、利奥塔后现代人性的艺术理论、德勒兹的人文的流变思维、鲍德里亚的人文符号与拟像理论、朗格等的女性主义美学。⑤视角艺术中的赛博格、网络文学中的赛博格、科幻小说中的赛博格、数字技术下的赛博空间、数字化时代的诗学语境。⑥消费文化的赛博空间、身体赛博和野兽、“电子人身份”的人文思考、后现代消费文化的人文神圣性。⑦开发电子人的潜能、信息时代的“宗教信奉”、身体的道德“定位”和知识的“情境”、人与自然的人文结合。⑧哈拉维基因与“赛博格”神话、赛博人女性主义理论、赛博人的生命循环、生态精神、生态批评。⑨哈拉维赛博格理论的科技定位：引进赛博格的科技内涵、面向赛博格的科技考量、走向赛博格的多元拓展。⑩科技与性别、人体与技术、政治与伦理：人机共生的赛博格渊源、赛博格身份与思维机器、赛博格意味着虚构想象。赛博格是在特定历史语境下产生的，像后现代主义一样是对西方文化史的抗争和回应，在一定程度上表达了对西方传统文化的拒绝、寻求新模式过程中对未来的渴求。传统价值观不再被重视，赛博格有如活的生灵，展示了极强的感受力，因此，多门主导性科学都赋予其特殊的意义。它们是关于科学也是关于文化的，无论是转基因食品、虚构的科幻文学，还是赛博格女性主义，都体现了科学技术与人文思想的密切关系。

赛博格处于这样一个时代——后现代主义。它成了科学文化学术的领头羊，它给人文、社会、科学技术带来了巨大变革。作为20世纪末社会思想觉醒、人文思潮更新的文化现象，赛博格成了用来完成非意识形态化的工具。后现代被评价为颠倒是非、混淆黑白，甚至有人把社会上发生的一

① Donna Haraway, “A Cyborg Manifesto: Science, Technology, and Socialist-Feminism in the Late Twentieth Century”, in *Simians, Cyborgs and Women: The Reinvention of Nature*, New York: Routledge, 1991, pp. 149 - 181.

切丑陋现象都认为是“后现代乱象”，并以此来评价赛博格是一种虚无主义。

面对后现代主义造成的混乱局面，赛博格努力寻求解决方案。哈拉维说：“我们的时代，一个神话的时代，我们全都是喀迈拉。”① 在科学的名义下，赛博格构成了西方传统形而上学的另一种选择对象。知识的分界线被不断重新划定，赛博格的疆界也在不断扩大。人与动物界限的突破、人与机器界限的突破、自然与非自然界限的突破，使许多人踏着最新的道路蜂拥而行，而这些最新的道路是赛博格开辟出来的。高科技的现代信息社会存在着社会和自然之间分界的挑战，所以，哈拉维说：“我们的赛博格神话是关于跨越界限的。”② 赛博格作为一个新的主体，超越现有存在事物的任何身份认同，如族群、种族、性别、阶级等，同时建立起一个多元的、没有清楚边界的、相互冲突的、非本质的主体概念。哈拉维说：“从一种角度看，赛博格是关于星球控制的最后的强加事物，是关于防卫名义发动星球战争灾难的最后占用；从另一种角度看，赛博格可能是活生生的社会现实和身体现实，在其中，人们不再惧怕永久的部分认同和矛盾立场。”③

三、赛博格技术与生命力的思考

对一般人来说，身体的奥秘潜力与机器和身体之间的联系是分不开的。而堂娜·哈拉维的“赛博格身份”，意味着有机会超越性别，有机会因性别界限模糊而愉悦。互联网只是跨进赛博格身份的想象世界的一小步。她说：“身体……并非生就，而是造就。”④ 身体话语可以造就身体，

---

① Donna Haraway, "A Cyborg Manifesto: Science, Technology, and Socialist-Feminism in the Late Twentieth Century", in *Simians, Cyborgs and Women: The Reinvention of Nature*, New York: Routledge, 1991, pp. 149 – 181.

② Donna Haraway, "A Cyborg Manifesto: Science, Technology, and Socialist-Feminism in the Late Twentieth Century", in *Simians, Cyborgs and Women: The Reinvention of Nature*, New York: Routledge, 1991, pp. 149 – 181.

③ [英] 乔治·迈尔逊著，李建会、苏湛译：《哈拉维与基因改良食品》，北京：北京大学出版社2005年版，第10页。

④ Donna Haraway, "A Cyborg Manifesto: Science, Technology, and Socialist-Feminism in the Late Twentieth Century", in *Simians, Cyborgs and Women: The Reinvention of Nature*, New York: Routledge, 1991, p. 208.

甜蜜的观念、医学解剖学的描述都可以造就身体。因此，“后现代身体”——其中一个表现就是赛博格——为什么不可以是“机械官”(techno-organic) 混合物的化身和文本呢？哈拉维强调“赛博格为世俗生存服务”①。赛博格是人与机器的结合，身体成为一个备受争议的领域。这不是一个科幻概念，身体可以在电影中或者通过电视屏幕被消费，如低俗小说中可塑性身体的暴力刻画、超越身体局限的虚拟性爱等，成为基因、医疗、电子和其他技术拓展的空间。机器可以进入或者附着在人体上，改善从记忆力到机动性的一切东西。

哈拉维的科学哲学思想研究中提出科技的发展的确可为人类带来诸多美丽的梦想，包括增强人类的能力，为生活带来更多的便利，或更甚者可以破除二元的界线，以达到真正平等、自由的理想状态。但是在这样的想象中，人们要得更多，使许多科技产物从“补强”成为“必需”。逐渐地，人与科技真正紧密结合，成了赛博格，这是一种悲观的科技趋势。在赛博格的世界，人类将不复拥有“万物之灵”的亮丽头衔。赛博格使人类加速发明新事物与科技，造成的巨大变革远远超过整个20世纪里百年的演进。并且，这种趋势将持续下去，计算机在速度与记忆容量这两方面都将在2020年赶上人类。未来，地球上将出现一个崭新的智能形式，它足以与人类智慧抗衡，且最终一定超越人类智慧。一种有智慧的生命体，可不可能创造出另一种更有智慧的生命？人类本身也是演化下的产物，不知道我们能否青出于蓝，比造物者更胜一筹？反过来说，由我们一手所设计的高科技产品，有朝一日会不会比我们更聪明？

当利用人脑的神经网络来取代芯片，并赋予计算机学习功能时，它就能学习人类的语言与知识。由于计算机的处理速度要比人脑快上几百万倍，因此可以从容不迫地赶上人类，进而拥有强烈的生命意识。这时候我们就需要思考一个问题——到底何谓生命？是有形的躯体，抑或是无形的行为与思考模式？从演化的角度来看，经由人类智慧所创造出来的智慧，终究会青出于蓝，凌驾于人类之上。生物脑细胞的计算能力有其极限，必须借着演化来找寻出路。很明显，这条路就是先创造人类这种智慧生物，进而研发“百万倍数时代”的信息科技。演化到最后，原本在我们身上所

---

① Donna Haraway, “A Cyborg Manifesto: Science, Technology, and Socialist-Feminism in the Late Twentieth Century”, in *Simians, Cyborgs and Women: The Reinvention of Nature*, New York: Routledge, 1991, p. 212.

进行的数学演算，都将外包给多功能的“金头脑”。这种机器系由电子与光学组件所打造，执行速度要比人脑电路快上无数倍。打造显微电脑，可放置于其躯壳中的任何部位，脑部将虚拟的躯体身处在一个虚拟实境使用。未来，透过显微生物（swarms）科技的运用，真实世界将具有许多虚拟世界的特征，如“隐形术”。如果脑部植入物的技术成熟，我们可以制作心灵机器；心灵机器时代我们不仅能模拟各种感官经验，还能激发对这些经验的亲身感受。

人类与这种机械的有机体有何差别，造成人类的定义上的动摇——什么是“人”？这古老的哲学议题又将在未来浮现。经由有性生殖而产生的人是人，但是人为了生存所作的补强或修正即将机械设备安装在自己的体内，与全部是机械所构成的科技智慧体有何差异呢？最主要是这种争议牵涉长久以来社会所强调的伦理性。人类在文化传承上有伦理概念，但是在机械上尚无伦理的连带存在，并且它无法做到的是生物性精密的判断，所以以未来的角度审之，它势必会将人类生活的各个层面彻底颠覆，不论是工作形态、教育制度、政府结构、社会福利还是人类的自我概念。但是宣称这种全然机械的有机体为人，与真正的人仍是有差异的。人在未来的进化中会导致新的范畴出现，从而使得人的定义越来越模糊。人类的意义如何定义将不会一以贯之，人与其他事物的区别可能会产生一门新的学科。

智能的快速累积让人们惊讶，其有时还能突破重重限制而再传佳绩。它似乎涉及天衣无缝的复杂计划，其实不然，过程本身很单纯，却能有效化解各种疑难杂症。随着人造智慧所扮演的角色越来越重要，军事、医疗、财经、政治乃至日常生活的各个层面都需要它来帮忙运作。美国发明家雷·库兹韦尔（Ray Kurzweil）1990 年出版的《智能机器的时代》成功地预言了电脑将在 1998 年战胜棋王，他认为智慧就是具有善用有限资源（包括时间）的能力来完成许多心智活动。神经网络的运作模式将所搜集的庞大信息去芜存菁，此去芜存菁的过程包括选择性地保存数据，进而将数据升华成“智能”。人工智能的诞生过程是地毯式的回归分析、具有高量平行处理功能的模式辨认、超快速的演化计算。人类智能的外化将内化至拟人的机器中是科技进步的基本模式。这让机器的功能更接近人类的需求，使得人类在生活上获得相当大的辅助。人类会因工具的进化而实现生活的进化，从而在虚拟实境、增强实境、生物科技、生物机械、人工智能等层面上，提升自己的能力。人类不再受到非自主劳动的异化，因为生产已全数交由机器负责，只要社会资源分配得当，人类便可发掘自己的本质、实践自我的潜能。甚至，生命机能也都能提升，比如延长生命时间、杜绝疾病等。

借由科技将人脑及躯体渐渐地改造后，人们将极尽所能地追求肉体与心灵上的满足。正如库兹韦尔指出：每个人都想重新营造人生的第二春；除了靠植入外物来改善脑部功能以外，更希望借助这种技术来改变人的外表。未来，除非人类的脑部跟身体都已经借着这种技术得到完全的更换与改良，否则这项技术持续进步的速度是不会明显放慢的①。而且新科技如网络，对于性爱的影响，站在乐观者的立场而言，当“虚拟做爱”普及之后，卖淫买春的行为将会摆脱性疾病的威胁。借着无线的超高频宽技术，妓女或嫖客都不必出门②。这对于人类免于艾滋病的阴霾而言，也许是福音，但人类真的有办法和一部冷冰冰的机器做爱吗？另外，对于信仰或是更为深层的心灵活动，科技取向者也预期，随着新一代人脑技术的蓬勃发展，数以兆计的脑细胞组织将改写历史，让我们的精神生活更加充实而多样化③。然而，人类的心灵需求真能以计算机演绎逻辑推之？而计算机设备又如何创造更多彩多姿的心灵活动呢？是否人类的一切存在仰赖于计算机科技的创新便可？由现阶段的科学发展看来，我们可以发现由于科学的限制，哲学与宗教才得以存在，如果有一天当科学不断地突破，不再受限制时，哲学和宗教所探讨的人生意义是否得重新改写？只能改写人类存在意义。

作为20世纪末社会思想觉醒、人文思潮更新的文化现象，赛博格成了用来完成非意识形态化的工具。我们看见了科学技术带给我们的成效，无数科学家在我们大脑里定格。可是谁又知道哲学在现实生活中又体现在哪里呢？其实，哲学在我们不断发展的社会中正扮演着重要的角色。世界科学技术之巅，我们不能说所有的科学家都是哲学家，但是所有的科学家都是伟大的哲学家的学生。他们都以哲学为基础进行科学研究，他们都是有

---

① ［美］雷·库兹韦尔著，沈志彦、祁阿红、王晓冬译：《智能机器的时代——当计算机超过人类智能时》，上海：上海人民出版社2006年版，第184页。

② ［美］雷·库兹韦尔著，沈志彦、祁阿红、王晓冬译：《智能机器的时代——当计算机超过人类智能时》，上海：上海人民出版社2006年版，第193页。

③ ［美］雷·库兹韦尔著，沈志彦、祁阿红、王晓冬译：《智能机器的时代——当计算机超过人类智能时》，上海：上海人民出版社2006年版，第201页。

着先进哲学思想的建设者。后现代主义被评价为颠倒是非、混淆黑白，甚至有人把社会上发生的一切丑陋现象都认为是“后现代乱象”，并以此来评价赛博格是一种虚无主义。赛博格源于人类个体，但随着网络网际与整个社会结合，赛博格几乎可以引申至整个人类社会，并由此可以预测到人类的未来。

目　录

Contents

传统。

哈拉维通过对赛博格的文化分析解构了三种既有界限：人与非人、生命与非生命、物质与非物质。《赛博格宣言》的网页开头便张贴了一幅由女人、猫科动物和电脑键盘结合而成的图画。她指出，在当代科幻小说里充满了赛博格（是动物同时又是机器）生物，住在自然与人为之间的暧昧世界中；现代医学也充满了赛博格，其复制不同于有机体的自然生殖；现代战争也是赛博格的狂欢会，充满了符码化的命令、控制、通讯和人工智能。赛博格是人与机器的结合。这不是一个科幻概念，英国著名控制论专家凯文·沃里克（Kevin Warwick）早在几年前就开始了相关试验。由于大胆地将电脑芯片植入身体，他被称为“世界上第一个赛博格”。沃里克的研究招来一片骂声，但他并未停止自己的研究，而且断言：“我们人类可以进化成赛博格——部分是人，部分是机器。”① 沃里克预言，如果控制论进一步发展，那么它将用红外雷达帮助盲人“看”东西，通过超声波让耳聋的人“听”到声音。他甚至担心，如果人不与机器合二为一的话，人类可能会在未来变成一种较低等的生命。所以，应该从现在开始做一件事情——防止这一结果的出现。哈拉维从赛博格理论入手，从技术哲学的角度进行研究，通过对技术本质、技术的价值负荷等问题的分析来展现她对传统技术哲学理论的批判与重建，体现了哈拉维研究的超越和跨界特征。她说：“赛博格神话是跨越各种界限的、有效的融合，具有潜在融合力以及危险的可能性的设想，改革派人士可能认为对这些可能性的探索是必须的政治工作的一部分。”② 赛博格是机器与生物体的杂合体，是一个社会现实的创造物，同时也是虚构的创造物。科学的研究对象是自然界，技术的研究对象是人工自然系统。哈拉维认为，人与自然，或者说人工的与自然的界限已经被打破了，“现代机器是精巧的微电子设备：它们无处不在而又看不见”。早期人类活动是区别自然界与人工自然，而今人类改造自然活动的意义已经发生变化，科学研究的对象也被打上了人工的烙印。

哈拉维赛博格理论成因的定位，是对科技哲学未来走向作深度的反省，以此集合新的学科凝聚力。不论是赛博格与科学技术还是赛博格与人

---

① 历史版本3：电子人，http://www.sina.com.cn，2004年7月21日。

② Donna Haraway, “A Cyborg Manifesto: Science, Technology, and Socialist-Feminism in the Late Twentieth Century”, in *Simians, Cyborgs and Women: The Reinvention of Nature*, New York: Routledge, 1991.

文社会，所涉及的领域应该在专业化和规范化方面得到提升。现代科学哲学问题在国际学术界都是严格专业化的，并已经形成了专门的概念、论证方式、研究群体、出版刊物和论述场域。不了解其历史、语言、技术、方法和当下的主题，就不可能作出能与国际学界对话的研究。我们研究哈拉维赛博格理论也要走这条路，必须建立在系统的引进消化之上，而不急于构建普适性的研究纲领，要做富有建设性的译介；要在遵循各个专门研究范式的规范的基础上，对当代科技的哲学基础进行整合性的研究；应该综合已有的视角、方法和思想资源，进行互动和学科内的整合。学界已经展开有关哈拉维赛博格与科学技术的研究，旨在推动分析科学哲学与技术哲学的互补整合，进而揭示当代科技日益呈现出的技术化科学等整体特质。惟其如此，才能重启对赛博格的形而上学沉思，从存有论、认识论乃至价值论层面追问赛博格的哲学基础，反思赛博格时代人的存在，致力于构建一种体现哲学的批判性和反思性的赛博格理念。

第一节　哈拉维赛博格科技的发展趋势

近一个世纪里，现代科学技术在社会经济各种因素的作用下，发生了巨大的变化。在我国，对哈拉维技术思维的研究，是在西方生命科学产生和发展的基础上提出的。也就是说，对哈拉维技术思想的研究给我们提供了一个难得的机会，让我们借助这场具有创造性和批判性的介绍、评价、应用活动，探索西方科技发展的基本精神和各种复杂的问题，进一步探索与人类命运密切相关的一系列重大人文科学技术问题。

我们的研究思路是从哈拉维的赛博格理论入手，展开对哈拉维技术哲学理论的分析。这种研究与过去不同，我们将从技术哲学的研究角度，通过对技术本质、技术的价值负荷等的分析和研究来展现哈拉维对传统技术哲学理论的批判与重建，体现哈拉维研究的超越和跨界特征。作为建构主义者，哈拉维的学术观点尽管与行动者网络理论颇有类似之处，但的确是独树一帜的。1985 年，哈拉维模仿《共产党宣言》的笔法，撰写并发表了著名的《赛博格宣言——20 世纪晚期的科学、技术与社会主义女性主义》

第一章

哈拉维赛博格科学哲学的神话

科学技术是一门哲学，更是一种方法论。通过科学技术哲学，可以了解科学和技术的发展及其关系，可以帮助人们理解自然界的演进过程。科学技术与哲学之间有着密切的联系。哲学是科学技术发展的理论基础，科学技术的发展又带领哲学迈向更高的殿堂。二者相辅相成，密不可分。无论是从柏拉图到康德，还是从黑格尔到马克思，我们不能不承认，科技能有今天的飞速发展，正是因为我们站在巨人的肩膀上看待世界。科学技术可以使我们获得认识自然和改造自然的最佳方法，进而懂得科学技术发展与人文社会之间的密切联系。堂娜·哈拉维（Donna Haraway）在《谨慎的见证者》一书中，分析和说明了“技术科学”的概念。她认为，新的世纪的核心就是“技术科学”，即旧科学和技术的新杂合体，比如有深海鲽鱼基因的番茄、有巨蚕丝蛾基因的土豆等新存在物。因此，哈拉维最为注重的是对科学与技术的整体性研究，反对将两者割裂开来进行独自的研究。她的这种看法，更接近于我国的学术研究传统，注重对问题的系统性研究和相关性分析。

科学是建立在事实逻辑基础上的客观知识，无善恶之分。因此，科学研究被认为是以真理性为标准的无善恶价值负荷的求真过程。美国科学哲学家库恩（Kuhn Thoms Samual，1922—1996）提出了一种新颖的科学观，即把科学看作一定的科学共同体。库恩通过研究发现，科学活动往往要受到科学家的旨趣、价值观、语言习惯等因素的影响。库恩所提出的“范式”和“科学共同体”等概念，就是包含着文化价值的概念。库恩认为范式是科学共同体所拥有的，带有相当大程度的非理性的信念。他甚至认为，科学是以价值为基础的事业。哈拉维认为科学与技术也具有一定的价值负荷。现代科学和其他文化的科学技术知识体系一样，任何知识都建立在具体的、历史的和特殊的人类生活经验的基础之上。她写道，“我喜欢一种具体的客观性学说，它能容纳似是而非和批判性的女性主义的科学方案：非常简单，女性主义客观性指的是情境化知识”①。她对科学与技术的关系的认识也是极具理论特色的。哈拉维以“哲学理论”的理念，对赛博格技术哲学理论的分析研究，促进了哲学的理论创新，并把理论创新的成果转化为推动赛博格的“思想力”，形成哈拉维哲学学科独具特色的思想

---

① Donna Haraway, “A Cyborg Manifesto: Science, Technology, and Socialist-Feminism in the Late Twentieth Century”, in *Simians, Cyborgs and Women: The Reinvention of Nature*, New York: Routledge, 1991.

(*A Manifesto for Cyborgs*: *Science*, *Technology*, *and Socialist-Feminism in the* 1980*s*①，以下简称《赛博格宣言》)。从此以后，“赛博格”这一概念不仅在科学技术研究（STS）领域，而且在政治理论、文学批评、文化研究、计算机科学等领域中都成为引人注目的焦点，甚至赛博格学（cyborgology）的研究者把该文视为他们的“圣经”。其实，“赛博格（cyborg）”一词，是“cybernetic organism（可控有机体）”的缩写，原意指通过控制技术来控制有机体，演化为人与技术的共生体。但是，作为一种隐喻，赛博格却意味着打破了主体、客体二分这种传统思维模式的一种看待技术、看待人与技术关系的新视角。在哈拉维看来，技术、人以及社会中的各种实体都存在于一个关系网络之中。既然如此，只有打破二元论，打破人与非人之间的人为区分，打破男人与女人之间的划分，才有可能把握当代技术条件下形成的社会现实。从这个意义上说，哈拉维的赛博格思想可以为我们研究人与技术的关系提供崭新的方法论。当前，关于人类自身、人与技术的关系以及女性主义思想的讨论，已经成为国外技术哲学和技术社会学领域的热点话题，尤其是基于哈拉维的学术思想，已经衍生出异常丰富的研究文献。然而，迄今为止，我国的技术哲学尚处于起步阶段，学者们大多关注技术的本质以及技术与社会的关系这类议题，而相对忽视了对技术与人性之间关系的研究，而且对哈拉维思想的深入研究和发掘还不多见。因此，我们选取哈拉维作为研究对象，解读其赛博格思想的背景、内涵、特点、意义和局限性，以求理解人类在现代技术社会中的地位，展现探讨人与技术关系的新视野。这项工作不仅有助于推动国内学术界对于技术与人性之间关系的哲学研究，也有利于推动我国技术哲学研究与国际接轨，并形成具有自身特色的技术哲学理论。

哈拉维赛博格思想，将我们带入当代文化一个复杂而又必须关注的领域。生命科技、基因食品、科学哲学等研究趋势，占据了媒体、政治和伦理舞台的中心。这种趋势推动着科学研究向着生命改造工程前进并迈出了关键一步。这些变化的过程表现出了一定的发展趋势，而这些趋势主要有以下特征。

（1）科技与人文的综合化趋势。

---

① Donna Haraway, “A Cyborg Manifesto: Science, Technology, and Socialist-Feminism in the Late Twentieth Century”, in *Simians*, *Cyborgs and Women*: *The Reinvention of Nature*, New York: Routledge, 1991, p. 150.

近代科学技术的发展，经历了学科和门类不断分化的过程，各学科和门类都产生了许多分支。一个世纪以来，科学技术在不断分化的同时，逐渐出现了综合化趋势。到了20世纪50年代，这种综合化趋势越来越显著，并占据了主导地位。综合化趋势主要表现为以下两个方面。第一是科学技术领域中跨学科的综合。当代科学发展的一个新趋势是综合化，即各门相关学科在纵向深入的同时，又横向渗透和结合，形成跨学科（interdisciplinary）的研究。表现在人文与科技方面，如植物动物与物理化学、转基因生物与生物物理、人的肢体与机器等。随着科学技术的发展，研究对象之间相互联系的本质不断被揭示，因而学科、门类之间的综合成为现代科学技术发展的必然。这首先表现在由不同学科的理论或方法相互渗透、相互交叉而形成的大量交叉学科。学科之间相互交叉、相互渗透的现象主要有三种，即社会学科之间的交叉、渗透，自然学科之间的交叉、渗透以及社会学科与自然学科之间的交叉、渗透。社会的发展要求用科学技术来解决人类所面临的各种重大问题，如能源危机、环境污染、人口危机等。第二是科学技术与社会科学的综合。科学的综合性与科学发展综合的趋势，是当代科学前进的不可抗拒的潮流。这种综合打破了科学技术与社会科学两大知识领域的界限，形成了科学技术与社会科学综合的趋势：①各学科间的纵横综合和整体化的速度、强度远远超过学科的分化。各类学科概念、理论、方法和观点的交汇、渗透和融合，涌现了一批交叉科学、横断科学、综合科学。②科研向各学科的渗透，发生了某种程度的科学数学化，以“整理宇宙的秩序”为任务的数学科学，在催化整个科学的综合化。③自然科学和社会科学交融，呈现文科和理科综合的趋势。这是科学发展中最大的最令人激动的综合。

当代“科学素养”的内涵已经发生深刻变化，它不仅仅指掌握有关科学理论和知识，更重要的是要具备解决社会实际问题的能力。影片《阿凡达》富含令人震撼的画面和令人感动的语言，而铭刻在脑海中的更多的是意义，这体现了科学技术与人文科学的综合。赛博格创造了一个多元主体，消解了传统的简单的主体和客体的二元对立。技术可能会“内化”到身体中，成为身体的一部分（因此失去技术的连接，杰克的阿凡达就会失去“生命”），这对传统的“身体观”带来了极大的冲击。

（2）科技与人文的数学化趋势。

随着数学的迅猛发展，人文、社会科学研究开始越来越多地采用数学方法，并产生了大量的边缘和交叉学科。数学向科学技术的渗透从近代就开始并逐渐扩大。现代科学技术的发展，使数学方法在各学科、各门类中的应用范围迅速拓展和深化，从而形成了数学化趋势。科学技术数学化趋势首先表现在数学向其他学科领域渗透。对于人文、社会科学来说，数学不仅是一门科学语言和一种技术工具，而且还有极其重要的精神思想价值。数学哲学和数学文化的思想对人文、社会科学具有深刻的启迪。值得注意的是，一些新兴的横断学科与数学的关系尤为密切。其次，科学技术的数学化还表现在数学方法成为科学技术研究中一种普遍的方法。数学通过为科学技术研究提供简洁精确的形式化语言、计算方法和数学模型等，成为现代科学技术各学科、各门类研究必不可少的一种手段。再次，电子计算机的广泛使用也是科学技术数学化的一项重要标志。电子计算机已经成为科学技术各学科、各门类研究和应用的必需工具，随着电子计算机的不断更新换代和各类专用软件的大量开发，它在科学技术各领域的使用更为广泛，这必将使科学技术的数学化水平大大提高。

哈拉维赛博格理论是在传统的计算机技术、网络文化的认识基础上发展来的，能够更恰当地表达以计算机、网络和虚拟现实等技术为技术基础的信息时代的新理论。赛博格理论比较好地体现了信息时代数字化的文化特征，将成为信息时代的核心理论。这也是赛博文化现象得以迅速形成和传播的原因。

（3）科技与人文的一体化趋势。

技术改造调整社会的实践性知识体系。社会科学是社会技术的理论基础，社会技术是社会科学发生作用的中介。社会科学和社会技术一体化的趋势日益显现。从科学技术发展的历史看，科学与技术曾是不同的两类知识领域，并按照各自不同的方式发展。现代科学与现代技术的联系进一步密切，出现了科学与技术一体化的趋势，主要表现在以下几个方面：

①科学的技术化与技术的科学化。科学技术往往并称，但是，两者却分属两个范畴。根据《辞海》的解释，所谓科学，指的是关于自然、社会和思维的知识体系，科学的任务是揭示事物发展的客观规律，探求客观真理；而技术则是泛指根据生产实践经验和自然科学原理而发展成的各种工艺操作方法与技能。科学的技术化是现代科学实验规模日益增大，所需仪器设备日益复杂化而导致的必然结果；技术的科学化是指现代技术的发展越来越依赖于现代科学，重大技术问题的解决往往依赖于科学理论上的突

破。在现代科学技术的发展中，科学明显地走在技术的前面，引导技术进步，为技术发展开拓新的领域。

②高新技术体现科学技术一体化。高新技术是指对人类社会的生产、生活方式和思维方式产生巨大影响的重大技术。高新技术的形成以科学新发现为先导，其发展以科学研究的突破性进展为动力。因此，高新技术的研究既是技术研究，也是科学研究。高新技术是科学技术高度一体化的产物。

（4）科技与人文的应用性研究。

这方面的研究将哈拉维的理论应用于对具体的学科问题的研究，其中最具代表性的就是将哈拉维赛博格理论运用于对信息技术和网络空间的研究。比如台湾南华大学苏健华的论文《是该将目光由后视镜移向前方的时候了》[1]，运用赛博格理论，对信息社会可能带来的界限的突破以及虚拟与实在的结合进行研究，并以此对信息社会的特征进行了概括和分析。此外，在网络上也可以看到较多相关文章。网络文章《女性对男性网络空间所建构的女性主体之解读》，在赛博格理论的背景之下，探讨了网络空间的权力结构以及女性主义者对网络空间性别不均等的检视策略，从而分析女性解读男性建构的网络空间的可能性。

对哈拉维思想的研究，已有不同的角度，很多介绍性、评价性研究为我们了解哈拉维赛博格思想开了先河。如李建会、苏湛撰写的论文《哈拉维及其“赛博格”神话》[2]，概括和分析了哈拉维的主要思想，包括哈拉维的赛博格女性主义理论和后现代女性主义科学观。这类文章以纯粹的理论介绍为主，评价较少。张晓荣的论文《关于 Cyborg 的哲学探索》[3] 中部分涉及哈拉维赛博格理论的介绍与哲学上的分析；周丽昀的论文《情境化知识——哈拉维眼中的“客观性”解读》[4]，在对哈拉维的“情境化知识”进行特征分析的基础之上，认为哈拉维对客观性问题的理解为我们提供了一个更为独特的解释世界的图景，其批判理论具有丰富的理论价值和

---

① 苏健华：《是该将目光由后视镜移向前方的时候了》，“网络与社会研讨会（2000）”论文，2000 年 9 月 29—30 日，台湾新竹清华大学。

② 李建会、苏湛：《哈拉维及其“赛博格”神话》，《自然辩证法研究》2005 第 3 期。

③ 张晓荣：《关于 Cyborg 的哲学探索》，《华北电力大学学报》（社会科学版）2004 年第 4 期。

④ 周丽昀：《情境化知识——哈拉维眼中的“客观性”解读》，《自然辩证法研究》2005 年第 11 期。

意义。

通过对传统的二元对立的批判，建立超越和跨界的技术理论并不是哈拉维研究的最终目的。她的真正目的是要通过对男性特征的一元对立论模式的批判来摆脱父权主义的思维模式，建立女性话语权。她认为以往的女性主义批判并没有摆脱男性的思维模式，其批判都是有局限的。只有拥有了属于女性自身的话语权，才能彻底消除性别不平等和性别歧视，构建社会主义女性主义政治。

几位对哈拉维思想研究影响比较大的科学史家和科学哲学家，阐释了哈拉维的科学史思想以及哈拉维对于科学史研究的理论贡献。哈拉维深受美国科学思想文化传统的影响，开拓了科学史研究的新的理论范式。她分析的科学哲学和技术哲学思想、话语理论和知识考古学方法对于科学技术哲学研究具有很大的启发意义，她的权力、知识思想对科学哲学的影响较大，她的符号学思想对科学哲学具有启发意义。哈拉维将权力、知识、技术和主体整合到一起，从微观和宏观两个层面来揭示出它们之间的作用方式和动力机制，深化了对于技术本质的理解。哈拉维的科学社会学和技术社会学思想，构成了科学社会学和技术社会学发展过程中重要的一环。她对于科学和技术的社会功能进行了深入的挖掘，对于科学技术社会学在话语实践、文本符号、隐喻、修辞和语境等方面的研究独树一帜，值得借鉴。

哈拉维“赛博格”和人类增强相关研究聚焦于技术的本质、科学与技术的划界、技术的价值、技术伦理、技术与风险和技术的发展规律等问题。“有关技术的价值负荷或负载的讨论表明，技术并非价值中立，为了克服技术风险使其造福人类，应该充分揭示技术的价值因素，并使伦理制约成为技术的内在维度。”①

第二节 哈拉维赛博格思想的学术背景

20世纪50年代末，计算机的出现和逐步普及，把信息对整个社会的

① 段伟文:《纪念改革开放30年——学科发展综述》,《光明日报》2008年12月13日。

影响逐步提高到绝对重要的地位。信息、网络、人脉时代，信息量、信息传播速度、信息处理速度以及应用信息的程度等都以几何级数的方式在增长，人类进入了信息时代。信息时代的技术成果和经济全球化改变了整个世界，流行的说法是“世界正变得平坦”。随着全球化、物质丰富和自动化盛行，发达国家的知识工作者的创新意识更加强烈，力求发展右脑，挖掘、掌握那些不能外包的技能。

哈拉维赛博格理论的研究对象究竟是什么？是科学？是科学与社会的关系？还是科学与人的关系？信息时代哈拉维赛博格理论成因的定位，是我们探索的一个问题，也就是我们关注的是理论定位（location）问题。论科学，论人文，或论科学技术和人文的关系，我们究竟该怎么定位？是不是有定位的必要？如果我们的研究对象不清楚，范围不明确，赛博格理论也是模糊不清的。哈拉维的“赛博格”是信息时代有关人类未来的一种流行的科技传说。赛博格在不断拓展和分化中逐渐成为一个分支庞杂的学科群，并延伸到科学、传媒、信息等领域，从内涵上拓展哈拉维关于赛博格的科技与人文社会科学研究，基本形成了“关于赛博格的科技”和“关于赛博格的研究”两大类研究旨趣，为赛博格理论的发展带来了巨大的契机。在信息时代哈拉维的“赛博格”成为一种寻找出打破自然与文化界线之方法的隐喻。解除肉体限制，拓展心灵空间，人类正成为包括身体与精神的混种生物——赛博格。这种思想被称为“赛博格理论（cyborg theory）”。哈拉维赛博格思想的学术背景专业谱系涉及科学哲学、技术哲学、人文与理论导向等很多跨学科领域，有巨大的发展空间。赛博格扮演联结科技与人文不可或缺的桥梁角色，这不仅昭示了新一轮学科内整合和专业定位的必要，还对其学术品质与思想深度提出了更高的要求。

一、赛博格的理论定位（location）

西方著名的跨学科学者堂娜·哈拉维（Donna Haraway）思想激进且前卫，她的《赛博格宣言》（*A Cyborg Manifesto*）的权威学术观点，为西方人文思潮添上了独特的一笔。她在生物学、科学哲学、人文科学、科学科学、科幻文学等方面都有很深的造诣。以哈拉维理论等为代表的后人文主义（post-humanism）是美国新兴的文学批评理论，研究计算机时代出现的新生命体（organism）以及人的主体性（subjectivity）可能出现的新模式，重新讨论关于现代主义的问题。在某种程度上，人文主义和后人文主义的关系类似于现代主义和后现代主义的关系。她的《类人猿、赛博格和女人》（*Simians, Cyborgs and Women: The Reinvention of Nature*, Routledge, 1991）；《哈拉维选集》（*Haraway Reader*, Routledge, 2003）、《谨慎的见证者·第二个千禧年. 女性男人·遇到致癌鼠》（*Modest_Witness @ Second_Millennium. FemaleMan @. Meets Onco Mouse*, New York and London: Routledge, 1997）《哈拉维的读者》（*The Harway Reader*, 2004.）等著作，确立了她的赛博格理论基础。

哈拉维赛博格理论，作为一种新的理论构思、学术研究话语，当下既没有形成一个独立的学科，也没有明确界定的理论定位。如何理解赛博格理论的主要观点，难度确实很大。"创造力"是哈拉维最重要的诗学观念，她所理解的现实并不取决于自然科学，而是依赖于思维的创造力。所有的人文艺术都基于革新——创造而不是表现对象。这种对物体的想象化理解有着原始的生命力。

（一）赛博空间能够穿透虚假幻象

提到赛博空间，我们不能不想到"真实"。赛博空间最有价值的地方在于它具有人文精神的功能，不但能让我们认清现实获得真实感，而且还能扩展人类的心灵。作为人类与生俱来的本能，它是人类必不可少的扩展心灵的中介。"虚构"与"想象"的复杂关系取代"虚构"与"真实"，同时，它还是审美交流的工具，在我们的生活里以及追求人生意义的过程中发挥着重要作用。赛博空间之所以具有人文科学的价值，是因为它不同于宗教和政治意识形态的虚构，比它们更具有解放和超越的能力。意识形态的赛博空间是一种和谐的虚构，在它的笼罩下，我们往往很难挣脱它严丝密封的控制，也难以认清它无孔不入的本性。如美国后现代重要作家托马斯·品钦（Thomas Pynchon）的《秘密融合》（*The Secret Integration*）作为具有后现代人文意义的小说，追寻的失落意义的主题，与传统作品中对终极意义的追寻不同。它继承了文学传统中的追寻模式，但又设计了赛博空间的虚假幻想，注重的是追寻的过程，而不是结果。作为一种媒介，赛博空间所显示的所有固定形态只能是虚幻的，甚至将人类所有特性具体化为一种非真实性的幻象，这种幻象是文学呈现相关事物易变特征的唯一途径。富有差异性的表演为我们理解现实提供了多样而丰富的形式。对赛博空间的表演、游戏和双重化结构的把握，能够使我们认识自我，从而扩展自我。一方面，追寻是他们保持真实的生命活力，对抗异化的虚幻的生存方式；另一方面，追寻也为各种被边缘化了的社会群体提供了流动和开放的空间，使他们有机会得以舒展备受压抑的人性。其结果是作品穿透了虚假幻想，消解了等级制度，奏响了狂欢的乐章。

（二）赛博空间能自我扩展和超越

人总是不满足于单调与贫乏的生活，总想让生活变得丰富多彩一些。人们在现实中往往囿于狭窄的生活面难以超脱，难以体验自我、扩展自我。人们被各种文化、习俗、宗教、意识形态所熏陶，真正的自我被遮蔽起来，因此我们很难认清自我究竟是什么。赛博空间为我们拓展了一个广阔的天地，以表达人类的生与死、幸福与不幸的生命感觉，以充分把生命中自我经验的丰富性表达出来，所以，赛博空间是扩展自我的最重要的媒介。通过欣赏优秀的艺术，尤其是阅读科幻小说，人们在阅读中内在地虚拟和扮演各种角色。虚构与想象的结合产生游戏文本，我们则通过文本的“游戏”，对自我的可塑性进行无限的模仿，使自我得到呈现和扩展。

寻找精神家园是我们对日常生活物质性的超越。在古希腊德尔斐神庙里镌刻着这样一句名言“认识你自己”。文学艺术是人在对自身以外的世界的描绘中，表达自己的精神体验和认识方式的。赛博空间的意义不在再现的层面而在超越的层面实现。人类追求对自我精神世界的认识，长久以来却不得不依凭对外在世界的认识和表现，不得不依据对外在视觉的忠实描绘，这是人类难以解决的千年难题或者说悖论。就算对于身外世界的描绘再真实再具体，也并不意味着人对自己的精神世界的感受和体验把握有多深。因为对外部世界的描绘行为其实是手段，而描绘本身或者说使用某种手段来创作这本身才是目的。德国美学家沃尔夫冈·伊瑟尔（Wolfgang Iser，1926—）认为：“虚构和想象并不是文学自身的条件，它们的相互联系基于这样的事实：单独的任何一个都不能产生文学，只有相互融合才能形成文学。”① 赛博空间的双重化结构正是这种相互融合的结果。人的自我塑造和自我发现状态、精神状态和诉求，作为生命的律动和灵魂的跳动，是任何物质性的视觉媒介、材料以及语言所无法替代的。然而，虚构和想象之间的互动具有深刻的人类学意味，赛博空间作为人类超越自身的一种

① Wolfgang Iser，*The Fictive and the Imaginary*：*Charting Literary Anthropology*，Baltimore：Johns Hopkins University Press，1993.

方式，拓展了我们对现实的认识。赛博空间能够让我们通过文学获得一种超越的情感，进而探究出人类本性的多种可能性。

（三）赛博空间能够创造可能性世界

赛博空间的世界永远是一个主观的世界，主观性是人类的生命独特性。所有的文学艺术都是生命的体现，而精神生命离不开自然生命。人们相信文学作品是真实的给予，可是文学决不是对生活世界的反映，而是既有现实又有想象交织在一起的赛博空间的“可能性世界”。在现实中，我们不能真实而多样地展现自我，只有文学才能多方面、彻底地表现自我，才能够毫无羁绊地利用多种文化手段全景式地展现人的各种可能性。人文活动的实质是一种基于“主体间性”的精神交流，能够满足人类相互之间的交流需要。赛博空间向着一切可能性广泛地敞开着。文学的“可能性世界”让我们扩展自身，超越平庸的现实。在互联网与文化关系的研究中，弥漫着一种浪漫色彩，许多研究者用幻想来代替真实的分析。人文学科，如历史学、人类学、文学、哲学等，大都是对现在和过去的研究。在这些学科中，也不断产生关于未来的乌托邦式的预言，然而，这些预言式论述很难在这些学科中占据主导地位。对未来社会的预测总是一个诱人的话题，这样的一些著作会引起社会的普遍关注。但是，猜想不能代替现实，猜想也不是学术。现代学术传统常常制约学术研究中的浪漫情怀。荷兰植物生理学家、遗传学家弗兰西斯·克林斯（Francis S. Collins）是生理仪器和电子数据处理系统的设计者，美国精神病学者凯文·克莱恩（Klein Linda）则是临床精神病学的医师，两者共同研究、构想并设计了“自我调节的人机系统”（Self-regulating Man-machine System），希望通过辅助机械“修补”人体的不足，以增强人类在外层空间环境的生存能力。赛博空间是通信手段连续发展的一个新阶段，是社会生活的一部分。赛博空间将世间的一切归结为数。赛博文化会造出一批以在电脑前生活为主的人，就像文字的世界造就一批在文字世界中生活，艺术的世界造就出一批在艺术世界中生活的人一样。同时，赛博空间也不可能成为一个独立于生活之外的空间。

二、国外赛博格理论学术研究

哈拉维赛博格理论引起国际学术界的广泛关注。国际关于赛博格理论的研究方兴未艾。如加拿大学者大卫·莱昂（David Lyon）的《后现代性》（*Post-modernity*）、英国乔治·迈尔逊（George Myerson）的《哈拉维与基因改良食品》（*Donna Haraway and GM Foods*）、荷兰约斯·德·穆尔（Jos de Mul）的《赛博空间的奥德赛：走向虚拟本体论与人类学》（*Cyberspace Odyssey*，2004）、美国詹姆逊（Fredric Jameson）讲演录《后现代主义与文化理论》、法国哲学家雅克·德里达（Jacques Derrida）《明信片》（*La Carte Postale*，1980）中都涉及赛博格理论问题。法国后现代哲学家吉尔·德勒兹（Gilles Louis Réné Deleuze，1925—1995）的“符码化—超符码化—解符码化”、法国现代社会思想大师让·鲍德里亚（Jean Baudrillard）的“仿造—生产—仿真”等，都与赛博格理论有联系。国际上出现了《赛博文化》（*Cyberculture*）杂志（也可以直接译为“网络文化”）、《赛博空间独立宣言》（*A Declaration of the Independence of Cyberspace*，1996），并每两年召开一次国际赛博空间会议。

我们可以从两个方面来分析国外学者对哈拉维赛博格思想的研究：一方面是关于她的赛博格本体论思想，另一方面是关于哈拉维赛博格女性主义思想。在赛博格本体论方面，国外大多数学者对哈拉维的研究持一种肯定态度，并通过正面引用来构建各自的理论学说。比如说，作为赛博格学的主要贡献者之一，美国蒙大拿州大瀑布大学从事科学技术人文研究的克里斯·哈布莱斯·格雷（Chris Hables Gray）教授接受哈拉维的观点，并认为人类世界就是赛博格的世界，赛博格概念对二元论的否定将为人类带来更大程度的民主。格雷在哈拉维的赛博格概念的基础上，发展了他自己的赛博格政治学。麦尼克（Rene Munnik）同样赞同哈拉维的观点，并对哈拉维在《赛博格宣言》中提出的赛博格概念和赛博格女性主义思想作了全面的梳理，指出哈拉维的赛博格本体是整个地球的存在物①。乔纳森·克鲁（Jonathan Crewe）从密码转换的角度，讨论了哈拉维的《赛博格宣言》，阐述了哈拉维的后现代世界观②。乔治·迈尔逊（George Myerson）在2000年出版了《哈拉维与基因改良食品》（*Donna Haraway and GM Foods*）一书。他指出，从哈拉维的观点看，基因改良食品是更广泛的赛博

---

① Rene Munnik, *Donna Haraway: Cyborg for Earthly Survival?* American Philosophy of Technology: The Empirical Turn, 2004, p. 95.

② Jonathan Crewe, *Transcoding the World: Haraway's Post-modernism*, Chicago: The University of Chicago Press, 1997, p. 89.

格世界的一部分，是赛博格形象最好的例证，它能为人类的生存提供更多的可能性。作者评论说，如果哈拉维的想法能够更加为人所知，那将是一件好事。[①] 凯文·沃里克（Kevin Warwick）则通过在自身体内植入芯片的形式，更好地说明机器与人类之间已经没有明确的区分，在一定程度上证明了哈拉维的赛博格概念：人与机器的结合体[②]。路易斯（Bradley E. Lewis）将哈拉维的赛博格理论应用于医学和精神分析学，指出将控制类精神药物应用于人体会导致人类成为赛博格[③]。美国建筑学、媒介艺术和科学专业的教授威廉·米切尔（William J. Mitchell）在哈拉维的赛博格概念上，发展了他的网际城市（Networked City）理论。在他看来，人类生存在一个边界模糊的世界，我们与周围的各种创造物之间产生着各种关系，整个城市形成了一个大的网络整体[④]。史蒂文·门特（Steven Menter）在其论文“Manifesto Technologies：Marx，Marinetti，Haraway”[⑤]中指出，赛博格这些有机体机器的出现和他们存在的合法化将使曾经不可能的想象成为现实，他们将不断改写人类的历史，赛博格是机器的自动化和人类自治的最完美的结合，是对未来技术的最好的描述。另外，也有一些学者对哈拉维的赛博格女性主义思想持肯定的态度。美国赛博格女性主义者切拉·山德瓦（Chela Sandoval）分析了哈拉维的赛博格女性主义思想，认为哈拉维的女性主义思想与她自己的思想之间的交叉点是反抗意识（oppositional consciousness）。在她看来，哈拉维的思想中包含有“压迫隐喻”，包含着对控制进行抵制的含义。因此，她指出：“事实上，反抗意识的形式，最好可以被认为是一种力量的特殊领域，这使得‘压迫隐喻’的实践和程序成为可能”[⑥]。

当然，也有学者对哈拉维的赛博格思想提出了批评。例如，凯特

---

① ［英］乔治·迈尔逊著，李建会、苏湛译：《哈拉维与基因改良食品》，北京：北京大学出版社2005年版，第52页。

② David Tomas, Feedback and Cybernetic：Reimaging the Body in the Age of the Cyborg, *Body and Society*, 1995, p. 22.

③ Bradley E. Lewis, Prozac and the Post-human Politics of Cyborgs, *Journal of Medical Humanities*, 2003（24）, p. 50.

④ William J. Mitchell, *Me + + : The Cyborg Self and the Networked City*, Boston：MIT Press, 2003.

⑤ Staven Menter, “Manifesto Technologies：Marx, Marinetti, Haraway”, 1994, *An Early Version of Haraway's Cyborg Manifesto*, 1983.

⑥ Chris Hables Gray, *The Cyborg Handbook*, *New York and London*：Routledge 1995, p. 409.

（Kate Soper）通过对致癌鼠和女性男人的分析，认为哈拉维的赛博格概念过于混乱，缺少明确的区分。她质疑说，假如20世纪后期人与机器之间的界限被打破了，我们就是赛博格，那么在20世纪之前，我们也曾与机器发生某种关系，是否就能说，当我们骑自行车的时候或者开汽车的时候，我们就已经成为赛博格呢？[①] 另外，哈拉维在《赛博格宣言》中所指出的三对边界模糊的对立面，也受到了部分学者的质疑。桑德拉·哈丁（Sandra Harding）认为哈拉维的第三种边界划分——自然与非自然，是不确切、不严密的，是她的赛博格思想的一个错误所在[②]。从总体上看，尽管一些学者批评了哈拉维赛博格本体论思想中的相对主义色彩，但是多数学者对其思想持一种肯定态度。

哈拉维的赛博格女性主义思想，是后现代女性主义思想的重要组成部分。对于她的这一思想，许多女性主义者进行了回应，其中以"哈拉维与哈丁之争"最受学术界的关注。哈丁研究女性主义中的科学史与科学哲学问题，她提出了著名的女性主义立场论（standpoint theory），并据此对哈拉维的社会建构主义观点提出了疑问。正如有人指出的，"哈丁探索和反对哈拉维的后现代转向。她认为在其中存在着潜在的不成功因素，这种倾向包含着哲学的和更多的相对主义。哈丁警告在其中存在着缺少客观性的危险"[③]。总的来看，哈拉维的赛博格及其女性主义思想，是后现代主义女性主义思想中的重要组成部分，已经对整个女性主义思潮的理论转向产生了相当大的影响。由此可见，哈拉维的赛博格思想是颇受关注的理论思想。但是，纵观国外的研究，许多学者满足于通过对哈拉维赛博格思想的引用来建构自己的理论，而对哈拉维赛博格本体论的隐喻内涵、赛博格思想的政治意义、赛博格式视野下的技术与人的关系以及赛博格思想转向等议题挖掘得不够。事实上，在哈拉维的视野中，赛博格不仅仅指人与机器的结合体，也指与动物、男人与女人、自然与非自然、国家与国家、公司与科研机构等形式的结合体。赛博格不仅仅是各种结合体的代名词，还具有自

---

① Kate Soper, "Of Oncomice and Female/Man: Donna Haraway on Cyborg Ontology", *Capitalism, Nature, Socialism*, 1999, p. 75.

② William Grassie, "Cyborgs, Trickster, and Hermes: Donna Haraway' s Metatheory of Science and Religion", *Journal of Religion and Science*, 1999, p. 150.

③ Sandra Harding, *The Science Question in Feminism*, New York: Cornell University Press, 1986. 另见［美］桑德拉·哈丁著，夏侯炳、谭兆民译：《科学的文化多元性：后殖民主义、女性主义和认识论》，南昌：江西教育出版社2002年版，第8～15页。

身更深层次的隐喻内涵。如此看来，哈拉维赛博格思想具有十分丰富的内涵，因此，有必要在更大的视野中，更加深入、全面地探讨哈拉维的思想及其深远意义。

三、国内赛博格理论学术状况

进入新世纪以来，国内文化研究领域，赛博格理论与电子传媒和网络空间等日益引起国内学者的兴趣和关注。国内学术界也出现了一些这方面的专家，如金惠敏、李建会、张云鹏、王岳川、欧阳友权、麦永雄、陶东风、周宪、戴锦华、黄鸣奋等，他们侧重在赛博空间、网络世界、电子传媒等方面的广泛的研究。就文学互补和科际整合的视域而言，金惠敏、李建会、沈一明等借鉴西方哲学虚拟的维度，阐发了他们对电子传媒时代的赛博格理论的独特思考。

国内对哈拉维赛博格思想的研究是比较活跃的，但根据目前国内主要出版物来看，国内学者对哈拉维的学术思想还没有进行系统、深入的引进和研究。除了翻译哈拉维的著名文章《赛博格宣言》以及国外学者对于哈拉维思想的评论外，其他中文文献大多只是对哈拉维赛博格概念及其赛博格女性主义思想的简单引用。2001 年，吴世雄、陈维振、王峰、陈明达等学者翻译了史蒂芬·赛德曼（C. S. Seidman）编辑的《后现代转向：社会理论的新视角》一书，这本书关注的是知识的社会性和修辞性，倡导一种打破自然科学和人文科学之间界限的社会知识观。该书收录了哈拉维的《赛博格宣言》一文。这本书的译者简单地评论了哈拉维的思想，认为哈拉维对普遍性别划分的批判是有道理的。毕竟，女人自身存在着阶级、种族、年龄、肤色等方面的差别，她们往往具有不同的经历、利益和价值观。既然如此，关于妇女具有统一性的主张本身就隐含着对某些女性的排斥和压制。其中关于赛博格思想的译著包括由吴士余主编、曹荣湘选编的《后人类文化》一书。在这本书中，作者译编了大量的关于电子人、赛博格、后人类以及超人类的文献。这些文献大都引用了哈拉维对于赛博格的定义，并在此基础上建构自己的理论。而该书的编者对赛博格的概念进行了简单的论述，指出电子人（该书作者将“cyborg”译为“电子人”）是一种人造的控制论的有机生物，虽然其具有不同的类型，比如电子人、机器人和生化人等，但是都具有相同的文化概念，都是人和机器进化的产物，是人和机器之间的界限消解的结果。

国内学术界也出现了这方面的专家，如金惠敏《消费·赛博人·解域化——自然与文化问题的新语境》，沈一明《从社会性别意识视角看赛博空间中的两性关系》、李建会《哈拉维及其“赛博人”神话》等。中国的学者认为，当代高新技术正创造着跨越自然与文化之传统畛域的新情况、新现实，哈拉维以“赛博格”名之，它既非自然亦非文化，而是二者的混杂。金惠敏说：哈拉维描述了20世纪末的美国科技已经使三个关键的界线不复存在，一是人类与动物的，二是动物—人类即有机体与机器的，三是物理的与非物理的。其结果就是她所谓的“赛博格”的出现，一个并非由她发明但被她实质性地扩展从而取得了广泛知名度的术语。我们已经步入了赛博格时代，一个“人机合体”的时代。“赛博格”是一种新的主体或身份，一种新的社会现实。哈拉维宣布：“到20世纪末，即我们的时代，一个神话的时代，我们统统都是喀迈拉（chimeras，希腊神话中的吐火女怪，狮头、羊身、蛇尾，这里被引申为一种怪异的组合物——引注），都是被理论化的和生造出来的机器与有机体的杂交品；一句话，我们都是赛博格。赛博格是我们的本体论；我们由它那儿得到我们的政治学。”① 《赛博格宣言》的最终意味又是超越于女性主义及其政治学的，它是本体论，是赛博格女性主义政治学。我觉得是中肯的。

在内地学者中，相比较而言，北京师范大学的李建会教授对哈拉维的研究最为深入。他及其学生苏湛翻译了乔治·迈尔逊的《哈拉维与基因改良食品》一书，稍后在2005年发表了《哈拉维及其“赛博格”神话》一文。在后者中，作者介绍了哈拉维的生平和主要著作，初步分析了哈拉维的赛博格概念、女权主义科学观以及基因改良食品的文化内涵等。另外，北京师范大学的研究生张晓荣于2004年发表了《关于Cyborg的哲学探索》一文，对赛博格的基本概念、产生渊源、分类、哲学内涵等进行了综述。在这篇文章中，她着重分析了“赛博格”一词中文翻译的不同版本，指出某些学者将“赛博格”一词翻译为“电子人、生化机器人、机械有机体、受控有机体”等是不准确的。在她看来，这些译法仅仅将赛博格的概念局限在“机器—人”之间，未免过于狭窄。我们在写作过程中借鉴了她的思

① Donna Haraway, “A Cyborg Manifesto: Science, Technology, and Socialist-Feminism in the Late Twentieth Century”, in *Simians, Cyborgs and Women: The Reinvention of Nature*, New York: Routledge, 1991, p. 150.

想，通过直接音译的方法将“Cyborg”译为“赛博格”。相关研究还有麦永雄翻译的《赛博空间的奥德赛：走向虚拟本体论与人类学》、黄鸣奋的专著《新媒体与西方数码艺术理论》等。

在台湾地区，也有一些学者对赛博格进行了研究。南华大学社会研究所的研究生苏建华对赛博格学进行了评介。在2003年出版的《科技未来与人类社会——从赛博格概念出发》一书中，他指出，“赛博格学是一个多元文化的科学新领域，它所关切的是人类未来人机界面的发展，还有经由科技入侵所建构的赛博格社会”①。他在另外一些文章中探讨了赛博格社会中的人机界面发展的三个阶段——增强与替代（augmentation and replacement）、侵入的机器界面（invasive machine interfaces）、一统（unification）。由此，可以看出，苏建华关于赛博格的讨论仍然处于技术变化的层面上。

当然，国内也有少数学者注意到了哈拉维赛博格女性主义思想。其中，李燕在她的《全新的女权主义理论和实践》一文中对赛博格女性主义思想进行了简要的介绍。她指出“哈拉维运用马克思主义精神分析和女性主义方法论来分析种族、性别和阶级话语怎样被技术的进步改变的。赛博格自我是哈拉维把赛博格作为女性的贴切的后现代隐喻”②。另外，华南师范大学的博士生导师王宏维对哈拉维的赛博格概念及其赛博格女性主义思想作了简单的评述。他认为哈拉维否定了“女性”这一范畴，指出“在哈拉维看来，性别其实从来就不是‘自然而然’的，而是在复杂的竞争话语中及相关社会实践中产生的，是一个被社会构造的范畴”③。目前，国内关于哈拉维的赛博格女性主义思想仅仅是作简单的介绍，对这一思想的专门的评述还未见到。

总之，根据目前国内主要出版物来看，国内学者还没有对哈拉维的赛博格学术思想进行系统、深入的研究。没有从哈拉维的赛博格的本体论思想出发，去分析人与技术的关系、去发掘其看待人类未来的新视角，进而探索哈拉维的赛博格女性主义思想的内涵。因此，在对国外与国内相关文献进行研究的基础上，我们试图全面探讨哈拉维赛博格思想提出的背景、

---

① 苏建华：《Cyborg，Cyborg社会与全球脑》，www. FRChina. net。

② 李燕：《全新的女权主义理论和实践》，论文天下论文网，2007年7月15日。

③ 王宏维：《关于“赛博格女性主义”》，http://theory. people. com. cn/GB/49154/49156/4331218。

内涵、实质和特点及其局限性，以期为我国技术哲学的发展作出贡献，为技术创新提供理论参考。

第三节　哈拉维赛博格理论的学理依据

赛博格理论是哈拉维的技术哲学思想的核心，涉及技术的本质、技术的价值负荷和技术的意识形态功能，体现哈拉维作为女性主义者的独特社会性别视角。

我们将通过对技术中立论和价值论的研究，揭示这两种理论的局限与不足，从而展现哈拉维赛博格理论对技术价值负荷问题传统研究的超越。女性主义学者以性别为镜头透视和分析各个学科的历史与现状、理论与实践，并通过批判和建构为各学科的发展注入了新的活力。本节将主要介绍哈拉维赛博格理论及其对女性政治的重建，并对其进行批判性研究。“赛博格”不仅仅是哈拉维的技术理想，更是她的政治理想。她希望通过新技术的力量来重建女性主义政治，使女性得到解放和自由。但是，哈拉维的赛博格理论未能触及政治意识形态形成的根源，因此，其理论是否真的能够解决人的异化问题还是值得思考的。本节从对科学与技术关系的探讨开始，从而对哈拉维的赛博格理论的学理依据进行阐述和分析，希望能够对哈拉维理论研究的特点进行简要性的概述，以期从中给我们的研究带来一些启示。

一、赛博格理论指向的基本特征

“学术”从字面上而言是指学问之术，从内涵而言当然指的是排除一切非实用功利性和非学术性因素的纯粹学问，故而有“纯学术”、“为学术而学术”之说，其目的旨在表明学术的独立性、自主性和纯粹性。从赛博格理论建设、理论体系和知识结构的建设、学术追求、学术精神、学术品格、学术价值的角度而言，赛博格理论学术性命题是具有合理性与合法性的。继而要追问的是赛博格理论学术性与核心体系构建有何内在逻辑性，这可以从以下三方面辨析。[①]

（1）学术性是一切学问构成的最根本、最核心的要素，也是学问之所以为学问的本质规定和本体基础。学术性本身就是学问及其学问研究的核心价值取向。

赛博格理论不仅是一种活动与行为，而且是一门学问和学科，在追求科学性的基础上必然也使其核心价值取向导向学术性。赛博格理论学术性不仅是对赛博格活动与行为的原则规定，也是赛博格理论体系的依据和知识结构的科学性规定，更是对其结果和效果的价值取向的规定。当然，赛博格理论除学术价值外，也有教化、审美、交流、解读、阐释、评判等其他综合价值。

（2）赛博格理论学术性推动确立赛博格理论核心价值取向并构建其核心价值体系。

学术性是“科学共同体”及其学术规则和规范下形成的学术品格和学术精神，它不仅在价值取向上规定了赛博格理论的态度与观念，而且规定了赛博格理论的方法与评价标准，从而既使之确立学术性核心价值取向，同时也以学术性推动赛博格理论构建核心价值体系。赛博格理论的学术价值取向必然导致对赛博格理论核心价值体系的诉求，从而在学术评价机制的推动下和学术价值取向的追求中，自觉构建赛博格理论核心价值体系。

从赛博格理论整体而言，学术价值取向性无疑是赛博格理论价值取向中核心价值要素，导致赛博格理论从整体上对核心价值体系构建的自觉诉求和追求。同时，“科学共同体”与学术规则和规范也从学术制度、体制、机制及其学术评价的“学术圈”整体环境和氛围中，推动和促进赛博格核心价值体系构建，在合规律性与合目的性的统一中达到构建赛博格理论核心价值体系的目的。

（3）赛博格理论核心价值体系构建的学术依据。

既然赛博格理论核心价值体系构建的理由已足够充分，何以还要探讨其学术依据呢？我们确实应该从精神文明建设、社会发展趋向、人类价值取向、意识形态、思想观念、文学发展等角度来讨论赛博格核心价值体系构建的合理性与合法性，但更为深层和内在的学理依据是需要从学术层面

---

① 张利群：《文学批评核心价值体系构建的学理依据》，《吉首大学学报》（社会科学版）2011 年第 1 期。

加以深入讨论的。

首先，从赛博格理论核心价值体系的内在逻辑结构及其学理构成来看，其系统性、结构性、整体性的体系要求，符合学术性要求和经得起学术评价，可以从学术性角度确证这一体系的合理性与合法性。其次，从赛博格理论价值取向中确立核心价值体系，必然也会涉及价值多元取向与核心价值取向的辩证关系问题。这不仅是确立赛博格理论核心价值体系构建的学术依据，也是对赛博格理论研究和学术探讨的进一步拓展。再次，赛博格理论核心价值体系构建的学术依据在于对赛博格价值观、价值取向、价值功用、价值评价机制、评价标准的深度研究和整体研究。赛博格理论需要有一个科学、客观、公平、公正的评价机制推动这一构建过程的发展，从学术机制角度保障批评核心价值体系构建的合理性。

哈拉维赛博格理论的学理依据涉及的具体内容主要有：①哈拉维赛博格理论的基本特征、多样复杂性、批判与超越。②哈拉维赛博格理论人文思潮轨迹包括：理念、先驱、新的赛博格理论人文学者。③哈拉维赛博格理论的学术趋向、文化身份、基本规定性、对西方后现代人文思潮新的理解与认知。④哈拉维赛博格理论的人文思潮谱系包括德里达的解构、福柯的批判、利奥塔后现代人性的艺术理论、德勒兹的人文的流变思维、鲍德里亚的人文符号与拟像理论、朗格等的女性主义美学。⑤视角艺术中的赛博格、网络文学中的赛博格、科幻小说中的赛博格、数字技术下的赛博空间、数字化时代的诗学语境。⑥消费文化的赛博空间、身体赛博和野兽、“电子人身份”的人文思考、后现代消费文化的人文神圣性。⑦开发电子人的潜能、信息时代的“宗教信奉”、身体的道德定位和知识的“情境”、人与自然的人文结合。⑧哈拉维基因与赛博格神话，赛博格女性主义理论，赛博人的生命循环、生态精神、生态批评。⑨哈拉维赛博格理论的科技定位——引进赛博格的科技内涵、面向赛博格的科技考量、走向赛博格的多元拓展。⑩科技与性别、人体与技术、政治与伦理——人机共生的赛博格渊源、赛博格身份与思维机器、赛博格意味着虚构想象。

二、赛博格理论指向的多种层面

面对科技时代，科技哲学紧扣对自然和科学的哲学思考，引发对人与自然关系的反思与重建。有关科学精神与人文精神的讨论、科技与人文的对话以及科学主义与反科学主义的争论，使科学、伪科学、反科学、非科学、民间科学、中医等方面的问题得到深入探讨。赛博格和科学传播领域关于科学有限性的讨论使科学知识的多种层面、对文化背景的依赖性得到了初步的探讨。在科技伦理方面，在生命伦理、信息网络伦理、高技术伦理、科技伦理等领域取得了一定成果，逐渐形成以科学研究伦理、技术伦理和赛博格为主体的科技伦理体系。

赛博格理论作为一门交叉性学科，自默顿以来得到迅速发展。我们从创新的角度出发，研究赛博格理论多元性科学与人文科学体系。第一，梳理和概括赛博格理论科学哲学的方法论；第二，运用语境分析方法探讨科学的维度，建立了广义语境模型，分析并论述赛博格理论科学的语境结构、赛博格知识产生的机制、赛博格的社会运行等；第三，论述国家创新体系与赛博格理论的可持续发展问题，重点分析美国国家创新体系及其特点和中国国家创新体系建设与发展；第四，探讨赛博格活动和医疗活动中的利益冲突及其管理，尤其是探讨赛博格理论利益冲突的内涵、类型与根源。我们的研究是科学哲学的研究性课题，面向的是人文社会科学、哲学及理工类本科生和研究生，也可作为科学工作者和科普工作者的读物。

赛博格理论属于科学技术哲学。科学技术哲学以自然观、认识论与方法论、科学观、科学技术与社会等为研究领域。人类对自然的认识过程、对自然规律的认识过程和思维方法、对科学发展规律的认识过程、对科学技术与社会发展的相互关系和互动作用以及科学技术思想、文化、政策、管理等领域之间的相互关系及其作用和影响等，均为其研究的范围。科学技术哲学属于哲学的重要分支学科，主要研究自然界的一般规律、科学技术活动的基本方法、科学技术及其发展中的哲学问题、科学技术与社会的相互作用等内容。科学技术哲学的历史很长，中国古代和古希腊时代的思想家就开始研究自然哲学方面的问题。随着科学技术的发展，赛博格理论科学技术问题的研究开始并引起人们的注意。科学影响日益明显的现代，科学技术与社会关系成为科学技术哲学研究的重点，赛博格理论的哲学研究也日益受到重视。由于赛博格科学技术活动已成为独立的社会活动，因此，将赛博格理论作为单独对象考察和研究对科技发展和社会发展都具有重要的作用。赛博格理论科学哲学研究涉及马克思主义哲学、科学技术发展史、自然哲学、科学哲学、技术哲学、思维科学、科技社会学、科技方法学、科技伦理学、技术经济学等多个学科，具有明显的交叉和前沿学科的性质，是学理依据。

赛博格理论与哲学之间有着密切的联系。哲学是赛博格理论发展的理论基础，赛博格理论的发展又带领哲学迈向更高领域的殿堂。二者相辅相成，密不可分。无论是从柏拉图到康德，还是从黑格尔到马克思，我们不能不承认，今天科技的飞速发展，正是因为我们站在巨人的肩膀上看待世界。纵观世界风云，在探索科学技术的道路上，是哲学拭去了蒙在未来的面纱；是哲学点燃了科技发展的火焰；是哲学唤醒了沉睡的大地，唤醒了黎明的梦想。不管我们喜不喜欢，哲学永远是所有事物的基础，它就像一盏明灯，为我们指明了前行的道路；它就像神舟飞船的助推器，确保了人类探索外太空的动力；它就像默默耕耘的黄牛，稳健而扎实地为我们科技致富贡献力量。发展才是硬道理，脱离了哲学的理论基础，发展也就无法成为硬道理。解放思想、实事求是、与时俱进、理论创新……这些促进社会经济发展的词语，无一不是建立在马克思主义哲学上的。我们不得不说，我们和哲学离得那么近，我们正被哲学包围着，在哲学的孕育下不断成长。

三、赛博格理论的女性主义视角

赛博格神话是关于跨越边界、潜在熔接和探索作为政治的危险可能性的理论。我们的假设之一是大部分美国社会主义者和女性主义者看到了在社会实践、象征格式关于高技术和科技文化的物理艺术品中的二元主义：精神和肉体，动物和机器人，理想主义和物质主义。从法兰克福学派代表人物赫伯特·马尔库塞（Herbert Marcuse，1889—1979）《单向度的人》（*One-Dimensional Man*）到女性主义科学史的著名人物卡洛琳·麦茜特（Carolyn Merchant）《自然之死》（*The Death of Nature*）都强调了技术的必要统治及呼唤我们成为一个整合抵制的想象体。另一个假设是没法抵制世界范围的统治张力的人们联系体的张力从未如此尖锐。一个轻微的前景的任性转向就可能使我们为意义而斗争，就像其他形式的权力和兴趣在技术社会一样。

女性主义以其独特的社会性别视角，向我们展现了一个极具批判精神和神秘色彩的赛博格理论体系。哈拉维在《情境化知识：女性主义中的科学问题及其部分视角的特权》[①] 一文中，对科学的客观性进行了强烈的批判。她关注作为文化的技术如何包含在主体性别身份的建构之中，特别强调了女性经验和女性价值的作用。她认为科学被性别和种族歧视、阶级剥削所利用，占统治地位的阶级、种族、文化中的人通过科学应用和科学理论加强了对妇女的控制。女性主义学者以性别为镜头透视和分析各个学科的历史与现状、理论与实践，并通过批判和建构为各学科的发展注入了新的活力。科学和技术无论在过去还是现在都是有益于占统治地位的种族、阶级和社会性别的，其资源也是用于少数人并且直接用于压迫和剥削其他人的。因此，哈拉维否定了科学的价值中立，她的真正目的是要通过对男性特征的一元对立论证模式的批判来摆脱父权主义的思维模式，建立女性话语权。她认为以往的女性主义批判并没有摆脱男性的思维模式，其批判都是有局限的。只有拥有了属于女性自身的话语权，才能彻底消除性别不平等和性别歧视，构建社会主义女性主义政治。女性主义技术研究者对与女性发展密切相关的技术问题进行了批判性研究。她们关注作为文化的技术如何包含在主体性别身份的建构之中，特别强调了女性经验和女性价值的作用。下面将对后现代女性主义者哈拉维的技术哲学思想和学理依据进行研究和探讨。赛博格理论是哈拉维技术哲学研究的核心。以下将从对技术的本质、技术的价值负荷和技术的意识形态功能这三个角度对哈拉维的赛博格理论进行阐述和分析。首先从对科学与技术关系的探讨开始，对哈拉维的赛博格理论进行初步的分析，体现哈拉维作为女性主义者的独特视角——社会性别视角。另外，通过对技术中立论和价值论的研究，揭示这两种理论的局限与不足，从而展现哈拉维理论对技术价值负荷问题传统研究的超越。接着主要介绍哈拉维对女性政治的重建和批判性研究。赛博格不仅仅是哈拉维的技术理想，更是她的政治理想。她希望通过新技术的力量来重建女性主义政治，使人类得到解放和自由。但是，哈拉维的理论并未触及政治意识形态形成的根源，因此，其理论是否真的能够解决人的异化问题还是值得思考的。

---

① Donna Haraway, "A Cyborg Manifesto: Science, Technology, and Socialist-Feminism in the Late Twentieth Century", in *Simians, Cyborgs and Women: The Reinvention of Nature*, New York: Routledge, 1991.

第二章

哈拉维赛博格理论是人类意识核心

美国著名的跨学科学者堂娜·哈拉维（Donna Haraway，1944—）在《赛博格宣言》提出“赛博格”（“cyborg”，另译“赛博人”）理念，为西方人文思潮添上了独特的一笔。“赛博格”作为虚构物，反映了社会和身体的现实，提出了一个有价值的“难题”。《赛博格宣言》是文明新世纪的重要宣言，提醒我们去关注当代社会变迁的一些重要问题。哈拉维“赛博格”的理论构想表现在她的主要著作中：《类人猿、赛博格和女人》（*Simians, Cyborgs and Women: The Reinvention of Nature*, Routledge, 1991），《如何像一片叶子：对堂娜·哈拉维的采访》（*How Like A Leaf: An Interview with Donna Haraway*, Routledge, 1999），《伴生种宣言：狗、人和重要的他者》（*The Companion Species Manifesto: Dogs, People, and Significant Otherness*, Prickly Paradigm Press, 2003）和《谨慎的见证者·第二个千禧年·女性男人·遇到致癌鼠》（*Modest_Witness @ Second_Millennium. FemaleMan @. Meets Onco Mouse* , New York and London: Routledge, 1997）[①]等。以上著作确立了她的赛博格理论基础。哈拉维赛博格理论引起了国际学术界广泛关注，如英国乔治·迈尔逊（George Myerson）的《哈拉维与基因改良食品》（*Donna Haraway and GM Foods*）、荷兰约斯·德·穆尔（Jos de MulJ）的《赛博空间的奥德赛：走向虚拟本体论与人类学》（*Cyberspace Odyssey*）。加拿大传播理论家麦克卢汉（Herbert Marshall McLuhan，1911—1980）提出了文化历史三分法模式。提出相应学术观点的有代表性的学者有威廉·米切尔（William Mitchel）的“水井—壁炉—佛祖讲经”；德勒兹（Gilles Louis Réné Deleuze，1925—1995）的“符码化—超符码化—解符码化”；鲍德里亚（Jean Baudrillard，1929—2007）的“仿造—生产—仿真”等，都与赛博格理论有联系。居住在加拿大的美国科幻小说作家威廉·吉布森（William Gibson）在1984年的《神经漫游者》（*Neuromancer*）[②]创造了“赛博空间”概念。约翰·巴洛（John Perry Barlow）是“边疆基金会”（Electronic Frontier Foundation）创始人之一和现任主席。他的“The Economy of Ideas: Everything You Know about Intellectual Property Is Wrong”是一篇“奇文”。正如《赛博空间独立宣言》（*A Declaration of the*

---

① ［英］乔治·迈尔逊著，李建会、苏湛译：《哈拉维与基因改良食品》，北京：北京大学出版社2005年版，第5~6页。

② ［加］威廉·吉布森著，雷丽敏译，文楚安校：《神经漫游者》，上海：上海科技教育出版社1999年版。

Independence of Cyberspace）所描述："在这个独立的空间中，任何人在任何地点都可以自由地表达其观点，无论这种观点多么奇异，都不必担心受到压制而被迫保持沉默或一致。"

科技工作者用无机材料制造生命，生物工作者用现有的生物分子来构建生命。这是科学与幻想的结合，但从非生命向生命的飞跃发生在哪里呢？生物与非生物之间的界限到底是什么呢？没有人能预料这种"拼合"生命谁能率先造出来。人造生命将是有机的还是无机的？人其实就是一种动物。但人类是万物之灵，人类是能思考且智慧的动物。人类具有自己的优越感。事实上，人类的定义与本质一直都被讨论着，有些社会学家认为人类与其他类属的差异在于语言以及文化的累积，话虽如此，但却无法具体证明其他动物没有此项能力，真正可以以科学方式来验证的就是大脑构造的差异——所谓智力的高低，在于人与其他动物大脑皮质的发达程度不同。但是就这样的比较，是否就代表着人类的能力真的比其他动物来得强，或许这也是一种立足点不同下的比较，因为能力高低的标准是以人类的能力为准的。既然如此，举凡是动物的训练抑或是先进的机器人设计，都是朝着"像人"的目标来设定的。会人类手语的黑猩猩是聪明的，能对人类语音辨识并产生反应的机器设备是聪明的，所有的研究与设计都以人为中心来进行。但是，人类的能力真的无与伦比吗？随着时代的变迁，这个以人为主体的世界会依旧相同吗？哈拉维把西方当代高新技术正在创造的跨越自然与人文传统领域的新现实称为"赛博格"，它既非自然亦非文化，而是二者的混杂。如基因食品混乱了自然区别的纯洁性，打破了物种间的界限。哈拉维不仅关注基因食品，而且关注其他类型的新存在，不管是虚拟的还是现实的，也不管是实际的还是理论的。哈拉维说，当前时代的中心主题是"基因和计算机"①，她认为，基因和计算机是我们定义区别以往时代的方式，是未来人类意识的核心。

---

① Donna Haraway, "A Cyborg Manifesto: Science, Technology, and Socialist-Feminism in the Late Twentieth Century", in *Simians, Cyborgs and Women: The Reinvention of Nature*, New York: Routledge, 1991, p. 41.

第一节 哈拉维赛博格理论的本质特征

生命科学，特别是人体科学，是自然科学中最复杂最先进的科学。奥地利物理学家施勒丁格（E. Schrodinger）、美国物理学家盖莫夫（G. Gamov）最早提出遗传密码——“人类生命天书”。哈拉维在整个人类基因组测序工程中，已经胜利攀登了一座高山，走过了一条漫长而艰险的道路，这将深刻地改变现有的哲学、伦理、法律等观念，向对于基因的排列和变异的研究，克隆技术的实现以及人类在宇宙空间存在的心态所引起的种种道德伦理问题等人文科学提出了新的挑战。千奇百怪的科幻小说、科幻电影预先描写了科学脱离人文目标，异化为人所不能控制的力量时人所面临的悲惨前景。跨学科的文学研究，特别是自然科学与文学研究之间的整合和互动必将为比较文学的发展翻开全新的一页。

“创造力”是哈拉维最重要的诗学观念，她所理解的现实并不取决于自然科学，而是依赖于思维的创造力。所有的人文艺术都基于创造而不是仅仅表现对象。这种对物体的想象化理解有着原始的生命力。哈拉维赛博格理论作为一种新的理论构思、学术研究话语，当下既没有形成独立的学科，也没有明确界定的理论。如何来理解赛博格理论的主要观点，难度确实很大。

一、赛博格理论的基本内涵

哈拉维把“赛博格（cyborg）”定义为“一个控制有机体，一个机器与生物体的杂合体，一个社会现实的创造物，同时也是一个虚构的创造物”。①“赛博格”是想象和物质现实的浓缩形象，既是虚构的事物，也是活生生的经验。赛博（cyberspace，又称赛博空间），是哲学和计算机领域中一个抽象的概念，指在计算机以及计算机网络里的虚拟现实。“赛博空

① Donna Haraway, “A Cyborg Manifesto: Science, Technology, and Socialist-Feminism in the Late Twentieth Century”, in *Simians, Cyborgs and Women: The Reinvention of Nature*, New York: Routledge, 1991, p. 149.

间”一词是“控制论（cybernetics）”和“空间（space）”两个词的组合，用于描述人们探索虚拟网络空间时所处的位置。这种超越学科界限的科际整合研究（interdisciplinary），是迄今文学理论界的一个热点，也是难点。基于这种人文意识和视界，赛博格着眼于作为人文现象的文学理论与作为文学理论现象的人文思潮，并相信在这种意识和视界中，赛博格理论研究无可限量。

（1）哈拉维认为20世纪末的美国科技，已经使三个关键的界线不复存在：一是人类与动物的，二是动物与人类即有机体与机器的，三是物理的与非物理的。其结果就是她所谓的“赛博格”的出现，一个并非由她发明但被她实质性地扩展从而取得了广泛知名度的术语。哈拉维认为赛博格是一个新的主体，是人与动物、人与机器及物质与精神等界限崩解后形成的新主体。它超越目前各种身份认同，如族群、种族、性别、阶级等，“赛博格”概念是“多元，没有清楚的边界、冲突，非本质”的。人类制造生产工具、制造出各种机器，而赛博格寄生于机器当中，机器成为人肢体的延伸，同时人成为机器上的一个组件或是赛博格身上的器官。哈拉维看到了赛博格带来的隐喻，它模糊了所有范畴乃至对立的两极界线。它是一个混血的杂种，可以充分适应一个充满“怪物”的世界，而非理想世界。哈拉维的作品都是关于科学同时也都是关于人文的。她的《谨慎的见证者》是内容最为庞杂的一部，从哈佛的致癌鼠到互联网，从孟山都公司的转基因作物到“女性男人”[①]，可以认为是哈拉维从科学研究转向人文研究的标志。如哈拉维笔下的“女性男人”，性别身份的认同成为越来越模糊的现代人的象征。转基因技术遭到质疑，这些被人类设计出来的生物，人们称之为弗兰肯斯坦的怪物。而哈拉维认为转基因生物，无论是以保鲜番茄为代表的基因改良（GM）食品，还是以致癌鼠为代表的实验用转基因动物，它们并不是简单的“妖魔”形象。相反，她认为转基因生物是充满模糊性的赛博格的典型形象，表现了一种人文关怀。后现代人与科技关系变得日趋复杂，哈拉维对赛博格、基因改良食品问题的探索有助于我们深入这些问题的核心。

赛博空间亦称“电脑虚拟”，指计算机控制下的空间，由三维电脑图像的发展而产生。其基本特性是：①虚拟性，即它是由图文、数码所构成

---

① “女性男人”，哈拉维笔下的性别身份认同变得越来越模糊的现代人的象征。

的虚拟世界；②潜在性，即它潜伏在原型之中；③互动性，赛博图像与数学原型及人的行为之间互相影响、互相作用；④共享性，赛博空间在消费过程中不具有排他性，人们可以共同享用电脑中的信息资源。赛博空间最有价值的地方在于它具有人文精神的功能，不但能让我们认清现实获得真实感，而且还能扩展人类的心灵。作为人类与生俱来的本能，它是人类必不可少的扩展心灵的中介。想象与虚构在这个世界中普遍存在，“虚构”与“想象”的复杂关系取代了“虚构”与“真实”。同时，它还是审美交流的工具，在我们的生活里以及追求人生意义的过程中发挥着重要作用。一个高素质的人，必须有很好的想象能力，想象是创造的基础，虚构不可或缺。赛博空间之所以具有人文科学的价值，在于它不同于宗教和政治意识形态的虚构，比它们更具有解放和超越的能力。意识形态的赛博空间是一种和谐的虚构，在它的笼罩下，我们往往很难挣脱它严丝密封的控制，也难以认清它无孔不入的本性。如托马斯·品钦（Thomas Pynchon）的《秘密融合》（*The Secret Integration*）作为具有后现代人文意义的小说，追寻失落意义的主题，与传统作品对终极意义的追寻不同。他继承了文学传统中的追寻模式，但又设计了赛博空间的虚假幻想，注重的是追寻的过程，而不是结果。作为一种媒介，赛博空间所显示的所有固定形态只能是虚幻的，它甚至将人类所有特性具体化为非真实性的幻象，而这种幻象是文学呈现相关事物易变特征的唯一途径。对赛博空间的表演、游戏和双重化结构的把握，能够使我们认识自我，从而扩展自我。一方面，追寻是他们保持真实的生命活力，对抗异化的虚幻的生存方式；另一方面，追寻也为各种被边缘化了的社会群体提供了一个流动和开放的空间，使他们有机会得以舒展备受压抑的人性。

（2）哈拉维给“赛博格”所下的定义，还表现在当代科幻小说里。计算机“世界”和围绕着它的社会里充满了赛博格——同时是动物和机器的生物。电影《星际迷航》（*Star Trek*）中有个虚拟的外星种族叫“博格”（Borg），是人类的异族，他们通过植入自动化控制系统提升智能和体能。博格的生存目的仅仅是提高生活质量、完善自我，所以他们畅游星际，吸收其他族类及其技术。科幻小说家威廉·吉布森（William Ford Gibson）在《神经漫游者》（*Neuromancer*）中，首先发明了“赛博空间”这个术语，也就是现在所说的网络空间。在这引起巨大轰动的小说中，吉布森非传统的写作技巧把我们带入迷惑的深渊，那是众多肤浅的、能指的奇怪而又分裂的世界。吉布森写道：“赛博空间，一个被数亿操作员每天经验着的交感性想象……一个来自于人文体系中每一台电脑的数据吸引力的图式化表现；一个不可思议的复杂构成。”[①] 像简·厄克特（Jane Urquhart）的《底色画家》（*The Underpainter*）、托马斯·品钦（Thomas Pynchon）的《V.》等，都具有代表性。赛博圈内代表作家除吉布森以外，还有布鲁斯·斯特林（Bruce Sterling）等一批80年代的硬科幻小说作家。哈拉维的赛博格理论影响了国外科幻小说的最新流派——“赛博朋克”。“赛博朋克”表现了人类生活中的每一个细节是受计算机网络控制的黑暗地带。庞大的跨国公司取代政府成为权力的中心，被孤立的局外人针对集权主义体系的战斗是赛伯朋克科幻小说常见的主题。在传统的科幻小说中，这些体系井然有序，受国家控制；然而在赛博朋克小说中，作者展示出国家的公司王国（corporatocracy）的丑恶弱点。赛博朋克的情节通常围绕黑客、人工智能及大型企业之间的矛盾而展开，背景设在不远的将来的反乌托邦地球，而不是早期赛博朋克的外太空。它的出现是对科幻小说一贯忽略信息技术的一种自我修正。赛博朋克也衍生出相关的电影、音乐、时尚。赛博朋克试图从侦探小说、黑色电影和后现代主义中汲取元素，描绘社会不为人知的一面。赛博朋克还是一种看世界的方式。他们沉溺于高科技工具并鄙视人们以传统的方式使用它们。赛博朋克经常以隐喻义出现，反映了人们对于大公司企业、政府腐败及社会疏离现象的担忧。一些赛博朋克作家试图通过他们的作品，警示社会依照如今的趋势发展将来可能的样子，而赛博朋克作品的写作目的是号召人们来改变社会。

人总是不满足于单调与贫乏的生活，总想让生活变得丰富多彩。在现实中往往囿于狭窄的生活面难以超脱，难以体验自我、扩展自我。在赛博空间中，技术并非超越个人的物质的肉体，而是根植于物质的身体。因而，个人可以运用技术资源来扩展他们的自尊感和自我感，并且增加身体资本。赛博空间为我们拓展了一个广阔的天地，表达人类生与死、幸福与不幸的生命感觉，把生命中自我经验的丰富性表达出来，所以，赛博空间是扩展自我的最重要媒介。通过欣赏优秀的艺术，尤其是阅读科幻小说，人们在阅读中理解与认识，内在地虚拟和扮演各种角色。寻找精神家园是

① William Ford Gibson, *Neuromancer*, http://bbs.sjtu.edu.cn/bbscon, board, SciFic, file, M.1133802921.A.Html.

我们对日常生活物质性的超越。在古希腊德尔斐神庙里镌刻着这样一句名言“认识你自己”。文学艺术是人在对自身以外的世界的描绘中，表达自己的精神体验和认识方式的。赛博空间的意义不在再现的层面而在超越的层面实现。人类追求对自我精神世界的认识，却长久以来不得不依凭对外在世界的认识和表现，不得不依据对外在视觉的忠实描绘，这是人类难以解决的千年难题或者说悖论。即使对于身外世界的描绘再真实再具体，也并不意味着人对自己的精神世界的感受和体验把握得就有多深。德国美学家沃尔夫冈·伊瑟尔（Wolfgang Iser, 1926—）认为“虚构和想象并不是文学自身的条件，它们的相互联系基于这样的事实：单独的任何一个都不能产生文学，只能相互融合才能形成文学。”[①] 赛博空间的双重化结构正是这种相互融合的结果。人类的自我塑造和自我发现状态，精神状态和诉求，作为生命的律动和灵魂的跳动，是任何物质性的视觉媒介、材料以及语言构成所无法替代的。然而，虚构和想象之间的互动具有深刻的人类学意味，赛博空间作为人类超越自身的一种方式，拓展了我们对现实的认识。赛博空间能够让我们通过文学获得一种超越的情感，进而探究出人类本性的多种可能性。

（3）在当代科幻小说里充满了赛博格——同时是动物又是机器的生物，居住在自然与人为之间的模棱两可的世界中。现代医学也充满了赛博格，即有机体和机器的联合。英国瑞丁大学（Reading University）凯文·沃里克（Kevin Warwick）教授在自己的手臂上植入了信息接收器和芯片后，很清楚地印证了上述结论。“电脑可以直接与‘赛博格’联系了。”[②] 哈拉维认为“赛博格身份”意味着有机会超越性别、有机会因性别界限模糊而愉悦，也要承担造成界限模糊的责任。她说：“身体……并非生就，而是造就。”[③] 因此，“后现代身体”其中一个表现就是“赛博格”，“赛博格”为什么不可以是“机器器官”（techno-organic）混合的化身和文本

① Wolfgang Iser, *The Fictive and the Imaginary: Charting Literary Anthropology*, Baltimore: Johns Hopkins University Press, 1993.

② Kevin Warwick's Implant Was Reported in *The Daily Telegraph*, 26 August 1998, p. 3.

③ Donna Haraway, *Simians, Cyborgs and Women: The Reinvention of Nature*, New York: Routledge, 1991, p. 208.

呢?[1] 这里哈拉维所要表明的是类型的示意（signification）可能性，即“赛博格为世俗生存服务”。每个赛博格都可以比作编码的现代机电设备的受控有机体。赛博格“侵入”了我们的生活，甚至已经构成了当代人特别是年青一代不可或缺的生活内容——网上办公、电子商务、远程教育、QQ、聊天室、电邮、MP3、网络游戏等。这是人类的一种新的生存方式。哈拉维说，她要为这样一种观点辩护：“赛博格”作为虚构物，反映了我们社会和身体的现实，作为想象的源泉，提出了一些非常富有成果的结合(coupling)。所以，哈拉维宣称：“在20世纪晚期，我们的时代，一个神话的时代，我们全都是喀迈拉，是理论化的和拼凑而成的机器和有机体的混血儿。简而言之，我们是赛博格。赛博格是我们的本体。”[2] 哈拉维的意思是：我们已经步入了一个赛博格时代，一个“人机合体”的时代。“赛博格”是一种新的主体和身份，一种新的社会现实。作为一名女性主义思想家，哈拉维提出了独特的“赛博格”女性主义。这种女性主义认为现实的“科学”充满了男性主义偏见。她主张科学知识的合理性存在于具体化的实践中，存在于具体化的和历史的特殊情境里，科学给予女性与男性的权利应该是平等，性别偏见必须剔除。

赛博空间的世界永远是一个主观的世界，主观性是人类的生命独特性。赛博空间是以人为根基，依据网络多媒体技术等具有物理实体特征的信息技术，为物质基础建构的数字空间或概念空间。我们应该多角度、全面地认识赛博空间的哲学意蕴。所有的文学艺术都是生命的体现，而精神生命都离不开自然生命。人们相信文学作品是真实的给予，可是文学决不只是对生活世界的反映，而是既有现实又有想象交织在一起的赛博空间的“可能性世界”。在现实中，我们不能真实而多样地展现自我，只有文学才能多方面、彻底地表现自我，才能够毫无羁绊地利用多种文化手段全景式地展现人的各种可能性。人文活动的实质是一种基于“主体间性”的精神交流，能够满足人类相互之间的交流需要。赛博空间向着一切可能性广泛

---

① Donna Haraway, “A Cyborg Manifesto: Science, Technology, and Socialist-Feminism in the Late Twentieth Century”, in *Simians, Cyborgs and Women: The Reinvention of Nature*, New York: Routledge, 1991, p. 212.

② Donna Haraway, “A Cyborg Manifesto: Science, Technology, and Socialist-Feminism in the Late Twentieth Century”, in *Simians, Cyborgs and Women: The Reinvention of Nature*, New York: Routledge, 1991, p. 150.

地敞开着。文学的“可能性世界”让我们扩展自身，超越平庸的现实。在互联网与文化关系的研究中，弥漫着一种浪漫色彩，许多研究者用幻想来代替真实的分析。赛博空间文化，将世间的一切归结为数。赛博空间是通信手段连续发展的一个新阶段，也是社会生活的一部分。赛博文化会造出一批以在电脑前生活为主的人，就像文字的世界造就出一批在文字世界中生活、艺术的世界造就出一批在艺术世界中生活的人一样。但是，赛博空间不可能成为一个独立于生活之外的空间。

二、哈拉维“赛博格”的人文思想

以堂娜·哈拉维（Donna Haraway）等为代表的后人文主义（posthumanism）是美国新兴的文学批评理论流派。他们研究计算机时代出现的新生命体（organism）以及人的主体性（subject tivity）。新的理论模式引起新的争论，尤其是信息通讯、赛博空间、转基因技术等，西方后现代人文思潮广泛的学术分析与诗化想象协同并进。通过“哈拉维”的学术分析与诗化想象，赛博格理论的主要观点可以概括为以下八种假设：①哈拉维赛博格理论的基本特征、多样复杂性、批判与超越。②哈拉维赛博格理论人文思潮轨迹包括：理念、先驱、新的赛博理论人文学者。③哈拉维赛博格理论的学术趋向、文化身份、基本规定性、对西方后现代人文思潮新的理解与认知。④哈拉维赛博格理论人文思潮谱系包括德里达的解构、福柯的批判、利奥塔后现代人性的艺术理论、德勒兹的人文的流变思维、鲍德里亚的人文符号与拟像理论、朗格等的女性主义美学。⑤视角艺术中的赛博人、网络文学中的赛博格、科幻小说中的赛博格、数字技术下的赛博空间、数字化时代的诗学语境。⑥消费文化的赛博空间、身体赛博和野兽、“电子人身份”的人文思考、后现代消费文化的人文神圣性。⑦开发电子人的潜能、信息时代的“宗教信奉”、身体的道德定位和知识的“情境”、人与自然的人文结合。⑧哈拉维基因与赛博格神话，赛博格女性主义理论，赛博格的生命循环、生态精神、生态批评。在某种程度上，人文主义和后人文主义的关系类似于现代主义和后现代主义的关系。

（一）“宁愿成为赛博格，而不是女神”[①]

哈拉维提出了独特的赛博格女性主义理论，这种赛博格概念也激发了“赛博朋克（cyberpunk）”。哈拉维把赛博格看做虚构的创造物，认为当代科幻小说里充满了赛博空间（cyberspace）。她从幻想文学中汲取的素材和从学术源头汲取的一样多。例如，她的一首诗“基因轶事（*Anecdote of A Gene*）”讲述番茄里的鲽鱼基因或者它的同伴中的细菌基因的故事。她说：“震撼世界的人造产品……它们在地球上甚至整个太阳系中作为外来者的地位，从根本上并且永久地改变了我们是谁。”[②] 在哈拉维的诗中，太阳系的全景图本身在这些“转基因”面前呈现出新形状。在哈拉维的作品中，她创造典型人物，或者把思想观点看做典型人物。而她本人连同其他被命名为“怪异”的存在——实验室里的老鼠和女性男人一同成为其世界中又一个典型的人物。正如她在《后现代的相遇》中所说：“我发现自己特别被这种新的存在——比如带有深海鲽鱼基因的番茄——所吸引。”[③]由此形成了独特的赛博文化（cyberculture）。

哈拉维立足于西方后现代人文思潮、立足于与西方诗学的关系来讨论赛博格理论研究中的各种问题，既以跨学科研究为出发点，又以人文学为归宿，并对各种人文现象作出诠释。赛博空间的特点首先是多维的“超空间（hyperspace）”，当我们将赛博空间想象为超空间时，那么网络计算机就是一个“虫洞”。它不仅使我们一瞬间就从甲地飞跃到乙地，甚或到达一个平行存在的世界，而且也提供给我们一个穿越时间的旅行机遇。赛博空间的特点还在于虚拟世界的效果性的显现。赛博空间这一概念的本体论意味着必须按“真实的虚拟性”来理解，作为超空间的赛博空间既是虚拟的，又是真实的。说它虚拟，是指它是一个潜在的和可能的世界。在生活中虚拟空间与真实的空间往往是互相交合、重合的。比如，通过网络或者信用卡付款，这是数码化的，好像很虚拟，但实际上已经从信用卡上提走

---

① Donna Haraway, "A Cyborg Manifesto: Science, Technology, and Socialist-Feminism in the Late Twentieth Century", in *Simians, Cyborgs and Women: The Reinvention of Nature*, New York: Routledge, 1991, p. 181.

② Donna Haraway, "A Cyborg Manifesto: Science, Technology, and Socialist-Feminism in the Late Twentieth Century", in *Simians, Cyborgs and Women: The Reinvention of Nature*, New York: Routledge, 1991, p. 55.

③ Donna Haraway, *Modest_Witness @ Second_Millennium. FemaleMan @. Meets Onco Mouse*, New York and London: Routledge, 1997, p. 1.

了钱，这是事实。还如，模拟飞行器给人的感受是真实的，却带来紧张、晕眩和呕吐感。赛博空间借助网络计算机，可以穿越时空、穿越历史，它不只是科幻小说才有的情节，也是我们日常现实的组成部分。互动小说或电脑游戏更是可以重置历史、进程、人物的命运等。

（二）“我们全都是‘喀迈拉’……我们都是赛博格”①

哈拉维所说的“喀迈拉（chimeras）”，是希腊神话中的吐火女怪，狮头、羊身、蛇尾，这里被引申为荒诞不经的妄想或由怪异不相干的部分组合成的怪物。哈拉维的“赛博格”理论契合了美国科幻作家威廉·吉布森（William Gibson）提出的“赛博空间”的说法。吉布森的小说《神经漫游者》写了一个长篇的离奇故事。故事描写了反叛者兼网络独行侠凯斯受雇于某跨国公司，被派往全球电脑网络构成的空间里，执行一项极具冒险性的任务。进入这个巨大的空间，凯斯并不需要乘坐飞船或火箭，只需在大脑神经中植入插座，然后接通电极，便可感知电脑网络。当网络与人的思想意识合为一体后，即可遨游其中。在这个广袤的空间里，看不到高山荒野，也看不到城镇乡村，只有庞大的三维信息库和各种信息在高速流动。哈拉维认为在这个虚拟的现实中，可以看到赛博格的身影，在那里知性控制的动机与电子化生活体验中的感性展开竞争，促成自我的分裂。哈拉维强调知识的“情境”、强调身体的道德问题，那是后现代人文思潮的中心问题。② 哈拉维赛博格理论研究的对象不限于人文理论的范围，她强调要“跨越界限”，要以人与动物、人与机器、物质与精神等界限崩溃后的新的人文主体作为研究对象，阐释基因技术与人文研究领域人文科学与其他学科领域的科际整合。

自然成为人的世界、人成为自然的世界，我们进入了一个赛博格时代。“自然”被“文化”化而不再存在，“文化”被“自然”化（即被赋予物质现实的形式）也不再存在。扩大文学理论的研究领域，对人文思潮有积极意义。哈拉维的赛博格理论至少有两重指谓：其一，赛博格是我们当前最本己的存在，既是实际样态，又是我们存在的构成方式或本质；其二，我们作为赛博格的存在将重构世界的精神图景，“赛博格”就是世界

---

① 喀迈拉，希腊神话中一只狮头、羊身、蛇尾的吐火怪物，可以引申为荒诞不经的妄想或奇形怪状的怪物。意味深长的是这位名叫喀迈拉的妖怪被认为是一个女性。

② Terry Lovell, “Feminist Social Theory”, in Bryan Turner, *The Blackwell Comparnion to Social Theory*, Oxford: Blackwell, 1996.

观、神话和意识形态，就是她所称的“我们的政治学”。要以多元的面貌组织有关“赛博格”新范畴、“基因改良食品”（genetically modified foods）、“赛博格女性主义”政治学等的大讨论，难免出现褊狭和武断，这在学理上是研究重点、难点。赛博格理论要借新的主体超越各种身份认同，构建“多元的、没有清楚边界的、相互冲突的、非本质的”主体概念。

（三）“杂种的弗兰肯斯坦的怪物”①

哈拉维认为：转基因生物无论是以保鲜番茄为代表的基因改良食品，还是以致癌鼠为代表的实验用转基因动物，它们并不是简单的“妖魔”形象，转基因生物是拼合的赛博格的典型形象。哈拉维通过创造一个被称作“谨慎的见证者”的角色来讲述这个故事。“谨慎的见证者”代表客观世界（the object world），其他人源自主观的观点。新的技术科学对客体的纯洁性提出了挑战。在保鲜番茄之后，“番茄”成为一个模糊不清的范畴。所有东西都有改变潜力的可能，如番茄、老鼠、人体、病毒、细胞、数据库等，哈拉维认为事物总是模糊的、重叠的、不纯洁的。正如玛丽·雪莱（Mary Shelley）的小说《弗兰肯斯坦》（*Frankenstein*）中的主人公弗兰肯斯坦博士，把来自不同躯体的器官拼在一起，制造出一个邪恶的怪物。哈拉维以“怪物”来指代基因工程制造的“人造物种”。哈拉维不仅谈论理念，她的文本的目标是把它放在它所分析的理念和存在的视角里。她断言：“我采用女性男人（femaleman）作为我的替身”②，女性男人和致癌鼠（onco mouse）都生活在“内部破裂之后”（after the implosion），其中，客观和主观、事实和隐喻彼此融合。再如电脑专家克里斯托弗·米特切尔（Christopher Mitchell）在控制空间的帮助下发明了生物计算机技术，使人工智能进入了全新的一代。最初设计的人，只是浮躁时代需要那一点点的控制和冷静的我们。但他自己的女儿、纽马克（Craig Newmark）和其恋人安吉拉（Angela）却成了他科学成就的囚徒，他们脑中被植入了生物计算机。纽马克和安吉拉最终都变成了电脑中的“怪物”。哈拉维赛博格理论

---

① 《弗兰肯斯坦》是玛丽·雪莱的小说。小说中的主人公弗兰肯斯坦博士把来自不同躯体的器官拼在一起，制造出一个邪恶的怪物，并被这个怪物害得家破人亡。哈拉维的很多作品都引用了这个怪物，以这个“怪物”指代基因工程的“人造物种”。

② Donna Haraway, “A Cyborg Manifesto: Science, Technology, and Socialist-Feminism in the Late Twentieth Century”, in *Simians, Cyborgs and Women: The Reinvention of Nature*, New York: Routledge, 1991, p. 70.

引起了国际学术界的广泛关注。

赛博格与文化的研究似乎是一个可以让想象力充分发挥的地方。这是一个全新的研究对象。我们讨论后现代人文思潮，而电子技术的发展向我们提出了一个更为根本的问题——会不会出现一个后人类的时代？人的因素还是电子的因素占据着主导地位？“赛博格（cybernaut）”还可以理解成“太空人（astronaut，cosmonaut，taikonaut）”，它们使用同样的词根，是一种使用新工具的人。“赛博格”神话使自然、机器和人的关系改变了，研究方法面临巨大转型。科学对自然的理论化的思考，取代了传统的系统综合的方法。而技术与自然难解难分，浑然一体的赛博空间使研究方法进入一个新的层面，对传统文学理论研究在方法上是一个超越。赛博空间被人等同于一个包罗万象的网上世界。

三、信息时代人类文化新景观

赛博格源于控制论思想，并以此为理论基础将人与机器在现实中以杂糅体的方式实现。同时赛博格还以游走于现实和虚拟之间的方式成为个体的人的生存方式。更进一步，从整个信息社会来看，赛博格已经成为同样作为控制论有机体的信息社会的一部分。正如凯瑟琳·海勒丝（N. Ketherine Hayles）所言：“在控制论影响之下，当以一种新的方式重新审视和反思当代社会时，信息不再是传播的工具及内容，相反地，信息作为一个整体从其沉浸其中的物质形式中分离出来，被重新概念化，成为一种理解人类及人类社会的模式。”① 而作为社会主体存在的人也不可避免地卷入了这场信息化的浪潮中，体现出新的主体性状态。这一状态的重要表征之一就是“赛博格”。安迪·克拉克（Andy Clark）在其书《生来赛博格——心灵、技术和人类智能的未来》中说：“赛博格是20世纪晚期的一个强大的文化标志。它魔术般地变出人—机杂糅和肉体与电路实体混合的图像。”② 在这个意义上，我们以为，赛博格是一个文化符号也是一种社会现实，是物理意义上的个体也是对整个社会的表征，是一种虚拟形象也是

---

① N. Ketherine Hayles, “*How We Became Posthuman: Virtual Bodies*”, in *Cybernetics, Literature, and Informatics*, Chicago: The University of Chicago Press, 1999, p. 2.

② Andy Clark. *Natural-born Cyborgs: Minds, Technologies, and the Future of Human Intelligence*. New York: Oxford University Press, 2003, p. 5.

一个神话，是一种实在也是一种隐喻，成为信息时代中人类文化新景观。

在美国航天医学空军学校进行合作研究的两位学者——曼弗雷德·克林斯与内森·克兰，第一次把“赛博格”这个概念引入人们的视野。曼弗雷德·克林斯是生理仪器和电子数据处理系统的设计者，Kline 则是临床精神病学的医师。两位不同领域学者共同定义了“赛博格”这个概念，最初这个概念的提出是为了解决未来人类在星际旅行中面临的问题。人类脆弱的肌体显然无法承受动辄上百光年的高速旅行，为了克服人类生理机能的不足，两位学者提出，可以向人类身体移植辅助的神经控制装置，增强人类适应外部空间的生存能力。“赛博格（cyborg）”这个词就是神经控制装置（cybernetic device）与有机体（organism）的混写。1960 年《航天学》9 月刊上发表的《赛博格与空间》一文将之描述为：“为了协调身体自身的稳态控制，这种自我调节必须在不受以往的影响下发挥作用。对于这种外在延伸的、有组织的、复杂的，同时作为一种整合的稳态的无意识的运作，我们提出‘赛博格’这个词。”① 他们以美国应用数学家诺伯特·维纳（Norbert Wiener，1894—1964）、克劳德·香农（Claude Elwood Shannon，1916—2001）等在控制论奠基时期提出的控制论思想为核心概念。作为一种调节系统结构的跨学科研究，控制论——“动物和机器中控制与信息的科学”在很大程度上是从科学的哲学理论角度来重新审视人，将人视为与动物、机器一样的信息系统。他们强调：“我们只能通过信息的研究和社会通讯设备的研究来理解社会；在这些信息和通讯设备的未来发展中，人与机器之间、机器与人之间以及机器与机器之间的消息，势必要在社会中占据日益重要的地位。”② 赛博格是能够“自我调节的人机系统”（self-regulating man-machine system），它既拥有机械装置运作精确、寿命长久的特点，也具备人类的一切特质，比如感觉、感情以及思维。这个概念自提出即受到学术界的普遍关注，特别是在后现代思潮涌动的当代，更以其象征意义迅速成为研究的热点。关于赛博格的研究大体可以分为两大类，一类与科技相关，主要是探索赛博格的未来可实现性，也就是通过移植、修补之类的技术，将生物体同非有机体结合以增强生物适应环境的能力；另外一类则可归结为对赛博格的哲学思考，主要是反思赛博格给人类个体和

---

① M. Clynes and N. Kline, *Cyborgs and Space*, Astronautics, 1960.

② 维纳著，陈步译：《人有人的用处——控制论与社会》，北京：商务印书馆 1989 年版，第 8 页。

社会所带来的深远影响。在当今时代，赛博格已不单是个学术话题，许多艺术家更是以电影和美术等形式不断展现其魅力。

再次，“赛博格”从一开始就与“空间”结下了不解之缘。美国海洋生物学家哈里斯（D. S. Halacy）在 1965 年《赛博格：超人的演化》（*Cyborg*：*Evolution of the Superman*）中指出：赛博格开辟了一块“新的领域”，这不仅仅是空间，更是在个体的心灵和事物之间、在个体的“内部空间”和“外部空间”之间架构了一座桥梁。[①] 作为控制论有机体的赛博格，它关注人机杂糅的整体身份来面对外部空间；作为一个信息系统，赛博格要在自身内部对有机体和人造物之间进行自我调节。其自身就是一个“内在空间”，存在环境是它们共同的“外部空间”。然而，在此情境之下，他物所构成的外部空间已经被内在化了，而这种内在化既是心理的，也是生理的。哈拉维曾说：“赛博格是一个控制论有机体，一种机器和有机体的杂糅，一种社会现实同时也是虚构的创造物。”[②] 赛博格的发展呈现出一种从现实走向虚拟的发展过程。在这个过程中，技术和人造物的作用是为了修复或者克服有机体在肉体上和心理上的限制。赛博格生活在现实与虚拟之间，是现实社会生活中的“神经漫游者”。

加拿大多伦多大学教授史蒂夫·曼恩（Steve Mann）是世上联网程度最高的急先锋。他戴有荧光屏功能的特制眼镜，腰缠电脑，走动时还可接收电子邮件。史蒂夫·曼恩认为，他所研发的可穿戴计算机正如麦克卢汉（Marshall McLuhan，1911—1980）所预言的那样，是人的第二层皮肤，而不是为某个特殊任务而设计的。[③] 那些通过玩电子游戏、在网上冲浪、观看电视或立体声与技术进行亲密交互的人们，更倾向于虚拟化一类的赛博格。在这类赛博格的主体中，人造物对象以虚拟的内在化方式参与到主体建构之中。与前两类相比，其更多的是从外部提供一种环境以“养成”赛博格，即通过与外在环境的信息反馈，个体参与到虚拟性的数字化技术中。所以，赛博空间（cyberspace）的虚拟化主体为生活于其中的个体提

---

① D. S. Halacy, *Cyborg*: *Evolution of the Superman*, New York: Harper and Row Publishers, 1965, p. 7.

② Donna Haraway, “A Cyborg Manifesto: Science, Technology, and Socialist-Feminism in the Late Twentieth Century”, in *Simians. Cyborgs and Women*: *The Reinvention of Nature*, New York: Routledge, 1991, p. 149.

③ ［加］麦克卢汉著，何道宽译：《理解媒介：论人的延伸》，北京：商务印书馆 2003 年版，第 81 页。

供了一种新的社会身份。在这样一个空间中，一切都是数字化的状态，个人隐藏在电邮、ID、个人空间、博客背后，其主体性认知是完全通过界面进行的。存在于界面背后的是基于想象存在的隐喻性现实。可见，赛博空间为人们提供了远远超过想象的巨大资源。那是德国社会学家、哲学家齐美尔（Simmel Georg，1858—1918）式的碎片化生活体验，“借助对现代生活的敏锐感觉，努力去捕捉那些片断性的、稍纵即逝的瞬间，并从中发现现代生活的审美内涵”①。

从大众文化的角度来看，人们对于赛博空间中的虚拟化主体更为感性和直接的认识，应当来源于作为大众叙事的电影和小说。奥斯卡获奖编剧威廉姆·吉布森的小说《神经漫游者》及电影《黑客帝国》中所塑造的“赛博朋克”（cyberpunk）就是生活在现实与虚拟、真实与虚幻之间的赛博格。由此可见，人与机器之间的距离被拉到了最大——这种相互之间的对立与斗争到了一种你死我活的境地。人与机器关系之间的张力通过人与机器联网的赛博空间完成，也就是人类思维与机器智能在虚拟化的世界里以再现现实甚至是超现实的方式表现出来。赛博空间实现了身体的虚拟化，它以不可能的方式推动情节与逻辑。如在《黑客帝国》中，虚拟的真实感的认同表征达到了极端。人类生理个体作为一个物理元件而存在，个人意识组合在人工智能系统，形成一个虚拟世界。

与其说阿凡达是克隆人，不如说是“赛博格阿凡达”（*Avatar*）——一次绝望的赛博格狂想，是一次哈拉维意义上的逆向变奏，是爱欲在工业社会之尾声时充满速度与激情的、企图吞噬一切的最后挣扎与癫狂。《阿凡达》由著名导演詹姆斯·卡梅隆执导，是一部科幻电影。它是特定时代共同体对潜在之恐惧的镜像方式的宣泄，这种宣泄所调解的是一个作为空集的“真实界”（即虚无）与压抑社会之间的关系。作为想象界的影像流动，《阿凡达》似乎执行了一个与《变形金刚》、《黑客帝国》、《铁男》相同的功能——预设了一个存在于真实界之中的地球的资源几近枯竭、能源危机恐惧，然后用一种《黑客帝国》式黑色幽默的超现实主义两者兼而有之的表现手法对之大加鞭挞，而最终达到存在于人群之中的躁动不安的想象型消解。

---

① 杨向荣：《审美印象主义与现代性碎片——齐美尔论现代性体验》，《湘潭大学学报》2009年第1期，第116页。

《阿凡达》叙述在未来世界中，人类获取另一星球——潘多拉星球资源的故事。在未来世界里，人类为了获得新的能源，开始将目光投向其他星球。美丽神秘的潘多拉星球，蕴藏着珍稀资源，这种矿石一公斤就价值两千万美金！可是潘多拉星球的环境并不适合人类活动，星球的主人纳美人并不欢迎人类的到来。此外星球上还有凶猛的动植物，危险重重，采取矿石成为一件极度艰辛的事。为了尽可能地掠取矿石，一家公司召集了一群科学家并研发出克隆技术，将人类的DNA和纳美人的DNA结合在一起，克隆出外形与纳美人一模一样，可思维却可以由人类控制的新物种——阿凡达。这家公司启动了阿凡达计划，并以人类与纳美人（潘多拉星球土著）的DNA混血，培养出身高近3米的“阿凡达”，以方便在潘多拉星球生存及开采矿产。杰克是一名前海军队员，受伤后只能以轮椅代步。当他得知自己可以借助阿凡达的肉身“再次走路”，欣然答应参与阿凡达计划。他同意接受实验并以他的阿凡达来到天堂般的潘多拉星球。以杰克的DNA克隆出来的阿凡达，成功进入了潘多拉星球。在探索潘多拉星球的过程中，杰克被这美丽的星球震撼，并在此结识了一位纳美人——名叫奈蒂莉的女孩，他向她学习了纳美人的生存技能与对待自然的态度。然而，在这唯美幽境里，地上爬的、天上飞的、土里钻的生物却巨大且致命。杰克在与纳美人相处的过程中，渐渐醒悟到人类采取矿石是对潘多拉星球的掠夺和破坏。经过激烈思想斗争的杰克决定和纳美人一起捍卫潘多拉星球，一场激烈的惊世战争拉开帷幕。

由此可见，赛博格已经从个体行为走向了整体性的社会化过程。

首先，人们的思维模式、信仰系统等都不可避免地为环境所影响。社会法律、家庭经验、文化条件、日常媒体等信息环境不断地与个体的人产生着信息的交流。与此同时，这些交流也不断地改变、塑造、重建着人类的身体和心灵。其次，进入网络化时代以来，社会控制论有机体的趋势越来越明显。加拿大著名传播学大师马歇尔·麦克卢汉（Marshall McLuhan）以一种先知式的方式为我们描绘了信息时代赛博格的特征。麦克卢汉在20世纪60年代初作出的预言在今日看来未免简单化了。在他看来，“任何发明或技术都是人体的延伸或自我截除”，信息时代在赋予人们“视通万里的整体场知觉媒介”之后，使人类第一次意识到“技术是自己身体的延伸”。但麦克卢汉所描绘的还只是电报、电视、打字机、电话、电影等，这些在今日看来已经属于传统的大众媒体。再次，以计算机、网络、移动通信等技术为主要特征的新媒体对于人类社会和人类文化造成的影响更加深远。在当下的文化现实中，赛博格随着新媒体的发展有了新的特征和变化。电子公民，是赛博格新的名号之一，个体在现实与虚拟之间游走，拥有新的电子身份，也就是斯坦福大学艺术系斯科特·布卡曼（Scott Bukatman）教授所言的“终端身份”。这种身份是一种“明白地双重接合”，指向的是当下信息文化所产生的新主体性的控制论循环。[①] 美国建筑学、媒介艺术教授威廉·J. 米切尔（Willam J. Mitchell）在《比特之城》（*City of Bits*）一书中展现了网络时代的人、建筑和城市的面貌，同时回顾了人们对于理想城市的追求。他的电子“三部曲”为我们描述了一幅有关赛博格在电子城市中的新图景。他指出，个人所拥有的个人电子装置使得个体成了无线身体网，这一网络使得这些装备得以像集成系统一样运行，并把它们连接到全世界的数字化网络。于此个体与外界环境的界限消失，个人以植入的方式融入周遭的环境之中。“对电子人来说，内部和外部的界限动摇了。人与己的区别可以重构，差异变成了暂时的”[②]。人们开始以新的方式认识和使用城市，而人的眼睛、耳朵、肌肉、手甚至大脑等生理器官都与外在的电子装备相结合，其所获得的感知是基于电子化之上的虚拟感受。基于此，我们以为，米切尔所言的“我们现在都成了电子人”的论断就不再是预言或者无稽之谈。

作为一种文化景观，赛博格是人类在信息社会中主体性的文化新表征，这种文化表征不仅体现着个体与技术的关系，也为人体在面对日益扩张的信息文化时提供了一种新的视角和参照系。一方面，人类从诞生伊始，就从未停止过对自身以及自身与外物之间关系的探索；另一方面，外在环境的日益变化及技术的推陈出新又对人类的繁衍、生存和发展造成了不可避免的巨大影响和复杂作用。这一相互作用的过程不仅渐而形成了今天个体所处的自然与社会环境，同时也造就了个体内在的身体和心灵。赛博格就是信息进程中的文化产物。作为一种文化标志，它所表征的是一个时代的精神；作为一幅文化图像，它所展现的是信息时代人类生存的新景观。

---

① Scott Bukatman, *Terminal Identity: The Virtual Subject in Post-modern Science Fiction*, Durham: Duke University Press, 1993.

② ［美］威廉·米切尔著，范海燕等译：《比特之城》，北京：三联书店 1999 年版，第 31 页。

第二节　哈拉维赛博格理论的科学技术思维

堂娜·哈拉维（Donna Haraway）是科学学（science studies）领域的领袖式的国际权威之一和激进的《赛博格宣言》(*A Manifesto for Cyborgs*)的作者。她以赛博格的科学技术思维，提出了一些艰难的问题，带领我们超越狂热和抗议的僵硬态度，进入赛博格领域。《赛博格宣言》是20世纪晚期的科学、技术、社会女性主义的核心理论。哈拉维提出了独特的赛博格女性主义理论，激发了“赛博朋客”们的奇思妙想。作为一位生物学家，哈拉维一直将生物学作为自己认识世界的手段。她的专著《晶体、结构和场：20世纪发育生物学的有机隐喻》（*Cyborg*, *Fabrics*, *and Fields*: *Metaphors of Organism in 20th Century Developmental Biology*, New Haven: Yale University Press, 1986）就讨论了“生物体的隐喻”(metaphors of organism)，而她的《类人猿、赛博格和女人》(*Simians*, *Cyborgs and Women*: *The Reinvention of Nature*）正是在这种哲学思维认识路线上的继续和深化。在对哈拉维赛博格理论的认识过程中借助于概念、判断、推理等科技思维形式，来反映客观现实的理性认识过程，是我们研究的宗旨。哈拉维“赛博格”的科学技术逻辑思维是对其思维、结构以及起作用的规律的分析而产生和发展起来的，其特点是以抽象的概念、判断和推理作为思维的基本形式，以分析、综合、比较、抽象、概括和具体化作为思维的基本过程，从而揭露赛博格的本质特征和规律。

思维机器无须在外形、目的或精神上与人相似。事实上，一些人工智能系统没有受过良好的文学艺术教育，但是可以作为设计的有力引擎。虽然如此，了解人类思维是如何从无思想的物质中进化出来的，可以为我们理解机器怎样思考提供参考。大脑，像其他有序形式一样，通过变化与选择来进化。对哈拉维技术思维研究可将其分为三类。第一类是介绍性研究，如李建会、苏湛的论文《哈拉维及其“赛博格”神话》、刘介民的《哈拉维的“赛博人”理论新视野》、乔治·迈尔逊《哈拉维与基因改良食品》等。文章分析了哈拉维的主要思想，概括哈拉维的赛博格女性主义理论和后现代女性主义科学观。第二类是评价性研究，如王宏维的《关于赛博格女性主义》、张晓荣的《关于 Cyborg 的哲学探索》，周丽昀的《情境化知识——哈拉维眼中的“客观性”解读》等论文。主要介绍哈拉维赛博格理论与哲学上的分析、哈拉维的“情境化知识”特征性分析。第三类是应用性研究，如翟振明的《赛伯空间及赛伯文化的现在与未来——虚拟实在的颠覆性》、苏健华的《是该将目光由后视镜移向前方的时候了》、刘介民的《哈拉维 Cyborg 理论成因的科技定位》等论文，最具代表性的就是将哈拉维赛博格理论运用于信息技术和网络空间的研究。

一、哈拉维对技术哲学理论的思考

由于技术运用于食品领域会产生高度的风险，因而许多学者对此颇有微词。哈拉维在其著名的《赛博格宣言》中，将我们现代充满着转基因的烟草、番茄、棉花、大豆、玉米、水稻以及马铃薯、茄子和辣椒等食品的世界称为“杂种世界”，并指出我们的时代是一个神话的时代，我们全都是喀迈拉（chimeras），是理论化的和拼凑而成的机器和有机体的混血儿。简言之，我们都是赛博格。[①]哈拉维对从保鲜番茄到被编制了癌症程序的实验室老鼠——致癌鼠的基因争论进行了剖析，消除了“人”和“非人”先在范畴里新存在的模糊和不安定的领地。乔治·迈尔逊的《哈拉维与基因改良食品》[②] 带我们走上了范围广泛的论战之旅。网络书写行为所凸现的是人与计算机、人与网络、自然与科技之间的界限模糊甚至消失的情形。这种思维告诫我们必须清醒地维持人、生物、机器等之间的科际关系。哈拉维的转基因技术与传统育种技术有两点不同：第一，传统技术一般只能在生物种内个体上实现基因转移，而转基因技术所转移的基因则不受生物体间亲缘关系的限制；第二，传统的杂交和选择技术一般是在生物个体水平上进行的，操作对象是整个基因组，所转移的是大量基因，不可能准确地对某个基因进行操作和选择，对后代的表现预见性较差；而转基因技术所操作和转移的一般是经过明确定义的基因，功能清楚，后代表现可准确

① Donna Haraway, “A Cyborg Manifesto: Science, Technology, and Socialist-Feminism in the Late Twentieth Century”, in *Simians, Cyborgs and Women: The Reinvention of Nature*, New York: Routledge, 1991, p. 150.

② ［英］乔治·迈尔逊著，李建会、苏湛译：《哈拉维与基因改良食品》，北京：北京大学出版社 2005 年版。

预期。因此，将转基因技术与常规育种技术紧密结合，可相得益彰，大大提高品种改良效率。

海洋生物学家蕾切尔·卡逊（Rachel Carson）的《寂静的春天》（*Silent Spring*）用血淋淋的事实，希望唤醒无知、愚昧的人们，不要再使用蛮力来对付也是地球一分子的昆虫、植物，呼吁我们要尊重生命，谦卑为上，不要自以为是。否则有一天，人类将面临无可挽救的灾难、毁灭性的灭亡。他将这本引起世界性轰动的控诉之书献给了阿尔伯特·史威泽（Albert Schweizer），书的扉页上印着一句颇有预言的话："人已经失去了预见和预防的能力。他将毁灭在他自己对地球的毁灭之中。"① 可以说，在科学掌握了统治地位和话语权的今天，世界上已经没有"零风险"的食品，像席卷全球的英国"疯牛病事件"、日本"'O-157'大肠菌事件"、中国的"毒奶粉事件"等已经证明食品安全中不可忽视技术运用所带来的风险。哈拉维指出赛博格的目的就是指称人与动物、人与机器、物质与精神等界限崩解后的新主体。可见，哈拉维的赛博格是一个主客体及主体间边界模糊、虚拟与真实交织，具有后现代破碎、不确定及多重自我的混合主体。哈拉维正是想凭借"赛博格"概念，来超越现代性各种身份认同（族群、种族、性别、性倾向、阶级……）彼此矛盾冲突的困境，以建构一个多重、差异、多元的后现代主体概念。那是"多元、没有清楚的边界、冲突、非本质"的主体概念，"我的赛博格神话是关于跨越界限的"②。

科学与技术之间呈现出一种极其复杂的互动关系。两者间的关系引起人们广泛的关注，在很大程度上是由于现代技术对人类社会产生的巨大影响。从科学技术思维的角度，哈拉维认为，赛博格是一个控制机体，一个机器与有机体的混合物，一个有如虚构物的社会现实创造物。赛博格指采用辅助的器械，来增强人类克服环境的能力。通常就是指整合有机的和人工的系统于生物体上，如人类身上运用光学眼镜、人工器官的移植等，都将一个"自然人"变成了"赛博格"。当今的科学小说充斥着赛博格这种即时的动物机器混合物，他们流行于自然和技艺模棱两可的世界。电影或是电视影集中，更有如同机器战警、魔鬼终结者等各种程度不同的人类与

---

① Rachel Carson, *Slient spring*: London. Peng Books

② Donna Haraway, "A Cyborg Manifesto: Science, Technology, and Socialist-Feminism in the Late Twentieth Century", in *Simians, Cyborgs and Women: The Reinvention of Nature*, New York: Routledge, 1991, p. 154.

机械合体的角色想象，成为“生化机器人”、“机械有机体”。哈拉维认为赛博格世界是星球控制的新空间，是星球战争灾难的最后抽象，是人类战争中男性肆虐女性的最后占有。同时她认为，赛博格又是活生生的社会现实和身体现实。人类已经不是上帝用泥土塑造的造物，已不是纯“自然的”。人的思想和器官不断与人为制造的机器融合或被取代，机器已成为人肌体的一个组成部分或延伸。哈拉维看到了赛博格带来的隐喻，它模糊了所有范畴乃至对立的两极界限，那是一个混血的杂种，那是一个充满怪物的喀迈拉世界。在可预见的未来，自然与科技间的界限将被磨灭，人类的神经系统直接连上计算机，让人类的意识下载（download）到随取内存（random access memory，RAM）之上，以某种人工的状态保存下来，这些都是可能的。在网络空间，主体被改变了，被消散在后现代的时空、内外以及心物语义场中，这使赛博格成为当今时代分析知识主体的一个重要指标。技术的发展与科学技术变革是紧密联系和相互作用的，科学技术革命对技术有导向作用。随着科学技术的发展，技术必然实现科学与人文的整合，现代科学技术的发展会促使科技创新和科技再生产不可或缺的因素产生。

赛博格是一个想象和物质现实的密集形象，二者连接起来集中建构了历史变迁的任何可能性。赛博格是一种后性别世界的生物，它不是一个满装双性（pre-oedid）共生、非外在劳动或者是其他诱惑物整合入更高的统一体的“卡车”。某种意义上，赛博格没有西方意义上的起源历史——一个“最后”的反语，因为赛博格是一个最终从所有依靠中解放出来的自我——一个宇宙之人。西方的起源叙事，人文意义上依靠于起源体的神话，充满狂喜、恐怖。

希拉里·克莱恩（Hilary Klein）认为，无论是马克思主义理论还是心理分析理论，它们关于劳动、个体化和性别形成的观念，都来源于原初统一性的故事。根据这个故事，差异必须产生于并融入不断强化的自然控制的戏剧性的原初统一性，差异必然从中产生情节。赛博格则跨越了原初统一性，即西方意义上的与自然的同化这一步。正是它所具有的不合情理的前景，如星球大战那样的目的才有可能被颠覆。① 赛博格追寻着西方意义

① Donna Haraway, “A Cyborg Manifesto: Science, Technology, and Socialist-Feminism in the Late Twentieth Century”, in *Simians, Cyborgs and Women: The Reinvention of Nature*, New York: Routledge, 1991.

上起源的单元——自然认同的步伐。赛博格的特征是偏爱、反讽、亲密以及反常。它是对立的、乌托邦的和完全没有清白的，不再为公众和私人两极所结构。不像弗兰肯斯坦（Frankenstein）的怪物希望，赛博格没有期望他的父亲把他从花园的储藏室中解救出来；赛博格没有梦想基因家庭模式中的社区；赛博格不承认伊甸园，它不是由泥土组成，也不梦想尘土轮回。赛博格是不恭敬的，他们没有记住宇宙，他们的整体论是变化的。赛博格的科学小品，正像政治小品一样，在 20 世纪晚期美国的科技文化中，人和动物间的界限被彻底破坏了。最后唯一性的据点也已经被污染，语言工具的运用、社会行为、心理事件，没有什么能真正确信地放置在人与动物的区分上。

赛博格精确地出现在人与动物的界限被超越的神话里。这不同于标识人与其他生物的分水岭，赛博格混乱且欣喜地连紧了二者。在动物与人、有机体与机器之间的前控制论机器中能出现故障。他们不是（男）人，作者对于自身，仅是一个男权主义者复制梦想的滑稽画，现在我们的机器零乱地启动着，而我们自己却害怕地了无生气。身体与物理跟非身体间的界限对于我们来说是非常不明确的。我们最好的机器是阳光型的；它们是轻而清洁的，因为除了信号、电波、光谱系列外它们什么也不是，并且这些机器是手提的、移动的。密集人类无处不在，几近是流动的，并且是物质而不透明的。赛博格是以太（ether）精华。

技术决定论只是一个由作为符码文本的机器、生物再定义开启的理想空间。后现代理论已经主宰马克思主义者和为社会女性主义者所控制。后现代主义者的战略，颠覆了天性的有机整体（如诗、原始文化、生物有机体）。简言之，文化的确定性——洞见的资源和清白的承诺——是未决定的，可能是宿命的；解释的超常权威化丧失了。但是二者择一不是玩世不恭或缺失信仰的，是抽象的存在，像技术决定论者通过文本、机器、富有意义的政治行动摧毁人的陈述。哈拉维的赛博格涉及技术哲学的人文关怀、社会批判的技术哲学、技术哲学的功能论解释和技术哲学的综合理论。她认为："生物决定论的思想只在科学文化中唯一开辟了为人类动物性辩护的立场。"① 从赛博格走向科学技术哲学具有两个层面的含义：一是

① Donna Haraway, "A Cyborg Manifesto: Science, Technology, and Socialist-Feminism in the Late Twentieth Century", in *Simians, Cyborgs and Women: The Reinvention of Nature*, New York: Routledge, 1991.

从理论演进角度来说，传统科学技术哲学的理论困境和方法无能，必然要求拓展新的研究范式和方法，从赛博格研究扩展到科学技术哲学研究具有学理上的必然性。二是从历史发展角度来说，对于科学技术的哲学反思逐渐转向对于赛博格文化的研究。科学技术哲学研究呈现出实践性、历史性、具体性的文化多元方法取向，传统科学技术的哲学研究融入更为宽泛的赛博格文化研究之中。

二、哈拉维论技术与社会相互作用

20世纪晚期，我们都幻想、理论化和组装着机器有机体的混血儿。简言之，我们就是赛博格。赛博格是我们的本体，它给了我们政治赛博格。哈拉维认为："技术决定论只是对机器和有机体重新构想后开辟的一个思想空间，这种构想认为二者都是编码文本，我们可以通过这些文本介入世界的书写和阅读游戏。"[①] 赛博格是无所不在又不可见的，正因为如此，它精确地说明了为什么这些阳光地带的机器是这样地致命。它们很难物质地或政治地看，它们是意识、模拟（模象）。正像在货车上穿行欧洲大陆，是飘浮的信号移动体。赛博格是最艰难的科学，是关于最伟大边界混乱的国度、单纯数字的精神王国——密码术和潜在秘密的维护，新机器的简洁、精致，人们操控着一个与后工业社会梦想相连的科技革命。赛博格神话是关于跨越边界、潜在熔接和探索政治的危险可能性。我们假设大部分美国社会主义者和女性主义者看到的是社会实践、象征格式关于高技术和科技文化的物理艺术品中的二元主义：精神和肉体、动物和机器人、理想主义和物质主义。从法兰克福学派左翼代表人物赫伯特·马尔库塞的《单向度的人》（*One-dimensional Man*）[②] 到女性主义科学史的著名人物卡洛琳·麦茜特（Carolyn Merchant）的《自然之死》（*The Death of Nature*）[③]，都强调技术的必要统治及呼唤我们成为整合抵制的想象体。麦茜特作为生

---

① Donna Haraway, "A Cyborg Manifesto: Science, Technology, and Socialist-Feminism in the Late Twentieth Century", in *Simians, Cyborgs and Women: The Reinvention of Nature*, New York: Routledge, 1991.

② ［美］马尔库塞著，刘继译：《单向度的人》，上海：上海译文出版社2006年版。

③ Carolyn Merchant, *The Death of Nature: Women, Ecology and the Scientific Revolution*, New York: Harper San Francisco, 1983, p. 12.

态女性主义行列的思想家之一，在书中谈到“Women, Ecology and the Scientific Revolution”（女性、生态以及科学革命），倡导深度生态学，推动生态女性主义和生态平等。

从一个视角看，赛博格世界是关于星球控制坐标的最后强迫，体现在以防卫名义进行的星球战争，启示妇女身体在男权战争的最后转接。从另一个角度看，赛博格世界可能是关于生动的社会和身体现实，在其中，人们不害怕他们和动物及机器的亲属联合关系，不害怕片断认同和矛盾的立场，政治斗争可从两个角度马上看出，因为每一个都从另一个优势力点揭示出统治主宰和难以理解的可能性。单一幻想比双重幻想或视力或多头怪兽产生了更坏的幻觉。赛博格联合体是怪异的和非法的，在我们目前的政治环境内，我们很难希望有更多关于抵制的潜在神话。赛博格社会，暗示着现实转化的最猛烈的体现和喷射技术启示的工具实验室，承担着建立新的政治形式。“不可能分裂”是我们这个城镇亲密群体的名称。假如，科技发展能够利用反向工程（reverse engineer）将人脑各部位的电路图及信息处理模式结构复制出来，这时，要想让人脑仍然具有竞争力，唯一的办法是将神经细胞植入人体内，让人成为与计算机共生的生化赛博格（cyborg），将人类心灵运作程序简化成软件、硬件两部分。人类虚拟化、网络实体化，当前关于信息的分类方式都将破除，到了这个地步，现有一切人类文明对于“人”的定义都将失去意义。①哈拉维的《赛博格宣言》，将成为文明新世纪的重要宣言。赛博格之于“阿凡达”，使我们去思考人类可能的未来。影片中的“阿凡达”究竟是什么？“阿凡达”是地球人借以进入纳美部落的“躯体”（这是通过人的DNA和纳美人的DNA克隆而成的）。但是仅仅是这个躯体并不是“阿凡达”，真正的“阿凡达”必须是联结了人的意识的，是有灵又有身的。这样的“阿凡达”，与其说是克隆人，不如说是“赛博格”，用哈拉维的术语，就是“机器和生物体的结合体”。这样的赛博格创造了一个多元主体，抹杀了传统简单的主体和客体的二元对立。技术“内化”到身体中，成为身体的一部分（因此失去技术，杰克的阿凡达就会失去“生命”），这对传统的“身体观”带来很大的冲击。正如哈拉维所说：“也许转基因生物并不是最具代表性的赛博格

---

①　参见［美］雷·科兹威尔著，高宝编译中心译：《心灵机器时代》，台北：高宝国际2000年版。

形象，但是无疑，它们一定是最具代表性的赛博格形象之一。”因为各种转基因器官移植技术的运用，人类可以延长寿命，在《阿凡达》中的人类多少都带有赛博格的影子。“赛博格”如今已经渗透进生活的方方面面，正如哈拉维所说，在赛博时代，几乎每个人都是赛博格。因此，如何理解真实的“自我”，如何理解身体，就成为一个新的命题。这也使得我们对“阿凡达”的界定变得困难而有趣：它是一个躯体，它又不仅仅是一个躯体。毕竟，失去了这个“克隆”的躯体的人，或者失去了人的意识的躯体，还是“阿凡达”吗？当人在地球上的主动权越大的时候，也就是万物被所盗最厉害的时候，也是天将损之的时候。

德国著名生物学家阿诺德·格伦（Arnold Gehlen），从人类学视角对技术本质问题进行了独特研究。他通过人与动物的比较，指出人是有缺陷的存在，技术不过是人先天缺陷的一种必要补偿。对于技术本质特征的分析，格伦从三方面进行了系统概括：技术形成一种人为的性质；技术背后运转的是无意识冲动；技术与文化既相互对立又相互依附。其中，他所提到的“器官强化”、“器官代替”理论有着重要的理论意义。而格伦对现代工业社会的分析，无不折射出他对技术的批判思想。他指出，技术的冲击迫使人类意识被动地接受；技术的专业化导致当代现实感的丧失；技术的发展与人类的稳定性需要相冲突。格伦将现代工业社会出现的一系列问题归因于人、技术、社会三个因素的发展不平衡。这贯穿其整个技术哲学思想的重要方面。这与哈拉维提出的“动物—人类（有机体）与机械之间的关系”不谋而合。尤其是对由于技术的高速发展给现代社会整个文化体系所带来的危机的阐释，足以引发人们的深刻思考，具有重要的理论价值和现实意义。海德格尔和杜威都有着丰富的技术哲学思想，但两者在技术哲学领域中的地位是不同的，杜威的实用主义哲学思想常受到人们的忽视。通过从技术的含义、本质、技术奴役问题的根源以及拯救之路等方面对两者的思想进行比较研究，得出杜威的科学技术及道德拯救之路较之海德格尔的“诗”和“思”更具现实可行性和重要的理论与现实意义。麦克卢汉认为“媒介是人的延伸”，阐明了媒介和技术的同质性。他的著名论断“媒介即信息”，强调了媒介技术对人的感知、社会变迁及时空观念的深远影响。麦克卢汉并不是“技术决定论”者，他启示我们面对技术的滚滚洪流，要理性分析、判断，从而更好地驾驭和使用技术。他从全新的角度揭示了人和技术的关系，丰富了技术哲学的研究领域。

赛博格的“性”储藏在一些蕨类植物与无脊椎动物的结构复杂的可爱的复制体中。赛博格复制并不与有机体的复制相分离。现代产品似乎是一个赛博格殖民的梦，一个使泰勒主义成为质朴的田园史诗般的梦。而现代战争是赛博格的纵酒狂欢，是作为一个虚幻社会和身体现实以及作为暗示了许多复杂连接的想象来源。米歇尔·福柯（Michel Foucault）的生命政治是赛博格政治的先启预告，这是一个非常开放的领域。福柯是后现代思潮中耀眼的明星之一，他一生都在求变创新，给世人留下了丰富的精神文化遗产。因此，福柯成为当代哲学和人文社会科学研究中不可或缺的人物。福柯从专业视角来窥探科学技术哲学的深邃内涵。阐释福柯的科学史思想以及福柯对科学史研究的理论范式的贡献、他的话语理论和知识考古学方法对科学技术哲学研究具有重大启发意义。福柯思想构成了科学社会学和技术社会学发展过程中的重要一环。他对于科学和技术的社会功能进行了深入的挖掘。福柯对于科学技术社会学在话语实践、文本符号、隐喻、修辞和语境等方面的研究独树一帜，值得借鉴。

三、哈拉维女性主义科学理论建构

在当代对西方科学与文化的反思热潮中，人文、社会科学逐步渗透到科学、意识形态，并向整个文化界、学术界弥漫，西方女性主义（feminism）思潮是其重要部分并已介入科学领域。哈拉维的理论以人文学科为中心，兼涉文学艺术、科学技术和女性主义科学。所谓“女性主义科学”，体现了女性主义理论与科学的社会研究的综合。用女性主义科学家桑德拉·哈丁（Sandra Harding）的话说，这一批判经历了“从科学中的妇女问题到女性主义中的科学问题”的转变①。哈拉维从独特的性别视角出发，对主流科学进行批判，这也是对科学观本身的批判。女性主义的科学理论建构主要有以下四个方面：①女性主义对科学活动中的性别偏见及主流科学观的批判。②女性主义关于科学重建目标及方法论基础的讨论。③重建的女性主义立场论的“后续科学”方案。④有关女性主义科学重建理论的特色及缺陷。女性主义科学哲学（feminist philosophy of science），又

---

① Sandra Harding, *The Science Question in Feminism*, New York: Cornell University Press, 1986, p. 9.

称科学哲学中的女性主义（feminism in philosphy of science）。它是女性主义关注科学话语的结果，女性主义者把科学看成典型的“男性中心”领域之一。她们对科学的批判有三个特点：一是揭露科学的活动过程中充满性偏见（gender bias）；二是把科学的“本性”建构成“男性的”；三是女性主义科学哲学家大都是女科学家，懂科学、懂哲学，又有深刻而敏锐的体验。

科学偏见是指在科学争论中，持有先入为主的或论题论据无法证实的观念。密歇根大学人文社会科学学院院长苏·罗瑟（Sue V. Rosser）教授认为：这种以文化和性别偏见为主的种种不平等、不公正现象，体现了“不平等的理性化”，是一种极其有害的、极端保守的政治策略。[1] 女性主义认为社会性别（gender）不是生理上的性（sex），两性的不平等是科学活动中性别偏见的产物。这种偏见造成两种后果：一是女性代表着自然与肉体、看护婴儿，把女性排斥在科学领域之外。二是女性被认为没有能力进行抽象的、价值无涉的科学研究，这导致了女性与科学的分离。女性主义者认为科学中性别结构的不平衡，是公开或隐蔽的生物决定论（biological detemination）造成的。这种女性主义科学区别于男性科学的另一模式，是它消除了竞争、等级、教条和偏见，以整体主义代替还原主义，以交互作用（interaction）代替二元对立，以协调代替统治，以主观情境代替价值无涉的客观性。女性主义者对这种所谓社会生物学遗传基因的理论，进行针锋相对的抨击。建构女性主义科学（feminist science），是要扭转知识寻求方式上男性与女性的利益价值。女性主义科学是要解决科学中的妇女问题，她们希望建立公平、合作、平等、开放的真正为全人类谋福利的科学，而这正是“好科学”的理想，也是许多女性主义科学家所持的态度。

哈拉维不仅提出了独特的赛博格女性主义，而且提出了独特的女性主义科学观。她说：“女人应把科技挪为己用，而非视其为男性未有物。不要把科技等同于男性特质。”她认为“赛博格既是虚构的，也是实践经验的，它改变了20世纪末女性经验之本质的虚构和切实经验。这是一场超越

---

① Sue V. Rosser, “Feminist Scholarship in the Sciences: Where Are We Now and When Can We Expect A Theoretical Breakthrough?” in Tuana, *Feminism and Science*, Bloomington: Indiana University Press, 1989.

生死的斗争，但科学幻想和社会现实之间的界限只是视觉上的幻影”。[①] 那种“必须与父权及强权压迫挂钩”的做法将科学妖魔化了。哈拉维认为，不仅科学活动中对性别有偏见，科学自身的性别化（genderization）倾向也是一种偏见。父权制社会认为，科学本身就是一种男性科学。她认为，对科学的男性特征的批判是与对科学的统治欲望的批判联系在一起的。科学和知识、“科学的”与“男性的（masculine）”之间存在着一种神秘的对等关系。女性主义科学史家伊夫林·凯勒（Evelyn F. Keller）认为，这种不证自明的性别偏见，这种男性科学家与女性化自然之间的结合（sexual union）的比喻，来源于培根的“新哲学”。培根常把自然比作可征服的女性。在他的性隐喻中，男人对女人与人类对自然的统治和支配具有类似的结构。在手稿《男性时代的诞生》（*The Masculine Birth of Time*）中，培根倡导“在心灵与自然之间”建立起一种“合法的婚姻”，宣告“我真实地引领你和她的孩子走向大自然，让她成为你的仆役与奴隶”[②]。培根指出：“旧科学仅表现为女性的后代，她被动、虚弱、期待，现在儿子诞生了，他活跃，有活力，有生成力。”他所谓的有活力的后代，指男性的心智，也指将要诞生的近代新科学。在培根看来，“对待自然就要像审讯女巫一样，在实验中用技术发明装置折磨她，严刑拷打她、审讯她，以便发现她的阴谋和秘密，逼她说出真话”。[③] 近代科学革命以来，地球作为养育者母亲的隐喻逐渐消失，“两种新的观念，即机械论和对自然的征服和统治，成了现代世界的核心观念。”[④]这个大自然的孩子即科学的诞生，使得机械的世界中对自然与女性的双重压迫合法化。

自笛卡儿以来确立了主体与客体、知者（the knower）与所知（the known）、男性（male）与女性（female）之间的二元划分。女性主义对代表启蒙认识论基础的主客体二元论以及价值中立的客观性进行了批判。女性主义认为，科学正如性别一样，是社会文化建构的产物。它本身就是一

① Donna Haraway, “A Cyborg Manifesto: Science, Technology, and Socialist-Feminism in the Late Twentieth Century”, in *Simians, Cyborgs and Women: The Reinvention of Nature*, New York: Routledge, 1991, p. 150.

② 参见 Evelyn Fox Keller, *Reflections on Gender and Science*, New Haven: Yale University Press, 1985, pp. 33 – 43.

③ 曹南燕、刘兵：《女性主义自然观》，《自然哲学》（第2辑），北京：中国社会科学出版社1996年版，第501页。

④ ［美］麦茜特著，吴国盛等译：《自然之死》，长春：吉林人民出版社1999年版，第2页。

种社会活动和文化现象，并非纯粹的认知活动。女性主义并不反对科学的客观性追求，而是要把主流科学的科学活动确立为女性主义科学重建的起点。另一方面，女性长久以来被父权社会压迫是由于她在自然与文化的二元对立中被认定是自然的一方，男性对女性的压迫一如他对“大地之母”的剥削。哈拉维认为后性别（post-gender）的赛博格，绝对是未来女性主义者的符号，因为它象征逾越二元对立界线和融合不同的物种，例如机器和人类、人类和动物等。而这种反本质主义的赛博格象征，对女性主义来说实在意义重大，因为它清楚显示“没有什么与生俱来的女性特质约束女性”。换句话说，女性之所以成为女人，并非因为与生俱来的本质，而是被后天培育而成的。再者，有机体与机器的结合，也象征了自然与文化对立界线的崩溃。哈拉维说：“我的一个理论前提是，大多数美国社会主义者和女权主义者都认为，在社会实践、符号表达以及‘高科技’和科学文化相关的人造物中，都存在身体和精神、动物和机器、唯心主义和唯物主义的深刻的二元论。[①]”

哈拉维在对女性议题进行努力之时，也采用“赛博格”这个概念。她提出的女性主义“情境化知识”（situated knowledge）主张所有的知识生产都有其生成情境，跟知识生产者的主体位置和处境息息相关。她提出“情境化知识”概念，强调知识的空间性，并借此来反对一切脱离情境并企图想要升华成普遍化或整体化的理论之生产。[②] 我们已经看到，个体知识凸显了知识的个体性，但是，这个概念自身的局限性就在于，个体知识依然把认识主体看做封闭式的个体。这和以往的认识主体完全相同，而不同的只是，以往封闭的个体表现为逻辑、先验的自我。现在尽管具体化为个体性，但是依然是封闭的，在个体身上，我们看不到任何与周围环境的意向性关联。在情境化知识那里，这个弱点被完全地克服。她认为，女性主义理论不是要制造“女神”，而是要让“妖魔”现身；不是要追求另外一种普同性（即便以“拯救”或“解放”名之），而是要“替世界上各种异质

---

① Donna Haraway, “A Cyborg Manifesto: Science, Technology, and Socialist-Feminism in the Late Twentieth Century”, in *Simians, Cyborgs and Women: The Reinvention of Nature*, New York: Routledge, 1991, p. 150.

② 周丽昀:《情境化知识——哈拉维眼中的“客观性”解读》,《自然辩证法研究》2005 年第 11 期。

之存有进行解说，并提供能动性的资源”[①]，哈拉维站在反传统的后现代女性主义立场，认为科学的目的并不是发现实在世界的真理，也没有一种统一的具有优势认识地位的女性经验。女性身份并不是抽象的概念，不同的种族、民族、国家的女性有着不同的地位和不同的生活方式。因此，女性主义反对统一的普遍性的话语，主张科学知识的合理性存在于具体化的实践中，存在于具体化和历史的情境中。

长期以来，在传统科学哲学和科学史研究中已经形成了一种欧洲中心论，只重视或承认欧洲近现代科学。女性主义思想家考兰妮（Janet A. Kourany）的文章《21 世纪的科学哲学》[②]，从女性主义立场对以往科学哲学的一些观点进行了批评。哈拉维在《论灵长类》（*On Primatology*）[③] 一书中，对科学价值的构成和背景、科学的认知因素与非认知因素之间的差别提出了挑战。她展示了这样一个事实，人们通常所信守的各种社会规定或价值，直接影响着科学证据的形成或科学评价标准的制定。这些社会规定或价值通常包含着根深蒂固的男权主义意识。

哈拉维《赛博格宣言》的结语：“我宁愿成为一个赛博格，而不是女神”[④]，可以诠释为她极力反对女性主义者过分强调女性与自然较密切的关系，应该从科技和有机机械人的形象寻找启示，而非回到古老的属灵女性生态主义（spiritual ecofeminism）。从表面看，赛博格女性主义与生态女性主义确实大相径庭。赛博格的繁殖属于无性繁殖，因此他们没有受创世神话的牵绊，尤其是西方的希腊神话和基督教的创世神话。与人类的命运不同，有机机械人并非由泥土揉搓出来的，因此死后既不会上天堂，也不能归于尘土，重回宇宙大地的怀抱。女性与自然的亲近，赋予女性在生态环境工作方面的优势。女权主义科学哲学具有强烈的生态意识，它回到大自然的怀抱，找到了精神的慰藉。女性的生命与自然融为一体的意识，在人

---

① Donna Haraway, “A Cyborg Manifesto: Science, Technology, and Socialist-Feminism in the Late Twentieth Century”, in *Simians, Cyborgs and Women: The Reinvention of Nature*, New York: Routledge, 1991, p. 150.

② Janet A. Kourany, “A Philosophy of Science for the Twenty First Century”, *Philosophy of Science*, Vol. 70. No. 1, 2003, p. 12.

③ Donna Haraway, *Primate Visions: Gender, Race, and Nature in The World of Modern Science*, New York: Routledge, 1989.

④ Donna Haraway, “A Cyborg Manifesto: Science, Technology, and Socialist-Feminism in the Late Twentieth Century”, in *Simians, Cyborgs and Women: The Reinvention of Nature*, New York: Routledge, 1991, p. 150.

类与自然的和谐相处中感受到了生命的轮回。而这问题的确普遍存在于西方的属灵生态女性主义中，因此哈拉维认为她的后性别有机机械人比女神更适合成为未来女性主义者的象征。

不过，她在文中也承认赛博格并非没有问题。她说："赛博格最主要的问题当然是他们乃军事主义和父权资本主义的不合法后代，更不要说国家社会主义了。"[①] 她又引索菲亚（Zoe Sofia）的观点并认为，从某一个角度看，赛博格的世界关乎对地球强加终极的控制，关乎体现并认为以自卫之名发动星球大战式世界末日的终极抽象，又关乎将女性身体在雄性战争狂欢中的终极挪用。哈拉维的赛博格虽然是后性别的，但是它与现今的科技一样，毕竟是男性军事主义和资本主义的产物，女性主义者要挪用赛博格为象征符号不无问题。桑特兰斯（Sandi-lands）也持有相同的看法：哈拉维的《赛博格宣言》言辞富于批判精神，同时又疯狂而调侃。按照哈拉维的定义，未来世界的人，都会是赛博格，这是机器与动物的组合，既是社会发展的产物，也是虚拟的产物。于是，社会发展与虚拟会合而为一，机器与动物也会合而为一。社会现实存在于社会关系这个我们最重要的政治建筑和变幻世界的虚构物中，国际妇女运动已经建筑了"妇女的经历"以及所有揭开和未揭开的重要集合体。这个"经历"是一个虚构物，同时也是最关键的政治性事实。解放建筑在意识的、想象性理解、压迫的以及诸如此类可能性的地基上，而赛博格是一个虚构物并且构筑了20世纪晚期妇女的动荡经历。这是一场关于生与死的斗争，但是在科学小说与社会现实之间的边界只是一个可见的幻象。蒂姆·乔登（Tim Jordan）在《网络权力：网络空间与互联网的文化与政治》一书中提出："由哈拉维女性主义观点的激励，赛博格理论可以提升为解放、平等的美好工具。"[②]

哈拉维在赛博格理论中赋予未来世界如天堂般的幻想，认为其可以给人类带来不朽以及神力，经由现实世界的生命转化成为虚拟的创新空间。创新是由人们的想象而来的，电影和小说创造了无数科技想象。如今，机械科技、网络科技、生化科技都迅猛发展，科技的发展让人们的美梦成

---

① Donna Haraway, "A Cyborg Manifesto: Science, Technology, and Socialist-Feminism in the Late Twentieth Century", in *Simians, Cyborgs and Women: The Reinvention of Nature*, New York: Routledge, 1991, p. 150.

② Tim Jordan, "Cyberpower: The Culture and Politics of Cyberspace", in *Internet Society*, London and New Nork: Routledge, 1999, pp. 36 - 37.

真。人类的能力借助于科技已经增加了许多，而赛博格作为人类个体，伴随着虚拟网络与社会的结合，囊括了整个人类社会，并由此可以预见人类世界的未来。从事科学技术人文研究的格雷（Chris Hables Gray）提出“赛博学”（cyborgology）多元文化的学科，它关注的是人类未来的赛博格发展以及由于科技入侵而建构的赛博格社会（cyborg society）。哈拉维认为，赛博格的意义在于机器与生物的混合体，既是社会实体亦是虚构的小说想象。她在赛博格的意象之中，想象着一种新的女性立体性，将赛博格视为突破界限的综合个体，因此被认为是网络时代女性主义的代表人物之一。科技的发展与网络的普及，让人们对未来产生无比的希望，人不仅仅在生活的层面，甚至在心理层面，都希望通过科技时代的变革得到解放。

第三节 哈拉维赛博格数字化诗学理论

文学艺术是时代的花朵。优秀的文学艺术作品总是映现出时代特征，以其独特的神韵和风采而成为“一个时代的缩影”。① 每个时代都会培育出自己时代所独有的绚丽多姿的奇葩。在信息科学巨变的今天，文学陷入数字化时代的特殊语境，视觉形象以电子文本、多媒体网络、赛博空间等形式改变着人们的生活观念与生活方式，也改变着传统的文学观念，对中国诗学发起了前所未有的挑战。哈拉维在《赛博格宣言》中系统地阐述了她对数字化时代人机互动前景的大胆预期。随着人机关系的演化，新一轮媒介革命将随之而来，并势必颠覆传统的信息交流概念。诗学是时代的镜像，中国诗学该如何担当起阐释与引导文艺现状的使命，这是一个新鲜的前沿话题。中国诗学要面对数字化语境中文学研究的新视野、新思维，使民族文学走向世界文学，同时将出现一个崭新的文学艺术的繁荣和人的全面发展的数字化时代。

---

① 莎士比亚著，朱生豪译：《莎士比亚全集》（第9卷），北京：人民文学出版社1978年版，第58页。

一、数字化时代的诗学语境

数字化（digitalization）是指以计算机为工具并以二进制“比特（bit）”代码0和1为技术载体的知识表达与传播方式。哈拉维认为：“最艰深的科学是关于界限无比混乱之领域的科学，即只有数字和纯粹的精神、C3I系统、密码系统以及潜在秘密的维护工作。新的机器是如此清洁和轻便。”① 所谓二进制电子计算机语言“比特”，可以追溯到中国古代的《易经》。早在1701年，德国著名的物理学家莱布尼茨创制二进制电子计算机语言时，从当时中国传教士的朋友鲍威尔那里获得两张易图：《伏羲八卦次序图》和《伏羲八卦方位图》。看了这两张图，他惊异地发现《易经》八卦、六十四卦的排列竟然已经体现出二进制的原则。被称为“数字化教父”的美国麻省理工学院尼葛洛庞蒂（Nicholas Negroponte）教授的《数字化生存》（*Being Digital*）将这种现实称之为“信息DNA的比特化生存”、“虚拟现实的人性化界面”、“后信息时代的数字化生活”。② 正如哈拉维所说：“后现代主义策略，如我的赛博格神话，颠覆了无数的有机整体（例如诗歌、原始文化、生物学有机体）。”数字化时代的文学就是在这样的历史语境中发生嬗变的。数字化发展经历了五个阶段：①英文符号和数字表达阶段；②文字处理阶段；③多媒体阶段；④互联网阶段；⑤虚拟化阶段。电视、电脑、电信“三电合一”（或“三网合一”）是数字化技术的发展趋势。中国诗学必须面对数字化技术衍生出来的影视艺术、网络文学、电子游戏、创意广告、手机文化等数字化表达方式的诸多问题。

对“语境”这一术语的理解，中国诗学认为其首先是表达的话语中心，也就是说写者所要表达的信息，语句篇章的意思、思想感情。其次是表达的主观因素与客观因素。主观因素，包括作者的立场、观点、品格、气质、才能、学识、兴趣、爱好、艺术修养、语言习惯等；客观因素，包括表达的时间、空间、对象、前后语、上下文、条件、因果、前提等。再次是表达的领域、目的，长期地反复使用不同的传递媒介、语文材料、表

---

① Donna Haraway, “A Cyborg Manifesto: Science, Technology, and Socialist-Feminism in the Late Twentieth Century”, in *Simians, Cyborgs and Women: The Reinvention of Nature*, New York: Routledge, 1991.

② ［美］尼葛洛庞蒂著，胡泳、范海燕译：《数字化生存》，海口：海南出版社1997年版。

达方式而形成的一系列言语特点的有机统一体，即语体。[①] 数字化诗学的客观语境因素包含自然因素（如时间、空间、景物等）和社会因素（如事态、对象、文化、地位、关系等）；数字化诗学的主观语境因素包含情态因素（如目的、主旨、心境等）和形态因素（如表情、动作等）。讨论数字化的诗学语境，不可避免要谈到技术，而且往往很容易滑入技术分析模式，而我们应该以人学作为诗学的理论支点，一切从人出发，一切从人性出发。研究数字化的诗学语境要回归到文学最本质的原点，思考数字艺术如何为人类建立起真正意义上的精神家园，如何平衡技术与艺术的关系。要把对技术文明的观察和体悟，纳入自己的人文视野中，让数字化语境中的诗学思考渗透着对价值理性和意义承载的关注。数字化的中国诗学给技术带来诗意的光芒，数字文明的人文向度致使科学与人文的完美结合。正如哈拉维所说："这不仅是文学的解构，而且也是阈限的转变。"[②] 荷兰哲学家、人类学家德·穆尔（Jos de Mul）指出，在艺术与技术的数千年的历史长河中，它们总是密切地联系在一起的。他认为：也许虚拟现实的本质不在于技术而在于艺术，它也许是最高级的艺术。虚拟现实不是掌控、逃避、娱乐或者交流，它的终极承载，或许是改变和补救我们的现实感——这是最高级的艺术曾经尝试去做的事情，虚拟现实的标记是对一个世纪的技术创新的总结，打下了时代的烙印。[③] 诗学语境是数字诗学与数字的新的结合，它崛起的重要特征就是电子传媒时代将曾经分道扬镳的艺术与技术重新融为一体。

在数字可复制性时代，诗学的表现方式经历了重要的转型。德·穆尔指出：在文艺作品的"光韵"时代，膜拜价值（cult value）是核心价值；在机械复制时代，展示价值（exhibition value）变成了核心价值；而在数字可复制性时代，操控价值（manipulation value）构成了核心价值。毋庸赘言，这对诗学再现的文学、美学具有意义。[④] 文艺复兴时期的艺术家凭借

---

① 郑颐寿、林承璋：《新编修辞学》，厦门：鹭江出版社1987年版。

② Donna Haraway, "A Cyborg Manifesto: Science, Technology, and Socialist-Feminism in the Late Twentieth Century", in *Simians, Cyborgs and Women: The Reinvention of Nature*, New York: Routledge, 1991.

③ 参阅［荷］德·穆尔著，麦永雄译：《赛博空间的奥德赛：走向虚拟本体论与人类学》，桂林：广西师范大学出版社2007年版。

④ 参阅［荷］德·穆尔著，麦永雄译：《赛博空间的奥德赛：走向虚拟本体论与人类学》，桂林：广西师范大学出版社2007年版。

虚构揭示了地理空间，而现代信息技术则让我们栖居在生生不已的虚拟现实与赛博空间之中。我们不再利用虚构以逃避现实，而是创造一种异质的现实。在这里，特别令人着迷的是存在与幻象之间的等级制二元对立变成了数字艺术和电子传媒领域的基本问题。数字传媒在此没有完全与传统文化传媒决裂，而是延续了始于现代大众传媒的发展。发生于现代性中的空间解魅化在此辩证地转变成一种数码复魅化。在此意义上，仿真构成了数字诗学的基本特征之一。

文学无法不面对信息技术所带来的对文学身份的冲击和改造，从诗学理论上看，文学身份的主动性变化是文学在新的社会语境中的总体策略。正如美国著名理论家詹姆逊（Fredric Jameson）所言："语言形象的时代正被视觉形象取代，这种取代成为信息技术大发展背景下后现代文化的重要特征。"[①]高科技的发展，电子计算机的发明、运用和普及，形成了数字技术下的文学新潮，并对人类社会走向现代文明和文学艺术产生了深远的影响。哈拉维指出："科学技术本身不仅是使人类得到伟大幸福的可能手段，也是复杂的统治系统的发源地。"[②] 面对技术媒介对文学艺术的巨大冲击，如何辨析数字技术语境中诗学理论的成规改写和观念转型；如何构建系统梳理数字化语境中诗学的理论框架，并通过网络文学的个案解读而获得自己的学术的创新性，这是中国诗学在走进数字化、信息化时代必须面对和解决的问题。

二、数字化媒介的网络文学

20 世纪 90 年代初万维网（www）面世。中国的网络文学诞生于 1991 年，这一年的 4 月 5 日，全球第一家中文电子周刊《华夏文摘》在北美创刊。1994 年中国内地以域名" cn "正式加入网际互联网。1997 年美籍华人朱威廉在上海创立了世界上最大的中文原创文学网站"榕树下"（http：//www. rongshuxia. com），从此，一大批文学网站如雨后春笋般涌

---

① 参阅［美］弗雷德里克·詹姆逊著，王逢振译：《时间的种子》，桂林：漓江出版社 1997 年版。

② Donna Haraway, "A Cyborg Manifesto: Science, Technology, and Socialist-Feminism in the Late Twentieth Century", in *Simians, Cyborgs and Women: The Reinvention of Nature*, New York: Routledge, 1991.

现出来，一些大型网站一天发布的作品数以千计。用指头打造文学乾坤，互联网“网”住了文学，而这个文学之“网”是无数网民用指头打造出的崭新乾坤。纸与笔让位于光与电，由此带来了电子文本对书写印刷文本的改变、读图对读文的改变、多媒体对单媒体的改变、虚拟现实感觉对文字想象体验的改变；网络可以笼天地于尺幅之间，挫万物于光标之处，让幻想成为现实而不失其真。万维网是一种虚拟故事的聚合，是科幻小说、好莱坞大片虚拟性空间的完美表现。虚拟空间是指在数字化平台上，用网络的、代码的和数字化的方式构建人—机相互作用的关系，从而形成一个与现实不同却又被人能真正地视、听和感觉的真实的数字化空间，并且在这个数字化空间中能将时间转换成人的全面感觉、人的全面发展的空间。这是一种新的时空观，是一种生长和演化的时空，具有潜在存在与发展的新视野。作为数字传媒，个人主页也推波助澜，博客则自我转变成为一种艺术多媒体作品。人类身份的开放性和赛博空间的虚拟现实特质通过这种媒介获得了真正的表现。当今时代是一个充满着复制与拟真的数字文化时代。

数字化媒体是指信息的载体，即不同于以往的模拟信号，以一种叫做“比特（bit）”的电子符号为载体。它是一种传播信息的计算机装置。数字媒体所传递的内容，即以“比特”作为最小信息单位的信息本身。比特没有形状和质量，以光速传播。按数字媒体的传播形式，可以将其分为网络型数字媒体和封装型数字媒体两种。网络型数字媒体一般指 Internet（互联网），封装型数字媒体包括软磁盘和光盘——CD 系列和 DVD 系列。哈拉维说：“这种技术的基本原理可简化为一个比喻的说法——C3I，即命令—控制—通信—情报，虽然这是军事行动理论的代号。”① 伯明翰大学文化研究中心赛迪·普莱恩（Sadie Plant）的《论手机》（*On the Mobile*）。从技术角度来分析新媒体的发展轨迹与规律，最具代表性的研究有珍妮特·阿巴特（Janet Abbate）的《互联网的诞生》（*Inventing the Internet*）、马丁·坎贝尔·凯莱（Martin Campbell- Kelly）、威廉·斯普瑞（William Aspray）的《电脑：一部关于咨询机器的历史》（*Computer: Ensemble A History of the Information*）。也有研究者基于现实层面来诠释新媒体所带来的种种变化，

---

① Donna Haraway, “A Cyborg Manifesto: Science, Technology, and Socialist-Feminism in the Late Twentieth Century”, in *Simians, Cyborgs and Women: The Reinvention of Nature*, New York: Routledge, 1991.

如罗杰·菲德勒（Roger Fidler）《媒介形态变化：认识新媒介》（*Media Morphosis*：*Understanding New Media*）、特里·弗卢（Terry Flew）《新媒体导论》（*New Media*：*An Introduction*），杰夫瑞·纳伯格（Geoffrey Nunberg）《书籍的未来》（*The Future of the Book*）、帕夫利克（John Pavlik）《新媒体技术：文化和商业前景》（*New Media Technology*：*Cultural and Commercial Perspectives*）、大卫·柯赛尔（David R. Koepsell）《赛博空间的本体论》（*The Ontology of Cyberspace*）。穆尔（Jos de Mul）的《赛博空间的奥德赛：走向虚拟本体论与人类学》（*Cyberspace Odyssey*）中揭示了数码信息时代的电子传媒与赛博空间为人类历史发展提供的可能。哈拉维指出："在通信科学中，把世界转化为编码的问题，可以通过对系统控制（反馈—控制）论的考察来进行解释，这类理论运用于电话技术、电脑设计、武器部署及数据库的建设和维护的控制论的系统理论来加以阐明。"① 美国传播学者马克·波斯特（Mark Poster）在《第二媒介时代》（*The Second Media Age*）中从后现代的理论视角系统地建立西方批判学派的思想，考察了新传播技术的意蕴，提出诸如互联网等数字媒介的新发展可能改变人们的交流习惯，并对其身份进行深层次的重新定位，立足新媒体与互联网特性本身，研究自身的进化模式，尝试总结特有的文化、社会现象。

数字化媒介的网络文学，为诗学理论的研究提供了新的空间。数字化技术是模拟物，是没有原件的复制品的技术基础。数字化技术将促成劳动向赛博格技术和语言加工的转换、大脑向人工智能和决策程序的转换。新的生物技术更加关心人的生殖。由于数字化媒介技术与网络文化的整合作用，网络文学消解着传统文学文本信息单一、单向传播以及单线型叙述的局限，呈现出了双向交流、非线型叙述以及多维审美蕴涵的新内质。这是对传统诗学的挑战。网络文学打造的是一个数码技术和个性化色彩相融洽的虚拟审美空间；每一个欣赏者在这里都可以感受到有别于纸质媒介线形阅读的多重审美体验。网络文学的后现代话语逻辑，不断向我们演绎着数字化时代的后审美主义艺术图景和网络审美范式。另一方面，由于网络技术的新奇和玄妙，又可能使人们陷入"数码炫技"而迷失艺术的本性，误将虚拟的读屏符号当做普遍的价值出发点，将艺术活动导向意义和价值虚

---

① Donna Haraway, "A Cyborg Manifesto: Science, Technology, and Socialist-Feminism in the Late Twentieth Century", in *Simians*, *Cyborgs and Women*: *The Reinvention of Nature*, New York: Routledge, 1991.

无的危途，出现“只见网络没有文学”的“非艺术化”倾向。因而，网络文学要赢得艺术的尊重，必须解决好它自身的“文学性”问题。这是诗学理论应该关注的问题。

数字化技术对文学的影响是颠覆性的。电子媒体催生图像文学转型，使得文学的存在方式、形态结构乃至文学格局都产生了重大变化。时下所谓的网络文学，即“网络上的文学”，是指经电子化处理后所有上载到网络的文学作品，它不同于传统文学，在媒介和传播方式上与其有很大的区别。网络文学属于原创文学，是电脑创作、在互联网上首发的文学作品，在创作方法和技巧以及作者身份等方面有很大的不同。网络文学是用网络超文本链接和多媒体制作的作品，是借助数字工具、电脑程序由计算机自动生成的文学作品，与传统印刷文学不同。这种状况与传统文学日渐式微的现实形成鲜明反差，网络文学不仅风景独好，而且前景不可限量。赛博格作为一种数字化文学载体，虽无法改变文学原有的文化身份和审美本性，却使文学生产方式、接受方式和消费方式都发生了质的转变。网络文学是技术之树结出的艺术之果，因此，我们要从人文审美的眼光看待其对诗学理论提供了什么，以便找到建构网络文学学理的有效路径。

电子传媒、虚拟现实与赛博空间是文学数字化时代的标志，为数字化时代文学的发展提供新的认识和理解，折射出我们对电子传媒时代的文化反思，也为探讨数字化诗学的理论空间提供了可能性。它们带来了文学艺术的重大转型与理论空间的拓展，并且使新型的数字艺术和数字美学的问题成为诗学理论的研究课题。信息网络的交互性、开放性、自由性、虚拟性等，使艺术的审美思维、文学创作、语言形象、文学批评等一系列诗学课题，在新的社会语境中都发生相应的变化。我们用有限的篇幅分析数字化网络文学作品的祛魅与复魅问题，就是要解决数字化语境中的诗学理论问题。数字化媒介的网络文学是互联网与文学联姻所滋生的结果，不仅是一道引人注目的文化景观，而且影响着文学发展的格局和趋势。

网络文学有其艺术的局限性和深层积弊。网络文学作品没有复杂的构思立意，没有严谨的结构形式，也没有精细的炼字造句，诗学理论不能不对它进行理性批判。时下的网络文学尚未以自身的艺术品质赢得历史的尊重，主要原因是在虚拟的网络空间发表作品既不需要审查，也不需要遴选，造成鱼龙混杂、精品与垃圾共存。有些作品以游戏冲动替代审美动机，仅凭“拖动鼠标与网络共舞”的游戏冲动创造艺术，难免会忽视创作的责任和道义，松懈审美意志和艺术执着。[①]有些作品用技术优势替代艺术规律，用计算机的智慧和神奇替代艺术和审美。网络技术能为文学艺术插上科学的翅膀，但它飞翔的目的地应该是艺术的圣殿而不是技术的作坊。再者，网络文学打造的是一个数码技术和个性化色彩相融洽的虚拟审美空间，任工具理性替代价值理性，以笼天地于尺幅之间，挫万物于光标之处，让幻想成为现实而不失其真。网络也可能使人们陷入“数码炫技”而迷失艺术的本性，将艺术活动导向意义和价值虚无的危途，导致文学的“非艺术化”和“非审美化”。哈拉维说：“在雷德利·斯科特（Ridley Scott）的电影《银翼杀手》（*Blade Runner*）中，复制品雷切尔（Rachel）是一种赛博格文化中恐惧、爱和混乱的表象。”[②]从诗学理论上看，数字化媒介的网络文学应该坚守人文本位和技术的人道化，反对以技术主义替代人文动机和审美规律，更不能以工具理性替代价值理性。要提倡有人文精神的科学精神，同时也要有科学精神的人文精神；或者有人文关怀的科学技术，有科学精神的人文科学。这两者相结合，发展充满人文关怀的科学技术，同时发展有科学精神的人类道德。

作为情境化的知识的传播学的“言语行为”，在文化和社会的层面，都是情境化的传播形式[③]。在认识论范畴内的所谓可资传播的转向，至今还没有被盛行的支配性的传播研究假设充分地承认、重视、吸收或是接纳[④]。探究哈拉维女性主义认识论标志着与因循守旧的、经验主义的科学和传播的彻底决裂。女性主义的主张是“无法想象的”，不仅由于她们直接宣称科学的话语是由男人制造的，更由于她们坚持这样一个更为激进的观点：产生这些话语的认识论和知识理论，都被欧洲中心主义与男性气质的阐释和文本实践歪曲了。女性主义者们对历史和科学文化实践的解释，与一些社会学家及科学史专家各自独立地对科学事业所作的解释有部分是

---

① 欧阳友权：《网络文学：数字化时代的艺术精灵》，参阅中南大学文学院网络文化研究网，http://www.web_chlstudies.com。

② Donna Haraway, “A Cyborg Manifesto: Science, Technology, and Socialist-Feminism in the Late Twentieth Century”, in *Simians, Cyborgs and Women: The Reinvention of Nature*, New York: Routledge, 1991.

③ John R. Searle: *Speech Acts: An Essay on the Philosophy of Language*, Cambridge: Cambridge University Press, 1970.

④ Jürgen Habermas, *Knowledge and Human Interests*, Boston: Beacon Press, 1971.

重叠的[1]。但是，女性主义的方案并不仅仅只是一种分析和批判的努力。相反，她们旨在社会变革：彻底修订并再创那些为科学、历史和资本主义话语提供保护的权力关系的术语和范畴。女性主义认识论认识到，所有形式的知识，包括学术的被规训的知识，用哈拉维的术语来说，都是“情境化的知识”（situated knowledges）：知识是历史、物质、文化和语言的中介，它也是有限的，而且，知识是被权力所维护的，尽管它并不必然与一系列权力关系相一致[2]。

三、数字技术下的赛博空间

人类的灵魂被证明可以数字化，也可以实现复制。数字技术下的赛博空间是在传统的计算机文化、网络文化的认识基础上的发展，能够更恰当地表达以计算机、网络和虚拟现实等技术为基础的信息时代的新文化现象，即哈拉维倡导的赛博文化。这种新文化的一个方面是虚拟现实技术造成的文化后果，而这方面更难以用网络、计算机这样的概念来表达。吉布森所设想的赛博空间，是一种三维的虚拟空间，造就的是三维临境。这是赛博空间的技术提供者们正在进一步努力的目标。

赛博空间这一术语是20世纪80年代加籍美裔科幻作家威廉·吉布森（William Gibson）在他的科幻小说《神经漫游者》（*Neuromancer*，1984，或译《新罗曼司》）中提出的。小说描写一个网络黑客凯斯受命于某跨国公司，被派往全球电脑网络构成的空间之中，执行一项极其危险的任务。进入这一空间既不需乘坐飞机火箭，也无须进入时空隧道，只要在大脑神经中植入插座，接通电极。当网络与人的思维意识合为一体后，即可遨游其中。在充满着复制、类像与拟真的数字化文化传播时代，艺术与技术的奇妙融合使赛博朋克小说（cyberpunk novels）和数字艺术的诗学理论意义突显。在这些以赛博空间为特征的文艺作品中，还如好莱坞大片《黑客帝

---

① 伊思利：《不可思议的父职》；詹姆斯·希尔曼：《分析迷思：原型心理学的三篇论文》；拉图尔：《科学行为》。

② Donna Haraway, Situated Knowledges: The Science Question in Feminism and the Privilege of Partial Perspective, *Feminist Studies*, 1988 (14), pp. 575 - 599.

国》（*The Matrix*，1999）①，吉布森构筑了一个全新的没有具体物理物质实体的世界，他将这一虚拟空间称为“赛博空间”。该术语糅合了“控制论（cybernetics）”与“空间（space）”的内涵，此后这个词语得到广泛认同，“赛博”也衍生出电脑和数字网络的含义。由此，“赛博”这个词作为虚拟世界的代名词风靡全球。

赛博空间不仅是超越日常生活世界的空间，而且也是以数码的方式重构我们日常现实性的空间。我们的离线生活不可避免地糅合了在线体验的众多特征，赛博空间借助多种显现方式，譬如电脑游戏、超媒体、超文本、超链接、信息技术、虚拟现实、人脑—电脑界面、数字成像等，成为后现代的日常生活状态，人们熟悉的生活和体制正在产生极为深刻的变化。而赛博朋克小说和叙事通常以一个不太遥远的未来世界为背景，其主题完全基于电子数字。这个世界里，栖居着从事以电子技术和生物移植技术进行实验、开发人工智能的人。当我们的大脑与世界范围的电脑网络直接联系的时候，这个至幻空间就会展开。在吉布森的小说中，赛博人（cybernauts）离开躯体，以多样感觉穿越心灵的非空间即虚拟世界，这个世界充盈着无数的信息簇。在科幻小说中，无论是科学因素还是文学虚构因素都会激发读者的思想感情。就此而言，赛博朋克小说可以视为目前小说中最富于现实性的文类②。它们所营造的数字化的诗学语境，给当代诗学理论提出新的课题与挑战，为其理论空间的建构与拓展提供了诗学研究的新视野。在全球化和跨国资本主义语境中，电子传媒导致了虚拟现实的凸显与数字化时代的来临，多媒体性、超链接性、虚拟性和互动性等新特征导致迷宫式、镜像式的赛博空间的浮现。它的诗性特点表现在：

（1）多媒体。多媒体一般包括视频、音频等，而视频分为模拟信号和数字信号，现在的数字信号传输多媒体性是发展的方向。从语言到文字，人类走过了几万年；从文字到印刷，人类走过了几千年；从印刷到电影、广播，人类走过了几百年；从第一次试验电视到从月球直播实况电视，人类又走过了五十年。那么下一步是什么？某些新形式媒介正在出现，新媒介决不会自发地和孤立地出现——它们都是从旧媒介的形态变化中逐渐脱

---

① 该影片名字含有“矩阵”之意，即“赛博空间的三维网格结构”。其系列影片和电子游戏已经成为当代娱乐文化的标志性图腾。

② 参阅［荷］德·穆尔著，麦永雄译：《赛博空间的奥德赛：走向虚拟本体论与人类学》，桂林：广西师范大学出版社2007年版。

胎出来的。当比较新的形式出现时，比较旧的形式就会去适应并且继续进化而不是死亡。数字艺术是它的多媒体性，合并了文字、声音和形态的形象。多媒体有两个特点：一是多，二是媒体。多媒体一般指文本、图形、图像、视频、音频的组合，包括数字化形式的存储、处理和传播信息的媒体。数字多媒体强调的是使用多种媒体、综合表达信息内容并进行交互式处理的技术。

（2）赛博空间。赛博空间（cyberspace），即计算机控制的空间。这个空间的吸引之处在于它属于整个世界。它所带来的“地球村”比麦克卢汉所提出的电视媒介带来的“地球村”更加彻底。这种空间性能的提高归功于互联网的技术特征。数字技术下的赛博空间不同于其他传播媒介，构造赛博空间的万维网模糊了形形色色的艺术形式之间的区别，如新旧传播媒介形式（报纸、杂志、收音机、电影与电视等），也消除了五花八门的传统媒介类型如广告、新闻、娱乐和艺术之间的边界。多媒体性可以通过互相转换、拷贝，共享数字编码延续和扩大，意味着网络无限可能的开放性。

（3）超链接。超链接是指从一个网页指向一个目标的连接关系，这个目标可以是另一个网页，也可以是相同网页上的不同位置，还可以是一个图片，一个电子邮件地址，一个文件，甚至是一个应用程序。现代的信息领域是通过超链接的数字文本页面来组织和浏览的。数字媒体技术为多媒体电子出版物提供了丰富多样的交互方式及自然、方便、快速、随心所欲地链接的技术可能。无数的网站链接着世界亿万台电脑，它们通过密切相关的超文本、超媒体、超空间的电脑链接网络彼此连成一体。以这种或那种方式互相链接，每用一个词语就可以使所有其他的文本产生呼应。IT（信息技术）梦想家、“超文本”概念创造者泰德·纳尔逊（Ted Nelson）首先为这样一种系统提出了“超文本”的术语①，这种超文本构成了社会网络，以超级链接的方式提供文本。IT 业，一个神奇的产业，连同这个产业的人和产品，都统统披上了神奇色彩。从 IT 到 ICT（信息与传播技术）的转型，不仅能够让人们互相交换信息，而且还能够行动、交流和建构以及保持和扮演个人的和文化的身份。任何人只要拥有电脑与网络链接，在

① 泰德·纳尔逊是超文本（hypertext）概念的发明人，他的一些著作，如 *Computer Liberation*，*Literary Machine*，*Dream Machine* 等，使超文本概念深入人心。

理论上就能向世界展示自己，或者通过链接这种社会超文本的一部分，为自己塑造一种身份。互联网的思想对于IT文化产生了广泛的影响。

虚拟文学，是相对自由、随意的、并不以纸媒的发表为目的的网络文学，其以科技为支撑，形成因特网独特的文学形态。虚拟性概念包含着两种矛盾的定义：一是，虚拟性具有实际的、事实的释义；二是，它又有一种虚幻的、不可能的含义。图像浏览器把单维的互联网变成了一种双维的多媒体工具，虚拟现实已经成为可能，使用者可以通过电脑屏幕进入三维世界。曾经是科幻小说的非分之想，已经变成千百万使用者日常生活中的现实。虚拟世界是对现实的仿真，它不是真实的，但它能给受众以真实而深刻的印象。我们不仅在电脑和互联网中运用视觉艺术探索虚拟空间，也可以在电影、电视中体验赛博空间。虚拟性是多方面存在的。网络时代的虚拟是一种美学的虚拟，一种按照美的原则进行的虚拟，它的生产前提就是技术时代沿用至今的理性规划生活逻辑。在诗学理论视野中，虚拟性是作为一种创作特点而存在的。文学的虚拟性，被认为是作家遵循诗艺的逻辑，通过想象的途径，用虚构、夸张、变形、寓意、象征等手法，构筑出源于生活但又高于生活的艺术世界。但在技术虚拟已经日常化的今天，或者说在网络打造的文化产品——一种符号仿像的视觉消费技术虚拟性已经被人们普遍接受的今天，仅思考想象的文学作品是不够的。

互联网具有互动性；互联网是人的视觉、听觉和触觉能力的综合延伸，即作用于多种感官和需要丰富的联想和参与；互联网是地球村。电脑网络的多媒体功能与超级链接实践与现实实践是互动发展的，人类实践活动不断超越现实社会空间向虚拟空间拓展，这就为人们提供了重新进行自我塑造和多样性发展的空间。各种空间交织、互动和融合，而其中的推动力则是赛博空间的出现和膨胀。赛博空间“侵入”了我们的生活，甚至已经构成了我们当代人特别是年青一代不可或缺的生活内容，如网上办公、电子商务、远程教育、QQ、聊天室、电邮、MP3、网络游戏等，这是人类的一种新的生存方式。在电脑前操作时，人与机界面的分野构成了一种奇异的“后现代景况”：显示器的这一边是牛顿式的物理空间，而那一边则是赛博空间，即电子网络空间。网络空间中的交往不仅具有相比人际交往成本低、交往效率高、联系速度快的特点，更重要的是创造了人际交往的全新空间。譬如，作家、作曲家和导演可以借助电脑把超级链接与传统艺术品嫁接起来，创造出“互动小说”、“互动音乐”和“互动电影”等新的艺术类型。在赛博空间中，个人不再被淹没在普遍性中，其自我意识、自由意志的表达获得了前所未有的互动性。

从诗学理论来思考数字化语境与虚拟的“网络文学”，可以把赛博空间想象为一种具有后地理、后历史特质的超空间，把电脑理解为“虫洞”或“时空隧道”。电脑是一种“宇宙机器”，而赛博空间则是令人惊愕的庞大网络，这是一个容纳文学、社会、宗教和政治空间的万花筒。虚拟世界并不虚拟，比特也是实实在在的。数字化语境与赛博空间影响着当今的文学和创作，成为诗学理论研究的新课题。而数字化语境中诗学的性质，需要从上述角度予以新的理解。从我们今天的认识水平和发展趋势来看，赛博文化比较好地体现了信息时代的文化特征，将成为信息时代的核心文化。赛博空间永远不会令人厌倦，这就是赛博文化现象得以迅速形成和传播的原因。

第三章

哈拉维赛博格理论的科技哲学特征

赛博格扮演着联结科技与人文不可或缺的桥梁角色，表现出人类对科技所带有的思维与物质方面的依赖。以下从引进赛博格的科技内涵、面向赛博格的科技考量、走向赛博格的多元拓展三个方面，分析赛博格理论成因的科技定位问题。

一、引进赛博格的科技内涵

"cyborg"这个词还相当年轻，英语"cyborg"是"cyb（emetic）"与"org（anism）"的合成词，字面意思可翻译为"受控机"；又译"改造人、生化人"等，是指一种混合了生物体与机械体的人类。cyborg 建立在第二个引申义上，加入"organism（有机体）"的概念，强调一种钢铁与肉体结合的产物，一种集对立矛盾于一身的统一体。可见，cyborg 大多指高科技制造出的半机器半生物的生物体，目的是借由人工科技来增加或强化生物体的能力。因此有人将这个词翻译成"电子人"，但这些译法似乎都不是很贴切，所以，本文直接采取音译，译为"赛博格"。随着计算机、人工智能、网络的兴起，赛博格概念渐渐被应用于生活的各个方面，人类与机器人的关系越来越密切。哈拉维认为，赛博格的出现能打破动物、机器和人的界线，提出赛博格的目的就是指称人与动物、人与机器及物质与精神界限崩溃后的新主体、新世界。根据赛博格的某些定义来看，人类对科技所带有的思维与物质方面的依赖，让我们已经变成仿生人了。例如一个配带有心律调整器（pacemaker）的人可能被认为是仿生人，因为这个人如果失去了那个机械的部分就无法生存下去。可见，赛博格包括某些使用了生物组织和基因的仿生人和生物计算机。

"cyborg"被翻译成"机器人"，源于捷克语中的"robota"（意为"苦工"）。1921 年，捷克科幻剧《罗素姆万能机器人》（*Rossum's Universal Robots*）中第一次出现了"robot"这个词。柏格人（borg）是一种半人半机械的族群，是 cyborg 的简称，是标准的人机合体，其个体本身没有自由意志，由"柏格女王"（The Borg Queen）主宰与控制。从第二代影集《银河飞龙》（*Star Trek: The Next Generation*，1987—1994）到《重返地球》（*Star Trek: Voyager*，1995—2001），编剧群对《柏格科技》（*The Borg Science and Technology*）更上一层楼的描写，其中的柏格人除了宏观的机电装置，血液里还充满着微观的纳米机器人。cyborg 结合了虚幻与现实，是最广泛运用科幻小说与电影之中的概念，是具备了所有科技的特质总和。因而，它可以推衍到个人、社会，乃至于人类世界整体。cyborg 是一种反自然的现象，一开始可能是为了解决问题与需求，但后来发现其产生的问题可能比解决的问题还多。科技的干预与监控不仅被视为不自然的，更被当成危险的，让人类面临了前所未有的挑战，展现出重新省思的必要性。文化上的象征将 cyborg 拓展至文化关系的理论上，对于科技提供了一个反射自身的力量。如 1958 年日本川崎市工厂的一名工人被一只机械手臂压在下面不幸身亡，而他们把机器人“杀手”视为一起事故。

“cyborg”这个词最早由美国航空航天局的两位科学家曼弗雷德·克林斯（Manfred Clynes）与内森·克兰（Nathan Kline）于 1960 年提出，指的是采用辅助的器械，来增强人类克服环境的能力。① 控制论教授凯文·沃里克（Kevin Warwick）自称是世界上第一个电子人——左臂植入电脑芯片。沃里克能够远程遥控门、一只人造手和一把电子轮椅。机器人专家亨利克·克里斯滕森（Henrik Christensen）预言，人类可以在四年之内与机器人发生性关系。卡内基·梅隆（Carnegie Mellon）机器人研究所创始人汉斯·莫拉维克（Hans Moravec）预言，在 2040 年之前，机器人将以一种物种的身份出现在我们面前。莫拉维克断定：“机器人会在每一个实质性岗位取代我们的位置，从大体上说，在没有我们人类的情况下，它们也会带领这个世界朝着更好的方向迈进。”②

赛博格在电影之中呈现，人机一统的发展、人机界面的融合已有某种程度的进展。外在于人的装置也不断地与人体贴近。而在电影或是电视影集中更有如同机器战警、魔鬼终结者等各种程度不同的人类与机械合体的角色想象。因此“cyborg”的中译名词就有“生化机器人”、“机械有机体”或是“人—机器”等，这些译名其实都代表了科技器械已经而且将持续增强人类的能力。人机合体的 cyborg 族群扩散，让机器人似乎不再遥远，也模糊了人与机器人壁垒分明的界线。影响所及，西方更多科幻作品对机器人增添了某些认同。如《银翼杀手》（*Blade Runner*）主角在 1982 年首版还是人类，在 1992 年版则暗示是复制人，2007 年确定是复制人。

---

① Manfred Clynes，“During A Presentation at NASA Conference in 1960”，*The Bady and Technology II Cyborgs*，http：www. wsu. edu ~ fa331/cvborg. html，2000 – 08 – 21. p. 5.

② 《关于机器人的 20 个秘密》，美国《探索》2007 年 4 月 4 日，http：//www. sina. com. cn 2007 年 4 月 5 日。

近来的电影《瓦力》（*Wall-e*），破旧的机器人瓦力和伊娃之间上演了一出机器与人之间的恋情，不但会爱上女机器人，还凸显出人类的无能愚痴，却不用再当邪恶的样板。在几百年的孤独生活里，它学会了坚持和等待，在孤独的背后，它的内心一直对未来充满着期待。西方宗教“只有神能造人”的信条使人型机器人成为禁忌，西方向来将人与机器人视为对立，虽人与仿制人不管外形或情感都已难以区分，两者间仍多是辩证式的争斗关系，这在美国20世纪70年代描写人与机器合体的《无敌金刚》（*The Six Million Dollar Man*）（小说原名为“*Cyborg*”）影集便可以看出。

在现代人中，越来越多的人戴隐形眼镜、装心律调整器乃至人工瞳孔，这些都可以说是广义的赛博格。日本把机器人当朋友，将机器人视为好帮手，对机器有集体性的信任与好感，并扩散为对机器人的潜意识迷恋。另外，日本认为万物都有神，对“造人”无禁忌，也使人型机器人成为主流。但喜爱机器人的日本，对赛博格也有保留和存疑。在近年漫画《铳梦》中，有着人脑的赛博格用来服务于肉身人类，然而后者有个秘密：他们的脑只是芯片。究竟是人脑机器身较优，还是机器脑人身较优？机器人、人、赛博格的关系在此纠结对立，不再像传统机器人作品那么友好。随着人机共生时代来临，人与机器、机器人的关系，成为人类必须思考的课题。现代知识爆炸，每月以几何级数速度剧增，很快会超越人类的生理限制，届时在脑中插一片芯片便能加载大量知识，赢过敌手。哈拉维认为：赛博格的出现，能打破人类、动物、机器的界线，使得社会不再因分类造成阶层高下。但就科技资金及人类心理门槛看来，有能力又愿意“进化”成赛博格的人类，恐怕仍是少数。

电影和小说创造了无数科技幻象。借助科技，人的能力已比从前增加了许多。无论是机械科技、网络科技，还是生化科技，赛博格以一日千里的速度向前推进。它源于人类个体，但随着虚拟的入侵，网络网际与整个社会结合，赛博格几乎可以延伸至整个人类社会，由此可以预测人类的未来。

二、面向赛博格的科技考量

科技是人类社会需要与自然物质运动规律的结合；科技是主体要素和客体要素的统一；科技自身有一个从潜在形态到现实形态的发展过程；科

技是生产力的构成要素，是生产力性质和水平的标志。对赛博格的科技考量，必须了解赛博格的对象、性质、内容与范围以及赛博格的创立与发展，特别是它与科学技术发展的关系；要认识赛博格在现代科学技术研究中的地位与作用；要明确赛博格在中国现代化建设中的意义。首先是对象：赛博格的创立与发展是同哲学与科学技术的进步分不开的。赛博格的研究对象是自然界发展和科学技术发展的一般规律、人类认识和改造自然的一般方法以及科学技术与人类社会发展的关系。因而赛博格必然会随着科学技术的发展而不断丰富与发展，它是开放的、发展的理论体系。其次是性质：赛博格的理论与观点能够启发科学社会学、技术社会学、科学学与技术文化学等领域的研究，并且正在形成科学技术学这一广阔的研究领域。赛博格是培养有理论基础、有战略眼光、具备文理综合素质的人才的重要学术。再次是内容：包括系统科学的发展，科学理论的本质特征、形成、检验与技术的本质特征、认识论、方法论与价值论。另外是范围：赛博格是一门自然科学、社会科学与思维科学相交叉的哲学性质的学科，它从自然观、认识论、方法论与价值论方面，研究科学技术及其与社会的关系。因而赛博格是科学技术研究（赛博格学）的思想理论基础。在现代科学技术革命的新形势下，它研究的问题、内容与范围都有了很大的发展。

像许多重要的科技一样，赛博格也兼具神话和工具的特性，既是一种表征也是一种设备，是社会和想象真实的时光停留和时光驱动。笛卡儿式科学的核心是二元论（dualism），二元论深深影响了现代科学的发展，也激发了许多建立在物理学典范上的尝试。心与脑是两个分离的对象，心是抽象对象，居住在物质构成的大脑中，而数学则可以解释抽象心灵的运作方式。这种主张心灵与身体之间存在着本质上的区隔的理论，掌控着科学与哲学的局面。可是，这种论述遭到了来自哲学家、生物学家以及神经科学家的挑战。来自不同知识背景的学者，批评二元论严重模糊了认知的复杂生物本质，并导致有关思考与沟通的错误观点。哈拉维特意强调人机界限的赛博格本身具有颠覆性，可以挑战西方长期以来对人与动物、有机体与机器、物质性与非物质性等二元对立的思想。她认为，在赛博格结合过程中，虽然可能产生界限模糊的困惑，同时也能够生发出更多的抗争性。哈拉维认为：赛博格的出现，并不仅仅只是机器与人类的“拼合”，因为机器和人类一样，都不是一成不变的。成为赛博格，更深的意味是对于“拼合”的生物体，是难以依据一定范畴进行划分的，它最终使“自身”

这个范畴失去意义，并引发出一系列哲学与科学问题。

赛博格使科技的自然属性与社会属性的区分更加复杂化。科技具有二重性：社会与自然最大的区别在于自然以形式取胜、社会以内容取胜。科技的自然属性是指人们在运用技术变革和利用自然过程中必须遵循自然规律。科技的社会属性是指人们运用技术改造自然以及调控社会的过程中所受到的各种社会因素的影响。赛博格是自然有机体与技术机器、技术手段的结合，它使原本完全“自然而然”的身体具有了“拼合”、“嵌入”的特点，转而成为一种新的合成生命体。赛博格控制技术（cyborg control technology）不仅穿越了自然有机体和技术机器的边界，模糊了物理世界和非物理世界的边界，还搅浑了两者之间那些习以为常的界线。因此，赛博格所隐喻的是，原本鲜明对立的两极模糊化了。哈拉维还断言，赛博格不只是简单地出现，它还意味着它所存在的世界正在被改变。

科技活动的要素是人类创建人工自然的方法和手段。科技活动要素的形态主要有：

（1）经验形态，主要是指经验、技能等主观性的技术要素。哈拉维认为，赛博格促进了人的“新主体”的诞生，超越了以往用一种固定的、一成不变的方式对身份的确认，如以民族、种族、性别和阶级等来界定人的身份。这样的超越有助于克服冲突，建立一个“多元的、没有清楚边界的、相互冲突的、非本质的”主体概念。赛博格不仅正在改变这个世界，也正在改变生存于这个世界的主体——人。“新主体”的人无须担忧自己与动物、机器之间有某种“亲属”关系，不再顾虑人与人之间只能达到部分同一，能容忍不同的意见和立场。赛博格式的“新主体”，不再追求也无须在某个原初点上实现最完整的统一，相反，对差异、偏好、反讽、个性化抱着坚定不移的态度。

（2）实体形态，主要是指以工具、机器等生产工具为标志的客观性技术要素。而在传统的讨论上，通常就是指整合有机的和人工的系统于一个生物体上；如同赛博格的始祖——20世纪50年代后期的一只实验室中的白老鼠[①]，其身体中被移植一个可以精确地注射控制化学药品的微小渗透帮浦（pump）。哈拉维的生物技术使番茄带有深海鲽鱼的基因，定义为“转基因生命体（transgenic organism）”，“从鱼传到番茄、从萤火虫传到烟

---

① Kunzru, Hari, “You are Cyborg”, *Wired Magazine*, 1997, p. 6.

草、从细菌传到人类"[①] 是生物技术、生物工程的贡献。这不仅模糊了物种的界线，更模糊了植物与动物的界线，无性生殖技术则模糊了雄雌两性在生殖活动中的分工。这意味着科学技术的发展与应用，将使人类繁衍并非一定要以男女两性的结合来实现，男女的性别特质也必将随之而改变。哈拉维还特别指出，性别其实从来就不是"自然而然"的，而是在复杂的竞争话语中及相关社会实践中产生的，是一个被社会构造的范畴。男女基于传统观念在经济、政治、社会、家庭中的分工及扮演的不同角色，也将被模糊化，出现"女性男人（femaleman）"也不是没有可能的。

（3）知识形态，主要是指以科学为基础的技术知识，它是现代的科技要素。各种科技活动要素之间是相互联系的，存在着独立性与相关性、互补性与主导性、自稳性与变异性等特点。哈拉维将赛博格称为"后性别世界的生物"，意指那些通过医学技术尤其是生殖技术，不仅使传统的性别与性别关系遭遇挑战，更造就了一个有别于传统的"后性别世界"。如克隆技术已打造出了绵羊"多莉"，虽目前还未有克隆人出现，却不能保证这种情况永不发生。最根本的是赛博格毁掉了人类对自身被救赎的祈望。人不再被理解为是上帝用泥土抟造的"自然物"。相反，人制造机器且寄生于机器，机器成为任何一个普通人肢体的延伸，人也成为机器上的一个部件。这样的人即赛博格，根本就不是从完美的原始统一体中分化而来的，因而也无须回归，它只是一个"拼合"的混血杂种，却适应这个世界。在此意义上哈拉维说："我宁愿成为一个'赛博格'，而不是女神！"[②]

然而，哈拉维在针对女性议题进行努力之时，也采用"赛博格"这个概念，并且提出《赛博格宣言》，其中她将赛博格视为突破界限的综合个体，包括人类与动物（human and animal）、人类与机器（human and machine）、自然的与非自然的（physical and non-physical translation）、空间的界限（between spaces）。以当今的科技运用来说，哈拉维所指称的综合体的确将要或是已经来到这个世界；生化科技的进步，使得人们可借助动物来产生人类的器官，也就是人类与动物的关系起了变化，甚至于产生界

---

① Donna Haraway, *Modest_Witness @ Second_Millennium. FemaleMan @. Meets Onco Mouse*, New York and London: Routledge, 1997.

② Donna Haraway, "A Cyborg Manifesto: Science, Technology, and Socialist-Feminism in the Late Twentieth Century", in *Simians, Cyborgs and Women: The Reinvention of Nature*, New York: Routledge, 1991. p. 150.

限的模糊，谁能保证将来人类受精卵的培育场所不会是猪的子宫呢？再者，由于科技带来的便利，人们对人工辅助器材的依赖日增。另外，由于人工智能的发展，机器人已具有自行复制的能力，虚拟人物也可能具有思考的能力。此时赛博格可能更像是诸多中译的“动物机器人”或是“动物—人—机器”。但是无论如何，目前为止还是没有任何的译名可以代表这一全新的概念，或许就暂时将它称为“赛博格”吧！

三、走向赛博格的多元拓展

赛博格是学术理论中极艰涩的术语，它被定义为一个人的身体性能经由机械拓展进而超越人体的限制的新主体。主体意向同时建构一个多元的、没有清楚边界的、相互冲突的、非本质的虚拟生活实践，即科技空间。同时包容调和多元伦理立场，构想从科幻小说走入对网络的未来展望。人文精神的提升，文化批判的训练，多元想象的拓展，形成多元性、国际性及灵活性的赛博空间。

在信息科技不断进步的今日，赛博格等信息科技与人之间的界线越来越模糊。未来的信息社会将会是怎样的情况？没有人能够真正预测，受限于人类认知与理解的有限性，人们只能从过去的经验来理解未来世界。从“赛博格”概念出发，很多国内学者多流于技术层面的分析或是科幻小说式的讨论，鲜有系统地探讨赛博格观念的形成、技术的发展，并从人文社会学的角度观察、探讨其对社会文化可能产生的影响。而信息革命的变化速度越来越快，人们越来越关注信息社会中的赛博格。未来，人的价值何在？克林斯·哈布莱斯·格雷（Chris Hables Gray）提出赛博格社会（cyborg society）的概念。那是一种人类与后人类混杂的走向多元拓展的社会。它看似是遥远未来的社会景况，而其实在科技高度发展之下，已和现实生活逐渐接轨。在赛博格社会的运作与科技进步的神速下，要思考未来的社会如何变迁，赛博格社会要探究赛博格与人类间的关系。经由科技入侵所建构的赛博格社会，是一个多元学科的新领域，成为一门新学科——赛博格学（cyborglogy）。它关注人类未来的发展，这也是在中国学术界重点探讨的问题。那是一个多元的学科领域，包括传统的人类学、社会学、哲学、医学等。这种赛博格是在描绘基因工程和计算机科技发展的影响之下“人机共处”的情形，是对人类的一种反省与定义的重新思考。

赛博格社会理论，从“赛博格”、“赛博格社会”等概念来逐步讨论科技发展对个人、社会及未来的影响、冲击。赛博格社会可能代表两种意义：其一是社会中住着赛博格公民，其二是整个社会结构就是赛博格。现今的社会已经称得上是多元赛博格社会了，因为从广义来说，一些增强生活功能的辅助器材，已经成为现代人类社会不可或缺的必需品，而这样的情况已符合前者的定义。然而在这部分，我们所要讨论的是其第二项定义，也就是将这个概念由个人延伸到整个社会结构。许多科技专家正不断地试图研发“增强性”的辅助工具，这不仅仅指义肢或人工心脏，还指那些人体上某个器官或是功能失去正常运作能力，用来恢复其原本功能的东西。

赛博格的多元拓展还表现在非计算机专业的普通用户成了用户的主体。早期用户是以计算机专业人员为主，但随着计算机广泛进入人们的工作生活领域，计算机用户发生了改变。这一重大转变使计算机的可用性问题变得日益突出。人机界面应当是什么样的？如何去建造这样的界面？人们开始关注和研究这些问题。这些问题既涉及人，也涉及计算机，并拓展到一些相关的学科，如心理学、人的因素学（Human Factors）、社会学、语言学等。计算机技术的发展、应用领域的拓宽，带来了不同的理论方法。近年来，人机界面的研究有了前所未有的发展，微型计算机的迅速普及为此起了重要的推动作用。人机界面（human-computer interaction，HCI），也叫“人机接口”，是指人与机器之间进行交互和信息交换的媒介，是人与计算机之间传递、交换信息的媒介和对话接口，是计算机系统的重要组成部分。它实现信息的内部形式与人类可接受形式之间的转换。从更广泛的角度理解，人机交互是指人与含有计算机的机器的交互。赛博格社会的人机界面运用在个人身上，或是延伸至社会上的拓展表现在三个方面：增强与替代（augmentation and replacement）、融入的机器界面（invasive machine interfaces）、一统（unification）[①]。赛博格对人类与社会的冲击，促进了科技的进步，为人类的生活带来极大的福祉，例如义肢、人工心脏等非人体原生的装置，都让人们的生命得以延续，其后更是朝增强人体功能的方向渐渐前进。这符合了所谓人机界面，也就是赛博格的定

① 苏健华：《Cyborg与全球脑对人类与社会的冲击》，《网络社会学通讯期刊》2001年第17期。

义。我们不知不觉中接受了它，习惯了它，甚至不能没有它。

人体受到损害或是能力不足时发明替代性装置，来弥补不足或是增强自身的能力，被认为是一种拓展，即“增强”。人类的发明与创新都是为了功能的增强，电报、电话的发明替代了人们长久以来用以维持远距离情谊的书信；电视媒体的发明使得人们的视野变得更遥远更广阔。运用各类增强实境（augmented reality）技术，可以让人们增加对真实世界情境的掌握，让相关信息加入到人们对社会认识的建构过程之中。此处列举一些已经将增强实境运用到真实情境中的例子，以帮助我们认识其对日常生活世界的可能影响：如对残障人士而言，将所需信息整合到其感觉接收系统中，可以立即改善其生活；掌上型的“超音波手电筒”可以利用镜子，将计算机生成的超音波投射到病人身上，使得手术更为精确。赛博格计算机的发明使人类人际、信息取得、知识等需求的达成，有了更快、更广、更好的方式，个人与社会牺牲了自由来换取生活中的便利，而我们现在大致上都因替代与增强而感到幸福。人工智能可以说是赛博格与个人、社会界限拓展的关键。而当这些装置被普遍地运用，我们也对它的配置习以为常时，就可以说是进入到“融入”机器界面。人们已经习惯于使用这些增强或是替代的工具，就好像眼镜最主要的功能在于矫正我们的视力问题，但是现在人们还将它视为一种流行的装饰物，它已经融入人们的生活中，它代表的已经不只是一项工具而已。网际网络与我们的社会结构进行整合，所有正式与非正式的沟通互动人际关系与生活都将网络化或称虚拟化，虚拟公司、虚拟商店、虚拟货币等都在实际的生活中被运用，在这样的情况下我们可以说：虚拟入侵真实，虚拟不再只是虚拟。所有事物都朝向网际网络拓展，就已达成所谓一统的阶段；但是，其实这样还不足以称之为一统，一统应该还包括精神或文化层面的部分。可见，机器界面的发展即是从达成方式的革新，进而到整体量的改变，最后可能是整体本质的变革。

赛博格是人的生化系统，具有新陈代谢能力，并能在一定时间维持一定形态的化学反应系统。动物生理学的研究表明，各种生物的不同生理功能是在不断进化的。也就是说人正在通过不同的方式试图进化自己的生化系统，所以人是赛博格。与古人相比较，我们就会发现两者之间有很多不同。无论从智能、体能、行为等方面看，人都发生了不可思议的变化。人类用很高的思想觉悟上的一种智慧进化了自己，我们不能否认我们是赛博格。正如哈拉维所说：“在 20 世纪晚期，我们的时代，一个神话的时代，我们都是喀迈拉，是理论化的和拼凑而成的机器和有机体的混血儿。简言之，我们是赛博格。赛博格是我们的机体。”①这是她非常有名的一句话。

哈拉维赛博格理论成因的科技定位，是对科技哲学未来走向的深度反省，以此集合新的学科凝聚力。不论是赛博格与科学技术还是赛博格与人文社会，其所涉及的领域应该在专业化和规范化方面得到提升。现代科学哲学问题在国际学术界是严格专业化的，并已形成一套专门的概念、论证方式、研究群体、出版刊物和论述场域。不了解其历史、语言、技术、方法和当下的主题，就不可能与国际学界对话。我们研究哈拉维赛博格理论也要走这条路：必须建立在系统的引进消化之上，而不一定要急于构建普适性的研究纲领，做富有建设性的译介；要在遵循各个专门研究范式的规范的基础上，对当代科技的哲学基础进行整合性的研究；应该综合已有的视角、方法和思想资源，进行互动和学科内的整合。学界已经展开有关哈拉维赛博格与科学技术的研究，旨在推动分析科学哲学与技术哲学的互补整合，进而揭示当代科技日益呈现出的技术化科学等整体特质。惟其如此，才能重启对赛博格的形而上学沉思，从存有论、认识论乃至价值论层面追问赛博格的哲学基础。反思赛博格时代人的存在，应致力于构建一种体现哲学的批判性和反思性的赛博格理念。在不久的未来，人类全面进入赛博格时代，个人生活和社会发展势必越来越复杂地与赛博格相纠缠。如何恰当地看待赛博格技术在整个社会生活和文化中的地位，是赛博格哲学必须不断有所回应的问题。如果说赛博格哲学的理性态度、实证精神和实际效用成为社会变革的首要力量，赛博格哲学下一步就应该反观赛博格在现时代的价值和人与赛博格的关系。这一方面需要更多建设性的思考，另一方面则应将赛博格视为诸多文化形式的一种加以反思，建立起赛博格与其他文化的对话和专家与公众的对话。恰如赛博格活动论所主张的那样，赛博格是一种人类活动，反思赛博格是为了更加接近人的价值和目标。

在技术哲学的研究过程中，任何一位学者都必须对科学技术的本质给出自己的回答，对科学技术的界定是技术哲学研究的首要问题。东北大学的陈昌曙先生曾指出：“给技术下一个简明的定义是必要的，但更有必要和更有助于理解的是从诸方面展开描述技术的特征，从技术与科学、技术

---

① Donna Haraway, “A Cyborg Manifesto: Science, Technology, and Socialist-Feminism in the Late Twentieth Century”, in *Simians, Cyborgs and Women: The Reinvention of Nature*, New York: Routledge, 1991. p. 150.

与生产……的种种关系中把握技术的属性。”① 而赛博格作为人类意识核心，当代科学技术的重要理论，与传统的、当代的科学技术既有共性又有明显区别。哈拉维的赛博格不仅在科学技术研究领域，而且在政治理论、文学批评、文化研究、计算机科学等领域中都是引人注目的焦点。她说：“当代的科学幻想中充满赛博格——这种既是动物又是机器的创造物，它们将成为既是自然的又是制作的世界的居民。现代医学中也充满赛博格，即充满生物体和机械之间的组合物，每个赛博格都可以看做编码装置的组合物。”②赛博格技术通过用机械部件来替代身体部位的义肢技术，促使了手工技术直接地“激增”的医疗研究。赛博格技术将其领域从医学界扩展到了各个领域，让人产生比一般的身体更强大的力量。当增强了精神感觉的“内向爆破”的同时，也被赛博格技术迅速发展了。困难的机械肉体一致性和精神性排斥是赛博格技术批量推广的一个瓶颈。为什么人的外表还要保持人类的形状呢？为什么机器人要制造得像人一样呢？这就是盒状赛博格（jameson-cyborgs）进入市场的原因。半机械人和非机械人的赛博格，在种族、信仰和民族之间存在一条鸿沟，导致了偶尔的混乱、歧视和憎恨。

不论是“关于科技的哲学”还是“关于科技的研究”，一般的科学哲学和具体科学中的哲学问题对赛博格都是严格专业化的，并已经形成了一套专门的概念、论证方式。在遵循各个专门研究范式的基础上，应该综合已有的视角、方法和思想资源，对赛博格的理论基础进行整合性的研究。这首先涉及研究传统的互动和学科内的整合，应致力于构建一种体现哲学的批判性和反思性的科技观。科技哲学的重要任务之一应是运用科学精神本身反观科技在现代的价值和人与科技的关系，“让科学的光芒照亮自己”。赛博格运用科技的优越性和影响力是毋庸置疑的，我们相信它是成功地理解人类世界和有效地解决人的难题的最好方式；但也要看到，赛博格和科学技术远未穷尽对世界的理解，没有也不可能解决所有的问题，同时其固有的不确定性令其伴随着巨大的风险。赛博格科技是一种人类活动，反思赛博格科技哲学特征是为了更加接近人的价值和目标。赛博格是

---

① 陈昌曙：《技术哲学引论》，北京：科学出版社 1999 年版。

② Donna Haraway, “A Cyborg Manifesto: Science, Technology, and Socialist-Feminism in the Late Twentieth Century”, in *Simians, Cyborgs and Women: The Reinvention of Nature*, New York: Routledge, 1991.

一个主客体及主体间边界模糊、虚拟与真实交织，具有后现代破碎、不确定及多重自我的混合主体。哈拉维赛博格科技哲学的本质是要探讨：①什么是赛博格科学技术哲学；②赛博格与现代科学技术的区别；③赛博格与现代科学技术的关系。哈拉维正是想凭借赛博格理论，来超越现代性各种身份认同，包括族群与种族、性别与性倾向、阶级等彼此矛盾冲突的困境，以建构一个多重、差异、多元的后现代主体概念。[1] 而网络书写行为对主客体界限和主体间界限的消解与交织，正是这种后现代主体在网络空间的具体落实。

在全球化、多元化语境中，电子传媒导致虚拟现实的数字化时代的来临，多媒体性、超链接性、虚拟性和互动性等显现了一种迷宫式、镜像式的赛博空间。自从万维网面世，赛博空间与虚拟世界的扩张凸显出来。赛博空间借助多种显现方式（譬如电脑游戏、超媒体、超文本、超链接、信息技术、虚拟现实、人脑—电脑界面、数字成像等）“对我们的日常生活开始了庞大的殖民化”[2]，电子传媒、虚拟现实与赛博空间是文化数字化时代的标志，它们带来了文学艺术的重大转型与理论空间的拓展，并且把新型的数字艺术和诗化想象的问题摆到赛博格理论研究上来。

第一节　哈拉维科技哲学的奠基与转向

堂娜·哈拉维是科学学或说是“科学哲学”领域的一位领袖式人物。所谓“科学哲学”指的是“关于科学的哲学理论”，是哲学对科学这一现象的研究或反思，这里所说的“科学”指的当然是自然科学。科学哲学是研究科学的，是现代科学哲学。科学哲学研究的是科学的本质、科学的合理性、科学的研究活动、科学方法论、科学认识论、科学的逻辑结构、科学发展的规律等，因而它与哲学的许多学科如形而上学、认识论和逻辑学

---

① Donna Haraway, “A Cyborg Manifesto: Science, Technology, and Socialist-Feminism in the Late Twentieth Century”, in *Simians, Cyborgs and Women: The Reinvention of Nature*, New York: Routledge, 1991.

② ［荷］德·穆尔著，麦永雄译：《赛博空间的奥德赛：走向虚拟本体论与人类学》，桂林：广西师范大学出版社 2007 年版。

有着密切的关系。她说“当代的科学幻想中充满赛博格（cyborg）”[①]，说明当代科技哲学的奠基是赛博格，已经从传统转向。传统的科学哲学是形而上学的一部分，而现代科学哲学则是从反形而上学起家的。它不仅以科学作为哲学的研究对象，而且试图使哲学具有“科学性”，当然不是科学理论，而是科学的工具。当今的科学和技术的赛博格趋势日益明显，在构词上也出现了一些新的变化，比如出现了“科技（technoscience）[②]”或译为“技术科学”一词。这是当今的科学技术一体化趋向的直接反映。因此，这种科技哲学的转向引起了人们的关注。

哈拉维在《赛博格宣言》中提到现代科技赛博格，她说：“赛博格（或音译成‘机器人’）是一个控制论的有机体（cybernetic organism），是机器和生物体的杂合体，它既是社会现实的创造物，也是一个虚构的创造物，也是活生生的经验。”[③] 她认为，社会现实就是社会关系，这是最重要的政治构架，但在发展变化着的世界，这个构架是虚拟的。社会发展与虚拟会合而为一，机器与动物也会合而为一。很多控制、通讯及情报系统，都不具备人的外形，但具有人工智能的系统。科技哲学的奠基与转向标志是赛博格，赛博格是指采用辅助的器械，来增强人类克服环境的能力，是指整合有机的和人工的系统于生物体上。哈拉维说：“我宁愿成为赛博格，而不是女神。”[④]

一、赛博格科技哲学的基本分析

哈拉维在《赛博格宣言》中，借用赛博格的隐喻来讨论科学、技术和社会主义—女性主义的关系。她认为，赛博格是一个突破界限、跨越边界的综合体，突破了包括人类与动物、人类与机器、自然的与非自然的、空

---

① Donna Haraway, “A Cyborg Manifesto: Science, Technology, and Socialist-Feminism in the Late Twentieth Century”, in *Simians, Cyborgs and Women: The Reinvention of Nature*, New York: Routledge, 1991.

② Donna Haraway, *The Harway Reader*, New York and London: Routledge, 2004, p. 225.

③ Donna Haraway, “A Cyborg Manifesto: Science, Technology, and Socialist-Feminism in the Late Twentieth Century”, in *Simians, Cyborgs and Women: The Reinvention of Nature*, New York: Routledge, 1991.

④ Donna Haraway, “A Cyborg Manifesto: Science, Technology, and Socialist-Feminism in the Late Twentieth Century”, in *Simians, Cyborgs and Women: The Reinvention of Nature*, New York: Routledge, 1991.

间的界限，并将改变自然、人与机器的关系，穿越技术研究中习以为常的边界，打破人类思维的范式。

科学技术哲学研究人类对自然和规律的认识过程和思维方法、研究科学技术思想、文化及科学技术与社会的相互关系和互动作用等。科学技术哲学属于哲学的分支，研究自然界的一般规律、科学技术活动的基本方法及其制造工具。工具有两大类别，一类是进攻性的工具，另一类是保留性的、保护性的、存留性的器具。我们关注技术，其实是有感于进攻性的掠夺性的技术，已经走到了一个非常极端的地步，而“承载”和“维护”我们文明的基础和根基遭受了严重的破坏。关注技术，就是关注各式各样的器械、工具、工业设备。从现象学技术哲学的角度看，技术是世界的构成方式。传统上认为技术是工具、手段，而工具和手段是中性的。

赛博格的出现使我们对世界的划分变得越来越困难。高技术文化挑战和打破了西方传统的二元对立，比如心灵与身体、自我与他者、男性与女性、真实与表象、真理与幻想的分离。我们不再需要通过这些来认知我们自身，甚至严格来说，不应该把我们作为生物实体来认知。相反地，我们已经是赛博格，人与机器的混合体。在我们的身上，生物体和机械体的特征已经相互混合，无法区分。工具通过感官在人与世界之间沟通信息，技术则是人和世界之间实践意义上的沟通和交流。在技术的时代，技术充当了我们与世界之间的中介，事物被重新整理。看到一株草，技术时代的人就开始考虑这株草的药用价值，就已看出里面的化学成分，从见了一株草就看出它的长远用途。所以说，利用机器制造机器，利用工具制造工具，这还不是技术的本质。技术的本质应该是真正达到技术化地看待世界，能预见材料怎么样加入物流，加入能量流，加入信息流，怎么样被编进一个高度组织化、技术化的网络之中。对从保鲜番茄到被编制了癌症程序的实验室老鼠——致癌鼠的基因争论进行了剖析，哈拉维提出了一些困难的问题，带领我们超越狂热和抗议的僵硬态度，进入赛博格——拼接在一起的消除了“人”和“非人”先在范畴的新存在的模糊的和不安定的领地。乔治·迈尔逊（George Myerson）带我们走上了范围广泛的论战之旅，从绿色和平组织和孟山都公司到遗传学、超级资本主义、万维网和 21 世纪

“女性男人”的黎明。[1]

哈拉维认为，赛博格出现的意义，并不仅仅只是人类与技术的融合，更深的意义在于这个被杂合的生物体，是难以依据一定范畴进行划分的。它最终使“自身”这个范畴失去意义，导致边界的混乱。而这正是哈拉维所希望的。她试图利用这种边界的混乱来创立新的政治道路，构建女性主义政治。这一系列的思想被人们称作赛博格理论。如果技术是工具，那么如何成为工具？传统的观念认为技术本身没有好坏之分，技术是中立的。然而，制造任何工具都是有目的指向的，比如我们造枪射杀，不是打人就是打猎，总而言之，枪本身蕴涵了它的目的。使用什么工具你就会有什么样的世界，使用什么工具就会有什么样的行为方式，所以说，工具是有所揭示的。现代技术正是在这个意义上长期地逃避在人类哲学思维的反省之外。

为什么技术哲学不像科学哲学那样成熟？因为它以一种遮蔽的形态出现。工具绝对不可能是中立的，它是有目的导向的。由于技术运用于食品领域会产生高度的风险，因而许多学者对此颇有微词。哈拉维在其著名的《赛博格宣言》中，将我们现代充满着转基因的烟草、番茄、棉花、大豆、玉米、水稻以及马铃薯、茄子和辣椒等食品的世界称为“杂种世界”，并指出人类若不想冒成为一种狮头、羊身、蛇尾的吐火妖怪——喀迈拉（chimeras）的风险，就必须清醒地维持人、生物、机器等之间的科际关系。[2] 海洋生物学家蕾切尔·卡逊（Rachel Carson）的《寂静的春天》，探讨了滴滴涕及其他化学药剂对世界的毒害。她将这本引起世界性轰动的控诉之书献给了阿尔伯特·史威泽（Albert Schweizer），后者的一句阴郁的预言被置于全书之前：“人已经失去了预见和预防的能力。他将毁灭在他自己对地球的毁灭之中。”[3]一只实验室中的白老鼠身体中移植一个可以精确地注射控制化学药品微小的渗透帮浦。将这种实验运用到人类身上，从光学运用的眼镜、补缀器材（义齿、义肢）的使用，一直到较为精细的人工

---

① ［英］乔治·迈尔逊著，李建会、苏湛译：《哈拉维与基因改良食品》，北京：北京大学出版社2005年版。

② Donna Haraway，“A Cyborg Manifesto：Science，Technology，and Socialist-Feminism in the Late Twentieth Century”，in *Simians*，*Cyborgs and Women*：*The Reinvention of Nature*，New York：Routledge，1991.

③ 参见［美］雷·科兹威尔著，高宝编译中心译：《心灵机器时代》，台北：高宝国际2000版，第61～63页。

器官的移植，诸如此类，原本的“人”都将演变成一个“cyborg”。在网络空间，主体被改变了，被消散在后现代的时空、内外以及心、物语义场中，这使赛博格也成为当今时代分析知识主体的一个重要指标。哈拉维说：“直到20世纪末，我们的时代，一个神秘的时代，我们全都变成了吐火怪兽（chimeras），一种被理论化、被制造为由机器与有机物合成的混种。简言之，我们是人机合体的赛博格。人机合体就是我们的存有论，它给了我们所有的政略。人机合体是个想象和物质现实的浓缩意象，这两者结合成为核心，以建构出促动历史转变的各种可能性。”① 科幻小说充斥着赛博格，作为动物机器混合物，被看做密码装置，储藏着复杂的可爱的复制体。那里有质朴的田园史诗般的梦，有战争的纵酒狂欢。它作为虚幻社会和身体现实，连接着神秘的时代和幻想，想象和物质现实的密集形象，建构了历史变迁的任何可能性。

哈拉维认为，“赛博格技术调节了劳动，使劳动进入机器人和语言的运作过程，把性别转化成为基因工程和再生产技术的一部分，人的心智也转化成为人工智能和决策过程。新的生物技术更关心的不是人类的再生产。生物学作为重新设计物质和程序的强大的工程科学，对工业有着革命性的影响”，“沟通科学和生物学是知识的自然技术目标的建构，其中，机器和有机体之间的分歧完全模糊了；大脑、身体和工具联系也很紧密”②。生物技术和赛博格技术将完全改变人类传统的生活方式和思维模式。在信息系统的世界里，劳动、生育、种族、性别、政治，甚至人类自身都被完全颠覆了。在哈拉维看来：“赛博格正是出现在人类与动物之边界已被跨越的神话世界中。赛博格远不是要把人和其他生物分离开，而是要使他们无障碍地、愉快地、紧密地结合起来。”③ 在她构建的赛博格世界里，造成技术异化的本质是强势人群主观构建出的理想本质的异化，当一切区分类别的

---

① Donna Haraway, “A Cyborg Manifesto: Science, Technology, and Socialist-Feminism in the Late Twentieth Century”, in *Simians, Cyborgs and Women: The Reinvention of Nature*, New York: Routledge, 1991.

② Donna Haraway, “A Cyborg Manifesto: Science, Technology, and Socialist-Feminism in the Late Twentieth Century”, in *Simians, Cyborgs and Women: The Reinvention of Nature*, New York: Routledge, 1991, p. 166.

③ Donna Haraway, “A Cyborg Manifesto: Science, Technology, and Socialist-Feminism in the Late Twentieth Century”, in *Simians, Cyborgs and Women: The Reinvention of Nature*, New York: Routledge, 1991.

界限都消失的时候，现代社会中的性别、种族、阶级问题将不再困扰人类，人性将得到最大程度的解放，整个世界将成为以赛博格为本体的新大陆，人类将共同走进一个新的理想家园。

二、赛博格与科学技术哲学的关系

人类是通过技术来标志我们与其他物种的联系和区别的，也就是说人和动物的根本区别是人能够使用工具，从事“科学技术”活动。虽然很多动物也能够使用工具，特别是跟人很接近的那些动物。比如黑猩猩想要钓白蚁吃，白蚁在洞里，它无法接触，就拿树枝把蚂蚁钓出来，那么这个树枝就是工具，但黑猩猩使用工具来制造工具却很少见。黑猩猩只能获取现成的工具，而人类能够用工具来制造工具，就是所谓的科学技术活动。哈拉维指出，当人类穿起兽皮，开始制造工具的时候，人类就已经不是纯粹的动物了；当我们开始使用第一台机器的时候，我们就不再是纯粹的人了；当科技进入我们的社会成为我们生活必需品的时候，我们就不再拥有纯粹的本质与主体了。从生物学意义上看，人没有什么优点，人跑不快，蹦不高，力气不大，冬天不能用自身的毛发御寒，人类物种是很平凡的。但人类能够从事科学技术活动、制造工具，因而能够创造和提高自己的本质。工具的出现，标志着人本身特有的存在方式产生了。这是人类与其他物种的主要区别。尤其是在高技术时代，技术发展到可以在人体内嵌入金属仪器，而机器又更趋于人性化和智能化，技术与人已经出现了一体化趋势。她认为，此时人的主体性再也不是纯粹的主体性，而是一种多元的、流动的主体，一种突破界限的结合体——赛博格。

作为一个打破了任何界限的杂合体，赛博格实现了技术的自然属性与社会属性的统一，使得技术的内在价值和现实价值都得以体现。因此，赛博格是哈拉维、技术中立论和价值论对技术的自然属性和社会属性进行割裂研究的批判和超越。在《谨慎的见证者》一书中，哈拉维分析和说明了“技术科学”的概念。她认为，新的世纪的核心就是“技术科学”，即旧科学和技术的新杂合体，比如有深海鲽鱼基因的番茄、有巨蚕丝蛾基因的土豆等新存在物。因此，哈拉维最为注重的是对科学与技术的整体性研究，反对将两者割裂，进行独自的研究。她的这种看法，更接近于我国的学术研究传统，注重对问题的系统性研究和相关性分析。她关心科学技术在局部的、区域性的理论和实践，有历史特殊性的和特殊利益性质的理论和实践。她写道："我喜欢一种具体的客观性学说，它能容纳似是而非的和批判性的女性主义的科学方案：非常简单，女性主义客观性指的是情境化知识。"[①] 但在这个问题上，女性主义者几乎都是社会建构论的忠实拥护者。

技术的本质不在于我们使用工具这件事，而在于在使用工具之前的科学技术活动。我们对对象的技术构造导致我们从事科学技术活动。正是这种事先的科学技术活动，使得工具的使用是有效的、有意义的。过去说，一个人为了评价一朵鲜花是不是美丽，用秤称它一下，这是荒谬的，因为对鲜花之美不能根据它的重量来确认。因此，秤不是相应的工具，秤在这里是无效的。思维方式要适合这个工具的功能结构。技术是世界的构造方式，是人性的构造方式，是生活化的、局部的、有限的，是当下的。正如哈拉维说："微电子技术将促成劳动向赛博格技术和语言加工的转换、性向遗传工程和生殖技术、大脑向人工智能和决策程序的转换。新的生物技术更加关心人的生殖。作为一种重新规划质料和程序的强有力的工程科学，生物学对工业具有革命性意义，今天这也许最明显地表现在发酵、农业和能源等方面。"[②] 现代技术所构建的世界是一个全球网络世界，物质流、信息流、能量流使全球已经形成了一个网络系统。从这个角度看，现代技术是大规模的，而古代技术是小作坊，这是现代技术的一个特点。

现代人其实就是依靠技术而生存。现代技术就是一个无所不在的大网，生物也好，社会也好，文化也好，艺术也好，都在按照技术的逻辑运演。技术指标支配着我们的社会运作，所以海德格尔用"座架"两个字来表达现代技术的这种无所不包的特征。但许多问题的解决未必靠的是最先进的科学，而靠的是传统的技术。例如控制技术的发展又使得现代化的机器可以在无人控制的情况下自我运行，甚至根据条件的不同改变自己的运行方式，因而生物有机体同机器之间的区别也因为此技术的发展而烟消云散。在赛博格的世界里，没有技术给人类带来的异化，也没有技术给人们

---

① Donna Haraway, "A Cyborg Manifesto: Science, Technology, and Socialist-Feminism in the Late Twentieth Century", in *Simians, Cyborgs and Women: The Reinvention of Nature*, New York: Routledge, 1991, p. 149.

② Donna Haraway, "A Cyborg Manifesto: Science, Technology, and Socialist-Feminism in the Late Twentieth Century", in *Simians, Cyborgs and Women: The Reinvention of Nature*, New York: Routledge, 1991.

造成的压抑，更没有由于异化现象带来的冲突。因此，哈拉维特别强调“通信技术和生物技术将是重建我们身体的关键工具”①，并指出高技术革命与其他工业生产相互作用，将改变劳动的性别歧视和不同的性别移民模式。她相信，未来的技术将给女性带来更大的生存和发展空间，能够为女性提供与男性平等的话语权，“科学和技术将提供新的权力源泉”②。哈拉维认为，新技术会以不同的方式影响性别和再生产的社会关系，必将会推动一场人类社会的彻底变革，整个世界将成为以赛博格为本体的新大陆。

是什么导致近代科学能够转化为技术？现代科学的技术本质是什么？科学必定是比现代技术更早地受着技术本质的支配，这体现在赛博格与科学技术哲学的密切关系上。从这个意义上讲，“情境化的身体”主要关注的是技术与身体的关系。我们的身体总是技术化的身体，也总处于技术化的情境中。

当人作为身体的、思想的、文化的和社会的存在与技术结合时，该概念就扩展为第二个关键词——“杂合体（hybrid）”。世界知名的科学哲学家和科学社会学家布鲁诺·拉图尔（Bruno Latour），是行动者网络理论和巴黎学派的领军人物，代表着科学技术与社会研究的最新方向。他认为技术是自然的、个人的、文化的、社会的等因素杂交融合而成的实体。③ 所谓“杂合体”，它包含赛博格的含义。杂合体是由两个基因型不同的配子结合而成的合子，亦指由合子发育而成的生物个体。杂合体的同源染色体，在其对应的一对或几对基因座位上，存在着不同的等位基因，如 Aa、AaBb、AaBbCc 等，具有这些基因型的生物都是杂合体。在它们的自交后代中，这几对基因所控制的性状会发生分离。哈拉维通过《赛博格宣言》把我们带进“杂种世界”。在这个世界里有琳琅满目的杂种产品：转基因西红柿、蛾基因的土豆、转基因玉米、大豆烟草等各种各样的食品；植物与动物的杂合，如克隆羊、克隆牛、克隆猪。生产杂种产品的“杂种组

① Donna Haraway, "A Cyborg Manifesto: Science, Technology, and Socialist-Feminism in the Late Twentieth Century", in *Simians, Cyborgs and Women: The Reinvention of Nature*, New York: Routledge, 1991, p. 165.

② Donna Haraway, "A Cyborg Manifesto: Science, Technology, and Socialist-Feminism in the Late Twentieth Century", in *Simians, Cyborgs and Women: The Reinvention of Nature*, New York: Routledge, 1991, p. 166.

③ ［美］布鲁诺·拉图尔著，刘鹏，安涅思译：《我们从未现代过：对称性人类学论集》，苏州：苏州大学出版社 2010 年版。

织”，制造混杂世界，混杂的世界制造混杂的产品。哈拉维认为我们处于一个差异场域下的多重空间，处在一个边界跨越的关系网络中。

在不同于以往时代的后现代，人们潜存着各种相互冲撞的复杂观念，如自然与文化的观念、人类与非人类的观念、男性与女性的观念，甚至于超越了善与恶、超越了古老范畴的界限。在英国，有不少人反对“胞质杂合体”研究。英国天主教教会则直接将“胞质杂合体”研究称为“制造人形怪物的实验”；英国纽卡斯尔大学（Newcastle University）莱尔·阿姆斯特朗（Lyle Armstrong）认为，“胞质杂合体”研究成果的政治意义远大于其技术意义。除了“胞质杂合体”，人兽混合胚胎还包括另外两种，其中被称为喀迈拉的胚胎由人类和动物的细胞融合培育而成。早在2003年，上海第二医科大学的盛慧珍教授领导的课题组就曾将人类皮肤细胞与兔子卵细胞融合，培植出人类胚胎干细胞。该项研究中的胚胎，被美国科技媒体视为首例成功制造出来的人兽杂交“喀迈拉”。美国科学家此前也曾培育出“喀迈拉羊”，这些“杂交羊”的肝脏中约有80%的细胞是人类的细胞。科学家认为，如果动物与人类越相似，就越有利于测试药物或培育出能移植到人体身上的“多余零件”，如肝脏等。2010年5月20日，美国著名分子生物学家克雷格·文特尔领导的科研团队在《科学》杂志上发表论文，宣称他们利用人工合成的基因组创造出世界上第一个人造细胞，取名为“辛西娅”（Synthia，即“人造儿”）。世界科学取得了诸多重大进展，人造生命“辛西娅”的诞生，固然需要匪夷所思的复杂技术，在人造基因组的驱动下，山羊支原体逐渐被人造基因组控制，最终成为一种自然界原本不存在的“人造细胞”——辛西娅。这项具有里程碑意义的实验表明，新的生命体可以在实验室里被“创造”。哈拉维认为，赛博格出现的意义，并不仅仅只是人类与技术的融合，更深的意义在于这个被杂合的生物体，是难以依据一定范畴进行划分的，它最终使“自身”这个范畴失去意义，导致边界的混乱。而这正是哈拉维所希望的。这一系列的思想被人们称作赛博格理论。

赛博格是哈拉维对技术和人的结合存在状态所作的隐喻，她指出技术就是这样一种结合体：像人一样能够学习（learn）、感觉和体验意识（consciousness）；同时也能够像机器一样提高被程式化的程度，来用特定的方式学习、感觉和体验事物（things）。作为上述异质性要素的杂交融合，技术是一个不断变化发展的过程，而并非一旦形成就固定不变的实体。

“杂交体”启发我们去考察的是技术、身体、自然和话语系统如何汇集到一起而制造了“合作者”（coagent）的过程，这个过程始终是情境性的、开放性的。这个概念解构了认为文化、自然、身体、技术等是独立单元的观念，而且把对身体—技术的考察扩展为对技术—社会—自然的考察。

哈拉维的“情境化的身体”所关涉的第三个范畴是“情境化的身体实践”。人总是以这种技术—身体的方式去参与实践的，包括切身体验、符号与文本的阅读和意义的建构等。现代技术所代表的一方面是人类“权力意志”的无限膨胀，另一方面是技术理性的无所不在。权力意志表面看来是人的自由的一种实现，其实是“自由”的一种堕落。自由意志（free will）变成了权力意志（will to power），自由就得屈从于权力了，这正是技术时代技术理性一统天下的真相。今天的权力不是由恐惧和威胁来维持，而是由理性和逻辑来支撑着的。理性和逻辑是一张无缝之网，把一切都纳入自己的瓮中。海德格尔称这样的瓮为“座架（gestell enframing）”。作为座架的现代技术把一切都归入“无差异”之中，从而使现代技术彻底成为一种“非技术”的东西，原始技术那种保持“差异”于“缝隙”之中的微妙精神全然丧失。[①] “座架”的架和“坐标”有很大的关系。坐标系是按照普遍化的、数学化的语言来描述的，意味着坐标是可以无限延伸的，意味着现代科学处理的是一个可以无限扩充的事物。这里包含着技术理性无穷的意志，而人也被塑造成无穷意志的代理者。因此，哈拉维试图通过赛博格实现对身体的重构。她指出：“赛博格是我们的本体论，它给了属于我们的政治纲领。”“它也是一种努力，致力于建立后现代主义的，非自然主义模式的和在一种想象没有性别、也可能没有起源甚至也没有结束的世界的乌托邦传统中建立社会主义——女权主义的文化和理论。”[②]

三、赛博格科学技术哲学发展趋势

哈拉维看到了现代技术存在的问题，认识到技术对人的主体性的限定和人的异化程度的加深。她写道：“20 世纪晚期的机器已经完全模糊了这

---

① 吴国盛：《技术与人文》，《北京社会科学》2001 年第 2 期。

② Donna Haraway, “A Cyborg Manifesto: Science, Technology, and Socialist-Feminism in the Late Twentieth Century”, in *Simians, Cyborgs and Women: The Reinvention of Nature*, New York: Routledge, 1991, p. 149.

样的差别：自然与人工、思想和身体、自我发展和外部设计以及许多其他的用在有机体与机器上的区分。我们的机器令人不安地栩栩如生，而我们自己却令人恐慌地了无生气。”[①] 同时，她对技术未来的发展也充满了希望。她认为面对技术带来的各种社会问题，我们应该挖掘技术的积极潜力，而不应消极地拒绝技术，也就是说要用技术的发展来解决技术发展中出现的问题。于是，哈拉维为我们描述了一个与传统不同的新世界——赛博格世界。

我们都必须承认鲍德里亚的技术哲学思想的深刻性和先见性的一面。也就是说，无论鲍德里亚如何夸大现代高科技对社会的负面影响，有一点是确定无疑的：鲍德里亚的“命定的物”晦涩难懂，歧义甚多，但从科学技术与社会关系的辩证关系看，它具有深刻的哲学意义。哈拉维在书中写道，“米歇尔·福柯的生命政治就是赛博格政治的前身”[②]，只有对身体施加权力才能获得。权力与身体的结合，使身体从属于政治领域，“服从于控制它、标刻它、训练它、拷打它、迫使它执行任务、表演仪式、播发符号的权力关系[③]。因此，不受社会的、政治的、文化的、经济的权力关系作用和影响的纯粹的身体是不存在的。福柯认为，当代的政治学就是围绕着身体展开的政治和技术的斗争。它提出了由于人而引起的技术革命和技术的加速度的发展以及技术发展本身的逻辑，最终将导致人对技术的全面失控，导致人为其所创造的“物”所控制。信息技术和生物技术的发展将给人类的发展带来契机。

哈拉维的“生命体组件（biotic component）”、“最优化（optimization）”、“人工智能（artificial intelligence）”等不是本质化的概念，而是被设计的、在不断变化和流动的、低约束性的词汇。这些概念在不同的历史情境中的意义是不同的，是具体化的知识，而统一的、不变的、有着严格边界的概念是不存在的。我们不能回到过去，未来“不只是上帝的

---

① Donna Haraway, “A Cyborg Manifesto: Science, Technology, and Socialist-Feminism in the Late Twentieth Century”, in *Simians, Cyborgs and Women: The Reinvention of Nature*, New York: Routledge, 1991. p. 153.

② Donna Haraway, “A Cyborg Manifesto: Science, Technology, and Socialist-Feminism in the Late Twentieth Century”, in *Simians, Cyborgs and Women: The Reinvention of Nature*, New York: Routledge, 1991. p. 151.

③ 佟立：《西方后现代主义哲学思潮》，天津：天津人民出版社 2003 年版，第 257 页。

死，也是神的死，或两者都复活在微电子和生命政治统治的世界”[1]。在哈拉维构建的未来图景里，每一个词语都充满了“女性”的气质——模糊、非本质、易变和脆弱。她认为，我们将要经历一个从现代社会到赛博格社会的转变，从有机的工业社会向多元的信息系统的过渡。赛博格女性主义是后女性主义的重要组成部分，以信息科技和生物工程的进步为背景而产生和发展，同时又受后结构主义和后现代主义的影响。赛博格女性主义标榜“赛博格意识”，将它与被压迫群体反对霸权力量的斗争联系在一起，并通过新媒体扩大自己的影响。赛博格女性主义（cyberfeminism，也译为“网络女性主义”、“电子女性主义”）这一提法出现于20世纪90年代初期，用来指赛博空间中女性之间强有力的互动关系及带有女性主义特点的活动。赛博格女性主义关注技术的社会应用，宣扬妇女和现代机器之间所存在的亲密关系，以此有别于排斥技术的传统女性主义。它注重在网络上建立适宜于妇女的虚拟环境，对与之相关的联结性、批判性、创造性等问题深入进行理论研究，鼓励妇女主动参与在线活动，并通过新媒体艺术来表现自己的诉求。它是女性主义的新形态、赛博格世界，值得重视与研究。哈拉维赛博格与科学技术的发展趋势，指在社会经济各种因素的作用下，现代科学技术发生的巨大变化和一定的发展趋势。从科学技术发展的历史看，科学与技术位于不同的知识领域，按照各自不同的方式发展。但近代以来，科学产生以后逐渐有所改变，科学与技术之间的相互联系从蒸汽技术革命到电力技术革命，形成了以科学为先导的相互促进、共同发展的良性循环。现代科学与现代技术的联系进一步密切，出现了科学与技术一体化的趋势。其特征主要表现在：

第一，科学的技术化与技术的科学化。信息技术和生物技术的发展将给人类的发展带来契机。哈拉维认为，人的主体性是以对物的依赖性为基础的，是物对人的规定、制约乃至支配，使得处于此种状态下的主体性不能不带有极为矛盾的性质，有时甚至带有异化的特征。这是现代社会越来越普遍的趋势。就此，哈拉维认为，我们都是拼装而成的机器与有机体的混血儿，简言之，我们都是赛博格，赛博格即是我们的本体。赛博格并不仅仅只是关于机器与人类的“拼合”，因为机器和人类一样，都不是一成

① Donna Haraway, “A Cyborg Manifesto: Science, Technology, and Socialist-Feminism in the Late Twentieth Century”, in *Simians, Cyborgs and Women: The Reinvention of Nature*, New York: Routledge, 1991. p. 162.

不变的。成为赛博格，更深的意味是“拼合”的生物体是难以依据一定范畴进行划分的，它最终使“自身”这个范畴失去意义，并引发出一系列哲学与科学问题。首先，它使社会与自然的区分复杂化了。“赛博格”是自然有机体与技术机器、技术手段的结合，它使原本完全“自然而然”的身体具有了“拼合”、“嵌入”的特点，转而成为一种“新的合成生命体”。这一情况，不仅穿越了自然有机体和技术机器的边界，模糊了物理世界和非物理世界的边界，还搅浑了两者之间那些习以为常的界线。因此，“赛博格”所隐喻的是，原本鲜明对立的两极模糊化了。如现代生物技术使番茄带有深海鲽鱼的基因，这不仅模糊了物种的界线，更模糊了植物与动物的界线，无性生殖技术则模糊了雄、雌两性在生殖活动中的分工。其次，哈拉维还断言，赛博格不只是简单地出现，还意味着它所存在的世界正在被改变。因此，她将赛博格称为“后性别世界的生物”，意指那些通过医学技术尤其是生殖技术，不仅使传统的性别与性别关系遭遇挑战，更造就了一个有别于传统的“后性别世界”。如克隆技术已打造出了绵羊“多莉”，虽目前还未有克隆人出现，却不能保证这种情况永不发生。再次，哈拉维认为，赛博格促进了人的“新主体”的诞生，超越了以往用一种固定的、一成不变的方式对身份的确认，如以民族、种族、性别和阶级等来界定人的身份。这样的超越有助于克服冲突，有利于建立一个“多元的、没有清楚边界的、相互冲突的、非本质的”主体概念。赛博格不仅正在改变这个世界，也正在改变生存于这个世界的主体——人。最后，也是最根本的是赛博格毁掉了人类对自身被救赎的祈望。人不再被理解为是上帝用泥土抟造的自然物。相反，人制造机器且寄生于机器，机器成为任何一个普通人肢体的延伸，人也成为机器的一个部件。这样的人即赛博格，根本不是从完美的原始统一体中分化而来的，因而也无须回归，它只是一个“拼合”的混血杂种，却适应这个世界。在此意义上哈拉维说：“我宁愿成为一个赛博格，而不是女神!”① 哈拉维在对技术的历史研究中发现，发展着的信息技术和生物技术正是可以实现社会变革的“新技术”。因此，她特别强调信息技术和生物技术对女性身体重建的重要性。未来世界里人类、机器和自然三者间互相协调和制约，人类和机器不是谁代替谁，而是有机结

① Donna Haraway, “A Cyborg Manifesto: Science, Technology, and Socialist-Feminism in the Late Twentieth Century”, in *Simians, Cyborgs and Women: The Reinvention of Nature*, New York: Routledge, 1991. p. 181.

合、合而为一。高新技术的发展，将使人类进入智能化的类生物体系的生产时代。哈拉维认为，这些新的技术将会加强女性的社会关系和地位，“在发达国家，机器人和与之相关的技术把男人从工作中排除出来，加深了男性工作的失败”①，而办公自动化制度的建立使工作的女性化得到了加强。②

第二，科学与技术的一体化趋势。高新技术是以当代科学理论为基础的知识高度密集的新技术群。高新技术的形成以科学新发现为先导，其发展以科学研究的突破性进展为动力。因此，高新技术的研究既是技术研究，同时也是科学研究。高新技术是科学技术高度一体化的产物。德国著名学者格伦（Arnold Gehlen）从人类学视角对技术本质问题进行了独特讨论。他通过人与动物的比较，指出人是有缺陷的存在，技术不过是人的先天缺陷的一种必要补偿。对于技术本质特征的分析，格伦从三方面进行了系统概括：技术形成一种人为的性质；技术背后运转的是无意识冲动；技术与文化既相互对立又相互依附。他所提到的“器官强化”、“器官代替”理论有着重要的理论意义，人、技术、社会三个因素发展的不平衡性，是贯穿其整个技术哲学思想的重要方面。麦克卢汉认为“媒介是人的延伸”，阐明了媒介和技术的同质性，强调了媒介技术对人的感知、社会变迁及时空观念的深远影响。他并不是“技术决定论”者，他启示我们面对技术的滚滚洪流，要理性分析、判断，从而更好地驾驭和使用技术。他从全新的角度揭示了人和技术的关系，丰富了技术哲学的研究领域。后现代主义学者福柯从科学技术哲学的专业视角开拓了科学史研究的新的理论范式。他的权力、知识思想对科学哲学的影响较大，他的符号学思想对科学哲学具有启发意义。福柯将权力、知识、技术和主体整合在一起，从微观和宏观两个层面来揭示出它们之间的作用方式和动力机制，深化了对于技术本质的理解。

实验不再是以前的实验，数学不再是以前的数学。是什么导致现代科学的实验和现代科学的数学跟从前不一样了呢？答案是技术理性的先行支配。现代科学提供了技术理性，那就是我们宇宙本质上是无限的，我们人

---

① Donna Haraway, “A Cyborg Manifesto: Science, Technology, and Socialist-Feminism in the Late Twentieth Century”, in *Simians, Cyborgs and Women: The Reinvention of Nature*, New York: Routledge, 1991. p. 169.

② 王宏维：《关于“赛博格女性主义”》，http://www.sina.com.cn，《南方日报》2006年4月25日。

类的活动本质上是可以不断地放大的。过去我们认为世界是无限的，科学是无限的，人类的智慧是无限的，这些思想镶嵌在整个时代精神之中。现代很多新的学科，慢慢把有限的思想引到了科学之中。哈拉维的转基因技术与传统生物技术有两点不同：第一，传统技术一般只能在生物种内个体上实现基因转移，而转基因技术所转移的基因则不受生物体间亲缘关系的限制；第二，传统的杂交和选择技术一般在生物个体水平上进行，操作对象是整个基因组，所转移的是大量基因，不可能准确地对某个基因进行操作和选择，对后代的表现预见性较差。哈拉维指出："有机体已被转换为基因编码和解码的问题。生物技术作为一种书写的技术，已经广泛扩展到研究领域。从某种意义上说，生物体已不再是认识的对象，转而成为各种生物构件，即各种特殊的信息处理装置。"① 而转基因技术所操作和转移的一般是经过明确定义的基因，功能清楚，后代表现可准确预期。因此，将转基因技术与常规育种技术紧密结合，可相得益彰，大大提高品种改良效率。这是一种"感觉世界"，它区别于概念化了的"思想世界"、"社会世界"和"物质世界"。"思想世界"作为分析工具往往指引我们依据公开的或文字的语言来考察某人的思想和心态的逻辑，但这事实上不足以昭示人在日常生活实践中的复杂心态和所思所行。而"社会世界"则通常把人的实践归类到政治、阶级、文化或社会组织的框架中去审视，而忽视了人的日常生活实践的整体性和无法化约的性质。正因为如此，我们认为通过对人—技术组成的"感觉世界"的现象学描述，我们将深化对技术的存在状态、技术与人的生存状态的结合状况、技术与权力及社会规则的紧密关联等问题的理解。哈拉维赛博格理论奠定了当代科技哲学的基础，为现代科技发展开辟了新路。

第二节 哈拉维赛博格科技生命和动力

科技创新思维是人类形成和发展创新能力的重要基础。它研究的并不仅仅是产品技术创新一类的"创造技法"，科技创新思维还应该包括人类

---

① Donna Haraway, *The Haraway Reader*, New York and London: Routledge, 2004, p. 225.

自身素质的全面创新和发展，这样才能真正体现创新思维的无穷魅力。哈拉维赛博格理论作为一种文化景观，是对人类在信息社会中主体性的文化新表征，这种文化表征不仅体现着个体与技术的关系，而且它也为人体在面对日益扩张的信息文化提供了新的视角和参照系。哈拉维说："这是一个有关生命权力和生物社会性的故事，也同技术科学相关。"① 今天个体所处的自然与社会环境，造就了当代个体内在的身体和心灵。赛博格就是这样一个信息进程中的文化产物。作为一种文化标志，它所表征的是一个时代的精神；作为一幅文化图像，它所展现的是信息时代人类生存的新景观。哈拉维赛博格理论与科学技术的关系，决定了科技与创新是赛博格理论的生命和动力。

在哈拉维看来，"赛博格乃是受到自动控制的有机体，是机器与生命的混种，既是社会现实的创造也是虚构的产物"。这个既是想象又是现实的赛博格，其实正是我们当代人的存在状态！

一、赛博格和全球脑的记忆延伸

赛博格是一个自我调试的普遍理论和控制系统，是一种控制系统的科学。从这种系统理论中，得到了赛博空间，即在因特网上全球性的互动空间。赛博格是通过化学药品、仿生修复和神经系统一致而得到加强人类主体的。哈拉维于 1991 年发表的《赛博格宣言》，对西方世界后现代生活的技术境遇进行了分析。她运用马克思主义精神分析和女权主义把赛博格作为女性贴切的后现代隐喻，打破了人文主义的限制——人与动物、人与机器、有形的和无形的传统等。她以为，赛博格拆分又重新组合存在，是具有后现代的聚合性而又个人化的自我。

在电子媒介的研究中，赛博格和全球脑（global brain）思想值得关注。在哈拉维看来，电脑网络作为记忆的延伸，并非将电子元件直接植入身体。她将赛博格视为一种突破界限的结合体，甚至包括人类与动物、人类与机器、肉体与非肉体以及空间上的界限都可能被突破。对人工辅助器材依赖程度的日益增长正强烈暗示着这一趋势；而由于人工智能的发展，机

---

① ［美］哈拉维著，林斌译：《伴侣物种宣言：狗、人与意义重大的他者》，http://ayulou.blogbus.com/logs/76613945.html。

器的自我复制和虚拟人物的独立思维也不是很遥远的事情。自我与他人的差异随时可以重新建构，甚至人类与其他物种的界限都将模糊。具有独立思考能力的人的思考速度和思考内容随着计算机的核心 CPU（central processing unit，中央处理单元）应用程序的不同而有所不同。精神分析学家斯拉沃热·齐泽克（Slavoj Zizek）在《不要性爱，我们是后人类》（*No Sex, Please, We're Post-human!*）一文中指出：网络空间中的虚拟现实带来了一种回归，一种对于身体经验不断丧失的进程。在这个意义上说，网络空间具有某种灵智的维度是名副其实的。进一步说，虚拟现实启发了对人性的重新认识，暴露出在寻求"人的本质"和无限的技术建构之间进退维谷的两难，这意味着我们正在进入一个新纪元。用尼采的话来说，人类不过是一座桥梁，一条在野兽与超人之间过渡的通道。

美国学者马克·斯劳卡（Mark Slouka）在《大冲突：赛博空间和高科技对现实的威胁》（*War of the Worlds: Cyberspace and the Hi-tech Assault on Reality*）中写道："人类的神经系统直接与电脑连接在一起，意识被下载到计算机内存里，并被有效地保存在某种非自然的状态中……在我看来，带来这个新纪元的那只怪兽，是一个长着狗头的孩子，慢慢地挪向伯利恒，而那无边的黄沙和烧灼的炎热，只是赛博空间的沙漠，一个虚拟现实的噩梦。""那些有可能永远地模糊真实和虚幻之间的界限的技术，将给政治带来影响"。① 哈拉维也说："赛博格正是出现在人类与动物之边界已被跨越的神话世界中……在这一新的婚姻交换中，兽性在这种人兽交合中具有新的地位。"② 自然与技术之间的界限将被抹去，遗传工程，特别是人类基因重组工程计划（human genome project），实际上已经永远地模糊了这条界限。数字革命的深层核心是与权力相关的。为此，斯劳卡还提出了一个"虚拟现实的政治"的概念。他认为："虚拟现实的政治，是指那些有可能永远地模糊真实和虚幻之间的界线的技术，将给政治带来影响。可我为什么要特别提到政治呢？为什么不仅仅是文化上的影响呢？的确，两者之间的差别甚微。我之所以选择政治是因为我相信，数字革命在它的深层核心

---

① ［美］马克·斯劳卡著，黄锫坚译：《大冲突：赛博空间和高科技对现实的威胁》，南昌：江西教育出版社 1999 年版，第 150 页。

② Joseph Carl Robnett Licklider, *IRE Transactions on Human Factors in Electronics*, Cambridge: Polity Press, March 1960, pp. 4－11.

是与权力相关的。”① 那种超性别、超物种、超生死的存在方式目前只是一个隐喻，但说我们都在成为赛博格，从文化上而言亦并不为过。我们何尝不是一个受到编码控制的有机体，以某种虚拟的形象来回应某种社会和身体上的真实呢？

电脑科学研究专家、行为心理学家利克里德尔（Joseph Carl Robnett Licklider）发表了《人机共生》（*Man-Computer Symbiosis*），提出一个让当时世人吃惊的预言：“用不了多少年，人脑和电脑将非常紧密地联系在一起。人通过机器的交流将变得比人与人、面对面的交流更加有效。”利克里德尔指出，“网络就是更为直接更为有效的人与人的交流。”②利克里德尔强调电脑（computer）不是计算机（calculator）。他极为重视电脑的重要性，始终强调人类利用电脑的美好远景。他的理想就是要让电脑更好地帮助人们思考和解决问题。利克里德尔始终认为，通过电脑网络，人与人的交流将比以往任何时候都更加容易得多，当“心灵碰撞的时候，新的思想就产生了”③。在生活世界里，人们在互为主体的基础上进行交往、互动、对话和沟通。④

哈拉维提出的其实是一个意义远为深广的问题：技术媒介以何种方式、在何种程度上建构了主体的主体性，其中嵌入了什么样的感性支配关系。作为一名文化人类学家和女性主义者，她从赛博格的角度切入问题是颇有深意的。在哈拉维看来，“赛博格乃是受到自动控制的有机体，是机器与生命的混种，既是社会现实的创造也是虚构的产物。”⑤ 这个既是想象又是现实的赛博格，其实正是我们当代人的存在状态！在这种带有根本穿透

① Donna Haraway, “A Cyborg Manifesto: Science, Technology, and Socialist-Feminism in the Late Twentieth Century”, in *Simians, Cyborgs and Women: The Reinvention of Nature*, New York: Routledge, 1991, p. 152.

② Joseph Carl Robnett Licklider, *IRE Transactions on Human Factors in Electronics*, Cambridge: Polity Press, March 1960, pp. 4 – 11.

③ Joseph Carl Robnett Licklider, *IRE Transactions on Human Factors in Electronics*, Cambridge: Polity Press, March 1960, pp. 4 – 11.

④ Jürgen Habermas, *The Theory of Communicative Action*, vol. 1, transl. by Thomas McCarthy, Cambridge: Polity Press, 1986; Jürgen Habermas, *The Theory of Communicative Action*, vol. 2, transl. by Thomas McCarthy, Polity Press, 1989. 中译本为［德］哈贝马斯著，洪佩郁、蔺菁译：《交往行动理论》（两卷本），重庆：重庆出版社 1994 年版。

⑤ Donna Haraway, “A Cyborg Manifesto: Science, Technology, and Socialist-Feminism in the Late Twentieth Century”, in *Simians, Cyborgs and Women: The Reinvention of Nature*, New York: Routledge, 1991, p. 152.

性的语境下，反技术主义者们廉价的“人文义愤”显得那么苍白无力。1983年拉塞尔（P. Russell）出版《全球脑》（*Global Brian*）一书，提出了更富有启发性的思想。他认为，通过电话、传真、卫星、网络主机等构成的通讯网可将全球信息节点连接起来，节点连接达到一定数量之后，便自然形成一个具有独立记忆、思考和学习能力的有机体即“全球脑”，使整个网络真正达到个体间直接互联的水平。这已经符合英国著名物理学家查德威克（James Chadwick，1891—1974）关于“集体记忆”的结构。查德威克认为媒介事件是大众传媒的狂欢节，是中心价值观与集体记忆的聚焦。目前的技术水平虽还不足以建成具备智力的全球脑，但这一趋势似乎已难以逆转。人脑与电脑之间的界限日益模糊，赛博格的观念也越来越为我们所接受，赛博格改写了人们对机器与心灵的关系的看法。

哈贝马斯（Jürgen Habermas）式的交往对话强调，生活世界是人类沟通行为的背景和基础，而沟通行为则可被理解为对生活世界的表述。哈拉维通过对赛博格的文化分析解构了三种既有界限：人与非人、生命与非生命、物质与非物质。哈拉维指出，当代科幻小说里充满了赛博格（同时是动物又是机器）的生物，住在自然与人为之间的暧昧世界中；现代医学也充满了赛博格，其复制不同于有机体的自然生殖；现代战争是赛博格的狂欢会，充满了符码化的命令、控制、通讯和人工智能。技术和性别可以转化为政治，身体并非只是生物性的，男人与女人的身份冲突，使女性自己也成为赛博格。[①] 哈拉维的观点被女性研究者广为引证，它以尖锐和反讽的方式揭示了现代主体作为技术建构的政治内涵，其根本意义正是人与人的关系。赛博格是人与机器的关系的延伸。机器与人的关系并不像麦克卢汉所说的那么简单，我们都是赛博格。

在这个世界里，机器已经成为任何一个普通人肢体的延伸，或者他们都是赛博格身上的器官。前者类似于人脑中植入了芯片、肉体注入了增强型激素的人类，就像《攻壳机动队》（*Stand Alone Complex Solid State Society*）中帕兹这样的身体改造（左眼和左臂），形态是“人—动物—机器”；而后者则是像女主角稚子“机器—人—动物”形态的百分之百义体人。所谓义体人就是身上或多或少都被改造过的人。在赛博格的背景下，

① Donna Haraway, “A Cyborg Manifesto: Science, Technology, and Socialist-Feminism in the Late Twentieth Century”, in *Simians, Cyborgs and Women: The Reinvention of Nature*, New York: Routledge, 1991, p. 152.

几乎所有的人都有自己的电脑芯片，只要大脑还未被破坏。

二、赛博格理论创新思维灵感的内涵

赛博格的魅力在于：赛博格在各个方面都是创新的，是新生者。赛博格技术，究竟是给人类带来光明改变人类的技术，还是不可容忍的人体改造？21 世纪，我们所生活的，将是一个怎样的世界呢？改变人类的赛博格技术能调节人类的神经系统，很让人吃惊。哈拉维赛博格理论以给人“想象、灵感、虚构”来激发人们进一步认识创新思维，加深对创新思维的理解，从而调动主体的创新意识，培养创新思维潜能。灵感是人的大脑皮质高度兴奋时的一种特殊的心理状态和思维形式，它是在一定的抽象思维或者形象思维的基础上，突如其来的新概念或者新意象的“领悟式”的思维形式。它的一个最显著的特点，就是你无法预测什么时间出现，它是瞬间的领悟。平日里百思不得其解，要创作一部作品不知从何下手为之寝食难安，然而就在不经意的时候，突然思潮汹涌而来，创作中的难题迎刃而解，作品一气呵成。灵感有时千呼万唤不出来，但是有时又会突然爆发，偏偏在无意中不期而至。灵感是一种特殊的思维形式，想象和灵感最重要的特征首先体现在它是“创造能力”，其次它是“突然”爆发出来的。当我们了解了灵感产生的过程，掌握了灵感产生的规律，我们就完全可能将无序的灵感转化为有序的逻辑推理过程并加以合理利用。哈拉维说：“通信技术和生物技术是重构我们身体的关键工具。这些工具体现和实施了全世界妇女的新的社会关系。技术和科学话语在某种程度上可以理解为程式化，即理解作为构建它们的社会交流的相互作用的固定时刻，但它们也应该被视为强化意义的手段。”① 这是创新思维的直接结果。

创造发明活动离不开灵感。一些具体的小发明项目中常常使用这种思维方式，而且往往能够取得成功。如果把具体的问题抽象开来，任何事物的发展都必然具有它本身的规律性，如果找到这个规律性加以分析，就可能得出一个理想化的模式，也就是说，“灵感”是可以有机获取的。如果我们能够把事物的整个过程量化，把一个整体细分为若干个微小的部分，

---

① Donna Haraway, “A Cyborg Manifesto: Science, Technology, and Socialist-Feminism in the Late Twentieth Century”, in *Simians, Cyborgs and Women: The Reinvention of Nature*, New York: Routledge, 1991, p. 152.

依据原理和规律性分析，将容易实现这个微小部分的理想。例如，我们虽然不能一下子解决整个人生的发展问题，但是如果我们在明确目标的基础上认真对待每一项工作，就能够在某一项具体的工作做得很好之后，将下一项具体的工作也做得很好。如果我们将一系列做得很好的具体工作串联起来，使之全部成为“有用功”，那时我们就完全有能力说，我们把握了自己人生的轨迹。如果我们运用正确的思维方法对待周围的事物，我们每一个人都可以发现灵感，捕捉灵感，将“灵感”转化为我们工作和实践中的“随感”，使之成为创新思维链条中的有机环节，从而正确解决一系列重大的问题。

预测是科技创新思维中的重要因素，也是人们能动地控制和把握机遇的重要手段，预测从来就不是神话。从理论上讲，要适应和加速世界范围内经济、科技、文化的发展，就必须对未来的事物有前瞻性。掌握了预测的方法，我们就能抓住事物的脉搏，发现和了解事物发展的走向；掌握了主动性，就会提前对未来的事物做好准备，有条不紊地应对随之而来的各种变化，并且利用这些变化去达到理想的目的。哈拉维预测说：“从一个角度看，赛博格世界意味着一个全球控制网络的最终完成，意味着以防御名义进行的星球大战的世界末日获得了最终的抽象观念，意味着男性战争狂欢中对女性身体的最终占有（索菲亚，1984）。从另一个角度看，一个赛博格的世界也可能意味着活生生的社会和身体现实，在这个现实中，人们不必害怕自己同动物和机器的共同亲缘关系，不必担心存在持久的不完全身份和相互矛盾的立场。”① 因此，我们提出一个观点：未来是可以预测的。这个观点或许听起来有些“算命先生”的色彩，但是详细分析之后我们就会知道，预测是实实在在的唯物主义的方法，也是我们在认识世界和改造世界中必须掌握的能力：明确事物发展过程中所表现出来的各种特征和在逻辑基础上的特点，并将其作为下一个具体发展过程中的逻辑前提来对待。如果说未来是可以预测的这个观点听起来有点不可思议，那么，我们说，明天是可以预测的，比如明天我们该做什么、明天会有怎样的天气等，这肯定是一个令人信服的观点。既然我们能够把握未来的某一天，我们也就能够把握未来的某几天，把握未来的某一段时期。整个人生历程、

---

① Donna Haraway, “A Cyborg Manifesto: Science, Technology, and Socialist-Feminism in the Late Twentieth Century”, in *Simians, Cyborgs and Women: The Reinvention of Nature*, New York: Routledge, 1991, p. 152.

整个社会发展历程同“某一天、某几天和某一段时期”相比，显然只存在数量和程度上的差异，而在时间和空间上没有本质上的区别。根据这个规律，或许我们会因此从这里推断出一个连我们自己都为之一震的假说，那就是，科学地预测人生和未来，就如同天气预报一样，也是完全可行的。谁能够有效把握未来，谁就等于找到了打开智慧宝库的“钥匙”，使创新思维变成涌动的喷泉，谁就可以成为自己人生航船的舵手。

灵感、兴趣和预测构成了科技创新思维体系的几个重要因素。在科技创新思维的这几个要素之中，灵感和兴趣是创新思维的生命和动力，而预测则为创新思维的发展提供了广阔的战场。掌握了灵感产生的规律，把灵感变成我们工作和生活中的随感，我们的科技创新思维将会蓬勃发展；不断发现兴趣、保持兴趣，我们的创新思维就会化枯燥为快乐，化腐朽为神奇；如果再获得了对未来发展趋势的成功预测这个法宝，我们的人生将会最大限度地减少盲目性，就会高屋建瓴，将浩瀚的宇宙尽收眼底。哈拉维有一个奇特说法——“科学与技术的社会关联”，用以表明我们谈论的不是技术决定论，而是一种依赖于人们之间的结构化的关系的历史体系。这意味着，科学和技术提供新的动力源泉，我们也需要新的分析和政治行动的源泉。[①] 构建于这几个要素之上的创新思维如果应用于技术创新，可以创造出不断领先的有形产品；而如果将其应用于人类自身素质的培养和发展，则可以引领人们由认识的“必然王国”向“自由王国”挺进——准确地把握人生轨迹，充分调动和发挥每一个人独有的自身潜能，最大限度地减少时间、智力、财力和生命的浪费，进而不断形成具有巨大创造力的人才群体。

三、赛博格科学技术的语意分析

赛博格理论注重科学的语意分析。哈拉维反对科学的“宏大叙事”，他更关心的是科学技术局部的理论和实践。她说：“我喜欢一种具体的客观性学说，它能容纳似是而非的和批判性的女性主义的科学方案。非常简

---

① Donna Haraway, “A Cyborg Manifesto: Science, Technology, and Socialist-Feminism in the Late Twentieth Century”, in *Simians, Cyborgs and Women: The Reinvention of Nature*, New York: Routledge, 1991, p. 152.

单，女性主义客观性指的是情境化知识”。[①] 在这个问题上，女性主义者几乎都是社会建构论的忠实拥护者。哈拉维认为，她的主要职责就是去挑战那些已经被接受的定义和划界，特别是作为一个女性主义者，更要去挑战由性别造成的对世界的区分。因此，她对科学与技术的关系的认识也是极具个性的。在《谨慎的见证者》一书中，哈拉维分析和说明了“技术科学”的概念。她认为，新的世纪的核心就是“技术科学”，即旧科学和技术的新杂合体，比如有深海鲽鱼基因的番茄、有巨蚕丝蛾基因的土豆等新存在物。因此，哈拉维最为注重的是对科学与技术的整体性研究，而反对将两者割裂，进行独自的研究。她的这种看法，更接近于我国的学术研究传统，注重对问题的系统性研究和相关性分析。

我们对“科学”与“技术”的词源和词义进行简单的分析。根据《韦伯字典》的描述，“science”是中世纪英语，来源于拉丁文的“scientia”，其词缀 scient-即有“知识”的意思。“science”的原义被认为是区别于无知和误解的知识和学问（knowledge as distinguished from ignorance or misunderstanding），进而引申出诸如 natural science，scientific method，christian science 等词义。而“technology”则来源于希腊语的“technologia”，它是由前缀 techn + 后缀 logy 构成的，其中“techn”即“art（工艺，艺术）”和“skill（技巧，技能）”的意思。在字典中，技术（technology）有两层含义：一是在特定范围内对知识的实际应用（the practical application of knowledge especially in a particular area）；二是对知识进行实际应用的能力（a capability given by the practical application of knowledge）。通过词源和词义的对比，我们很容易区分科学和技术的不同。科学与人类的知识是密不可分的，科学探索的过程就是人类知识积累的过程，科学的方法就是人类积累知识的方法，对科学的学习就是对人类知识的学习。自然科学是人类对自然知识的汇总，人文科学是人类对人文知识的汇总。因此，对认识论和知识的研究是科学哲学中必不可少的部分。与科学的浓厚的理论色彩不同，技术则更加注重实用。技术是在人们对知识的认知的基础之上，对于某个特定的问题所进行的实践性应用。

将科学、技术与知识这三个词加以比较、分析，我们发现，科学是人

---

① Donna Haraway，“A Cyborg Manifesto：Science，Technology，and Socialist-Feminism in the Late Twentieth Century”，in *Simians*，*Cyborgs and Women*：*The Reinvention of Nature*，New York：Routledge，1991，p. 149.

类知识的理论阶段，而技术是人类知识的实践阶段。在这个意义上，科学与技术是不同的概念。但是，当今的科学和技术的一体化趋势日益明显，在构词上也出现了一些新的变化，比如出现了 technoscience（暂将其译为“技术科学”）一词。这是当今的科学技术一体化趋向的直接反映。因此，科学与技术究竟是一种什么样的关系再次引起了人们的关注。

科学与技术的关系与我国的研究传统不同，西方哲学界从一开始就将科学哲学与技术哲学作了严格的区分。这种区分除了体现在科学与技术的不同语意，我们还可以从科学与技术的研究对象、研究目标、研究过程、价值规范、评判标准和目标追求等多个方面对它们进行分析和比较。这种区分和划界对于明确科学哲学和技术哲学各自的研究范围，分析各自的问题、制定相应的对策有着重要的意义。

科学与技术的差异列举如下。科学：研究对象，指向对自然过程的认知和理解；研究目标，提示因果性，提供可能性；研究过程，选题相对自由，成果相对不确定甚至高度不确定；价值规范，普遍主义，无私利性；评判标准，以真理性标准为内核、无善恶价值负荷；目标追求，求真。技术：研究对象，指向对自然过程的控制与改造；研究目标，设定目的性，创造现实性；研究过程，选题目标定向，成果较为确定甚至是必须实现的；价值规范，民族主义，效率与功利性；评判标准，负荷；目标追求，求善、求美。然而，在历史的演进中，科学与技术之间不仅存在着差异，更形成了一种互相联系、相互促进、相互制约的关系。在现代社会里，技术的发展离不开科学理论的指导，技术在很大程度上变成了科学的应用。同样，科学的发展也离不开技术，技术需要往往成为科学研究的目的，技术发展还为科学研究提供了必要的技术手段。此外，当今的科学与技术之间的转化速度越来越快，使得我们有时根本无法弄清科学与技术的界限。

在哈拉维的论述里，赛博格成为一种寻找出打破自然与文化界线之方法的隐喻。她认为两者分离变得越来越困难，并试图利用这种界线的混淆来创造一种新的政治行动路线。这种思想被称为“赛博格理论（cyborg theory)”。根据这个词的某些定义来看，人类对即使是最基础的科技所带有的那种思维与物质方面的依赖，早已经让我们都变成赛博格了。在一个普通案例里，一个配带有心律调节器的人可能被认为是赛博格，因为他或者她如果失去了那个机械的部分就无法生存下去。在一个比较极端的案例里，衣物就可以被视为是一种机械化的皮肤。我们借由建构出一些原本在那些环境中不存在的事物，让我们能够在差异极大的各种环境中生存下去，其可视为一种基础的记忆补充物。火的控制以及农业也可以视为一种为了符合我们的消化过程而进行的改良，这让两者间的分界更模糊了。不过大部分的定义都只考虑那些在工业革命之后才可能出现的科技，尤其是存在于人体之内的。因为其定义可能包括某些使用了生物组织和基因的赛博格和生物计算机，所以在定义上有争论的余地。最明显就是在阿诺·施瓦辛格主演的《未来战士》（*The Terminator*）中，T系列既有部分被认为是赛博格，另一部分则是完全机械的赛博格，可是在故事世界里一律被视为机器人。反之，在《攻壳机动队》（*Stand Alone Complex Solid State Society*）中，有很多完全义体人只有脑部的有机部分是人类，但不只是坚持自己是人类，而且还要坚持脑部本来的国籍和身份认同，并且在故事中被一般人认可和各国在法律上符合其对本国国民的定义。

科学被看做建立在事实逻辑基础上的客观知识，它排除了社会、历史、文化、心理等因素的影响，也无善恶之分，被认为是价值中立的。科学探索的可信之处就在于其过程本质上客观的，远远地看着世界，不动感情地追问自然界。因此，科学研究被认为是以真理性为标准的无善恶价值负荷的求真的过程。然而，打开潘多拉盒子的人库恩（Thomas Samuel Kuhn）通过研究发现，科学活动往往是科学家自己广博的历史知识与深思熟虑的个人经验结合在一起的结果，受个人的旨趣、价值观、语言习惯等因素的影响。库恩所提出的“范式”和“科学共同体”等概念，就是包含着文化价值的概念。库恩认为范式是科学共同体所拥有的，带有相当程度的非理性的信念。他甚至认为，科学是以价值为基础的事业。英国学者蔡汀·沙达（Ziauddin Sardar）如此评价库恩与《科学革命的结构》（*The Structure of Scientific Revolutions*）：“他在《结构》一书中论证说。科学家不是发现真理的勇敢冒险家，毋宁说他们是工作在一种已确立的世界观中的解谜者（puzzle-solvers）。”① 库恩运用“范式（paradigm）”的术语以描述信念系统，信念系统是科学中解谜活动的基础。这样，库恩就把过去认为科学家是英雄式的、心灵开放的、无私的真理追求者和大自然与实在的质疑者的面纱揭开了。

---

① ［英］蔡汀·沙达著，金吾伦译：《库恩与科学城》，北京：北京大学出版社2005年版，第47页。

在未来，也许人与科技会无限地融合，在人体中置入机器及计算机（例如芯片）来直接增强人体的各项功能。赛博格融合幻想与现实，目前大部分出现在电影中的字眼，其实承载了人类对科技的不同观点。[①]第一，赛博格被视为一种正面科技的进展。在这样的论述下，这是一种好的赛博格，从视自我为完整的自然地转变到视自我为有局限性。当我们试图生存在严寒的气候或是超出地球上生存的范围时，我们认为自身缺乏某些生存能力——缺乏御寒能力、缺乏在水中或是太空中呼吸的能力、缺乏对辐射线的抵抗能力等。这种对自身看法的改变需要科技的协助以使得人类有能力在任何恶劣的环境中生存。M. E. Clynes 和 N. S. Kline 相信科学技术能够使人工演化取代自然演化，形成“参与式的进化（participant evolution）”，人择将会取代天择。[②] 自然界的进化由于缺乏目的性，所以十分缓慢，而机器的进化则是一种有目的的进化。第二种看法认为赛博格产生的问题比解决的问题更多，被视为一种与自然过程的断裂。这是一种不好的赛博格，是退化的表现。科技的干预与监控不仅被视为不自然的，更被当成危险的，让人类面临前所未有的挑战与反思。不过对于 P. C. Reynolds 而言，这是一种“科技的二次效力”[③]。也就是说，科技在破坏自然过程以后，再将它们重新建构成一种文化过程。这是将自然技术科学式地解构、再建构，视为一种破坏与修补的过程[④]。因此第二次效力是重要的，它必须担负起“再造（re-create）”的责任。第三种看法认为赛博格是一种比喻，这种比喻并不是要争论其好坏的问题，它只是一种文化上的象征。将赛博格拓展至文化关系的理论，反映科技自身所处的地位，为科技提供了一个反射自身的了解力量。Gray 认为这其实也是我们了解世界的一种方法。[⑤] 第四种看法认为赛博格是一种后现代指涉。哈拉维用它来指称

---

① 参阅张晓荣：《关于 Cyborg 的哲学探索》，《华北电力大学学报》（社会科学版）2004 年第 4 期。

② Clynes, M. E. and Kline, N. S. , "Cyborgs and Space", in C. H. Gray, *The Cyborg Handbook*, New York: Routledge, 1995 (1960), pp. 29 – 33.

③ Reynold, P. C. *Stealing Fire: The Mythology of the Technology*, Palo, Alto, Calif: Iconic Anthropology Press, 1991.

④ Reynold, P. C. *Stealing Fire: The Mythology of the Technology*, Palo, Alto, Calif: Iconic Anthropology Press, 1991.

⑤ Gray, C. H. , Mentor. S. and Figueroa-Sarriera, H. J. , "Cyborology: Constructing the Knowledge of Cybernetic Organisms", in C. H. Gray, *The Cyborg Handbook*, New York: Routledge, 1995, pp. 1 – 6.

人与动物、人与机器及物质与精神等界限崩解后的新主体的位置，凭借“赛博格”的概念，来超越目前各种身份认同（族群、种族、性别/性倾向、阶级……）彼此矛盾冲突的困境，来建构一个多重、差异、多元的主体概念。在针对女性主义议题时提出的《赛博格宣言》中，她将赛博格视为突破界限的综合个体，这也正是其哲学意义所在：这种界限的突破包括人类与动物（human and animal）、人类与机器（human and machine）、自然的与非自然的（physical and non-physical）、空间的界限（between spaces）等。①

在高技术的背景下，对科学与技术进行划界是存在问题的。传统的看法是，科学的研究对象是自然界；技术的研究对象是人工自然系统。而哈拉维认为，人与自然，或者说人工的与自然的界限已经被打破了，“现代机器是精巧的微电子设备，已经无处不在而又看不见”②。如果说，人类活动的早期的确存在着自然界与人工自然的区分，那么随着人类改造自然活动的不断发展，最初意义上的“自然界”与“人工自然”已经不存在了。事实上，现在我们也的确很难在地球上找到一个没有人工痕迹的自然环境。因此，在某种程度上，科学研究的对象也被打上了人工的烙印。

第三节　赛博格科技的动物、机器和人

“赛博格（cyborg）”是英语“cyb（emetic）”与“org（anism）”的合成词，是指一种混合了生物体与机械体的人类。赛博格则建立在第二个引申义上，在其基础上加入“organism（有机体）”的概念，强调一种钢铁与肉体结合的产物，一种集对立矛盾于一身的统一体。哈拉维用“赛博格”指称人与动物、人与机器及物质与精神等界限崩解后的非固定概念的新主

① Donna Haraway, “A Cyborg Manifesto: Science, Technology, and Socialist-Feminism in the Late Twentieth Century”, in *Simians, Cyborgs and Women: The Reinvention of Nature*, New York: Routledge, 1991, pp. 295 – 337.

② Donna Haraway, “A Cyborg Manifesto: Science, Technology, and Socialist-Feminism in the Late Twentieth Century”, in *Simians, Cyborgs and Women: The Reinvention of Nature*, New York: Routledge, 1991, p. 151.

体，想借着“赛博格”的概念，来超越族群、种族、性别、阶级彼此矛盾冲突的困境，建构一个多重、差异、多元的后现代主体概念。赛博格这个词还相当年轻，大多指高科技制造出的半机器半生物的生物体，目的是借由人工科技来增加或强化生物体的能力。随着计算机、人工智能、网络兴起，“赛博格”概念渐渐实践，人类与机器人的关系越来越密切。堂娜·哈拉维在《赛博格宣言》中说：“我的赛博格神话是关于跨越界限的。”① 她认为赛博格的出现，能打破动物、机器和人的界线，提出赛博格的目的就是指称人与动物、人与机器及物质与精神界限崩溃后的新主体。动物，这里也是指大部分的动物。机器指的不仅仅是摆设，而是可以运转的符合科学理论的各种机器。人，这里指的就是正常的人类，是大部分的人类的代表。我们提出“赛博格”概念并对其意义进行了探索和分析，从技术哲学角度引出这个概念的深层含义。人类的主体虽然发生了变化，却仍不失其主体性，要重新审视和考察人与物、人与机器的关系以及人与物的连接与共生，更要弘扬人文主义。哈拉维“将赛博格视为突破界限的综合个体，这也正是其哲学意义所在，这些界限包括人类与动物、人类与机器、自然的与非自然的、空间的界限等”②。

一、人机共生的赛博格渊源

当初的古代人类无论力量、身材都远远地超过现代人类，但是在自然界中，“强大”的人这种动物却毫无特长，几乎完全不能在自然界中生存。比如跑得没有兔子快，游泳没有乌龟快，上树没有猴子敏捷，力量比不过猩猩，牙齿没有虎豹豺狼锋利，身体不比大象庞大，也没有保护色，又不会飞……相比之下，动物界中生存的各种动物则多多少少都有赖以生存的天生的特长。因为我们没有，而又需要生存，所以渐渐地我们的存活下来的那部分祖先学会了借助外来的、后天的物质作为保护自己赖以生存的依

① Donna Haraway, “A Cyborg Manifesto: Science, Technology, and Socialist-Feminism in the Late Twentieth Century”, in *Simians, Cyborgs and Women: The Reinvention of Nature*, New York: Routledge, 1991, p. 154.

② Donna Haraway, “A Cyborg Manifesto: Science, Technology, and Socialist-Feminism in the Late Twentieth Century”, in *Simians, Cyborgs and Women: The Reinvention of Nature*, New York: Routledge, 1991, p. 154.

靠，并繁衍至今。所以，说起使用工具，就是我们现在所说的科技的因素，比起人类的智慧，不得已而为之才是我们开发使用科技的最重要因素。关于技术的缘起有许多古老的神话。在哲人柏拉图讲述的爱比米修斯造人的故事中，技术与人的起源几乎是同时的：在造物主创制生命的最后阶段，造物主命令普罗米修斯和他的兄弟爱比米修斯替生物进行装备，分别赋予种种事物特有的性质。爱比米修斯对普罗米修斯说："让我管分配，你管检查吧。"普罗米修斯同意了。爱比米修斯一一作了安排：他给有些生物配上了强大的体力而没有给予敏捷，把敏捷配给了柔弱的生物；他给了有些生物武装，为没有武装的生物设计了别的手段来保护自己……可是由于他不够聪明，竟忘记已经把可以分配的特质全都给了野兽。他走到人面前时，已没有装备剩余。普罗米修斯前来检查分配的情况时，人从地下出世的时刻即将来到。情急之下，普罗米修斯只好偷了赫菲斯特的用火技术和雅典娜的制造技术，同时还偷了天国的火种送给人。[①] 这个故事似乎说明，诸神只把人造到一半就推他上路了，技术是一种补偿，引入技术的目的是为了弥补爱比米修斯的失误，是为了让人凭技术谋求生存，实现自我"完善"。换言之，天赋不"完善"的人无力直接应对自然的挑战，而不得不诉诸技术，将自己周遭的生活环境改造为一种人为的、技术化的世界。

到了16世纪，笛卡儿便将人类视为上帝创造的机器，认为身体像机器般精准运作，心智则是"机械公敌（ghost in the machine）"。在西方看来，机器（身体）只要由人类心智主导就没问题，身体的机器化是一种进化。怕只怕机器人也长出心智危害人类。德国著名生物学家、社会心理学家和哲学人类学家阿诺德·格伦（Arnold Gehlen）通过人与动物比较，指出人是有缺陷的存在，技术不过是人的先天缺陷的必要补偿。他从人类学视角对技术本质问题进行了独特讨论，认为技术形成一种人为的性质，技术背后运转的是无意识冲动，技术与文化既相互对立又相互依附。他提到的"器官强化"、"器官代替"理论，折射出他对技术的批判思想。他指出，技术的冲击迫使人类意识的被动接受，技术的专业化导致当代现实感的丧失，技术的发展与人类的稳定性需要相冲突。海德格尔和杜威都具有丰富

---

① ［古希腊］柏拉图著，戴子钦译：《〈对话〉七篇》，沈阳：辽宁教育出版社1998年版，第79～80页。

的技术哲学思想，从技术的含义、本质、技术奴役问题的根源以及拯救之路等方面对两者的思想进行比较研究，杜威的科学技术及道德拯救之路较之海德格尔的“诗”和“思”更具现实可行性和重要的理论意义。

20 世纪的传播学大师麦克卢汉（Marshall McLuhan，1911—1980）阐明了媒介和技术的同质性。他从全新的角度揭示了人和技术的关系，丰富了技术哲学的研究领域，强调了媒介技术对人的感知、社会变迁及时空观念的深远影响。麦克卢汉得出了那个后来震惊世人的结论：“媒介即信息，媒介是人体的延伸”。极富挑战性和反叛性的法国哲学家米歇尔·福柯（Michel Foucault，1926—1984）从科学技术哲学的专业视角来窥探赛博格思想的深邃内涵。他开拓了科学史研究的新的理论范式。福柯的科学史思想以及福柯对于科学史研究的理论贡献是巨大的。他从微观和宏观两个层面来揭示它们之间的作用方式和动力机制，深化了对于技术本质的理解。福柯的科学哲学和技术哲学思想对于科学技术哲学研究具有很大的启发意义。然而，实际的情况可能恰好反过来：人的自然特性或动物性本来大抵“完善”，倒正是在无止境的创造冲动和技术旨趣驱使下，人选择了“未完成”这一开放式演进模式，而逐渐生疏了“已完善”的天赋，减少了对其自然特性的依赖。即人因为选择了技术而成其为人，具有与动物不同的生活方式。由是观之，技术本质上是一种开放式演进的旨趣，这种旨趣和意向使技术活动成为人的内在向度：技术既是人的自我创造、自我展现过程，也是使自然和人的创造物被再造、被展现的过程。简言之，人建构了技术，技术反映了人的开放性的本质力量。

在欧美，第一个赛博格是多伦多大学教授史蒂夫·曼（Steve Mann），他从 20 世纪 80 年代就在身上穿戴计算机辅助器材，用以强化记忆、增强视觉。英国瑞丁大学控制论教授凯文·沃里克（Kevin Warwick）于 1998 年在手臂植入硅芯片，用人体连接计算机数据，印证“个人”在计算机进一步发展过程中能够使人的身体得到提升。2002 年凯文·沃里克进行了一次“具有革命意义的”外科手术，将一个 3 毫米宽的方形芯片植入到了左腕内，并连接上了 100 个电极，使他的神经系统通过芯片线路与计算机相连，沃里克因此成了世界上第一个“电子人”——人类有机组织与机械部件的混合体。沃里克将芯片植入大脑的技术，又称作“大脑之门”（brain gate），这是美国布朗大学神经学家约翰·多诺霍（John Donoghue）开发出来的。沃里克认为该机械手臂将“创造奇迹”。他通过在自己的神经系统中植入的芯片，成功通过“意念”控制了一只机器人手臂——该手臂由其同事彼得·奇伯德（Peter Kyberd）博士研制。沃里克教授认为还需要很多年这种机械手臂才能得到广泛的应用。他希望计算机能够读出在他神经系统内传导的电子脉冲，从而解开手指运动和一些感觉的产生机理。这些电子脉冲信号包括手指的摆动以及触觉和疼痛等，它们将被传送至计算机进行记录和分析。沃里克预言，如果控制论进一步发展下去，那么它将用红外雷达帮助盲人“看”东西，通过超声波让耳聋的人“听”到声音。他说，“该技术的目的是为全身瘫痪的人提供帮助”，“我们已经步入正轨了，但仍然还有很多工作要完成。希望新的人体试验可以帮助我们走得更远”。他还担心，如果人不与机器合二为一的话，人类可能会在未来变成一种较低等的生命。所以，应该从现在开始做一件事情——防止这一结果的出现。[①]沃里克认为，赛博格有可能为科幻世界打开新的大门，也许有朝一日，人类的大脑能够利用外部植入的记忆芯片、信息或者 X 光照射进行升级。[②]

在现代，越来越多人戴隐形眼镜、装心律调整器乃至人工瞳孔，可说是广义的赛博格。人机合体的赛博格族群扩散，让机器人似乎不再遥远，也模糊了人与机器人壁垒分明的界线。人脑的赛博格被用来服务肉身人类，然而后者有个秘密：他们的脑只是芯片。究竟是人脑机器身较优，还是机器脑人身较优？机器人、人、赛博格的关系在此纠结对立，不再像传统机器人作品那么友好。沃里克的研究虽然遭到一些人的批评，但他并未停止自己的研究，而且断言：“我们人类可以进化成电子人——部分是人，部分是机器。”传统的“肉体是人的本质说”，将人的肉体看做一种给定的东西，看做超时间的、超文化的，人的肉体代表了人性中最稳定的部分，因此是人的本质。福柯认为，肉体并非固有的、非常素朴的东西。人的本质既不是“肉体”，也不是“灵魂”，既不是“性”，也不是“自由”，更不是其他别的什么东西。在《规训与惩罚》一书中，福柯第一次系统地展开了对权力的分析。他通过对人的身体中的权力关系的分析认为，“身体”并非生物学意义上的“身体”，而是尼采意义上的“身体”。在福柯那里，身体并非是生就的，而是造就的。它植根于政治领域，淫浸在权力关系

---

① Kevin Warwick' s Implant Was Reported in *The Daily Telegraph*, 26 August 1998, p. 3.

② Kevin Warwick' s Implant Was Reported in *The Daily Telegraph*, 26 August 1998, p. 3.

中，服从于控制它、装饰它、训练它、折磨它、强迫它执行任务、表演仪式、发出符号的权力关系。①

哈拉维认为，赛博格的出现并不仅仅只是机器与人类的“拼合”，因为机器和人类一样，都不是一成不变的。成为赛博格，更深的意味是“拼合”的生物体是难以依据一定范畴进行划分的，它最终使“自身”这个范畴失去意义，并引发出一系列哲学与科学问题。

赛博格使社会与自然的区分复杂化了。赛博格是自然有机体与技术机器、技术手段的结合，它使原本完全“自然而然”的身体具有了“拼合”、“嵌入”的特点，转而成为一种“新的合成生命体”。这一情况，穿越了自然有机体和技术机器的边界，模糊了物理世界和非物理世界的边界，搅浑了两者之间那些习以为常的界线。因此，赛博格所隐喻的，是原本鲜明对立的两极模糊化了。如现代生物技术使番茄带有深海鲽鱼的基因，这不仅模糊了物种的界线，更模糊了植物与动物的界线，无性生殖技术则模糊了雄、雌两性在生殖活动中的分工。如此类推，男女基于传统观念在经济、政治、社会、家庭中的分工及扮演的不同角色，也将被模糊化，出现“女性男人”也不是没可能的了。

哈拉维还断言，赛博格不只是简单地出现，它还意味着它所存在的世界正在被改变。因此，她将赛博格称为“后性别世界的生物”，意指医学技术尤其是生殖技术，不仅使传统的性别与性别关系遭遇到挑战，更造就了一个有别于传统的“后性别世界”。如克隆技术已打造出了绵羊“多莉”，虽目前还未有克隆人出现，却不能保证这种情况永不发生。这意味着科学技术的发展与应用，将使人类的繁衍并非一定要以男女两性的结合来实现，男女的性别特质也必将随之而改变。哈拉维还特别指出，性别其实从来就不是“自然而然”的，而是在复杂的竞争话语中及相关社会实践中产生的，是一个被社会构造的范畴。

哈拉维认为，赛博格还促进了人的“新主体”的诞生，超越了以往用一种固定的、一成不变的方式对身份的确认，如以民族、种族、性别和阶级等来界定人的身份。这样的超越有助于克服冲突，利于建立一个“多元的、没有清楚边界的、相互冲突的、非本质的”主体概念。赛博格不仅正在改变这个世界，也正在改变生存于这个世界的主体——人。“新主体”

① ［法］福柯著，刘北成、杨远婴译：《规训与惩罚》，北京：三联书店 1999 年版。

的人无须担忧自己与动物、机器之间有某种“亲属”关系，不再顾虑人与人之间只能达到部分同一，能容忍不同的意见和立场。赛博格式的“新主体”，不再追求也无须在某个原初点上实现最完整的统一，对差异、偏好、反讽、个性化则抱着坚定不移的态度。

哈拉维认为，赛博格毁掉了人类对自身被救赎的祈望。人不再被理解为是上帝用泥土抟造的“自然物”。相反，人制造机器寄生于机器，机器成为任何一个普通人肢体的延伸，人也成为机器上的一个部件。这样的人即赛博格，根本不是从完美的原始统一体中分化而来的，因而也无须回归，它只是一个“拼合”的混血杂种，却适应了这个世界。在此意义上哈拉维说：“我宁愿成为一个‘赛博格’，而不是女神！”①

研究机器、电子工程的人用无机材料制造生命，研究生物的人用现有的生物分子来构建生命。这两个人是科学与幻想的结合，但从非生命向生命的飞跃发生在哪里呢？生物与非生物之间的界限到底是什么呢？没有人能预料这种“拼合”生命谁能率先造出来，人造生命将是有机的还是无机的。

二、赛博格身份与思维机器

在生物科学与信息技术高度发展的今天，人的身体也在消费文化的视野之中。现代科技为人体的改变提供了可能，哈拉维认为：赛博格身份意味着有机会超越性别，在电脑空间和赛博现实中人可以逃避身体的约束。英国数学家阿兰·图灵（Alan Turing，1912—1954）破天荒地设想出“思维的机器（intelligent machinery）”，即后来的电脑，把抽象的数学应用到实际，对人类的发展进程产生了巨大影响。图灵建造的图灵机（the Turing Machine），可以说是历史上第一台计算机，提出“机器能够思考吗”、“身体能够改造、变异、强化、延伸吗”等问题。后来又研制了自动计算机（automatic computing engine），并于1952年写出了经典文章《智能机器》（*intelligent machinery*），提出计算机能够模仿人脑思维，人脑能做到的一切，机器都能模仿。“图灵测试（the Turing Test）”进一步探索了计算机与

---

① Donna Haraway，“A Cyborg Manifesto：Science，Technology，and Socialist-Feminism in the Late Twentieth Century”，in *Simians*，*Cyborgs and Women*：*The Reinvention of Nature*，New York：Routledge，1991，p. 150.

自然的关系，他关切人的意识，证明了电脑能够取代人脑。虽然这种观点或设想曾经引起相当大的争议，但从傻瓜照相机的发明、用计算机打败世界象棋冠军的事例可以看出，这个设想当时已完全走在时代前面。因此图灵被誉为“人工智能之父”。

对一般人来说，身体的奥秘潜力、机器与身体之间紧密联系。对哈拉维而言，“赛博格身份”意味着有机会超越性别，有机会因性别界限模糊而愉悦。互联网只是跨进电子人身份的想象世界的一小步。她说：“身体……并非生就，而是造就。”① 身体话语可以造就身体，甜蜜的观念、医学解剖学的描述都可以造就身体。因此，“后现代身体”——其中一个表现就是赛博格——为什么不可以是“机械器官（techno-organic）”混合物的化身和文本呢？哈拉维强调赛博格为世俗生存服务。② 大卫·莱昂在论述哈拉维的基因改良食品时说：“身体在工业发展的任何一个阶段都可以‘改进’，不论是工业化早期运用再生技术，还是晚期运用整容手术、荷尔蒙药品或者化学品。身体甚至占据了真‘我’的中心舞台，它相当于自我。”③ 电子人是人与机器的结合，身体变成一个备受争议的领域，这不是一个科幻概念。身体可以在电影中或者通过电视屏幕被消费，低俗小说中可塑性身体的暴力刻画、超越身体局限的虚拟性爱等，并成为基因、医疗、电子和其他技术拓展的空间。机器可以进入或者附着在人体上，改善从记忆力到机动性的一切东西。

近年来，在越来越多的学科领域里，身体逐渐成为理论探讨的主题和焦点。赛博格的发展增加了身体的不确定性。一是“赛博空间”的广为传播。赛博空间是指通过计算机或者电子媒介的传播产生的“信息空间”或者“技术空间”。④ 二是身体的内在部分被移植或改变的技术发展，如修复术、整形术以及更为壮观的技术发展——赛博格。哈拉维概括赛博格为

---

① Donna Haraway, “A Cyborg Manifesto: Science, Technology, and Socialist-Feminism in the Late Twentieth Century”, in *Simians, Cyborgs and Women: The Reinvention of Nature*, New York: Routledge, 1991, p. 208.

② Donna Haraway, “A Cyborg Manifesto: Science, Technology, and Socialist-Feminism in the Late Twentieth Century”, in *Simians, Cyborgs and Women: The Reinvention of Nature*, New York: Routledge, 1991, p. 212.

③ ［加］大卫·莱昂著，郭为桂译：《后现代性》，长春：吉林人民出版社 2004 年版，第 115 页。

④ Munt, S. , *Technospace*, London: Continuum, 2001, p. 11.

“机器和有机体的混合体”。赛博空间和赛博格被统称为赛博技术，它们改变了人类生活的潜力，提供了史无前例的机会来追求自己的目标。赛博技术的发展带来了技术的内化，导致了人们对身体的不确定性的关注。在以往关于技术与身体关系的经典表述中，身体通常被看做技术的来源或场域。克里斯·席林（Chris Shilling）的“技术化的身体”强调技术和身体的相互作用，对技术与身体的关系进行了重新定位，认为技术对身体的影响主要表现为三种方式：身体取代、身体延伸扩展以及身体的公共政治的变革。这一思想具有丰富深刻的理论蕴涵：回到身体，重视身体的实在性和一贯性；身体是社会建制的多维媒介；把肉身实在论作为身体、技术和社会的分析工具；在赛博空间与身体空间的互动中反思技术和人性。席林在《文化、技术与社会中的身体》中指出：“如果说在过去的时代中是男性与女性、人与动物之间的边界令人担忧，现在则是人和机器之间的边界在支配着当代的想象力。”① 他认为，赛博空间作为在特殊的社会语境下人们应用的一种媒介，依然处于相对早期的发展阶段，对人的影响还将继续加强和扩张。因此，“大概是停止把赛博空间和身体空间当做对立面来思考的时候了，而应该更多地关注它们怎样互动、怎样构成相互的延伸。”② 身体为赛博技术的发展提供了一个重要的考量尺度，在此基础上很多重要的问题都会凸显出来。也正是在这个意义上，席林关于“技术化的身体”的思考和观点，为我们更好地了解技术与社会的关系提供了丰富的思想资源。

在福柯权力分析解剖刀下的“身体”，并非生物学意义上的“身体”，而是尼采意义上的“身体”。也就是说，在福柯那里，身体并非是生就的，而是造就的。具体地说，身体是由历史铭刻的，是带有权力和统治关系的。它植根于政治领域，淫浸在权力关系中，服从于控制它、装饰它、训练它、折磨它、强迫它执行任务、表演仪式、发出符号的权力关系。福柯说：“权力和知识是直接相互指涉的，不相应地建构一种知识领域就不可能有权力关系，不预设和建构权力关系也不会有任何知识。”③ 当然，我们所

---

① Chris Shilling, *The Body in Culture, Technology and Society*, London: Sage Publications, 2005, pp. 194 – 195.

② Chris Shilling, *The Body in Culture, Technology and Society*, London: Sage Publications, 2005, pp. 194 – 195.

③ ［法］福柯著，刘北成、杨远婴译：《规训与惩罚》，北京：三联书店 1999 年版，第 26 页。

使用的“身体”概念，不完全等同于福柯在《规训与惩罚》中的“肉体”（又称“人体、身体”），但却非常接近福柯在《性史》中使用的“人口的生命政治学”一词中的“生命（bio-)”。但由于“生命”一词的词义歧杂，所以我们用“身体”代替，至少它传达了“生命”的最大特点——被权力抽离了主体精神的客体化的器官。在《性史》一书中，福柯还对“性是人的本质”说进行了批判。这显然是针对弗洛伊德的，因为在弗洛伊德那里，力比多（性）是人生的驱动力，是人生的各种行为的终极原因。权力实际上无所不在，福柯精辟地洞察了这一事实：即使是最私人化的行为和场所也浸透了权力的隐形控制。就像《性史》中揭示的那样，知识与科学以理性和健康为名，成功地制造并推行了整套压抑系统，将规范过了的“生命本性”内化到个体头脑中，从而用社会的纪律控制个体的身体。

思维机器和自我技术的分析方法和概念由福柯首先提出来，其中，思维机器是指技术决定了个人的行为，个人受制于某种目的或支配。而自我技术是指使个人借助自身或在他人的帮助下，针对他们自己的身体、灵魂、思想、行为和存在方式进行某些操作，从而改变自我，使自身达到某种幸福、纯洁、智慧、完善或不朽的状态。[①] 哈拉维在《谨慎的见证者》一书中认为：思维机器延伸了人类器官的能力，使人类成为地球的主宰。思维机器延伸了生物医学上人造器官的能力，用植入人体或能与生物组织或生物流体相接触的材料，构造人造器官。例如：①机器性人造器官是完全用没有生物活性的高分子材料仿造一个器官，并借助电池作为器官的动力。日本科学家已利用纳米技术研制出人造皮肤和血管。②半机器性半生物性人造器官将电子技术与生物技术结合起来。在德国，已经有多位肝功能衰竭的患者接受了人造肝脏的移植，这种人造肝脏将人体活组织、人造组织、芯片和微型马达奇妙地组合在一起。③生物性人造器官则是利用动物身上的细胞或组织，“制造”出具有生物活性的器官或组织。生物性人造器官又分为异体人造器官和自体人造器官。比如，在猪、老鼠、狗等身上培育人体器官的试验已经获得成功，而自体人造器官是利用患者自身的细胞或组织来培育人体器官。思维机器已经渗透到我们生活中的每一个方面。社会生产和服务的五大要素就包括人、机器，他们应用于任何现代产业和工程领域。

---

① Munt, S. , *Technospace*, London: Continuum, 2001, p. 400.

据国外媒体报道，仿生赛博格一直被科学家当做机器人研究中的一个重要方向，是工程师根据动物生物学研制出像动物的赛博格。科学家研究动物行为和活动情况研制出的机器鸟和机器昆虫能够代替人类监视太空发展动态，例如以下五种仿生赛博格：机器蚱蜢；机器雨燕；机器鱼；机器苍蝇；机器水母。在未来，人类可能创建出以全球网络为载体，多智能体系统（multi-agent systems）与人类级意识体共存或融合的智能社会系统，可暂称之为超人（transhuman being）。哈拉维在《赛博格宣言》中提到借助特定的机械或电子装置辅助完成或者控制生理过程的存在物。生控体是一种受控体，一种机器与有机体（动物或人）的混合体，它既是社会现实的动物又是虚构的动物的杂交体。① 在体内装有现代电机设备的受控有机体打破了人与动物、人与机器以及自然与非自然的界限，建构了一种新的主体。这个主体日渐模糊和复杂。它不仅指从事实践的人，也指一些知识的背景，甚至是机器，或者是所有这些东西的融合。在哈拉维看来，主体凸显为多重主体，并且主体与客体的边界是模糊的。由此，她通过“赛博格”这一隐喻“模糊了所有范畴乃至对立的两极的界线”②，并因而对身体与意义的关系进行了重构。

赛博格与动物如何以最自然的方式相处？美国科研人员在给恒河猴脑部植入电极探针后，通过电脑向机器臂传送信息，成功完成大脑发出的抓取食物的指令。英国科研人员安德鲁·施瓦茨（Andrew Schwartz）说，他们将运用这一实验中的相同原理在人类身上安装机器义肢。他们希望，有一天四肢残疾或瘫痪者可以从中受益，重新恢复简单的日常活动，如吃饭、喝水或梳头等。科研人员认为，这次猴脑“指挥”机器臂实验为人类安装机器义肢铺平了道路。最近的研究结果表明，动物对赛博格的反应良好，它们感到赛博格比人和其他动物对它们的威胁要小得多。欲望赛博格扭转资本主义偏执狂式的表达式，而呈现出分裂症式的生成、流变和逃逸线。卡夫卡描写人变成动物，变成大甲虫等。他们认为，个体的身体不是单数而是复数，它们通过不同的行为和干涉关系形成多元的身份。人造器官植入体内，延伸了人类器官的能力，这已经渗透到我们的生活中，使人类成为地球的主宰。不过，距离完善地应用到人的身上，要走的路还很

---

① 杨善华：《当代西方社会学理论》，北京：北京大学出版社 1999 年版，第 111 页。

② ［美］史蒂芬·赛德曼著，吴世雄等译：《后现代转向：社会理论的新视角》，沈阳：辽宁教育出版社 2001 年版，第 11 页。

长，未来将是赛博格的天下。哈拉维分别建构了“女权主义立场论（feminist standpoint）”和“处境知识（situated knowledge）”等概念，用于强调研究者自身所处的由社会性别、阶级、种族等身份认同所决定的社会位置对其知识产生的影响。哈拉维认为，任何知识都是情境化的产物，因而是“特定化而且不完整的”。为了在作为知识生产特权“主体”的科学家同其研究对象之间建立更公平的关系，女权主义学者力主研究者阐明并反思其主体位置、基于差异的“处境知识”以及与此相伴生的“偏见”。她认为，唯有如此，研究者方能对自己所创造的知识负责。如今，越来越多女权主义学者将这一理论付诸实践。一些田野工作者还创造性地分析了研究者与被研究者间各种不平等社会位置的交互作用以及由此引致的嵌入研究过程的偏见，特别是他们在第三世界情境下进行田野研究的困境。

赛博格本身是复杂的、有机的和多元的，多元的、没有清楚边界的、相互冲突的赛博格是一种分组和重组，互联网的出现和勃兴，极大地拓展了人类社会的舆论空间。赛博格的逻辑关系被定义为一个人的身体性能经由机械拓展，进而超越人体的限制的新研究对象，具有多元性、想象性、国际性及灵活性。哈拉维称赛博格人机构型使得超真实的拟像代替身体成为网络空间中非指涉性能指。现实（the real）和真实（the true）以及真理（truth）为超真实（hypereal）所取代。时空座架中的“现实”变成了多元的①。

三、赛博格意味着虚构想象

哈拉维把赛博格定义为“一个控制有机体，一个机器与生物体的杂合体，一个社会现实的创造物，同时也是一个虚构的创造物。”②赛博格是想象和物质现实的浓缩形象，既是虚构的事物，也是活生生的经验，即唤醒了虚构所勾勒出来的东西。虚构无法描绘出其真意所指的物。而虚构的物将被生产出来的现实转化为符号，同时也将想象变成一种形式，这一想象

---

① 转引自［美］马克·波斯特著，范静哗译：《第二媒介时代》，南京：南京大学出版社2005年版，第31页。

② Donna Haraway, “A Cyborg Manifesto: Science, Technology, and Socialist-Feminism in the Late Twentieth Century”, in *Simians, Cyborgs and Women: The Reinvention of Nature*, New York: Routledge, 1991, p. 154.

形式使我们能够由它而看出现实符号之称谓。虚构化行为是一个意向性行为，具有认知的和意识的指向。身体的虚拟化虽非物理意义上的场域，却是人们可以感知的。科幻小说里充满了赛博格——同时是动物又是机器的生物，存在于自然与人为之间模糊的世界中。对《神经漫游者》(*Neuromancer*)，仅从虚构叙事的角度来看，吉布森笔下的赛博格无疑是魔幻性的，赛博格被设想为网、基质、逻辑网格（lattices of logic）等由信息构建的场域。当然在我们的日常经验中，想象可能会突然地闪现在我们的眼前，几乎就如行之无碍的幻觉，而后又以一种完全不同的形式消逝或溶散。这不啻说，想象决非一种自我激发的潜能，而需要媒介才能被激发起来。人与技术直接影响人对正在出现的现实的网络空间的理解。想象总是趋于以某种略显弥散的方式、在稍纵即逝的印象中显示其自身，而这一方式或这些印象又阻碍着我们将其限制在一个具体而稳定的形式之中。

哈拉维说赛博格是一个想象和物质现实的密集形象，二者连接起来集中建构了历史变迁的任何可能性。赛博格是一种“科学虚构的战略（tactic of science fiction）”。如科学幻想小说（science fiction），简称科幻小说(sci-fi）或科学小说，主要描写想象的科学或技术对社会或个人的影响。虽然从科幻史的角度来看，“科幻小说”定义众多，暂时还没有一个能被所有研究者所公认的定义标准。但科幻小说的定义中总是反复出现一些词语，例如“幻想”、“未来”、“科技”、“人类”等。由此可见，科幻小说所涉及的范畴与人类的好奇心、求知欲紧密相连。科幻小说的种类包含以如真似幻的想象情节作为主要元素的小说，如玛莉·雪莱（Mary Shelley）的作品《弗兰肯斯坦》(*Frankenstein*)、20世纪作家凡尔纳（Jules Verne)、韦尔斯（H. G. Wells)、雨果·詹斯贝克（Hugo Gernsback）和艾萨克·艾西莫夫（Isaac Asimov）的作品，20世纪晚期作家冯内果（Kurt Vonnegut)、刘易斯（C. S. Lewis）以及雷·布莱伯利（Ray Bradbury）的科幻小说，以人类未来社会、太空旅行可能造成的后果以及外星生物为情节元素。

科幻小说代表着一种“开放的系统”，它不受传统社会思想的束缚，可以无拘无束地探讨各种各样的社会概念和科学概念。当然，科幻小说是不是“开放的系统”，一直存在着争论，但科幻小说充满了不同的种族、不同的生命、不同的社会和变化多端的不同的环境，却是不可否认的事实。它们为科幻小说的形式和内容提供了无限广阔的空间。科学幻想小说具有一定的科学性，是科学与小说的嫁接，是依据科学预想或者社会倾向推论写出的小说。它不仅要形象生动，而且还要符合一定的科学规律，描写对未来的想象，运用逻辑推理，使读者感到真实可信。所以，科幻小说常常围绕假想的概念、社会环境和人与人的关系，以逻辑推理的方式进行描写，既让故事情节曲折多变，摇曳生姿，又使幻想显得有一定的道理。一般说来，优秀的科学幻想小说具备以下两点：首先是符合当代的科学发展，其次在预示科学发展和科学对社会影响方面有着独到而新颖的见解。科幻小说在作品中融入科学知识，而不是生硬的说教、简单的图解。这种科学知识的流露，妙在水到渠成，恰如其时，而且俯拾皆是。科学幻想小说的强大生命力，正在于它超越现实，预见未来。美国著名文学评论家伊哈布·哈桑（Ihab Hassan，1925—），曾说："科幻小说可能在哲学上是天真的，在道德上是简单的，在美学上是有些主观的，或粗糙的，但是就它最好的方面而言，它似乎触及了人类集体梦想的神经中枢，解放出我们人类这具机器中深藏的某些幻想。"①

现代文明中后现代的问题绝大部分是视觉文化的问题。在这个媒体镜像的景观社会中，文化产业、大众文化传播，影响着每一个身处其中的现代人，"视觉狂热"和"影像增殖"重塑着人们的记忆与经验。海德格尔（Martin Heidegger）称这一图像化的过程标志着"现代之本质"。这种视觉化，把视觉的优势强化到成为一种威胁，使整个世界变成了福柯意义上的"全景敞视式的政体"。全景式的凝视成为一种强有力的视觉实践模式，把主体一一捕捉到它的网络之中。当世界通过视觉机器变成纯粹的表征的时候，也就意味着在这个世界里，不再有本质与现象、真实与表象之分，表象本身就是真实，并且是一种比真实还要真的"超真实"。鲍德里亚（Jean Baudrillard）把这种超真实又称为"拟像（simulation）"。他说，在这种拟像中，所丧失的乃是全部的形而上学。不再有存在和表象的镜像，不再有现实和现实的概念的镜像。拟像与现实毫无关联，拟像的逻辑与"事实的逻辑"和"理性的逻辑"也毫无关联，拟像的世界是一个由模型不断地自身复制的世界，是一个意义内爆的世界。在那里，在电视和传媒的"符号"之下，在消费和娱乐所主导的行为模式的"符号"之下，一切都变得

---

① Ihab Hassan, *The Post-modern Tum Essay in Post-modern Theoy and Culture*. Columbus: The Ohio State University Press, 1987.

既是分离的又是毫无差别的，每一个人都狂热地追随时髦的模式，追随大合唱式的“拟像”模式。

哈拉维的科幻文学、电影改变着世界，黑客帝国（Matrix）所谓的革命，事实上是对人工智能哲学中人与机器关系这一观念的革命。这种观念对观众带来的冲击力是革命性的。传统的人机关系分为两类：悲观主义者认为人类沦为机器的玩物、奴隶；乐观主义者则认为人类控制机器为自己服务，或者是和平共处，共同发展。这两种观念有一个共同的缺陷，那就是用看待人类团体的眼光来看待机器世界。在考虑人机关系的时候，绝对不能忘记，机器和人类有着本质的不同，不同形式的智能生命之间有着本质的不同。人类个体有着很强的独立性，机器世界也许没有；人类有各类感情，机器也许没有，而且，它们也根本不像一些科幻小说所描写的那样渴望感情、爱情等，它们不需要这些。人类喜欢奴役，羞辱另一些人，机器却未必有这种爱好。它们依照逻辑行事，它们行事的目的在于使自己有更好的生存和适应能力（所有的生命都一样）。所以，它们可以同人类作战，也可以在一瞬间同人类合作。

未来和科学大幅度地嵌入了我们生活的现实，人和机器之间已经出现了难以区分的界限。哈拉维认为，我们现在都已经是赛博格，因为我们的身体上或多或少嫁接了人工造物。生活在机器人的社会我们却全然无知，后人类的现实正在蔓延。也许再过一二十年，信息爆炸的速度很快就会冲击人类心理的极限。到那个时候，我们将如何在地球上生存？科幻文学又会走向何方？这些都是后现代科幻理论家需要解决的基本问题。在短期内，科幻作品中提供的故事也许还能弥合读者与现实的裂痕，起到心理治疗作用。科幻小说凭借陌生治疗、奇景治疗、历险治疗、勇气治疗、感情洗礼、爱情治疗，给人心灵一定的抚慰，让人最终能从当代生活的震颤国内解脱出来，痊愈后回到现实。从长远讲，这种写作方式已经走到了时代的尽头，科幻文学必须在信息时代和后现代的文化状况下给出自己变革的答案。

后现代文化，是跟信息时代相关的另一个重要的社会变革方向，这个方向也有诸多必须考虑的问题。例如，在一个后现代的社会里，启蒙以来所倡导的宏大叙事已经完全崩解，作为中国现代化这一宏大叙事组成部分的科幻，该如何继续？再例如，我们已经生活在一个普遍同一化的时代，科幻文学又该追求些什么？还有，在后现代的讨论中，科学是否是我们通向更好世界的唯一通路？这个问题也存在着很多争论。换言之，科学本身的合法性存在着质疑。那科幻文学作品到底应该怎样表达世界的变化？

想象是一种变化多端的潜能，可以取得任何一种形式，条件是只要有相应的刺激物。这无论在生活中或是在文学中都同样地真实。举例说，躺在沙滩上，仰望流云，一个人立刻就会看到或飞禽走兽或奇形怪状，而这些只是被激起的想象的衍生物。相似的情况也出现在文学之中，虚构化行为所起的作用就是媒介的作用，即将想象所具有的变化多端的潜能激发出来。作为一个被制导的行为，虚构的目标蕴涵想象的需求，并因此将形式赋予想象，使之区别于幻想、投射、白日梦以及其他类型的空想，而在我们每日的经验中这类空想通常显现为想象。

哈拉维的著作都是关于科学与人文的，特别是《灵长类动物视野：当代科学世界中的性别、种族和自然》（*Primate Visions*：*Gender*，*Race*，*and Nature in the World of Modern Science*）、《类人猿、赛博格和女人》（*Simians*，*Cyborgs and Women*：*The Reinvention of Nature*）、《如何像一片叶子：对堂娜·哈拉维的采访》（*How Like a Leaf*：*An Interview with Donna Haraway*）、《伴生种宣言：狗、人和重要的他者》（*The Companion Species Manifesto*：*Dogs*，*People*，*and Significant Otherness*）等[①]。哈拉维试图用自然的和人文的概念，将“致癌鼠”与互联网、转基因生物与女性男人联系起来。特别是转基因生物，被认为是人类设计出来的生物，描述为弗兰肯斯坦的怪物。[②] 虽然哈拉维对转基因技术和弗兰肯斯坦博士没有好印象，但她却认为，转基因生物不是简单的“妖魔”形象，而是赛博格的典型想象，那是拼合的、难以划分的范畴。这些转基因生物身上的细胞，是来自不同的细胞成分拼合而成的。这种拼合不仅超越了物种的界限，也超越了动物、机器和人的界限。

---

① ［英］乔治·迈尔逊著，李建会、苏湛译：《哈拉维与基因改良食品》，北京：北京大学出版社2005年版，第5～6页。

② 《弗兰肯斯坦》是玛丽·雪莱的小说。小说中的主人公弗兰肯斯坦博士把来自不同躯体的器官拼在一起，制造出一个邪恶的怪物，并被这个怪物害得家破人亡。哈拉维的很多作品都引用了这个怪物，以这个怪物指代基因工程的“人造物种”。

第四章

哈拉维“情境化知识”与赛博格女性主义

哈拉维通过“定位的理性”重新评价了客观性的概念，提出了“社会空间的定位”观念。她认为必须恢复对形象化的科学依赖。在传统意义上，形象化是用来隔离认知主体与探索客体的，但实际上形象化总是具体化的，因而总是地点化的。所谓客观性就是具有限制性的地点，就是情境化的知识，客观性与地点的具体化和被占据的社会空间存在内在的联系。哈拉维用术语“情境化知识（situated knowledges）”来描述知识是“理性的”、“真实的”和“客观的”；知识是被历史、物质、文化和语言所中介的赛博格世界。局部性的视角具有无与伦比的优势，甚至可以保证科学的客观性。例如在拍照片、看照片过程中，我们体会到不同的视角带给我们的不同的世界。因此，知识也是有限的，而且，知识是被权力所维护的，尽管它并不必然与一系列权力关系相一致。用哈拉维的语言来描述，那是一个“有意义的承诺”，承诺为达至对赛博格的忠实描述进行艰苦卓绝的工作，这个赛博格世界大家可以共享，而且“能够促进那些追求有限自由、充足物质富裕、适度理解苦难以及有限快乐的种种规划”①。

美国著名女权主义科学哲学家桑德拉·哈丁在《什么是女权主义的认识论》（*What is Feminist Epistemology*?）②、堂娜·哈拉维在《情境化知识：女性主义中的科学问题及其部分视角的特权》（*Situated Knowledges*）里分别建构了“女权主义态度论（feminist standpoint）”和“处境知识（situated knowledge）”等理论观点，用以说明研究者自身所处的由社会性别、阶级、种族、族群等身份认同所决定的社会位置对其知识创造所孕育发生的影响。在哈拉维看来，任何知识都是情境化的产物，因而是特定化、不全面的。为了在作为知识生产特权“主体”的科学家同其研究工具之间创建更公正的关联，她们力主研究者必须评释自己的主体位置，分析其基于诸多差异的“处境知识”以及与此相伴生的私见。20 世纪末以来，越来越多的女性主义学者对此表示赞同，并将这一理论付诸实践。③ 哈拉维在《情境化知识：女性主义中的科学问题及其部分视角的特权》一文

---

① Donna Haraway, “Situated Knowledges: The Science Question in Feminism and the Privilege of Partial Perspective”, *Feminist Studies*, 1988 (14), pp. 575 – 579.

② ［美］桑德拉·哈丁：《什么是女权主义的认识论》，见《谁的科学，谁的知识?：从妇女的生活出发思考》，纽约：康奈尔大学出版社，1991。

③ 和钟华：《对摩梭母系家庭的再相识》，见李小江、朱虹、董秀玉主编：《性别与中国》，北京：三联书店 1994 年版。

中，对科学的客观性进行了强烈的批判。她认为科学被性别和种族歧视、阶级剥削所利用，占统治地位的阶级、种族、文化中的人通过应用科学加强了对妇女的控制。哈拉维说："我认为在赛博格女性主义中，这种策略和方法更为体面。我的反讽信仰、我的亵渎的行为和核心是赛博格的形象。"①

科学和技术无论在过去还是现在都是有益于占统治地位的种族、阶级和社会性别的，其资源也是用于少数人，并且被直接用于压迫和剥削其他人的。因此，哈拉维否定了科学的价值中立，认为科学与技术一样也具有一定的价值负荷。② 哈丁曾指出，现代科学和其他文化的科学技术知识体系一样，也是"地方性的知识体系"③。传统的认识论所倡导的客观的、普遍的、价值中立的科学知识和科学方法是不存在的，任何知识都建立在具体的、历史的和特殊的人类生活经验的基础之上。既然科学活动会受到科学家的个性和社会等因素的影响，那么科学活动就可能会受到来自利益、政治和意识形态等方面的干预。为此，科学的客观性和普适性受到了女性主义学者的强烈质疑。她们认为科学是受社会、文化和政治力量所影响的活动。从女性主义经验论、女性主义立场论到后现代女性主义对科学的批判，都无一例外地涉及此问题，认为科学知识并不是唯一的和普适的。

第一节　哈拉维赛博格情境化知识视角

哈拉维"赛博格"是指"借助特定的机械或电子装置辅助完成或者控制生理过程的存在物"。"赛博格是一种受控体，一种机器与有机体（动物

---

① Donna Haraway, "A Cyborg Manifesto: Science, Technology, and Socialist-Feminism in the Late Twentieth Century", in *Simians, Cyborgs and Women: The Reinvention of Nature*, New York: Routledge, 1991, pp. 295 – 337.

② Donna Haraway, Situated Knowledges: The Science Question in Feminism and the Privilege of Partial Perspective, *Feminist Studies*, 1988 (14).

③ ［美］桑德拉·哈丁著，夏侯炳、谭兆民译：《科学的文化多元性：后殖民主义、女性主义和认识论》，南昌：江西教育出版社 2002 年版。

和人）的混合体，它既是社会现实的动物又是虚构的动物的混合体。”[①]她探讨“我们的问题是怎样同时对所有知识主张与认识主体进行彻底的历史偶然性的解释，怎样对我们构成意义的‘符号技术’的认识进行批判地实践，怎样对真实世界的可靠解释有一个有效的承诺”[②]。女性主义是在席卷欧美的反主流文化的批判气氛中成长起来的。女性主义政治运动与学术界的反实证主义潮流，构成了女性主义知识范式的两大重要资源。[③] 哈拉维的情境化知识（situated knowledges）是对赛博格技术的客观性的一种阐释。

作为女性主义的领军人物，哈拉维的思想在西方女性主义哲学和科学哲学中都有深远影响。她打破了人与动物、人与机器以及自然与非自然的界限，建构了一种新的主体。哈拉维通过赛博格这一隐喻“模糊了所有范畴乃至对立的两极的界线”[④]，并对身体与意义的关系进行了重构。哈拉维将自然与文化定位在动态的、异质的实践过程——“技术科学”中，发掘了自然与文化的内爆、自然的客体化的现状，提出“情境化知识”的客观性新主张，形成新颖而具前景的女性主义科学思想。在哈拉维那里，情境化知识就是对科学的客观性问题的注解，或者说是对客观性问题的女性主义解释。

一、哈拉维女性主义对客观性的解读

哈拉维说，女性主义更深的含义在于，它深入事物的运作过程去看这个过程中有什么、发生了什么以及为什么。带着这种认识论上的指导，我们可以初步探讨下一个名词——“技术科学（technoscience）”。哈拉维直接用了这个新创词汇，她表示，她采用这个词汇是为了描述与科学内容有关的所有因素。“技术科学是一种生活方式、一种实践、一种文化、一种

---

① ［美］史蒂芬·赛德曼著，吴世雄等译：《后现代转向：社会理论的新视角》，沈阳：辽宁教育出版社2001年版，第111页。

② Donna Haraway, “A Cyborg Manifesto: Science, Technology, and Socialist-Feminism in the Late Twentieth Century”, in *Simians, Cyborgs and Women: The Reinvention of Nature*, New York: Routledge, 1991, p. 187.

③ 吴小英：《女性主义的知识范式》，《国外社会科学》2005年第3期。

④ ［英］乔治·迈尔逊著，李健会、苏湛译：《哈拉维与基因改良食品》，北京：北京大学出版社2005年版。

生产性的母体（matrix）。”[①] “技术科学极大地超越了科学与技术、自然与社会、主体与客体以及自然与人工等区分，而正是这些区分构成了现代性的想象的时代。”[②] 可见，技术科学实质上是由多条线交织而成的动态的、异质的实践过程，交织线有技术的、物质的、政治的、经济的、道德的、伦理的以及文字的，每条线都可以引申到世界的每个角落和缝隙。用哈拉维的话说，技术科学既是文化的实践又是实践的文化。

哈拉维在《类人猿、赛博格和女人》一书中，专门论述了“情境化知识：女性主义中的科学问题与局部视角的优势”等问题。她认为：“女性主义中的科学问题是关于作为定位的合理性的客观性的。”[③] 因此，它不是对限制的逃避，也不是超验的产物，而是部分观点的连接。情境化知识要求，知识的客体是一个参与者和代理，而不是一个屏幕、一个场所或一种资源，因此，它永远不会作为主人的奴隶而结束在客观知识中的辩证法。在这样的理解中，科学是不断发展的，永远在途中，且不会走向完结。局部的视角以及看问题的方式是人的生活方式，它们构成了人的生活世界和科学世界的一部分。只要有人类的理性追求存在，这种局部视角的实践就永远存在。哈拉维及另一些批判者从更深层面指出，对性别的理解其实也不可能脱离种族、阶级和政治，即使是在 20 世纪对灵长类的科学研究中，也深受种族政治和殖民主义政治的影响，这一研究甚至列入并成为东方殖民计划的组成部分。她认为必须恢复对形象化的科学依赖。在传统意义上，形象化是用来隔离认知主体与探索客体的，但实际上形象化总是具体化的，因而总是地点化的。因此，所谓客观性就是具有限制性的地点，就是情境化的知识，客观性与地点的具体化和被占据的社会空间存在内在的联系。与此同时，女权主义有关知识创造的认识论理论也开始日渐成熟，成为女权主义著述的又一显著成果。美国知名女权主义科学哲学家桑德拉·哈丁和堂娜·哈拉维分别建构了“女权主义立场论”和“处境知识”等概念。

---

① 杨艳、蔡仲：《堂娜·哈拉维：女性主义科技学思想探析》，《科学技术与辩证法》（第 26 卷）2009 年第 3 期，第 50 页。

② ［美］苏珊·汉森著，肖平、王方雄、李平译：《改变世界的十大地理思想》，北京：商务印书馆 2009 年版，第 571 页。

③ Donna Haraway, “A Cyborg Manifesto: Science, Technology, and Socialist-Feminism in the Late Twentieth Century”, in *Simians, Cyborgs and Women: The Reinvention of Nature*, New York: Routledge, 1991, p. 185.

性主义多姿多彩的领域的历史。[①] 捷奎·亚历山大（Jacqui Alexander）和钱德拉·莫汉蒂（Chandra Mohanty）在其主编的《女权主义谱系、殖民遗产与民主未来》（*Feminist Genealogies*，*Colonial Legacies*　，*Democratic Futures*）一书中详尽阐述了“移民的”有色人种妇女的遭际，如何影响到她们独特的阅读和写作活动。正是在白人机构，包括妇女研究项目这类种族化场所，切身体验到种族歧视和性别歧视，她们意识到“我们并非生就的有色人种妇女，而是变成有色人种妇女的”[②]。而这些经历在很大程度上有助于她们对社会不公正的解读及对社会改造的展望。

赛博格不承认伊甸园，它不是由泥土组成，也不能梦想尘土轮回。哈拉维说：“塞缪尔·迪拉尼（Samuel R. Delany）的女权主义科幻小说——特别是《纳弗文的故事》（*Tales of Neveyon*）重构了新石器革命，重构西方文明的创始步骤以质疑它们的貌似合理性，从而嘲笑了各种起源传说。”[③] 赛博格是不恭敬的，它们没有记住宇宙，它们的整体论是变化的。赛博格科学小品中，在20世纪末的美国的科技文化，人和动物间的界限被彻底破坏了。美国学者桑德拉·哈丁（Sandra Harding）认为：女性主义文化的分支强调人和其他活的生物联系的乐趣。人和动物之间界线减少，生命和社会科学之间的理想被腐蚀，开启生物学者讨论人类动物性意义的技术变化。我们的机器已经完全模糊了自然与人工、思想和身体、自我发展和外部设定以及其他的用在有机体与机器区分的界线，我们的机器零乱地生动着，而我们自己却害怕地了无生气。从一个视角看，赛博格世界是关于星球控制坐标的最后强迫，以防卫名义进行的星球战争的启示，妇女身体在男权战争的最后转接。[④]

“生态女性主义（ecofeminism）”一词由法国学者迪邦娜（Francoise d'

---

① Donna Haraway, " A Cyborg Manifesto: Science, Technology, and Socialist-Feminism in the Late Twentieth Century", in *Simians*, *Cyborgs and Women*: *The Reinvention of Nature*, New York: Routledge, 1991.

② Alexander, Jacqui , Chandra Mohanty, *Feminist Genealogies*, *Colonial Legacies*, *Democratic Futures*, New York and London: Routledge, 1997.

③ Donna Haraway, " A Cyborg Manifesto: Science, Technology, and Socialist-Feminism in the Late Twentieth Century", in *Simians*, *Cyborgs and Women*: *The Reinvention of Nature*, New York: Routledge, 1991.

④ Donna Haraway, " A Cyborg Manifesto: Science, Technology, and Socialist-Feminism in the Late Twentieth Century", in *Simians*, *Cyborgs and Women*: *The Reinvention of Nature*, New York: Routledge, 1991.

Eaubonne）在 1974 年所创，结合了女性主义与生态运动的反思。赛博格女性主义（Cyberfeminism）者哈拉维提出以有机机械人（cyborg）作为未来女性主义的象征，女性主义者若需要启发的话，应该向前看，从科技和有机机械人的形象寻找启示，而非回到古老的属灵生态女性主义（spiritual eco feminism）。哈拉维提出的女性主义情境化知识（situated knowledges）主张所有的知识生产都有其生成情境，跟知识生产者的主体位置和处境息息相关，并借此来反对一切脱离情境和企图想要升华成普遍化或整体化的理论之生产。虽然两种女性主义看似大相径庭，但赛博格女性主义可以帮助生态女性主义走出自然与文化、人类与动物，甚至是男性与女性的二元思想。这与法国哲学家德勒兹（Gilles Deleuze）的转化生成与生态伦理具有密切关系。从另一个角度来说，赛博格世界可能是生动的社会和身体现实，在其中，人们不害怕自身和动物及机器的亲属联合关系，不害怕长久的部分、片断认同和矛盾的立场，政治斗争将马上从两个角度看出，因为优势力点揭示出了统治主宰和难以理解的可能性。单一幻想比双重幻想、视力或多头怪兽产生了更坏的幻觉。

赛博格联合体是怪异的和非法的，在我们目前的政治环境内，我们很难希望更多关于抵制和扣除的潜在神话。桑德拉·哈丁在《什么是女权主义的认识论》（*What Is Feminist Epistemology*?）一文中说：“我希望 LAG（利弗莫尔行动小组 Livermore Action Group）能成为某种赛博格团体，切实地致力于改造那些作为工具的最凶猛的象征者和炮制者的实验室。不可能的分裂是我所在城镇的亲和团体的名称。亲和，不仅是血缘上的关系，还有个人选择的因素：这就是呼吁一个化学核团体吸引另一个，即亲和力。”①

二、哈拉维女性主义情境化知识特征

知识的情境化虽然不是女性主义最先提出的概念，但是将情境化理解为对女性日常生活和日常语言的重视、以女性的立场和经验作为研究的出发点却是女性主义知识范式所独有的。在这个意义上，女性主义知识范式

① Donna Haraway, “A Cyborg Manifesto: Science, Technology, and Socialist-Feminism in the Late Twentieth Century”, in *Simians, Cyborgs and Women: The Reinvention of Nature*, New York: Routledge, 1991.

带有明显的“立场论”（standpoint theory）倾向。[①]

情境化知识是探索并建构创新文化的有效途径，而情境化则是通过各种创新行为与其情境之间的解释循环来实现的。情境的变迁使得创新文化的构成性条件及其建构方式都将发生相应的变化，致使新时期的创新文化呈现出地方性、开放性与不确定性等新的特征，它强调多元主体和双重视野。这种多元的主体就是可以从不同的视角看问题，并且进行批判性地自我反思的人。情境化知识强调知识的主体是共同体，而不是独立的个人，这样才能保证不同视角的“结合”而产生客观性。“女性主义是关于多重主体与（至少）双重视野的科学。”[②] 情境化知识定位在批判性的视野，要善于展开理论之间以及不同视角之间的批评和自我批评。“理性知识是一个在解释者和解码者的领域中正在进行的批判性的解释的过程”[③]，进行不同语言和意义之间的转移、合理性交谈，分清相对主义和整体主义；主张重视事物之间的网络联结，主张用局部的视角看问题；要平等地和充分地承诺这样的视角——“持续的、理性的和客观的询问正好依赖局部视角的政治学和认识论”[④]。

哈拉维从隐喻入手，来说明情境化科学不是关于同一性的，而是关于客观性的。这些隐喻体现在“视角”、“位置”、“光学”、“看”等语言表述之中。她认为，客观性在于情境化知识，在于分裂的不同方式以及对视野的不同方式的把握；要从局部的视角看问题，局部的视角具有无与伦比的优势。而所有定位的不同方式，都是人的生活方式之一，都具有特定的价值和意义。因此，她说：“所有其他的女性主义要么被融合，要么被边缘化，使用的方式通常是构建某种明确的本体论和知识论。女性主义的分

---

① 吴小英：《女性主义的知识范式》，《国外社会科学》2005 年第 3 期。

② Donna Haraway, "A Cyborg Manifesto: Science, Technology, and Socialist-Feminism in the Late Twentieth Century", in *Simians, Cyborgs and Women: The Reinvention of Nature*, New York: Routledge, 1991, p. 195.

③ Donna Haraway, "A Cyborg Manifesto: Science, Technology, and Socialist-Feminism in the Late Twentieth Century", in *Simians, Cyborgs and Women: The Reinvention of Nature*, New York: Routledge, 1991, p. 196.

④ Donna Haraway, "A Cyborg Manifesto: Science, Technology, and Socialist-Feminism in the Late Twentieth Century", in *Simians, Cyborgs and Women: The Reinvention of Nature*, New York: Routledge, 1991, p. 191.

类导致控制的认识论可以控制对常规妇女经验的偏离。”① 其中，在这个语境中的分裂应该是关于不同种类的多样性，它们是必要的，并且不能被简单化为同形的位置或者是累积的序列。主体的视野是多维度的，这种多样性对主体之内以及主体之间都适用。哈拉维认为，每一种视角都能够与另一种结合在一起“看”，而不必成为另一种，这就肯定了任何一个视角的合法性与地位，这就是客观性的承诺：一个科学的认识者不是寻求同一性的主体地位，而是客观性的主体地位；也就是说，局部的联结。

哈拉维不但承认任何局部视角的地位，还进而指出，一个视角无法同时位于所有有特权的或者被压制的位置。她认为视角的形成总是有一定的政治基础的，不同的视角之间要进行监督和批判。哈拉维描述了一种负责的科学。她建议我们建构有用的，而不是无害的客观性学说。她强调并认为负责的科学才是有用的科学。这种负责的科学具有如下品质：①强调多元主体和双重视野。在哈拉维看来，“分裂的和冲突的自我是能审问定位并且是负责任的人，是能建构并将改变历史的理性的谈话和稀奇古怪的意象结合在一起的人。”② 也就是说，这种多元的主体本身就是可以从不同的视角看问题，并且批判性地进行自我反思的人。另外，情境化知识强调知识的主体是共同体，而不是独立的个人，这样才能保证不同视角的“结合”而产生客观性。“女性主义是关于多重主体与（至少）双重视野的科学。”③ ②强调批判性的视野和定位。从知识的客体来看，“定位是为知识打基础的关键的实践，这些知识是围绕视角的想象组织起来的。……定位意味着对我们能进行的实践负责。”④ 也就是说，要善于展开理论之间以及不同视角之间的批评和自我批评。“理性知识是一个在解释者和解码者的领域中正

---

① Donna Haraway, “A Cyborg Manifesto: Science, Technology, and Socialist-Feminism in the Late Twentieth Century”, in *Simians, Cyborgs and Women: The Reinvention of Nature*, New York: Routledge, 1991.

② Donna Haraway, “A Cyborg Manifesto: Science, Technology, and Socialist-Feminism in the Late Twentieth Century”, in *Simians, Cyborgs and Women: The Reinvention of Nature*, New York: Routledge, 1991. p. 193.

③ Donna Haraway, “A Cyborg Manifesto: Science, Technology, and Socialist-Feminism in the Late Twentieth Century”, in *Simians, Cyborgs and Women: The Reinvention of Nature*, New York: Routledge, 1991. p. 195.

④ Stephan Fuchs, “A Social Theory of Objectivity”, in Ullica Segerstrale, *Beyond the Science Wars: The Missing Discourse about Science and Society*, Albany: State University of New York Press, 2000, p. 193.

在进行的批判性的解释的过程。”① 而不同语言和意义之间的转移总是可解释的、批判性的和局部的，这是交谈合理性和客观性的基础。③与相对主义和整体主义划清界限。虽然她主张重视事物之间的网络联结，主张用局部的视角看问题，但是并不是任何局部视角都可以，我们必须反对简单的相对主义与建立在“加总”之上的整体主义。“定位的平等性是对责任和批判的询问的一种否定。”② 在客观性学说中，相对主义总是与总体性面临相似的批评，它们都否认在地方、具体化和局部的视角中占有一席之地，都平等地和充分地承诺这样的视角，那就是既无处不在又不在任何地方，这是一种科学神话。而实际上，“持续的、理性的和客观的询问正好依赖局部视角的政治学和认识论”③。赞同局部视角、联系和交流，并不等同于相对主义和整体主义，这是一个重要的观点。只有全面理解局部视角的含义，并且负责地运用，才能产生负责的科学。④ 这一特征是指，情境化知识总是在途中的，没有顶点，也并非终结，而是一直处在不断发展和更新的解释之中。“解码和转码，加上翻译和批评，都是必要的。因此，科学变成了不是关于终结，而是关于可以竞争的和已经竞争过的东西的典型例证。”⑤

对哈拉维“情境化知识”有很多评价。不同声音、不同视角的碰撞、对话和交流，才能保持科学真正的合理性的张力，促进科学的健康发展。哈拉维对科学的客观性问题的理解，无疑为我们提供了一个更为独特的解释世界的图景，具有丰富的理论价值和意义。

第一，哈拉维对客观性的理解既是对社会建构论的继承，也是对两种

---

① Donna Haraway, “ A Cyborg Manifesto: Science, Technology, and Socialist-Feminism in the Late Twentieth Century”, in *Simians, Cyborgs and Women: The Reinvention of Nature*, New York: Routledge, 1991. p. 196.

② Donna Haraway, “ A Cyborg Manifesto: Science, Technology, and Socialist-Feminism in the Late Twentieth Century”, in *Simians, Cyborgs and Women: The Reinvention of Nature*, New York: Routledge, 1991. p. 191.

③ Donna Haraway, “ A Cyborg Manifesto: Science, Technology, and Socialist-Feminism in the Late Twentieth Century”, in *Simians, Cyborgs and Women: The Reinvention of Nature*, New York: Routledge, 1991. p. 191.

④ 周丽昀：《情境化知识——哈拉维眼中的“客观性”解读》，《自然辩证法研究》2005 年第 11 期。

⑤ Donna Haraway, “A Cyborg Manifesto: Science, Technology, and Socialist-Feminism in the Late Twentieth Century”, in *Simians, Cyborgs and Women: The Reinvention of Nature*, New York: Routledge, 1991, pp. 187 – 195.

女性主义认识论，即经验论和立场论的一种批判性的超越。尤其是通过挖掘哈拉维与其他女性主义在此问题上的区别，可以使我们更好地理解哈拉维的贡献。此前的女性主义经验论认为，科学从本质上应该是客观普遍的，科学研究应当遵循严格的程序，其目标是“消除烙在科研成果上的性格歧视和男性中心论的印记，同时努力避免用任何其他诸如妇女的或女性主义的‘印记’等局部特征取而代之”。换句话说，女性主义经验论依然追求一种所谓的“纯科学”，而不是其他更好的科学，它并没有超越主流科学的话语，只是对其进行了局部的修正和补充，即科学方法仍然需要，但性别偏见必须剔除。女性主义立场论则认为，“所有寻求知识的努力均定位于社会环境中，其中某些客观的社会位置比其他位置能更好地作为知识研究项目的出发点”①。女性主义立场论者认为传统认识论所倡导的客观的、普遍的、中立的科学是不存在的，倡导以被忽略和贬抑了的边缘人群经验为来源，实现最大的客观性。

第二，所有关于客观性的西方文化的叙述几乎都牵涉关于身心关系的思想，这些都嵌入到女性主义的科学问题中。哈拉维的情境化知识也不例外，也是对身体与意义关系研究的传承，“像所有分支一样，我的也是根源于隐喻的问题，也就是说，是身体与语言之间的关系问题”②。但是她开启了一个新的节点，“女性主义客观性是关于有限的位置和情境化知识的，而不是关于超验以及主体和客体的分裂的”③。也就是说，她依然继承了西方哲学传统中对身心与意义关系问题的研究传统，但不同的是，这不是建立在笛卡儿开启的“身心二元论”基础上的一种对象性思维，而是模糊身心关系的界限、模糊主客体的界限的，从一种主客体的知识论研究进入到生存论或者本体论研究的范畴。④“情境化的身体”主要关注的是技术与身体的关系，更进一步，当人作为身体的、思想的、文化的和社会的存在而与

---

① 杨艳、蔡仲：《堂娜·哈拉维：女性主义科技学思想探析》，《科学技术与辩证法》（第26卷）2009年第3期，第103页。

② Donna Haraway, “A Cyborg Manifesto: Science, Technology, and Socialist-Feminism in the Late Twentieth Century”, in *Simians, Cyborgs and Women: The Reinvention of Nature*, New York: Routledge, 1991, p. 185.

③ Donna Haraway, “A Cyborg Manifesto: Science, Technology, and Socialist-Feminism in the Late Twentieth Century”, in *Simians, Cyborgs and Women: The Reinvention of Nature*, New York: Routledge, 1991, p. 190.

④ 周丽昀：《情境化知识——哈拉维眼中的“客观性”解读》，《自然辩证法研究》2005年第11期。

技术结合时，该概念就扩展为第二个关键词“杂交体”。所谓“杂交体”，就是指技术是自然的、个人的、文化的、社会的等因素的杂交融合而成的实体。“杂交体”包含“赛博格”的含义。“情境化的身体”所关涉的第三个范畴是“情境化的身体实践”。人总是以技术—身体的方式去参与实践的，包括切身体验、符号与文本的阅读和意义的建构等。“赛博格”是哈拉维对技术和人的结合存在状态的隐喻，她指出技术就是一种结合体：它像人一样能够学习（learn）、感觉和体验意识（consciousness）；同时也能够像机器一样提高被程式化的程度，用特定的方式学习、感觉和体验事物（things）。技术作为上述异质性要素的杂交融合，它是一个进行性的过程，而并非一旦形成就固定不变的实体。“杂交体”启发我们去考察的是技术、身体、自然、文化和话语系统汇集到一起而制造了“合作者”（coagent）的过程，这个过程始终是情境性的、开放性的。这个概念解构了认为文化、自然、身体、技术等是独立单元的观念，而且把对身体—技术的考察扩展为对技术—社会—自然的考察。

三、哈拉维情境化知识的伦理学意义

狭义的伦理学或道德哲学指的只是传统哲学所关心的规范伦理学；较广义的伦理学则把兴起于20世纪的后设伦理学纳入。情境伦理学与传统伦理有许多地方是不同的。情境伦理学自称为是古老的道德律、规范，生活行为上的道德原则的反动即“情境伦理学（situation ethics）”，或称“新道德（the new morality）”。情境伦理学最受人欢迎，并使人发生兴趣的是对于“性道德”的“放任主义”。新道德是着重“情境”的，或如近代哲学家所称的“存在的实际（existintial reality）”。行动若有错误，不是因为原则，乃是因为情境。美国处境伦理学者富莱秋（Joseph Fietcher）为“情境伦理学”下的假设，乃是基于实用主义（就是认为凡有用的或有效的事，就是对的）、相对主义（唯有爱是常存的，其余的事都是会变的）、实证主义（信仰的命题被肯定不是出于理性的证据，却是由于志愿的接纳）、个人主义（我们所关心的不是事物，乃是人）。

情境伦理学与传统伦理的不同表现在：传统伦理是演绎法的，情境伦理学是归纳法的。情境伦理学着重“情境”，着重“存在的实际（existintial reality）”，所建立的思想教训，完全不提悔改、审判、信仰与救赎。有人曾指出，《罗宾生》所给人的印象是，近代人是何等的成熟，以至于人类除了他们自己以外，并不需要任何外来的属于灵性方面的帮助。著者认为，情境伦理学所说的人类是自足的，不需外来帮助的这种看法，引起东方及西方的非基督徒界的注意。情境伦理学完全不要求人负起道德责任，也不需要以神学为根基。还有什么系统更适合于“属血气的人”呢？面对“如何应对尖锐对立的情境化知识”、“情境化知识到底能否实现客观性”等问题，哈拉维说，我们需要的是局部的、负责的交流和对话，它本就没有想超越所有的理论，而只不过是发出自己独特的、有理有据的和负责的声音。①

一种反神学的见解，流行于第二次世界大战后的基督教宗教道德主义者的圈子之内，受美国实用主义的影响，奉行的格言是“按你喜欢的去爱和行”。它认为，伦理学本质上是对人所遭遇的环境或情境的反映，道德选择必定是情境性的、特殊的，是由对相关情形的分析决定的。它提出，只有一条道德原则，即 agape 或爱（其中“agape”的意思是一种甘心以他人为中心的、不要求记功和回报的爱。神就是用这种爱来爱全人类的，基督徒也被劝勉要用这种爱来爱神并彼此相爱）。除此之外，不应有任何包装好的道德判断适用于基督徒。建构道德体系毫无意义，硬性推行的普遍道德原则和规律应被废除。人生活于其中的社会伦理准则能作为照明器来使用，但我们总是准备向此情境妥协，因为在情境中，通过做其他的事情，爱似乎有着更好的效用。这种伦理学的系统化代表人物是 J. 费莱特席，他指出，情境伦理学不是相对主义的，因为它主张大写的爱是行为规范的终极判断。因此，情境伦理学是唯法主义和反法律废弃主义之间的中间道路，因为前者强调系统化的法则和规则，后者否认一切原则。这种见解与行为功利主义和决疑论相似。

哈拉维对客观性问题的理解和实践是在全球化背景下，针对“中心论”和“多元论”的冲突提出来的。除了认识论方面的意义之外，哈拉维更注意到，科学中的客观性问题一直被复杂化，妇女是被表述的而不是表述者。女性主义者和社会建构论者都将客观性和客观化的实践看做对他们的反对者的成果。因此，女性主义对客观性的追求也就有了更多的政治色

---

① Donna Haraway, " A Cyborg Manifesto: Science, Technology, and Socialist-Feminism in the Late Twentieth Century", in *Simians, Cyborgs and Women: The Reinvention of Nature*, New York: Routledge, 1991.

彩。如同她文中旗帜鲜明地提出的，她想对世界提出一个更好的解释，而“在传统的哲学范畴中，这个问题与其说是认识论，不如说是伦理学和政治学”①。

文化女性主义主张重估女性的活动和伦理价值，认为女性的关怀伦理、母性思维、和平与关爱是最有价值的伦理；认为由于自然（生理）和养育（社会化）的过程，或由于二者的结合，男女两性形成了不同的价值观。女性注重建立和保持深入的亲密的关爱关系，男性更愿意表达其个性和对他们所属物及他人命运的控制。心理分析女性主义与弗洛伊德主义针锋相对，认为女性对异性对象的选择源自内在的女性气质，源于对阴道的自我意识而不是对缺少阴茎的失望。女孩的欲望指向阴茎，是出于性冲动，而不是出于自恋（Person，79）。斯托勒进一步指出，男女两性在第一阶段均为女性，这是因为儿童对母亲的认同，男性的发展和认同需要克服最初的女性认同才能获得。作为女性主义后现代主义的主将的一员，哈拉维在她的著作中表达了她的政治理想。特别是将她的“情境化知识”与“赛博格”一起讨论，其政治含义更加明显。那就是她反对现代性所特有的霸权，反对一种科学、一种政治、一种伦理，主张多元。她提出一种负责的，而不仅仅是无害的科学。她希望自己对客观性的理解是有价值的，可以真正帮助我们更好地理解历史偶然性，理解科学实践，也更好地理解世界。其中，机器的视角、动物的视角与人的视角一样不可忽视，甚至它们本身已经构成主体的一部分。任何定位都不能免于批判性的再检查和再解释。“局部性的”出发点、“在某处”使得客观性得到保证，而不断地定位和发展将各种观点联结起来，它们能保证对世界的更充分的、持续的、客观的和变化的解释，也能有效地促进认识论、政治学、伦理学方面的对话。哈拉维说，我们需要的是局部的、负责的交流和对话，它本就没有想超越所有的理论，而只不过是发出自己独特的、有理有据的和负责的声音。我们有理由相信任何一种这样的声音都是有价值的，这使得如今对她的观点的挖掘依然有着不可忽视的理论和实践意义。

---

① 杨艳、蔡仲：《堂娜·哈拉维：女性主义科技学思想探析》，《科学技术与辩证法》（第26卷）2009年第3期，第195～196页。

第二节 赛博格女性主义科学哲学评析

美国女性主义科学哲学的代表人物哈拉维，在生物学、灵长类动物学、科学哲学等学科皆有深厚的造诣。哈拉维提出的赛博格理论与罗蒂（F. Rorty）的后哲学文化、利奥塔（J. F. Lyotard）的理论，共同构成所谓“后现代科学哲学”。女性主义是对“男性中心”话语的反动，它的立足点是“性别”。女性主义科学哲学把科学看成是“男性中心”的典型领域之一，它用解构主义消解二元对立及颠覆既定等级秩序。其特点有三：一是揭露科学的过程中充满着性偏见（gender bias）；二是把科学的“本性”建构成“男性的”；三是女性主义科学哲学家大都是女科学家，她们懂科学、懂哲学又有深切的体验。哈拉维的女性主义科学哲学思想主要表现在：一是对传统技术哲学理论的批判与重建，体现哈拉维研究的超越和跨界特征；二是对技术本质、技术价值负荷的分析，用女性主义立场论科学哲学。哈拉维赛博格理论构成了科学哲学和技术哲学发展过程中的重要一环。她对于科学和技术的社会功能进行了深入的挖掘。哈拉维认为，新世纪的核心是“技术科学”，是旧科学和技术的新杂合体。因此，她最为注重的是对科学与技术的整体性研究，注重对问题的系统性研究和相关性分析。我们在分析哈拉维女性主义科学哲学思想的基础上，对其主要思想进行剖析与整体考察，并评析她的女性主义科学哲学思想的贡献及局限性。

一、赛博格女性主义科学哲学的理论渊源

科学技术的发展深刻地影响了人类社会，同时也带给了人类无尽的福祉。随着一些难以预料的灾难性后果的出现，人们开始对科学的神圣地位产生怀疑和进行反思，许多批判西方主流文化的思潮也应运而生。女性主义科学哲学是来源于女权运动而发展起来的一支学术力量。哈拉维的女性主义科学哲学思想就是在这种多元文化的视角下，对科学技术进行的考察与研究。哈拉维认为：科学的历史是以男性为中心的历史，男性无论在数量还是质量上都占绝对优势。她通过对科学内部隐喻的批判性分析，揭示

了“科学与性别”问题。她说：“女性主义必然采取一种不同于马克思主义的分析策略，它首先注意到的不是阶级结构，而是性别结构及其生殖关系、男性的体质及其对妇女的性占有。”[①] 哈拉维女性主义科学哲学的理论渊源就是对科学的男性化的批评。哈拉维的女性主义立场论思想以其独特的性别关注打开一个崭新的文化视角，从不同层面对主流科学进行了深刻的批判。她通过揭露科学中的男性中心主义和性别歧视，提出了女性主义的认识论，建构女性主义科学和女性主义科学观。

哈拉维以一个后现代女性主义者新的视角，对科学技术和哲学的价值论进行了批判性研究。她通过对技术的历史分析认为，在不同的时期，技术体现出不同的属性。早期的科学技术，主要是作为人类维持生存和改造自然的一种手段而存在的，主要体现了科学技术的自然属性。随着科学技术的发展，科学技术与社会相互作用程度不断提高。它丰富了人类的物质和文化生活，给人们的生活方式带来了巨大变化，同时也使人与科学技术之间的依赖性不断加强，科学技术的社会属性开始显现出来。她认为，“20世纪晚期的机器已经完全模糊了这样的差别：自然与人工、思想和身体、自我发展和外部设计以及许多其他的用在有机体与机器上的区分。我们的机器令人不安地栩栩如生，而我们自己却令人恐慌地了无生气”[②]。

（一）女性主义科学哲学文化背景

女性主义科学哲学（feminist philosophy of science），又称科学哲学中的女性主义（feminism in philosophy of science），是女性主义关注科学话语的结果。女性主义科学哲学与罗蒂（F. Rorty）的后哲学文化、法因（A. Fine）的 NOA 以及利奥塔（Lyotard）的理论彼此呼应，共同构成“后现代科学哲学”。哈拉维在《赛博格宣言》一文中认为：赛博格即“控制论有机体”，那是技术人文的空间竞争所构成的语境。她努力以批判的眼光进入赛博格的角色，即非褒奖亦非谴责，而是带着一种反讽精神挪用这个

---

① Donna Haraway, “A Cyborg Manifesto: Science, Technology, and Socialist-Feminism in the Late Twentieth Century”, in *Simians, Cyborgs and Women: The Reinvention of Nature*, New York: Routledge, 1991.

② Donna Haraway, “A Cyborg Manifesto: Science, Technology, and Socialist-Feminism in the Late Twentieth Century”, in *Simians, Cyborgs and Women: The Reinvention of Nature*, New York: Routledge, 1991, p. 152.

身份，以期达到空间战士无法想象的某些目的。[①] 女性主义的学术研究最初主要集中在文学、艺术批评之类的人文学科，随着对人文研究的深入，科学哲学也成了女性主义学者所关注的重要对象。女性主义对科学哲学、社会学和科学技术的研究，涉及的范围包括平等研究、生物学研究、性别歧视研究等。一批美国科学哲学家卡尔纳普（C. Rudolf, 1891—1970）、奎因（W. V. Quine，1908—2000）、库恩（T. S. Samual Kuhn，1922—1996）、费耶阿本德（P. K. Feyerabend, 1924—1994）等的“科学论战”，为女性主义对作为客观合理依据的种种哲学观念提供了丰富的资源，使女性主义科学哲学得以形成。哈拉维深受美国科学思想文化传统的影响，开拓了科学哲学研究的新的理论范式。美国科学思想文化传统为女性主义科学哲学的研究提供了一种独特的批判视角——作为一支重要的学术力量，成为西方科学哲学研究中的一个热点。

由于在人们头脑中形成的科学常识和日常信念的网络，科学或科学结构出现了不易为人们觉察的错误，人们对一种新的科学发现往往存在着普遍的怀疑，因而哈拉维试图在女性主义意义上解释当代生活对技术科学领域由外向内造成的冲击。在这样一个文化背景下，女性主义的批判涉入科学领域。女性主义如何认定科学研究与性别之间是否存在真正的联系，是很多学者的困惑。哈拉维从一个全新的视角强调两性平等，肯定女性的价值观念、学说或方法论原则。“它的目标不是抽象的知识，而是那种能够被用来指导和造就女性主义政治实践的知识。”[②] 因此，女性主义思想不仅贯穿于社会、文化、政治、经济等领域的研究之中，丰富了人类的精神文化，而且，女性主义作为反思科学的重要学术思潮，向人们展示了其自身具有的合理性。

（二）科学哲学理论中的女性主义

哈拉维科学哲学思想的主要认识论来源是库恩与奎因的理论。托马斯·库恩（T. Kuhn, 1922—1996）是美国科学史家，科学哲学的重要代表人物。库恩的范式概念，对前科学和科学的界定，为历史主义科学哲学的发展奠定了坚实的基础。与此同时，女性主义也发展了库恩思想中的非理性因素和相对主义的思想。库恩的《科学革命的结构》（*The Structure of*

---

① ［美］堂娜·哈拉维：《伴侣物种宣言：狗、人与意义重大的他者》，见汪安民主编：《五月风暴“四十年反思”》，桂林：广西师范大学出版社 2008 年版，第 227 页。

② 李银河：《妇女：最漫长的革命》，北京：三联书店 1997 年版，第 2 页。

Scientific Revolutions）引发了关于对传统科学知识的大讨论，为科学女性主义的分析提供了一个研究领域。如果科学知识在其发展方向上，甚至在意义上是依赖于社会与政治力量的，那么，我们有充分的理由假定，“性别”在我们的生活世界中不仅扮演着重要的角色，也肯定在科学中扮演着同样重要的角色。①在哈拉维看来，科学的发展与性别有着密切的关系，是库恩扩大了科学探索的范围，为女性主义科学哲学的发展提供了广阔的空间。哈拉维在提及库恩对她的影响时指出，《科学革命的结构》为女性科学哲学学者扫清了思索的空间，在这里，学者能够研究科学探索中特殊的社会与政治语境的正式角色。美国著名的逻辑学家和语言哲学家奎因（W. Van-Quine，1908—2000）对观察与理论问题的论述，坚持自然主义的整体论思想，为哈拉维的科学哲学思想在认识论方面提供了思想内涵。对于科学理论与观察的关系，奎因集中关注相应的语言形式。这种语言共同体的介入，为科学哲学理论中的女性主义提供了理论支持。使观察具有的条件性、相对性得以显现，并决定了观察证据和理论之间的关系。哈拉维认为：女性主义是对“男性中心”话语的反动，它的立足点是“性别”，所用方法则多借鉴同宗别派。比如西马的“否定意识”和“批判性话语”，解构主义对二元对立的消解及对既定等级秩序的颠覆，哲学解释学对历史文本的“重读”等。

哈拉维还受到女性主义科学史和科学哲学界知名学者伊夫琳·福克斯·凯勒（E. F. Keller，1936—）的影响。凯勒是一位心理分析学家，加入科学的世界，“爱上了理论物理学”。她教授妇女研究的课程，是研究女性主义与科学的权威之一。她的《对性别与科学的反思》（*Reflections on Gender and Science*）对哈拉维的影响很大。凯勒说：“性别的、社会的、心理的和政治的规范是不可避免的，它们同样也影响着我们的问题、我们所选择的方法、我们发现的满意解释，甚至我们所信赖的值得记录的数据。”② 这对解读哈拉维的科学哲学和技术哲学思想有帮助。哈拉维指出，灵长目动物学家对雌性灵长目动物的研究表明：“①雌性是竞争的而且有统治欲；②雌性富有反叛精神，亦不是社会附属品和保守的化身；③雌性是

---

① Keller E. F. Kuhn，“Feminism，and Science”，*Configuration*，1998（6），p. 579.

② Keller E. F. Kuhn，Longino H. E.，*Feminism and Science*，Oxford：Oxford University Press，1996，p. 32.

性独断的；④雌性生活中的能量要求与雄性同样强烈”[1]。这些研究表明传统中的妇女的角色并非其自然面目，而是社会化和文化积淀的后果。“性（sex）”和“性别（gender）”的区别某种意义上是动物与人的分野。“别”是何物？“别”来自文化。哈丁认为，性别的社会化（gender socialization）和性别定型（gender sterotypeing）系统地阻碍妇女而鼓励男子从事诸如科学、数学和工程等事业。[2] 而根据罗丝托尔（Rossiter）的统计分析，我们发现，科学领域内妇女就业情况与“外围（outside）社会”劳动就业情况相仿。罗氏指出：“变化迅速的领域缺少高素质的劳动力，男人对这些领域兴趣不大，原因是他们会体验到停顿不前和低期望值，故这两种情况都留给了女人。”[3] 另外，男性科学家还敌视已婚妇女的加入，他们的理由是，妇女从养家糊口的男人手里抢饭碗。而细究之下又不难看出，男人“养家糊口”的地位正是性社会化的沉疴之一。总之，科学中男女就业机会、职业质量是不平等的。“性隔离”还会影响女科学家的自我意识。史密斯（Smith）指出，“妇女以个体介入科学，不代表她们的性别”。[4]

科学中，男人是“我们”，女人是“他者”，二者的关系是，“他者”置于“我们”的监督之下，“他者”的状况和行为必须以“我们”的理论去理解，以“我们”的语言去表述。培根说“知识乃力量”，女性主义者认为“知识乃权力”。知识是一种检查、监督和解释的权力。由此，她们认为女性科学家的工作也充满“偏见”。女性主义者认为这并不是科学的例外和滥用，而是科学的本质。她们抵制权力关系的方法是重述原始的故事，通过重述（retell）而企图把女人建构成“我们”。[5] 哈拉维认为性偏见随处可见而且根深蒂固，指出在变量的选择中也渗透着性偏见。在心理学中，性别被视为一个独立的变元，尽管无人能具体地给予界定。桑德拉·哈丁在其《女性主义中的科学问题》（*The Science Question in Feminism*）

---

① Donna Haraway, *Primatology is Politics by Other Means*, New York: Pergamon Press, 1986, p. 103.

② Sandra Harding, *The Science Questionin Feminism*, New York: Cornell University Press, 1986, p. 63.

③ M. W. Rossiter, "Sexual Segregation in the Science", in S. Hardingand J. F. O' Barr, *Sex and Scientific Inquiry*, Chicago: The University of Chicago Press, 1987, pp. 36 – 37.

④ D. Smith, "A Sociology For Woman", in J. A Sherman, *The Prism of Sex*, Madison : The University of Wisconsin Press, 1979, p. 137.

⑤ Donna. Haraway, *Primatology is Politics by Other Means*, New York: Pergamon Press, 1986, p. 103.

一书中的分析颇具影响，哈拉维接受了所有形式的知识，包括学术的被规训的知识。知识是被历史、物质、文化和语言所中介的，用哈拉维的术语来说，是“情境化知识”（situated knowledges）。因此，知识也是有限的，而且，知识是被权力所维护的，尽管它并不必然与一系列权力关系相一致①。哈拉维用语言来描述，它是“理性的”、“客观的”、“有意义的承诺”，而且“能够促进那些追求有限自由、充足物质富裕、适度理解苦难以及有限快乐的种种规划”②。这一点，与福柯中介理论所不同的是，女性主义认识论者并不认为所有反抗和解放的途径都被霸权的话语实践（hegemonic discursive practices）所阻塞。哈拉维认为，任何知识都是情境化的产物，因而是“特定化而且不完整的”。为了在作为知识生产特权“主体”的科学家同其研究对象之间建立更公平的关系，女权主义学者力主研究者阐明并反思其主体位置、基于差异的“处境知识”以及与此相伴生的“偏见”。哈拉维的情境化知识与局部视角，对女性主义中的科学问题提出一种更好的解释。她认为，唯有如此，西方女性主义认识论才能日渐成熟，研究者方能对自己所创造的知识负责。

二、赛博格女性主义科学哲学的主要内容

哈拉维女性主义科学哲学的主要思想是：“赛博格是控制论的有机体，是机器与生物体的混合，既是虚构的生物也是社会现实的生物。”③ 哈拉维的“赛博格”是运用一定的科学技术，包括机械、电脑等对人的身体性能、机能进行的控制与改造。如安装了心脏起搏器、义肢、义齿等，都可以称之为“赛博格”。又如运用更先进的电子、生物技术，改变和超越自然人体原本的限度，增强身体的某些功能。“受控机体的后人类形象，瓦解了自然与人工、身体与机器之间的界限。哈拉维宣称这会对指派为‘自

---

① Keller E. F. Kuhn, “Feminism, and Science”, *Configuration*, 1998 (6).

② Donna Haraway, “Situated Knowledge: The Science Question in Feminism and the Privilege of Partial Perspective”, *Feminist Studies*, 1988 (14), p. 599.

③ ［美］堂娜·哈拉维：《伴侣物种宣言：狗、人与意义重大的他者》，见汪安民主编：《五月风暴“四十年反思”》，桂林：广西师范大学出版社 2008 年版，第 290 页。

然的’或‘人工的’性别身份，提供全新的变动的混杂性”①。“科学技术本身不仅是使人类得到伟大幸福的可能手段，也是复杂的统治系统的发源地。赛博格意象可以提示一条走出二元论迷宫的道路，而我们过去就曾在这些二元论中寻找解释我们的身体和我们的工具的迷宫的途径。这不是一个共同语言的梦想，而是一个强大的非正统的梦想。”②

（一）控制与塑造人的“赛博格”

对于女性主义理论家来说，人与何物存在于世的问题是生死攸关的问题，这是一个非常有前途的哲学命题。③ 对此，哈拉维认为，我们都是拼装而成的机器与有机体的混血儿，简言之，我们都是“赛博格”，“赛博格”即是我们的本体。因为机器和人类一样，都不是一成不变的。她在《伴侣物种宣言：狗、人与意义重大的他者》一文中指出，赛博格和伴侣物种——哪一个可能会为当今生命世界中的可行性政策和本体论带来更多启示，这是一个有关生命全力和生命社会性的故事，也同技术科学相关。④她认为：“赛博格”的更深的意味是对于“拼合”的生物体，它最终使“自身”这个范畴失去意义，并引发出一系列哲学与科学问题。

赛博格是自然有机体与技术机器、技术手段的结合。它使原本完全“自然而然”的身体具有了“拼合”、“嵌入”的特点，转而成为一种“新的合成生命体”。赛博格所隐喻的，是原本鲜明对立的两极模糊化了。如现代生物技术使番茄带有深海鲽鱼的基因，这不仅模糊了物种的界线，更模糊了植物与动物的界线。无性生殖技术则模糊了雄雌两性在生殖活动中的分工。哈拉维将赛博格称为“后性别世界的生物”，意指医学技术尤其是生殖技术，不仅使传统的性别与性别关系遭遇挑战，更造就了一个有别于传统的“后性别世界”。如克隆技术已打造出了绵羊“多莉”，虽目前还未有克隆人出现，却不能保证这种情况永不发生。这意味着科学技术的发展

---

① Donna Haraway, “A Cyborg Manifesto: Science, Technology, and Socialist-Feminism in the Late Twentieth Century”, in *Simians, Cyborgs and Women: The Reinvention of Nature*, New York: Routledge, 1991, p. 108.

② Donna Haraway, “A Cyborg Manifesto: Science, Technology, and Socialist-Feminism in the Late Twentieth Century”, in *Simians, Cyborgs and Women: The Reinvention of Nature*, New York: Routledge, 1991.

③ ［美］堂娜·哈拉维:《伴侣物种宣言：狗、人与意义重大的他者》，见汪安民主编:《五月风暴“四十年反思”》，桂林：广西师范大学出版社2008年版，第229页。

④ ［美］堂娜·哈拉维:《伴侣物种宣言：狗、人与意义重大的他者》，见汪安民主编:《五月风暴“四十年反思”》，桂林：广西师范大学出版社2008年版，第226页。

与应用，将使人类繁衍并非一定要以男女两性的结合来实现，男女的性别特质也必将随之而改变。哈拉维还特别指出，性别其实从来就不是“自然而然”的，而是在复杂的竞争话语中及相关社会实践中产生的，是一个被社会构造的范畴。“赛博格”促进了人的“新主体”的诞生，超越了传统一成不变的方式对身份的确认。哈拉维认为，这种超越有助于克服冲突、建立一个“多元的、没有清楚边界的、相互冲突的、非本质的”主体概念。赛博格不仅正在改变这个世界，也正在改变生存于这个世界的主体——人。赛博格毁掉了人类对自身被救赎的祈望，人不再相信自己是上帝用泥土抟造的“自然物”。人制造机器，可以理解为任何一个普通人肢体的延伸，人也成为机器上的一个部件。它只是一个“拼合”的混血杂种，却适应这个世界。

（二）对科学男性化的批判与反思

“科学与性别”是一个突出的边缘事例。科学在其诞生之初似乎就是以男性为主宰的神话。哈拉维的女性主义科学哲学源于女性主义者意识到科学的历史一直是以男性为中心的历史，男性无论在数量上还是质量上都占绝对压倒优势，因此有必要重新审视和反思性别差异对科学研究的影响，正确认识性别差异在影响女性全面发展和科学研究中的作用。哈拉维《论灵长类》（*On Primatology*）在对科学的男性化进行批评时，通过对科学内部隐喻的批判性分析，对科学进行了反思。她说“女人应把科技挪为己用，而非视为男性所有物”。从批判角度看，哈拉维的女性主义以特有的分析方法向科学的不合理性大胆挑战，不断探索科学领域更广阔的空间，成为人类对科学反思批判的一笔宝贵财富。

在对科学的男性化进行批评时，哈拉维通过对科学内部隐喻的批判性分析，揭示了“科学与性别”问题。美国科学史学者凯勒（Evelyn Fox Keller）在《对性别与科学的反思》（*Reflections on Gender and Science*）中考察历史上关于科学和知识的各种描述时发现，在“科学的”与“男性的”之间存在着一种神秘的对等关系，把智慧和科学当做男性的专利，科学家被视为一种无可怀疑的男性职业。凯勒指出：“男性气质与女性气质、公共领域与非公共领域、工作与家庭的区别日益突出，与此相适应的是现代科学在极力促成智慧与自然、理性与情感、客体与主体的分裂。随着女性逐渐失去其特征，现代科学产生了一种变质的、世俗化的机械自然观念。”[①]凯勒对性别与科学的反思直接影响了哈拉维对科学的男性化特征进行批评。哈拉维以性别概念作为意识形态的分析工具，而不是生物学上两性生理差别的分析工具。这种工具为女性主义的科学研究提供了一个新的视野。哈拉维女性主义科学哲学研究反对传统的科学观，认为知识是社会建构的，科学的目的并不是发现实在世界的真理。她认为科学知识本身以及获取科学知识的方式都被赋予了男性特征。“女性与科学的分离”并非只是女性本身的问题，而更多地在于社会环境加诸其身的有形的、无形的影响力。“所以，女性主义的后现代主义反对任何形式的普遍性话语，主张科学知识的合理性存在于具体化的实践中，存在于具体化的和历史的特殊情境中。”[②]哈拉维的科学哲学和技术哲学思想、话语理论方法对于科学技术哲学研究具有很大的启发意义。哈拉维将权力、知识、技术和主体整合在一起，从微观和宏观两个层面来揭示出它们之间的作用方式和动力机制，深化了对于技术本质的理解。

（三）哈拉维对科学的客观性的阐释

哈拉维在长期的科学研究基础上关注和讨论科学的客观性问题。她在《谨慎的见证者》一书中，分析和说明了“技术科学”这个概念。哈拉维用一个电子邮件地址命名她的书，而不是用一个常规的标题，也许是给新世界贴上的又一个新标签。她在《类人猿、赛博格和女人》一书中，对情境化知识（situated knowledges）科学的客观性进行了专章的阐释。与培根主义和笛卡儿主义客观性认识论所支持的“无凭借的观点（view from nowhere）”相左，女性主义认识论认识到，所有形式的知识，包括学术的被规训的知识，用哈拉维的术语来说，都是“情境化知识”，知识是被历史、物质、文化和语言所中介的，因此，知识也是有限的，而且，知识是被权力所维护的，尽管它并不必然与一系列权力关系相一致。[③] 这样一种认识不必欣然接受相对主义。相反，用哈拉维的语言来描述，它是一个

---

① Erelyn Fox Keller, *Reflections on Gender and Science*, New Haven: Yale University Press, 1985, p. 13.

② ［英］乔治·迈尔逊著，李建会、苏湛译：《哈拉维与基因改良食品》，北京：北京大学出版社 2005 年版，第 14 页。

③ Donna Haraway, “Situated Knowledge: The Science Question in Feminism and the Privilege of Partial Perspective”, *Feminist Studies*, 1988 (14), p. 579.

“有意义的承诺”的第一步，承诺为达到对于“理性的”、“客观的”和“一个‘真实’世界的忠实描述”进行艰苦卓绝的工作，这个世界大家可以部分共享，而且“能够促进那些追求有限自由、充足物质富裕、适度理解苦难以及有限快乐的种种规划”①。她认为“我们的问题是怎样同时对所有知识主张与认识主体进行彻底的历史偶然性的解释，怎样对我们构成意义的‘符号技术’的认识进行批判地实践，怎样对真实世界的可靠解释有一个有效的承诺”②。哈拉维的“情境化知识”无论对我们理解科学中的客观性问题、女性主义科学观，还是科学与人文的沟通问题，都是很有启发的。女性主义者哈丁认为，客观性概念并不是一个简单的概念框架，她说，牛顿的《自然哲学数学原理》是本强奸手册，意思是男性强调控制、力量，女性则要关怀；是“假设、看法、渴望和反感的一种杂乱集合”③。科学问题上的客观性始于一种理性主义的先入之见，“科学知识被看作是从两种力量的相互作用中产生的：认识者和被认识的世界”④。哈拉维说：“我喜欢一种具体的客观性学说，它能容纳似是而非的和批判性的女性主义的科学方案：非常简单，女性主义客观性指的是情境化知识。”⑤ 这种动态的客观性可描绘为“情感与认知经验的相互作用”，不是主观与客观的断绝，而是主观经验的运用，是一种爱的形式，能够促使产生一种主体与客体合二为一的感觉⑥。哈拉维为科学的客观性的阐释开启了一个新的节点。

哈拉维从隐喻入手，说明科学的客观性。她说：“所有的故事都以隐喻的方式流通，即表达任何事物所必需的修辞格。所有的语言都会转向和

---

① D. Smith, “A Sociology For Woman”, in J. A. Sherman. *The Prism of Sex*, *Madison*: The University of Wisconsin Press, 1979, p. 137.

② Donna Haraway, “A Cyborg Manifesto: Science, Technology, and Socialist-Feminism in the Late Twentieth Century”, in *Simians*, *Cyborgs and Women*: *The Reinvention of Nature*, New York: Routledge, 1991, p. 187.

③ ［美］桑德拉·哈丁著，夏侯炳、谭兆民译.《科学的文化多元性：后殖民主义、女性主义和认识论》，南昌：江西教育出版社2002年版，第172页。

④ Stephan Fuchs, “A Social Theory of Objectivity”, in Ullica Segerstrale, *Beyond the Science Wars*: *The Missing Discourse about Science and Society*, Albany: State University of New York Press, 2000, p. 156.

⑤ Donna Haraway, “A Cyborg Manifesto: Science, Technology, and Socialist-Feminism in the Late Twentieth Century”, in *Simians*, *Cyborgs and Women*: *The Reinvention of Nature*, New York: Routledge, 1991, p. 188.

⑥ Keller E. F. Kuhn, Longino H. E. , *Feminism and Science*, Oxford: Oxford University Press, 1996, p. 16.

跳跃，从来没有直接表达的意义，只有那些教条主义者才会认为我们能够在交流中抛开隐喻。”[①]“视角”、“光学”、“看”等表述，在于它们的不同方式，都具有特定的价值和意义。每一种视角都能够与另一种结合在一起“看”，而不必成为另一种，这就肯定了任何视角的合法性与地位。“这就是客观性的承诺：一个科学的认识者不是寻求同一性的主体的地位，而是客观性的主体的地位；也就是说，局部的联结。”客观性在于情境化知识的分裂。她说：“分裂，而不是存在，是女性主义的科学知识的认识论的有特权的形象。”[②]哈拉维认为不同的视角之间要进行监督和批判。“女性主义中的科学问题是关于作为定位的合理性的客观性的。”[③] 因此，它不是对限制的逃避，也不是超验的产物，而是部分观点的连接。情境化知识要求，知识的客体是一个参与者和代理，而不是一个屏幕、一个场所或一种资源，因此，它永远不会作为主人的奴隶而结束在客观知识的辩证法中。哈拉维指出，“被征服者的立场并没有排除批判的重新检查、解码、解构和解释的可能性”，被征服者的立场不是“无辜的”立场。[④] 也就是说要改变女性受压迫的处境，两性差异可作为是不同认知方式的来源，作为“边缘人”和受压迫群体的女性也会有自身的偏见、意识形态和权力欲望，女性不同阶层、群体、种族之间的差异可以作为知识构成的基础，从而构成而且限制了人类不同群体的知识和理解力。在哈拉维看来，科学及其描述性语言都不可能是价值无涉的。日常语言与科学语言之间存在着某种内在的相似性和关联，也就是说隐喻在科学描述和理解中起着重要作用，科学的语言描述和观念叙述都根植于隐喻。这些隐喻提供了观察自然的不同框架，并导致研究领域的观念更新。

---

① 堂娜·哈拉维：《伴侣物种宣言：狗、人与意义重大的他者》，见汪安民主编：《五月风暴“四十年反思”》，桂林：广西师范大学出版社2008年版，第237页。

② Donna Haraway, “A Cyborg Manifesto: Science, Technology, and Socialist-Feminism in the Late Twentieth Century”, in *Simians, Cyborgs and Women: The Reinvention of Nature*, New York: Routledge, 1991, p. 193.

③ M. W. Rossiter, “Sexual Segregation in the Science”, in S. Harding and J. F. O' Barr, *Sex and Scientific Inquiry*, Chicago: The University of Chicago Press, 1987, p. 196.

④ Donna Haraway, “Situated Knowledges: The Science Question in Feminism and the Privilege of Partial Perspective”, *Feminist Studies*, 1988, 14 (3).

三、赛博格女性主义科学哲学的贡献与局限

哈拉维女性主义科学哲学研究，不是经验论的，也不是立场论的，而是后现代主义的。哈拉维认为，在女性主义科学哲学研究领域当中，女性主义的科学批判说是更为根本性的，是核心中的核心。在寻找科学研究中被遗忘了的女性科学家，在辨识社会和科学的结构中阻碍女性从事科学的障碍，在考察科学怎样规定以及怎样错误地规定了女性的本质等方面，哈拉维女性主义科学哲学思想都有理论贡献。哈拉维学术理论上的主要贡献表现在：

（1）哈拉维关注性别问题，关注科学，对科学与性别问题进行了详细的分析。她从揭示科学活动中的性别偏见深入到对科学本身的批判，对“从科学研究中的女性问题到女性主义的科学问题”[①]，进行了女性主义视角的批判和反思，成为她女性主义科学哲学的生长点。她认为：“性别、种族或阶级意识是由父权制、殖民主义以及资本主义的充满矛盾的社会现实的可怕的历史经验强加于我们的结果。”[②] 因此她分析科学的男性本质，研究在科学的规范和方法中由性别而来的扭曲。哈拉维对性别与科学、男性与“男性气质”等问题进行了考察，认为性别与认知是相关的。哈拉维女性主义的视点对于一系列认识论问题的解决，具有批判性和建构性两方面的意义。她的女性主义经验论认为，科学中存在严重的男性主义偏见，要克服这种偏见，需要在科学中给予女性与男性平等的权利。她认为，女性主义经验论并没有超越主流科学的话语，只是对它进行了局部的修整和补充。

（2）哈拉维关于科学客观性的描述认为，女性主义科学渴望了解客观现实的各个不同方面。女性的科学研究并非是不动情感的，相反往往是为热情所驱动的，可以看到科学女性至情至性的真实面貌。哈拉维的动态的客观性观点不是要完全反对传统的客观性，而是试图通过“女性的特质”扩大原有的客观性并丰富它。从主流社会中的客观性概念到桑德拉·哈丁

---

① Sandra Harding, *The Science Question in Feminism*, New York: Cornell University Press, 1986, p. 9.

② ［美］哈拉维：《作为文化实践的科学》，另见哈拉维：《赛博人宣言：1980 年代的科学、技术与社会主义的女性主义》。

的“强客观性”，到海伦·朗基诺（Helen Longino）的关于体客观性的论述，再到哈拉维的“新”客观性，无不体现了这种变化。哈拉维追求的这种“新”客观性更具有辩护性，是较少宏大叙事的客观性，是拥有某种爱的特质的客观性。哈拉维和美国知名的女性主义科学哲学家哈丁分别建构了“情境化知识（situated knowledge）”和“女权主义立场论（feminist standpoint）”等概念，用以强调研究者自身所处的由社会性别、阶级、种族等身份认同所决定的社会位置对其知识生产的影响。

（3）哈拉维将传播学科视为赛博格新学术。哈拉维发表于人文科学夏季研究所的国际资助项目《作为文化实践的科学》（*Science as Cultural Practice*）中将传播学科视为处于新学术深入发展的锋芒边缘。① 它所研究的主题开始关注社会科学、人文科学以及商业世界日益青睐和依赖的对象。她呼吁维护传播学术研究中权力知识的差距意识，要有更加充分的理性探索的理由。这种意识让我们能够理解如何去构建可以局部认同的“一个真实世界的忠实描述”，那正是“能够促进那些追求有限自由、充足物质富裕、适度理解苦难以及有限快乐的种种规划”②。但是，正如西方许多批评家所指出的那样：女性主义谈论了很多科学问题，却很少从事具体的科学研究。哈拉维的女性主义科学哲学也面临着同样的问题，有它的局限性。

①哈拉维对传统认识论所揭示的知识客观性以及普遍性提出了疑问，对科学价值的构成和背景、科学的认知因素与非认知因素之间的差别提出了挑战。从认识论的角度来看，哈拉维对于科学客观性的解释未免有些极端。她展示了这样一个事实：人们通常所信守的各种社会规定或价值，直接影响着科学证据的形成或科学评价标准的制定。这些社会规定或价值通常包含着根深蒂固的男权主义意识。她鲜明地指出，“科学的”、“男性的”和“客观的”三者之间存在着对等的关系。哈拉维认为，客观性只是男性的客观性，是用来维护男性统治者利益的掩护性工具。在批判传统认识论的基础上，哈拉维也试图建立自己的女性主义认识论，但在批判知识的二元结构和男性模式的同时，却又强调女性认知的优势和女性经验的独特性，

---

① ［美］哈拉维：《作为文化实践的科学》，另见哈拉维：《赛博人宣言：1980 年代的科学、技术与社会主义的女性主义》。

② Donna Haraway, “Situated Knowledge: The Science Question in Feminism and the Privilege of Partial Perspective”, *Feminist Studies*, 1988 (14), p. 579.

这就不免使其重新落入男性认知的俗套。哈拉维用自己的实际努力揭示，在科学视野中持有偏见歧视的都是与性别相关的，对改善女性的生活有重要意义。她要求变革传统研究范式，建构使女性经验得以呈现的女性主义科学研究范式，真正消除传统科学的男性霸权；指出传统的科学哲学无法解释“性别”这一变量在科学中的作用，对主流科学哲学的理论有积极作用。她“把自己看做来自学术界的边缘和间隙的颠覆性力量”①，一步步深入地追问，提出挑战，在合理性与非理性之间的科学批评，促进了科学事业的发展。

②哈拉维对传统认识论中二元结构的统治逻辑提出了挑战，但其批判并未脱离二元结构的传统模式。哈拉维力图在理论上超越传统的二元对立，以便与其他学科方法相互渗透。她的目标是介入国家与公共事业，参与制定有利于两性平等的社会政策，在此基础上建构一种包容不同身份差异（包括性别差异）的平等的公民制度。很多女性主义科学哲学家本身就是科学家，她们的揭露和分析大都是基于对科学活动的深刻了解和体验，她们的研究丰富了科学哲学，对我们了解科学实践的实质是极有启发的。在科学史中，天才被认为与自然之间具有超常的沟通，移情和直觉常被说成是少数天才具有的能耐，而天才充满了男性的热情和力量。虽然哈拉维指出，女性灵长目动物学家（prirnatologist）常常被雌性灵长目动物认同，以至于使用“我们”。但我们可以看到，通过对自然的“移情”和“认同”，女性想使自己的存在合法化。也许女权主义对“性”在科学中的影响的看法有不妥之处，而“性”、“性别”等概念自身也缺乏明确的界定和说明。

③哈拉维认为科学与现实中的科学是存在一定差异的，甚至否认科学知识的客观性。哈拉维对科学的具体内容不是进行逻辑分析，而是对科学结果用比喻和想象的语言去描述。哈拉维的女性主义科学哲学不能对科学的存在问题进行有效的解释。科学上的主张可以既是经验上可靠的，也至少是历史时代的一部分，历史时代创造并选择了它们。哈拉维属于在绝对论与建构论两极之间坚持中间道路的学者。

哈拉维认为，信息技术和生物技术的发展将会给人类的发展带来契

---

① ［美］伊夫林·福克斯·凯勒：《性别与科学的起源、历史与政治出自第一人称的表述》，见［美］希拉·贾撒诺夫著，盛晓明译：《科学技术论手册》，北京：北京理工大学出版社2004年版，第65页。

机。人的主体性是以对物的依赖性为基础的，是物对人的规定、制约乃至支配，使得处于此种状态下的主体性不能不带有极为矛盾的性质，有时甚至带有异化的特征。哈拉维指出，当人类穿起兽皮，开始制造工具的时候，人类就不是纯粹的动物了；当我们开始使用第一台机器的时候，我们就不再是纯粹的人了；当科技进入我们的社会成为我们生活必需品的时候，我们就不再拥有纯粹的本质与本体了。尤其是在高技术时代，技术已经发展到可以在人体内嵌入金属仪器，而机器又更趋于人性化和智能化，技术与人已经出现了一体化趋势。她认为，此时人的主体性再也不是纯粹的主体性，人是一种多元的、流动的主体，一种突破界限的结合体——赛博格。赛博格是哈拉维对技术中立论和价值论对技术的自然属性和社会属性进行割裂研究的批判和超越。

第三节　女性主义科学哲学的思想争论

随着技术的发展，特别是工业革命后大机器时代的到来，技术与社会的相互作用程度不断提高，人与技术之间的依赖性在不断加强，技术的社会属性开始显现出来。哈拉维以后现代女性主义者的视角，对技术中立论和价值论进行了批判性研究。既然技术中立论与价值论各有偏颇之处，那么就必须寻找新的视角来探讨技术与价值的问题。一方面，机器大工业的发展极大地丰富了人类的物质和文化生活，给人类的生活方式带来了革命性的变化；另一方面，机器一旦接收人的指令启动之后，虽然人体不再同机器直接接触，它仍然会按照既定程序运转下去。哈拉维通过对技术的历史分析认为，在不同的时期，技术表现出不同的属性。早期的技术，特别是手工工具时代的技术，其与社会的相互影响程度较低，主要是作为人类维持生存和改造自然的一种手段而存在的，主要体现了技术的自然属性。美国《科学哲学》2003 年第 1 期上刊载了女性主义思想家考兰妮（Janet A. Kourany）的文章《21 世纪的科学哲学》（*A Philosophy of Science for the Twenty First Century*），该文从女性主义立场对以往科学哲学的一些观点进行了批评。此后不久，吉尔勒（Ronald N. Giere）发表了他的商榷文章《一种科学哲学的新方案吗?》。考兰妮随即对该文进行了回应。二人争论的核心在于，女性主义科学哲学使全人类繁荣昌盛的理想是不是一种未得到充分论证的意识形态，我们能否将这一标准引入对科学理论的评价。显然，这个不大不小的争论把人们的目光聚焦在女性主义与科学哲基本关系方面，而这恰恰是所谓后现代主义女性理论的一个中心话题。在这个意义上，哈拉维反对技术中立论。她认为，资本主义父权制社会的技术不可避免地受到统治阶级利益和价值的左右，而男性正是通过这种技术的社会建构统治和压迫女性，因此，技术不是中立的，是受价值负荷的，这引起了女性主义科学哲学的争论。

一、对传统科学哲学价值观的反思

传统科学哲学以男性为主体，从对大男子主义的认同到对科学哲学基础的反思，许多女性主义的科学哲学家都关注这样一个问题：如何通过对经济、社会、文化和政治价值——包括性别价值的反省来制定科学研究的方案？与此有关的经典论述见于哈拉维《论灵长类》（*On Primatology*）、福克斯·凯勒（Evelyn Fox Keller）《论物理学和生物学》（*On Physics and Biology*）、查维克（Sharon Traweek）《论物理学》（*On Physics*）和波特（Elizabeth Potter）《论波义耳化学》（*On Boyle's Chemistry*）等著作。西蒙·波伏娃（Beauvoir Simone de，1908—1986）曾经在《第二性》（*Le Deuxieme Sexe*）一书中指出：女人不是天生的，而是塑造的。她论证说，父权制社会的性别统治、性别压抑及其一整套意识形态铸造了历史性的女人，使女人按照男人的价值标准来塑造自己，使女人降为男人的附属品——男人的“一部分”，成为男人确证自己的参照物，并由此沦为了人类的“第二性”。尤其值得注意的是，朗基诺（Helen Longino）对科学价值的构成和背景、科学的认知因素与非认知因素之间的差别提出了挑战。波伏娃展示了这样一个事实，人们通常所信守的各种社会规定或价值，直接影响着科学证据的形成或科学评价标准的制定。这些社会规定或价值通常包含着根深蒂固的男权主义意识。

为了更好地讨论赛博空间中男女两性关系，从话语空间层面去探讨女性角色和女性价值更能说明一些问题。美国生态女性主义者卡洛琳·麦茜特（Carolyn Merchant）说：“大多数社会的话语都不显现妇女，好像所有的公民和工人无性别或假设他们都是男性。”[①]虽然在赛博空间中女性地位得到了极大的提高，女性可以“无忧无虑”地表达自己的观点，但可以发现男性话语霸权在网络空间中依然存在。语言作为社会文化传统的载体，更是一种制度化的产物，男性历史地建构这种话语体系，使之成为权利体制。正如波伏娃在《第二性》中说道：“一个人不是天生成为女人，而是变成女人的。没有生理的、心理的或经济的命运能够决定人类女性在社会中的形象，是整个文明造就了这一产物，处于男性和阉人之间，它被描绘为女性。”[②] 女性没有掌握主流话语权，她们所形成的文字不是运用话语权，而是改写话语，是将现成的语言、现成的观念、现成的叙事模式改写得不那么规范，以便适于女性使用。此外性别问题总与社会文化密切相连，那么人类自己营造出的赛博空间，就不可能成为一个真正的“桃花源”，它势必会深深打上社会性别的烙印。从性别意识出发，女性主义似乎比解构主义走得更远，他们认为性别关系不只是一种语言关系，更是一种权力关系，体现出社会对性别的安顿和权力的分配，而且在父权制社会，这种安顿和分配是不可能平等的。哈拉维认为“性别、种族和阶级意识，都是有关父权制、殖民主义和资本主义中充满矛盾的社会现实的可怕的历史经验施加于我们的结果”[③]。女性主义透过社会意识形态和文化分析女性的身份和性别角色，试图从社会的最底层和最基本的结构出发颠覆“父权制”。

在赛博空间中，无论是聊天还是在社群中发帖，我们都需要扮演一个社群所能够接受和认可的身份。尽管我们不能排除一部分女性在网上完全可以扮演男性角色，不露破绽地骗倒许多人，但从一个群体角度去分析时，两性在网络空间中的话语特点仍然存在很大差别。网络可以增加女性接近媒体、使用媒体的机会，给两性的社会关系带来了前所未有的冲击，为女性争取更多的权利提供了更广阔的技术和传播平台。哈拉维说：“我更愿意提出一种网络意识形态，它意味着空间和身份特征的多样化，意味着个人身体和身体政治之间边界的可渗透性。”“联网”既是一种女权主义

---

① ［美］卡洛琳·麦茜特著，吴国盛等译：《自然之死》，长春：吉林人民出版社 1999 年版。

② ［法］西蒙娜·德·波伏娃著，陶铁柱译：《 第二性》，北京：中国书籍出版社 1998 年版。

③ Donna Haraway, “A Cyborg Manifesto: Science, Technology, and Socialist-Feminism in the Late Twentieth Century”, in *Simians, Cyborgs and Women: The Reinvention of Nature*, New York: Routledge, 1991.

的实践，也是一种跨国公司的战略——网络将各种对立的赛博格编织在一起，而彼此是对抗的。无论是在现实生活还是在虚拟的网络空间中，都无法避免男性群体话语的霸权地位的存在。网络话语沿袭了传统社会文化中的话语体系，即使女性在网络空间中越发活跃和主动，越发想改变她们从属的地位，但男性在网络空间中比女性更活跃，有时也更具有进攻性。男女这两大群体在现实生活中的巨大分野必将造成他们在语言运用上的区别。在现实生活中男性强调了“我”的语言，而女性则使用“他者”话语即男性的话语。无论是现实生活还是虚拟的网络空间，都无法避免男性群体话语的霸权地位的存在，尽管随着博客这种模式的出现，有更多的女性以自己的话语来展示女性不畏世俗、另类的性格。

哈拉维看到了现代科学技术存在的问题，认识到科学技术对人的主体性的限定和人的异化程度的加深。根据哈拉维的观点，赛博格神话使自然、机器和人的关系改变了，因为赛博格穿越和搅浑了技术史中习以为常的边界。哈拉维认为，在20世纪晚期，美国的科学技术文化经历了三个关键的界限突破：第一个界限突破是人类与动物界限的突破，第二个界限突破是人与机器界限的突破，第三个是自然的与非自然的界限的突破。她写道：“20世纪晚期的机器已经完全模糊了这样的差别——自然与人工、思想和身体、自我发展和外部设计以及许多其他的用在有机体与机器上的区分。我们的机器令人不安地栩栩如生，而我们自己却令人恐慌地了无生气。”① 同时，她对科学技术未来的发展也充满了希望。她说：“我们最好的机器是由光组成的；它们都是轻而清洁的，因为它们不是别的，是信号、电磁波、光谱片段，并且这些机器都是不寻常地便携式的、移动的。”她认为面对科学技术带来的各种社会问题，我们应该挖掘科学技术的积极潜力，而不应消极拒绝技术，也就是说要用科学技术的发展去解决技术发展中出现的问题。

信息技术和生物技术的发展将会给人类的发展带来契机。哈拉维认为，人的主体性是以对物的依赖性为基础的，是物对人的规定、制约乃至支配，使得处于此种状态下的主体性不能不带有极为矛盾的性质，有时甚至带有异化的特征。人们越是追求自己的主体性，就越是发现自己对物的

---

① Donna Haraway, “A Cyborg Manifesto: Science, Technology, and Socialist-Feminism in the Late Twentieth Century”, in *Simians, Cyborgs and Women: The Reinvention of Nature*, New York: Routledge, 1991, pp. 149－181.

依赖，人的社会关系越来越物化，体现在人与机器的关系就表现为主体异化。哈拉维指出，当人类穿起兽皮，开始制造工具的时候，人类就不是纯粹的动物了；当我们开始使用第一台机器的时候，我们就不再是纯粹的人了；当科技进入我们的社会成为我们生活必需品的时候，我们就不再拥有纯粹的本质与主体了。尤其是在高科技时代，科技已经发展到可以在人体内嵌入金属仪器，而机器又更趋于人性化和智能化，技术与人已经出现了一体化趋势。她认为，此时人的主体性再也不是纯粹的主体性，人是一种多元的、流动的主体，一种突破界限的结合体——赛博格。作为一个打破了任何界限的杂合体，赛博格实现了技术的自然属性与社会属性的统一，使得技术的内在价值和现实价值都能得以体现。因此，赛博格是哈拉维对技术中立论和价值论对技术的自然属性和社会属性进行割裂研究的批判和超越。

二、对欧洲中心论提出质疑和挑战

长期以来，传统科学哲学和科学史研究形成了欧洲中心论，只重视或承认欧洲近现代科学，而忽视了其他地区、国家和民族的科学成就，如偏见地认为草药学是人们的迷信，针灸不过是民间信仰等。与以往传统科学史的立场完全不同，女性主义科学哲学从后殖民主义科学史观出发，主张必须重新定义科学，并以一种新的视角提出了诸多全新的见解。女性主义科学哲学家们力图在理论上超越传统的二元对立的做法，以便与其他学科方法相互渗透、融合。哈拉维认为：“西方传统中存在的某些二元论源远流长……这些糟糕的二元论主要有：自我，他者；思想，身体；文化，自然；男性，女性；文明，原始；现实，表象；……自我是不能被支配的一方，自我通过他者来了解这一点，而他者是包含未来的一方，他者通过被统治的经验来了解这一点，这种经验揭示了自我独立的谎言。”①而解构主义从二元对立项的对应中考察它们之间的关系，认为如果没有对应物，也就没有另一方的存在，无论哪一方都没有优先权；而且这种对立和对应是语言上的，即人为的对立和对应。这在一定意义上否定了男尊女卑的传统，并且把这类传统仅仅看成一种语言游戏，既不是自然的或本质的东

① ［美］卡洛琳·麦茜特著，吴国盛等译：《自然之死》，长春：吉林人民出版社 1999 年版。

西，也不是真理和存在。解构主义的目的实际上并不在于颠覆二元对立项，而在于质疑对立的概念和对立所依赖的特征概念，因此也就削弱了特征、真理和存在的基础。

桑德拉·哈丁（S. Harding）指出：“社会科学与生物学领域中的概念图式以及客观性、合理性、科学方法等处于占支配地位的观念体系，在分析性别议题时往往显得非常软弱无力，或者说，在某些方面过分扭曲，乃至它无法辨别出性别歧视的现象和男性中心主义的臆断与信念，更不必说清除它们了。”①正因为这样，人们怀疑在生物学及社会科学领域中普遍存在的性别歧视和男性中心主义也玷污了自然科学领域。女性主义科学哲学家们提出，并非任何非绝对论都将导致陷入一种灾难性的相对论。科学上的主张既可以是经验上可靠的，也可以是历史时代的一部分，历史时代创造并选择了它们。K. 巴拉德（Karen Barad）、哈拉维和桑德拉·哈丁属于在绝对论与建构论两极之间坚持中间道路的学者。

女性主义科学哲学家开始在作为跨文化的历史和哲学地图上重新配置现代科学及其技术，而这种跨文化现象是全球历史中殖民时期之后新的意识、性别意识的一部分。例如哈拉维在美国参加研究灵长类的联合机构并致力于国家性别和种族管理项目。她早期把社会学功能和生物功能理论结合起来的报告，为形成一个对于灵长类学领域负有义务的联邦“人类资源管理”项目提供了一种有力例证。在哈拉维构建的未来图景里，每一个词语都充满了“女性”的气质——模糊、非本质、易变和脆弱。她认为，我们将要经历这样一个从现代社会到赛博格社会的转变，从有机的工业社会向多元的信息系统的过渡。桑德拉·哈丁在1998年的一本著作中运用了最新的反西方史上欧洲中心论的和非西方技术传统的观点，提出了有关现代欧洲科学与其他文化传统的经验知识方面差别的各种问题。她论证说，包括现代西方科学在内的一切科学，在某种意义上说必定是“局部的”，它们提供了文化方面的特定答案，也是对不同地理环境的特定反映。从这样的视角出发，妇女对自然持有不同（文化上多样）的观点，她们被自然和文化上的特征所限定（assigned）的区域与她们的自然和社会环境交互作用。

在哈拉维构建的未来图景里，每一个词语都充满了“女性”的气

---

① Donna Haraway, “A Cyborg Manifesto: Science, Technology, and Socialist-Feminism in the Late Twentieth Century”, in *Simians, Cyborgs and Women: The Reinvention of Nature*, New York: Routledge, 1991, pp. 149 - 181.

质——模糊、非本质、易变和脆弱。她认为："高科技文化以有趣的方式对这些二元论构成挑战。在人和机器的关系中，到底谁是制造者、谁是被制造者，这一点并不清楚。在分解为代码作用的机器中，何谓思想、何谓实体也不清楚。"① 我们将要经历从现代社会到赛博格社会的转变，从有机的工业社会向多元的信息系统的过渡。哈拉维说："微电子技术调节了劳动，使劳动进入机器人和语言的运作过程，把性别转化成为基因工程和再生产技术的一部分，人的心智也转化成为人工智能和决策过程。新的生物技术更关心的不是人类的再生产。生物学作为重新设计物质和程序的强人的工程科学，对工业有着革命性的影响"，"沟通科学和生物学是知识的自然技术目标的建构，其中，机器和有机体之间的分歧完全模糊了；大脑、身体和工具联系也很紧密。"② 生物技术和微电子技术将完全改变人类传统的生活方式和思维模式。在信息系统的世界里，劳动、生育、种族、性别、政治、国家，甚至人类自身都被完全颠覆。哈拉维认为："对女性主义者而言，明确拥护有机体与机器之间的清晰区别及类似构建西方自我的区分的崩溃，这本身就是一笔很大的财富。"③ 在她构建的赛博格世界里，由于人与机器已经融为一体，因此将不会再有人文思想和技术思想的分离，也就不会有技术异化现象的存在，那些因此带来的危机和困境将自然而然地得到化解。在她看来，造成技术异化的本质是强势人群主观构建出的理想本质的异化，当一切区分类别的界限都消失的时候，现代社会中的性别、种族、阶级问题将不再困扰人类，人性将得到最大程度的解放，整个世界将成为以赛博格为本体的新大陆，人类将共同走进一个新的理想家园。哈拉维的技术理想，更是她的政治理想。在充满了赛博格的世界里，人类、技术与自然的完满结合使人类得以超越自身，获得身体的自由和解放。

女性主义科学哲学家们倡导，从妇女和其他边缘群体的生命观出发，来探寻可供选择的科学假说和理论。2003 年，美国圣母大学的珍妮特·考兰妮（Janet A. Kourany）撰文《21 世纪的科学哲学》（*A Philosophy of*

---

① ［美］桑德拉·哈丁：《什么是女性主义的认识论》，见《谁的科学，谁的知识?：从妇女的生活出发思考》，纽约：康奈尔大学出版社 1991 年版。

② Donna Haraway, "A Cyborg Manifesto: Science, Technology, and Socialist-Feminism in the Late Twentieth Century", in *Simians, Cyborgs and Women: The Reinvention of Nature*, New York: Routledge, 1991, p. 166.

③ ［美］桑德拉·哈丁：《什么是女性主义的认识论》，见《谁的科学，谁的知识?：从妇女的生活出发思考》，纽约：康奈尔大学出版社 1991 年版。

Science for the Twenty First Century)，则进一步建议创立一种“负有社会责任的科学哲学”（a socially responsible philosophy of science）。她的纲领是要建立“一种立即应用于科学和社会改革的科学论，一种与当代伟大的平等主义（egalitarian）结盟的科学论”[①]，我们可以把这种科学哲学称作社会指向的科学哲学。这种“使人类繁荣昌盛”的平等主义理想得到了充分的表达和论述。考兰妮否认科学认识的真理性。考兰妮宣称：“如果实在论和反实在论的争论教给了我们什么的话，那么首先就是告诉我们，迄今为止所提出的科学研究的评价标准——无论是简单性、成果的丰富性、解释力、外在的一致性，还是预见的准确性，乃至经验的、方法论的或技术上的成功——没有一种可以看做真理的指标。”她因而以赞同的口气说：“的确，某些哲学家——例如范弗拉森——之所以断定对科学的目的的最合理的解释并不是真理，其主要理由就是由于这种状况。”[②] 放弃真理标准，考兰妮的社会指向的科学哲学用什么来评价科学认识呢？罗纳德·吉尔勒（Ronald N. Giere）指出，她的标准是：“科学理论是通过它们同平等主义和其他道德理想的一致性来评价的。”[③] 这样，问题就归结为如何在“经验上可接受的”诸多理论中选择那些承诺“支持平等主义目标”的理论。

哈拉维对性别差异的反思还表现在她提出男女平等是人类科学的标准。随着社会的发展和科技的进步，女性的社会地位得到了显著提升，女性在科学研究所发挥的作用愈来愈大。因此，应重新审视和反思性别差异对科学研究的影响关系，正确认识性别差异在影响妇女全面发展和科学研究中的作用。应改变人们传统的思维方式。女性主义学者伊夫林·福克斯·凯勒对科学中的性别问题进行了女性主义视角的批判和反思。文章从科学产生中的性别问题、科学活动中的性别问题、科学结果中的性别问题三个方面进行了论述，并加以总结。凯勒的科学哲学源于女性主义者意识到科学的历史一直是以男性为中心的历史，男性无论在数量还是质量上都占绝对优势。在对科学的男性化进行批评时，她通过对科学内部隐喻的批判

---

① Janet A Kourany, “A Philosophy of Science for the Twenty First Century”, *Philosophy of Science*, Vol. 70, No. 1, January 2003, p. 12.

② Janet A Kourany, “A Philosophy of Science for the Twenty First Century”, *Philosophy of Science*, Vol. 70, No. 1, January 2003, p. 9.

③ Ronald N Giere, “A New Program of Philosophy of Science ?”, *Philosophy of Science*, Vol. 70, No. 1, January 2003, p. 19.

性分析，揭示了“科学与性别”问题，提出了“动态客观性”问题，试图在实在论与相对主义之间寻求一条“中间道路”，指出科学既非“自然之镜”亦非“文化之镜”，而是自然与文化相互作用关系的反映。这些既反映了凯勒对科学哲学的贡献，也反映了她对科学的反思有待进一步增强辩证性。

于此，逻辑实证主义认为，在科学要求合法化的过程中，文化因素不具有实际的作用，无论在发现的背景下它们可能扮演什么样角色。女性主义的工作已经表明，在合法化的进程中，以男性为主的各种假设是如何扮演了这种公正的角色，而当这种合理的背景限制了严格的鉴定程序时，人们期盼女性主义的这种成果。在现实生活中，许多女性主义的理论学说已经取得了可喜的成果，它们对国家、世界公民的民主生活作出了重大的贡献。但是，正如桑德拉·哈丁所说：“如果只有一种女性主义的科学哲学，那将是知识分子的一场灾难。多重的理论框架，在认识方面和政治方面的多样性为女性主义提供了自我批评的资源。就像科学哲学认识的成长过程一样，女性主义的认识也在不断地成长。”

三、新科技与女性主义政治重建

关于新科技与女性主义政治重建，哈拉维有一段明晰的论述：“在新技术导致的社会关系中，另一个关键特点是期望值、文化、工作和大量科技力量再生产的重构。一个主要的社会政治危险是具有强烈二元模式的社会结构的形成，随之而来的是，所有种族集团（首先是有色人种）中大量的妇女和男子都局限于家庭劳作经济，他们对多样性无知，普遍的裁员无能为力，受到高科技压迫机器的控制，这类工具有从娱乐到监视再到消隐等装置。恰当的社会主义女权主义政治应该面向职业化的妇女，尤其是从事构建科技话语、程序与对象的科技创造领域中的妇女。”①

哈拉维的女性主义政治主要建立在福柯的生命政治学的理论基础之上。她说：“我提出的赛博格是勾勒我们社会和身体现实的一个构想，作为一种富有创意的对策，它将提供一些富有成果的组合。米歇尔·福柯的

---

① Donna Haraway, “A Cyborg Manifesto: Science, Technology, and Socialist-Feminism in the Late Twentieth Century”, in *Simians, Cyborgs and Women: The Reinvention of Nature*, New York: Routledge, 1991, pp. 149–181.

‘身体政治（biopolitics）’[①]是赛博格政治的一个十分开放的领域的朦胧先兆。”[②] 福柯认为，当代的政治学就是围绕着身体展开的政治和技术的斗争。哈拉维在对技术的历史研究中发现，信息技术和生物技术的发展正是可以实现社会变革的“新技术”。因此，在文章中，她特别强调信息技术和生物技术对女性身体重建的重要性。未来世界将是人类、机器和自然三者间的互相协调和制约，人类和机器不是谁代替谁的问题，而是有机结合、合而为一的问题。高新技术的发展，将使人类进入智能化的类生物体系的生产时代。哈拉维在书中写道，米歇尔·福柯的生命政治就是赛博格政治的前身。福柯认为，权力是无处不在的，无论是人的身体，还是人的心灵，都是权力的“碑文”。福柯有关人的身体的概念并不是一个生物学概念，而是一个历史概念。身体是由历史铭刻的，带有权力关系，只有对身体施加权力才能获得。权力与身体的结合，使身体从属于政治领域，“服从于控制它、装饰它、训练它、折磨它，强迫它执行任务、表演仪式、发出符号的权力关系”[③]。因此，不受社会的、政治的、文化的、经济的权力关系作用和影响的纯粹的身体是不存在的。哈拉维认为，这些新的技术将会加强女性的社会关系和地位，“由于在发达国家，机器人和与之相关的技术把男人从工作中排除出来，加深了男性工作的失败”[④]，而办公自动化制度的建立使工作的女性化得到了加强。哈拉维认为“重建社会主义女性政治的一个重要路线，就是通过付诸科学和技术的社会关系的理论和实践，包括极为重要的神话体系，来建构我们的有意义的想象力体系”[⑤]。于是，哈拉维为我们描述了一个与传统不同的新世界——赛博格世界。哈拉维试图通过赛博格实现对身体的重构。她指出，“赛博格是我们的本体论，它给了属于我们的政治纲领”。哈拉维通过“赛博格”这个修辞工具，把所有异质的元素拧在一起，比如将人、机器和动物等都统一在混合的术语“赛

---

① 法国哲学家和文化史学家米歇尔·福柯在《性史》中运用这个术语来描述那些控制身体、把权利和知识的方法扩展到生命本身的社会权利机制。

② Donna Haraway, “A Cyborg Manifesto: Science, Technology, and Socialist-Feminism in the Late Twentieth Century”, in *Simians, Cyborgs and Women: The Reinvention of Nature*, New York: Routledge, 1991.

③ 佟立、曲方：《后现代主义哲学思潮》，天津：天津人民出版社2003年版，第27页。

④ Donna Haraway, “A Cyborg Manifesto: Science, Technology, and Socialist-Feminism in the Late Twentieth Century”, in *Simians, Cyborgs and Women: The Reinvention of Nature*, New York: Routledge, 1991, p. 169.

⑤ 佟立、曲方：《后现代主义哲学思潮》，天津：天津人民出版社2003年版，第27页。

博格”之下，从而还原到单一的本体论。[①]“它也是一种努力，致力于建立后现代主义的、非自然主义模式的和在一种想象没有性别也没有起源，甚至也没有结束的世界的乌托邦传统中建立社会主义——女权主义的文化和理论”。

美国女性主义思想家考兰妮（Janet A. Kouany）致力于社会平等的目标。她主张，科学哲学家应当从制订选题和成果评估两个方面，参与国家的政治决策，使选题的确定和成果的采纳都“支持平等主义的目标”。例如，在决定什么东西值得研究时，应该向决策部门提出倡议，“优先投资支持那些承诺支持平等主义观点和纲领的研究”。具体地说，由于女性平等问题是当前推进平等主义最现实的课题，那么，科学哲学家就应积极游说“全国乳癌防治协会”之类的组织，以寻求科学家和其他人士对妇女保护的支持。难怪吉尔勒把考兰妮的科学哲学方案称作“政治性案（the political project）”。与培根主义和笛卡儿主义客观性认识论所支持的“无凭借的观点（view from nowhere）”相左，女性主义认识论认识到，所有形式的知识，包括学术的被规训的知识，用哈拉维的术语来说，都是“情境化知识”（situated knowledges）：知识是被历史、物质、文化和语言所中介的，因此，知识也是有限的，而且，知识是被权力所维护的，尽管它并不必然与一系列权力关系相一致。[②] 这样一种认识不必欣然接受相对主义。相反，用哈拉维的语言来描述，它是“有意义的承诺”的第一步，承诺为达至对于“理性的”、“客观的”和“‘真实’世界的忠实描述”进行艰苦卓绝的工作，这个世界大家可以部分共享，而且“能够促进那些追求有限自由、充足物质富裕、适度理解苦难以及有限快乐的种种规划”[③]。然而，与福柯的中介理论所不同的是，女性主义认识论者并不认为所有反抗和解放的途径都被霸权的话语实践（hegemonic discursive practices）所阻塞。他们认为，福柯的“话语”概念和培根以及笛卡儿的“客观性”概念一样，无法充分阐释自身的有利观点，也就是自身产生的情境。福柯的“数据”，

---

① Donna Haraway, “A Cyborg Manifesto: Science, Technology, and Socialist-Feminism in the Late Twentieth Century”, in *Simians, Cyborgs and Women: The Reinvention of Nature*, New York: Routledge, 1991, p. 190.

② Donna Haraway, “Situated Knowledges: The Science Question in Feminism and the Privilege of Partial Perspective”, *Feminist Studies*, 1988 (14), pp. 575 – 599.

③ Donna Haraway, “Situated Knowledges: The Science Question in Feminism and the Privilege of Partial Perspective”, *Feminist Studies*, 1988 (14), p. 579.

他用来展示全面规训的现代权威和社会性别构成的文本和专家的主张，都根植于被南希·哈特索克（Nancy Hartsock）称之为“抽象的男性气质（abstracted masculinity）”认识论之中。[①] 因此，一个在社会学知识方面见闻广博的女性主义认识论者会支持尤根·哈贝马斯（Jürgen Habermas），以“青年保守主义者”为由斥责福柯，尽管哈贝马斯证据确凿的指责可能不是唯一的或充分的，但哈贝马斯本人的传播解放理论也被标明有社会性别化的“盲点（blindspots）”。

美籍德裔哲学家马尔库塞（Herbert Marcuse，1898—1979）在对技术与意识形态的研究中指出，现存的技术是技术与统治、合理性与压迫的结合。如果没有对现存技术的革命性转换，没有新技术、新科学的替代，那么一个解放的社会的出现是不可想象的。哈拉维在对技术的历史研究中发现，信息技术和生物技术的发展正是可以实现社会变革的“新技术”，因此，哈拉维对“新技术”的分析特别强调信息技术和生物技术对女性身体重建的重要性。未来世界将是人类、机器和自然三者间的互相协调和制约，人类和机器不是谁代替谁的问题，而是有机会结合、合而为一的问题。传播学的认识论革命已经丧失了当代学术哲学上的清白和纯真，政治发展和全球市场已经改变了生产知识的术语、科技、议程、社会关系与物质条件，认识论的传播学转向为传播研究提供了非同寻常的机会。这一革命的一些设计者开始向传播学者寻求指导，来描绘他们所创造的美丽新世界。例如，由于发表了《赛博格宣言》的权威学术观点，而被视为可能是技术愿景预言家中最为先知先觉的哈拉维，就将传播学科视为处于新学术深入发展的锋芒边缘。[②] 高技术的发展，将使人类进入智能化的类生物体系的生产时代。哈拉维认为，这些新的技术将会加强女性的社会关系和地位，办公自动化制度的建立使工作的女性化得到了加强。

哈拉维认为“重建社会主义女性政治的一条重要路线就是通过付诸科学和技术的社会关系的理论和实践，包括极为重要的神话体系，来建构我们的有意义的想象力体系[③]”。于是，哈拉维为我们描述了一个与传统不同

---

① Nancy Hartsock, *Building Feminist Theory: Essays from the Quest*, New York: Longman Press, 1981, pp. 117 - 118.

② ［美］哈拉维：《作为文化实践的科学》，另见哈拉维：《赛博格宣言：1980 年代的科学、技术与社会主义的女性主义》。

③ 佟立、曲方：《后现代主义哲学思潮》，天津：天津人民出版社 2003 年版，第 27 页。

的新世界——赛博格世界。这些特征我们用“自然”进行标志。“生命体（Biotic Component）”、“最优化（Optimization）”、“人工智能（Artificial Intelligence）”等不是本质化的概念，而是被设计的、在不断变化和流动的、低约束性的词汇。这些概念在不同的历史情境中的意义是不同的，是具体化的知识。而统一的、不变的、有着严格边界的概念是不存在的。未来“不只是上帝的死，也是神的死，或两者都复活在微电子和生命政治统治的世界里”。

第五章

网络传媒是赛博格科技发展契机

针对网络信息领域的“赛博空间”，解析传媒信息中的“赛博空间”的含义，对于媒介信息新概念的理解以及对信息对新技术的探讨具有一定的意义。传媒对于人类社会和人类文化造成的影响更加深远。在当下的文化现实中，赛博格随着新媒体升级了，有了新的特征和变化。电子公民，是赛博格新的名号之一，个体在现实与虚拟之间游走，拥有了新的电子身份，也就是斯科特·巴克曼（Scott Bukatman）所言的“终端身份”。这种身份是一种“明白的双重接合”，指向的是当下信息文化所产生的新主体性的控制论循环。① 赛博格是信息时代的虚拟体验。哈拉维曾说：“赛博格是一个控制论有机体，一种机器和有机体的杂糅，一种社会现实同时也是虚构的创造物。”② 赛博格的发展也呈现出一种从现实走向虚拟的发展过程。事实上，最具原初意义的赛博格，即现实中的赛博格是指以配备医疗装置像人工心脏或起搏器或义肢，或者为了存活而依赖于机械装置像心脏或肺机器的有机体。在这个过程中，技术和人造物的作用是为了修复或者克服有机体在肉体上和心理上的限制。

信息时代的“机器”是现代社会的“中枢神经”，承载、传输、处理和利用人类的智慧，实际上就是“异质性系统”的物化基础。电脑是一种“宇宙机器”，而赛博空间则是一个令人惊愕的庞大网络，有无数现存的和可能的村庄、市镇。这是一个容纳社会、宗教和政治空间的万花筒。在这种影响下，“人与机器相互融合”，这是一个人机共生的世界。而正是在这个意义上，赛博格的进一步发展就具有了交互性、非中心化、自组织等特点，从而比以往任何时代都更加强烈地质疑人类中心化的议题，也许到了我们考虑和强调人类去中心化的时候了。

从网络传媒与空间信息的关联域思考，当今信息文化传媒与赛博空间的生成密不可分。在赛博空间里，物理距离已经没有意义。大多数赛博空间中的距离不考虑地球引力，人们对于物理空间的本质认识经历了一个不断深化的过程。可以把赛博空间想象为一种具有后地理、后历史特质的超空间，把电脑理解为一种“虫洞”或“时空隧道”，它能够在眨眼之间让

---

① Scott Bukatman, “Terminal Identity”, in *The Virtual Subject in Post-modern Science Fiction*, Durham: Duke University Press, 1993.

② Donna Haraway, “A Cyborg Manifesto: Science, Technology, and Socialist-Feminism in the Late Twentieth Century”, in *Simians, Cyborgs and Women: The Reinvention of Nature*, New York: Routledge, 1991, p. 149.

用户在信息宇宙中穿梭旅行，链接时空。网络作为一种新的传播媒介在当前的社会生活中已经占据了重要地位。与传统媒体的单一传播功能相比，网络技术是计算机科学和通信技术的集大成者，它将电脑、电视、电话等传播媒介的所有功能融为一身。我们不仅能创造自己喜欢的空间，而且能与其他用户分享有感知的、给人以美感的空间。由此启发我们对赛博空间的理解，赛博格——控制技术与赛博空间，信息时代的虚拟体验，网络科技的多元拓展。

第一节　网络信息时代的赛博格科学技术

20 世纪以来，人类步入了信息时代，正处在不断信息化的过程之中。哈拉维指出："世界被划分为不同的范畴，这些范畴的信息穿越量是不尽相同的。信息是这样一种可以量化的因素，这种因素可以进行全面的转换，因而无障碍工具性权力（称作有效交流）的可计量成为可能。这种权力面临的最大威胁是交流的中断。"① 与此同时，信息提供了重新对人、社会、自然进行审视和建构的途径与视角。正如凯瑟琳·海勒斯（Kwtherine Hayles）所言："在控制论影响之下，当以一种新的方式重新审视和反思当代社会时，信息不再是传播的工具及内容，相反地，信息作为一个整体从其沉浸其中的物质形式中分离出来，被重新概念化，成为一种理解人类及人类社会的模式。"② 信息与其物质形式的分离，使得信息可以自由地游离在不同的社会形式之间，并成为一种新的认知模式和方法。而作为社会本体存在的人也不可避免地卷入了这场信息化的浪潮中，体现出新的本体性状态。对这一状态的重要表征之一就是"赛博格"。正如安迪·克拉克（Andy Clark）在其书《生来赛博格——心灵、技术和人类智能的未来》中指出的："赛博格是 20 世纪晚期的一个强人的文化标志。它魔术般地变出

---

① Donna Haraway, "A Cyborg Manifesto: Science, Technology, and Socialist-Feminism in the Late Twentieth Century", in *Simians, Cyborgs and Women: The Reinvention of Nature*, New York: Routledge, 1991.

② N. Kwtherine Hayles, *How We Became Posthuman: Virtual Bodies in Cybemetics, Literature, and Informatiics*, Chicago: The University of Chicago Press, 1999, p. 2.

人机杂糅和肉体与电路实体混合的图像。”① 在这个意义上，我以为，赛博格既是一个文化符号也是一种社会现实，是物理意义上的个体也是整个社会的表征，是一种虚拟形象也是一个神话，是一种实在也是一种隐喻。而且，赛博格的强大来源于其深远的历史渊源，在某种意义上，我们可以说，赛博格是人类社会与现代技术发展的某种必然。

媒介方式与传播技术在某种程度上影响着世界政治、历史和文化的走向，并且在某种程度上规定着我们这个时代与社会的特征。以网络为代表的第二媒介时代，以介入融合模式、无作者权威为特征的双向互动的媒介时代，已经在本质上有别于以单向播放模式为特征的第一媒介时代。随着数字化技术的进一步发展，如今能将各种现实生活中的气味在网络间传播，网络技术也实现了一对多和多对多的传播模式，为人类的信息交流提供了更多的选择。而网络的隐匿性、虚拟性、互动性、快捷性等优势相对于传统的传播媒介，无疑拥有更多的生存和叙述空间。

一、网络控制技术与赛博空间

赛博格完成各种任务和动作需要控制手段，作为计算机系统中的关键技术，赛博格控制技术范围十分广泛。从赛博格智能、任务描述到运动控制和伺服控制等技术，既包括实现控制所需的各种硬件系统，又包括各种软件系统。随着计算机的发展，赛博格采用计算机系统来综合实现机电装置的功能，并采用示教再现的控制方式。信息技术和控制技术的发展，赛博格应用范围的扩大，使赛博格控制技术正朝着智能化的方向发展，出现了离线编程、任务级语言、多传感器信息融合、智能行为控制等新技术。多种技术的发展促进了智能赛博格的实现。哈拉维说：“赛博格是凝聚着想象和具体现实的形象，历史变迁的一切可能都由这两个组合起来的核心来构建。”② 哈拉维用它来指称人与动物、人与机器及物质与精神等界限崩解后的一个非固定概念的新主体位置，想借着“赛博格”的概念，来超越

---

① Audy Clark: *Natural-born Cyborgs Minds Technologies and the Future of Human Intelligence*, New York: Oxford University Press, 2003, p. 5.

② Donna Haraway, “A Cyborg Manifesto: Science, Technology, and Socialist-Feminism in the Late Twentieth Century”, in *Simians, Cyborgs and Women: The Reinvention of Nature*, New York: Routledge, 1991.

目前各种角色（族群、种族、性别、阶级……）的认同彼此矛盾冲突的困境，来建构一个多重、差异、多元的后现代主体概念。人与科技真正紧密结合，成了赛博格，这是一种趋势走向，并非必然但极有可能，由喜转悲的关键则在于意识，社会研究者的责任是唤醒，让社会的声音不止一种。不同的声音不应该被同一的价值观所潜化，否则，无论是何种人，都将成为单一向度的赛博格。

“赛博空间”原是加拿大作家威廉·吉布森在其1985年出版的科幻小说《神经漫游者》（*Neuromancer*）中所提出的一个概念。他将赛博空间描述为一个三维的笛卡儿矩阵，一个对网络数据的图表式再现。当我们将赛博空间想象为一个超空间时，那么网络计算机就是一个“虫洞”，它不仅使我们一瞬间就从甲地飞跃到乙地，甚或到达一个平行存在的世界，而且也给我们提供了一个穿越时间的旅行机遇。赛博空间作为由数据和网络构成的虚拟结构，赛博空间与物理世界完全不同，物理空间的基质是可感的物质，而赛博空间用“虚拟”的概念来描述之。对于赛博空间的本体论性质正是需要从上述角度来予以理解的。赛博空间是虚拟世界的存在形式，是人造物的物质运动形式。虚拟世界并不虚拟，比特也是实实在在的，尽管与我们所熟悉的物理世界的一些事物的实在特性不一样。它们构成了世界物质运动无限多样性的组成部分。作为超空间的赛博空间既是虚拟的，又是真实的。说它虚拟，是指它是一个潜在的和可能的世界，对于三维世界的我们，它是一个平行的存在，所以是可能的，但又无法同时地呈现出来。“赛博空间”这一概念的本体论意味着必须按“真实的虚拟性”来理解，我们可以进入其中，它也确确实实地进入我们的传统的现实之中，我们与它发生互动性关系。在当代的经济活动中，虚拟活动会越来越大。赛博空间是一种新的实验性维度，超越了我们日常生活发生于其中的地理空间或历史时间，它创造出与我们日常生活几乎所有方面的种种的杂交关系。未来的情况也许不可预见，但可以肯定，赛博空间将会愈来愈深地介入我们的生活、改变我们的生活。

“赛博格”从一开始就与“空间”结下了不解之缘。尽管克莱恩斯和克莱恩打造的“赛博格”一词是以人与其外部空间的关系为基础的，但是，正如哈里斯（D. S. Halacy）在1965年指出的：赛博格开辟了一块“新的领域”，这不仅仅是空间，更是在个体的心灵和事物之间、在个体的

“内部空间”和“外部空间”之间的一座桥梁。[①] 哈里斯的话可以看做是对赛博格操作与感知的二元领域的描述。作为控制论有机体的赛博格，一方面要以人机杂糅的整体身份来面对外部空间，在与环境的反馈循环中达成信息的交流和传播；另一方面，作为一个信息系统，赛博格要在自身内部对有机体和人造物之间进行自我调节。在前者中，有机体与人造物杂糅接合为一个整体，其自身就是一个“内在空间”，存在环境则是它们共同的“外部空间”。在后者中，有机体保持了其自身的主体意识，但人造物的存在让有机体又意识到在自身整体性内部还存在着一种异己性的他物。因此又在整体性内部区分出“内部”与“外部”空间来。在美国数学家、控制论的创始人维纳（Norbert Wiener，1894—1964）看来，这种信息化的过程是一种历史必然性的结果。他认为：“我们只能通过信息的研究和社会通讯设备的研究来理解社会”；阐明在信息和通讯设备的未来发展中，人与机器之间、机器与人之间以及机器与机器之间的消息，势必要在社会中占据日益重要的地位。[②] 而就近50年来的社会发展来看，维纳的预言已经逐渐变成了现实——信息确实已经成了现代社会的主要模式，也成了人与机器共同的特征。就个体有机体而言，由于稳态机制下的反馈进行得比较慢，神经纤维的传感速度也比有髓鞘纤维的传导要迟缓得多，因此对稳态系统的信息进行传导，往往通过非神经传导，比如心脏肌纤维的直接吻合化学媒介以及血液中的碳酸气等。在个体赛博格中，安置心脏起搏器、胰岛素泵等就是这样一种状态的具体现象；可以说，控制论视野下的信息是有机体及其辅助机器装置结合的基础。然而，在此情境之下，他物所构成的外部空间已经被内在化了。而这种内在化既是心理的，也是生理的。同时，在自我调适过程中也可能出现不可调的排他性，比如对于内置器官的排异性等。只有在有机体和人造物完成了反馈循环的过程对有机体的“自然”机能有所加强之后，我们才能说，这是一个赛博格。

像许多重要的科技一样，赛博格也兼具神话和工具的特性，既是一种表征也是一种设备，是社会和想象真实的时光停留和时光驱动。笛卡儿式科学的核心是二元论（dualism），深深影响了现代科学的发展，也激发了

---

① D. S. Halacy. *Cyborg Evolution of the Superman*, New York: Harper and Row Publishers, 1965, p. 7.

② ［美］维纳著，陈步译：《人有人的用处——控制论与社会》，北京：商务印书馆1989年版，第8页。

许多建立在物理学典范上的尝试。心与脑是两个分离的对象，心是抽象对象，居住在物质构成的大脑中，而数学则可以解释抽象心灵的运作方式。这种主张心灵与身体之间存在着本质上的区隔的理论，掌控着科学与哲学的局面。这种论述遭受来自哲学家、生物学家以及神经科学家的挑战。来自不同知识背景的学者，批评二元论严重模糊了认知的复杂生物本质，并导致有关思考与沟通的错误观点。哈拉维特意强调人机界限的赛博格本身具有颠覆性，可以挑战西方长期以来对人与动物、有机体与机器、物质性与非物质性等二元对立的思想。在赛博格结合过程中，可能产生界限模糊的困惑，同时也能够开发出更多的抗争性。哈拉维认为：赛博格的出现，并不仅仅只是关于机器与人类的"拼合"，因为机器和人类一样，都不是一成不变的。成为赛博格，更深的意味是对于"拼合"的生物体，是难以依据一定范畴进行划分的，它最终使"自身"这个范畴失去意义，并引发出一系列哲学与科学问题。

在赛博空间中表现为身份的电子文本化，即德里达所说的电子书写，利用电子文字和图符等一系列信息来确立自己的网络身份、形象。"网际身份的电子文本化进一步导致了网际身份虚拟的另外两个特征：其一，身份的流动性（identity fluidity），即在线（online）身份是建构性的，而且不一定与离线（offline）身份（真实身份）相近；其二，等级重建（renovated hierarchies），即在线社会等级关系的出现重建了一种与离线社会等级关系不同的等级。"① 电子文本虚拟身份会导致两个问题：身份的透明度问题和身份的稳定性问题。所谓身份的透明度，是就在线身份与离线身份的关联性而言，直接关联的即为完全透明，没有任何关联性的即为完全不透明，更多的情况下是部分透明。身份的稳定性一方面指某一虚拟身份的内涵随时间变化的相对不变性，另一方面涉及相对稳定的虚拟身份的维持时间。"赛博空间具有平等主义的特征，将每一个人都纳入其中。可以建立社区，具有了史无前例的交流机会，同时，该技术交互性的特点使得全球性大融合成为可能。曾分化人们的一些因素如种族、民族、阶级、性别等等在网上都消失了。在基于文本交流和传送的计算机中介交流环境，诸如电子邮件、电子会议、虚拟公司等未来流行的互动方式中，由于

---

① 潇霖：《网络空间、交往和身份认同》，http://lw.3edu.net/zxll/lw_100529.html，2010 年 7 月 15 日。

可能暴露性别特征的声音、图像都可以隐藏，由此可以预想一个两性平等参与的未来社会。”[①]

二、网络信息传媒的虚拟体验

赛博格作为西方当代社会中的重要文化标志，不仅以实践性的方式成为现实实在，也在虚构性的大众文化中成为形象鲜明的类型化叙事，更因为其所具有的批判性的变革力量被作为一种神话建构起来。哈拉维曾说："赛博格是一个控制论有机体，一种机器和有机体的杂糅，一种社会现实同时也是虚构的创造物。”[②] 赛博格的发展呈现出一种从现实走向虚拟的发展过程。事实上，最具原初意义的赛博格，即现实中的赛博格是指那些配备医疗装置像人工心脏或起搏器或义肢，或者为了存活而依赖于机械装置的一类。而那些配备了可穿戴式计算机的赛博格，则可以看做生活在现实与虚拟之间的赛博格。他们是现实社会生活中的“神经漫游者”。加拿大多伦多大学工程学教授史蒂夫·曼恩（Steve Mann），20 年来一直是一个“赛博格”。他将显示器像眼镜一样架在眼前，输入设备是一个可以单手操作的按钮和定点设备，实际上是背包式的无绳计算机系统加上无线通讯等设备。他穿挂缆线、电脑和电子感应器，据说这些电子装置可强化他的记忆、增强他的视觉，并可记录他的生命迹象。史蒂夫·曼恩认为，他所研发的可穿戴计算机正如麦克卢汉所预言的那样，是人的第一层皮肤，而不是为某个特殊任务而设计的。[③] EyeTap 是发明者史蒂夫·曼恩建立的组织的名字，旨在开发和促进与 EyeTap 相关的技术，例如便携计算。EyeTap 在所有领域将有巨大用途，用户会受益于视觉上的实时交互式信息。他通过“EyeTap” 这样的输入或输出装置将外在世界用计算机控制的激光转换成印在视网膜上的图像，并通过一些灵活的小按钮来操作，其功能与家用电脑相当。因而可以认为，他们事实上同时生活在现实与虚拟之间，他们

① 杨伯溆：《因特网与社会》，上海：华东科技大学出版社 2002 年版。

② Donna Haraway, “A Cyborg Manifesto: Science, Technology, and Socialist-Feminism in the Late Twentieth Century”, in *Simians, Cyborgs and Women: The Reinvention of Nature*, New York: Routledge, 1991. p. 149.

③ ［加］麦克卢汉著，何道宽译：《理解媒介：论人的延伸》，北京：商务印书馆 2003 年版，第 8 页。

的身体就是人机交互的界面。在这个过程中，技术和人造物的作用是修复或者克服有机体在肉体上和心理上的限制。

但是随着现代技术对社会及日常生活的逐渐渗透，人们开始利用技术来重塑身体。最常见的就是通过像隆胸或者乳房切除手术之后的重塑这样的技术手段来改变自然身体以加强其审美外表。基于此，我们以为，赛博空间的虚拟化主体为生活于其中的个体提供了一种新的社会身份。个体可以转换身份，在虚拟空间中以数字化的方式存在，因此个体作为人的真实面貌被隐藏了起来。网络是人类智慧的结晶，烙着的是人类的创造力和好奇心。这个虚幻的世界里所有的财富、能量如果仅仅发生在网络的世界中，现实的游戏规则的行为方式就无法延伸进去。可是，人类的占有欲望却在无限地膨胀，人创造的网络总是带着人的物欲痕迹。网络中上天入地的本领、挥金如土的奢华、驰骋沙场的快意恩仇，刺激着网民的神经。谁都渴望早日练就无敌于天下的本领，谁都渴望享受游戏世界中最高境界的快感。而这些都需要人的控制，这样，虚拟的世界就和现实发生了关系。网民们不但投入大量的劳动和时间去追寻那个虚无缥缈的英雄梦，并借他人之力，欲早日练成神功。这种“力”就是现实中玩家交易的标的。因为交易的标的是虚拟的物，所以该交易被人们称为虚拟交易。赛博空间则代替现实世界成为人的第二生存空间。在这样一个空间中，一切都是数字化的状态，个人隐藏在电邮、ID、个人空间、博客背后，其主体性认知是完全通过界面进行的。存在于界面背后的是基于想象存在的隐喻性现实。可以说，赛博空间为人们提供了远远超过想象的巨大资源，面对这种庞大的难以计数的数字化信息，人的主体性认知在某种程度上是一种现代性意义上的齐美尔式的碎片化生活体验，即“借助对现代生活的敏锐感觉，努力去捕捉那些片断性的、稍纵即逝的瞬间，并从中发现现代生活的审美内涵”①。这种印象主义的认知方式在后现代的赛博空间中被以虚拟化的方式呈现出来，但其碎片化、即时性的精神内核却依旧保存着。

从大众文化的角度来看，人们对于赛博空间中的虚拟化主体更为感性和直接的认识应当来源于作为大众叙事的电影和小说。威廉·吉布森的小说《神经漫游者》及电影《黑客帝国》所塑造的“赛博朋克(cyberpunk)”

---

① 杨向荣:《审美印象主义与现代性碎片——齐美尔论现代性体验》,《湘潭大学学报》2009年第1期。

就是生活在现实与虚拟、真实与虚幻之间的赛博格。他们通过硬件接入赛博空间实现身体的虚拟化。赛博格联结虚幻与现实，是最广为运用在科幻小说与电影之中的概念，可以说具备了所有科技的特质的总和。因而，它的推衍可从个人、社会乃至于人类世界整体。赛博格指的是采用辅助的器械，来增强人类克服环境的能力。赛博格是一种反自然的现象，一开始可能是为了解决问题与需求而来，但后来发现其背后之黑暗面，其产生的问题可能比解决的问题更多。科技的干预与监控不仅被视为不自然的，更被当成危险的，让人类面临前所未有的挑战，展现出重新省思的必要性。文化上的象征将赛博格拓展至文化关系的理论上，其反射了科技自身的所处的地位，为科技提供了一个反射自身的了解力量。

借助于计算机和计算机网络的虚拟世界，人类活动的时空限制得以突破，可以把现实的事物和活动转变为虚拟的事物和活动。与现实世界相比，虚拟世界有自己的特点。一是速度极快，包括数字化信息的存取、处理、检索和传输。二是不受三维空间的限制。三是节约甚至不用物质材料，因为虚拟现实技术可以减去现实中的试验过程，因此能够减少很多浪费。信息时代的显著特征是信息资源的极大丰富和极易获得。相对于很多主体的信息需求而言，现在的信息供给是无限的。现代信息技术使各种信息活动的全球化成为可能，而且在速度、数量、质量、互动、成本等方面具有极大的优势。信息化对调度工作的积极作用极大地促进了交通运输的全球化。信息技术对交通设施和交通工具的大力促进也是信息化加强全球化的一个途径。信息化使过去无用的时间能够完全发挥作用，移动通信、视频点播、数据库等信息技术使人类可以非常灵活地安排活动的时间。信息化还可以让即时性复原，让人类自由支配任何一个时刻。信息化极大地缩短了信息活动所需要的时间。它削弱了固定空间对人类的制约，也使得遥远的距离在信息传递过程中的消极意义极大地降低，甚至完全消失。信息化使很多信息活动和物质活动减少了对巨大空间及相关空间设施的需求，节约了空间、材料和能源，使空间的积极意义大幅度下降。信息化还使中心地区的相对信息地位大大下降。

由此，赛博格已经从个体行为走向了整体性的社会化过程。而我们从更为广阔的社会语境来看，控制论视域下的现代工业社会本身就是巨大的信息系统，一个控制有机体。在其中生存的人与机器一样，都是作为通讯有机体在这样大的控制论有机体中发挥作用。所以，在这样的社会语境之中，人作为个体的独立性也不可避免地值得怀疑了。首先，人们的思维模式、信仰系统等都不可避免地为环境所塑造。社会法律、家庭经验、文化条件、日常媒体等都作为人所处的信息环境不断地与个体的人产生着信息的交流。而与此同时，这些交流也不断地改变、塑造、重建着人类的身体和心灵。其次，在进入网络化时代以来，社会控制论有机体的趋势越来越明显。麦克卢汉在60年代初的预言在今日看来也许过于简单化了。在麦克卢汉看来，“任何发明或技术都是人体的延伸或自我截除”，信息时代在赋予人们“视通万里的整体场知觉媒介”之后，使人类第一次意识到“技术是自己身体的延伸”。麦克卢汉以一种先知式的方式为我们描绘了信息时代赛博格的特征，但他所描绘的，还只是电报、电视、打字机、电话、电影等在今日看来已经属于传统的大众媒体。最后，以计算机、网络、移动通讯等技术为主要特征的新媒体对于人类社会和人类文化造成的影响更加深远。在当下的文化现实中，赛博格随着新媒体升级了，有了新的特征和变化。电子公民，是赛博格新的名号之一，个体在现实与虚拟之间游走，拥有了新的电子身份。米切尔在他的“电子三部曲”中为我们描述了在一幅有关赛博格在电子城市中的新图景。他指出，个人所拥有的个人电子装置使得个体成了一个无线身体网，这一网络使得装备得以像一个集成系统一样运行，并把它们连入全世界的数字化网络。在这种个体与外加环境界限的消失中，个人以植入的方式融入周遭的环境之中，因此，“对电子人来说，内部和外部的界限动摇了。人与己的区别可以重构。差异变成了暂时的。”① 人们开始以新的方式认识和使用城市，而人的眼睛、耳朵、肌肉、手甚至大脑等生理器官都与外在的电子装备相结合，其所获得的感知也是基于电子化之上的虚拟感受。基于此，我以为，米切尔所言的“我们现在都成了电子人”的论断就不再是预言或者无稽之谈。

在信息化过程中，信息技术的研究与开发、信息产业的形成和发展、信息化应用工程的设计和实施，都需要较高水平的专业技术人员，对相关工作人员的知识技能有较高的要求。特别是软件的开发需要投入大量的脑力劳动。网络最大的特点就是隐匿性，这样使人们的身份认同变得更为复杂。在现实生活中我们的身体具有相对的稳定性，每个人都是具体单一的个体。而在赛博空间中，我们的身份靠信息来传达，在网络中信息的稳定

① ［美］威廉·米切尔著，胡泳、范海燕译：《比特之城》，北京：三联书店1999年版。

性是很难保证的，每个个体都可以制造出多重的身份，我们只要具有足够的想象力以及所扮演角色应该拥有的某些特性，那么在网上是很难被辨别“真伪”、“雄雌”的。在信息化过程中，还需要大量的管理人员，他们不仅需要懂得大量的管理知识，而且还要掌握一定的信息化知识，在信息化过程中投入复杂的脑力劳动。在信息化的中后期，一般的社会成员为了能够有效地使用和简单地维护信息化的各种设施，也必须掌握一定的知识，投入大量的脑力劳动。网络构成社会活动的基础平台。各种各样的信息网络成为基础设施，构成社会活动的基本平台。“信息化从根本上说就是实现社会的网络化，信息化的过程实际上是实现网络经济、网络社会的过程”。互联网属于计算机通信网中的广域网，它是网络的网络，实现互动多媒体化。与传统信息技术相比，现在的计算机和互联网处理和传递的信息都是多媒体的。多媒体是指文本、图形、图像、声音、影像等单媒体和计算机程序融合在一起形成的信息媒体。

计算机的发明与应用是信息时代的开始。由于不受空间面积的限制，在计算机上写作可以进行无限次修改。通过更换某些零部件和软件，计算机可以提高和扩展各种功能。随着技术的进步，大型计算机的体积不断缩小，液晶显示器的出现，大大节约了用于显示器的材料，使数字技术应用成为必需。信息数字化技术把模拟的信息数字化以便输入计算机，把数字化的信息还原为模拟信息，并由计算机输出给用户。目前绝大多数的信息技术都以数字化技术为基础。与模拟信息相比，数字化信息在存储、检索、处理等各个方面都有无可比拟的优越性。数字化技术具有开放式体系结构、可升级性、可互用性等特点。数字化信息的优点是存储、处理、传输、交换等信息过程速度快、容量大、成本低、准确可靠、方便灵活。

三、网络媒介科技的多元拓展

“赛博格”是学术理论极艰涩的术语，被定义为一个人的身体性能经由机械拓展进而超越人体限制的新主体。主体意向建构一个“多元、没有清楚的边界、冲突、非本质”的虚拟生活实践，即科技空间。同时包容调和多元伦理立场，构想从科幻小说走入对网络的未来展望。人文精神的提升，文化批判的训练，多元想象的拓展，形成多元性、国际性及灵活性的赛博空间。作为一种文化景观，赛博格是对人类在信息社会中主体性的文化新表征，这种文化表征不仅体现着个体与技术的关系，而且，它也为人类面对日益扩张的信息文化提供了新的视角和参照系。一方面，人类诞生伊始，就从未停止过对自身以及自身与外物之间关系的探索；另一方面，外在环境的日益变化及技术的推陈出新又不可避免地对人类的繁衍、生存和发展造成巨大的影响和复杂的作用。这一相互作用的过程不仅渐渐形成了今天个体所处的自然与社会环境，同时也造就了个体内在的身体和心灵。赛博格就是这样一个信息进程中的文化产物。作为一种文化标志，它所表征的是一个时代的精神；作为一幅文化图像，它所展现的是信息时代人类生存的新景观。

在信息科技不断进步的今日，赛博格等信息科技与人之间的界限越来越模糊。未来的信息社会将会是怎么样的情况？没有人能够真正预测，受限于人类认知与理解的有限性，人们只能以过去经验来理解未来世界。这种赛博格是在描绘基因工程和计算机科技发展的影响之下"人机共处"的情形，对人类的一种反省与定义的重新思考。赛博格社会理论，从"赛博格"、"赛博格社会"等概念来逐步讨论科技发展对个人、社会与未来的影响和冲击。赛博格社会的含义可能有两种：其一是指社会中住着赛博格公民，其二就是指整个社会结构就是赛博格。现今的社会已经称得上是多元赛博格社会了，因为广义来说，一些增强生活功能的辅助器材，已经成为现代人类社会所不可或缺的必需品，而这样的情况就已符合前者的定义。然而，在这部分我们所要讨论的则是其第二项定义，也就是将这个概念由个人延伸到整个社会结构。许多科技专家不断地试图研发"增强性"的辅助工具，而不仅仅是义肢或人工心脏，还包括那些人体上某个器官或是功能失去正常运作能力，用来恢复其原本功能的东西。赛博格社会的人机界面运用在个人身上，或是延伸至社会的拓展表现在三个方面：增强与替代（augmentation and replacement）、融入的机器界面（invasive machine interfaces）、一统（unification）[①]。赛博格对人类与社会的冲击，促进了科技的进步，为人类的生活带来极大的福祉，例如义肢、人工心脏等非人体原生的装置，都让人们的生命得以延续，其后更是朝增强人体功能的方向逐渐前进。这符合了所谓人机界面，也就是赛博格的定义。我们在不知不

① 苏健华:《Cyborg 与全球脑对人类与社会的冲击》,《网络社会学通讯期刊》2001 年第 17 期。

觉中接受了它，习惯了它，甚至不能没有它。

赛博格的多元拓展还表现在非计算机专业的普通用户成了用户的主体。早期用户以计算机专业人员为主，但随着计算机广泛进入人们的工作生活领域，计算机用户发生了改变。这一重大转变使计算机的可用性问题变得日益突出起来。人机界面应当是什么样的？如何去建造这样的界面？人们开始关注和研究这些问题。这些问题既涉及人也涉及计算机，并拓展到一些相关的学科，如心理学、人的因素学（Human Factors）、社会学、语言学等。计算机技术的发展、应用领域的拓宽，带来了不同的理论方法。近年来，人机界面的研究有了前所未有的发展，微型计算机的迅速普及对此起了重要的推动作用。人机界面（Human-Computer Interaction，简写HCI），也叫“人机接口”，是指人与机器之间进行交互和信息交换的媒介，是人与计算机之间传递、交换信息的媒介和对话接口，是计算机系统的重要组成部分。它实现了信息的内部形式与人类可接受形式之间的转换。或者从更广泛的角度理解，人机交互是指人与含有计算机的机器的交互。具体来说，人机交互用户与含有计算机机器之间的双向通信，以一定的符号和动作来实现。它实现了信息的内部形式与人类可以接受形式之间的转换。凡参与人机信息交流的领域都存在着人机界面。

当人体被损害或是能力不足时而发明替代性装置，来弥补这样的不足或是增强自身的能力，被认为是一种拓展，即“增强”。人类的发明与创新都是为了功能的增强，电报、电话的发明，替代了人们长久以来用以维持远距离情谊的书信；电视媒体的发明使得人们的视野更遥远、更广阔。运用各类增强实境（augmented reality）技术，可以让人们加强对真实世界情境的掌握，让相关信息加入到人们对社会认识的建构过程之中。此处列举一些已经将增强实境运用到真实情境中的例子，以帮助我们认识其对日常生活世界的可能影响，如：对残障人士而言，将所需信息整合到其感觉接收系统中，立即可以改善其生活，可以让全盲人士穿戴计算机视觉系统；掌上型的“超音波手电筒”可以利用镜子，将计算机生成的超音波投射到病人身上，使得手术更为精确。赛博格计算机的发明使人类人际、信息取得、知识等需求的达成，有了更快、更广、更好的方式。而我们现在大致上因替代与增强而感到幸福，个人与社会牺牲了自由来换取生活中的便利，人工智能可以说是赛博格与个人、社会界限拓展的关键。而当这些装置被普遍地运用，我们也对它的配置习以为常时，就可以说是进入到

“融入”机器界面。网际网络与我们的社会结构进行整合，所有正式与非正式的沟通互动人际关系与生活都将网络化（或称虚拟化），如虚拟公司、虚拟商店、虚拟货币等在实际的生活中被运用，在这样的情况下我们可以说，虚拟入侵真实，虚拟不再只是虚拟。所有事物都朝向网际网络拓展，就已进入所谓一统的阶段。但是，这样还不足以称为一统，一统应该还包括精神或是文化层面的部分。可见，机器界面的发展即从达成方式的革新，进而到整体量的改变，最后将可能会是整体本质的变革。

哈拉维说：“在20世纪晚期，我们的时代，一个神话的时代，我们都是喀迈拉，是理论化的和拼凑而成的机器和有机体的混血儿。简言之，我们是赛博格。赛博格是我们的机体。”[①] 这是她非常有名的一句话。赛博格是人的生化系统，具有新陈代谢能力并能在一定时间维持一定形态的一个化学反应系统。动物生理学的研究表明，各种生物的不同生理功能是在不断进化的。也就是说人正在通过不同的方式试图进化自己的生化系统，所以人是赛博格。与古人比较，在智能、体能、行为等方面，我们都发生了不可思议的变化。显然，古人与今人不同，人类用很高的思想觉悟上的一种智慧进化了自己，我们不能否认我们是赛博格。

在不久的未来，人类将全面进入赛博格时代，个人生活和社会发展势必越来越复杂地与赛博格相纠缠。如何恰当地看待赛博格技术在整个社会生活和文化中的地位，是赛博格哲学必须不断有所回应的问题。如果说赛博格哲学的理性态度、实证精神和实际效用成为社会变革的首要力量，赛博格哲学下一步就应该反观赛博格在现时代的价值和人与赛博格的关系。这一方面需要更多建设性的思考；另一方面则应将赛博格视为诸多文化形式中的一种加以反思，建立起赛博格与其他文化的对话以及专家与公众的对话。恰如赛博格活动论所主张的那样，赛博格是一种人类活动，反思赛博格是为了更加接近人的价值和目标。

---

① Donna Haraway, “A Cyborg Manifesto: Science, Technology, and Socialist-Feminism in the Late Twentieth Century”, in *Simians, Cyborgs and Women: The Reinvention of Nature*, New York: Routledge, 1991. p. 150.

第二节　麦克卢汉虚拟世界与哈拉维杂种空间

加拿大著名传播学家马歇尔·麦克卢汉（Marshall Mcluhan，1911—1980）对虚拟世界的先知般的预见，令其被称为传播学史上最重要的先知和圣人。他所揭示的“虚拟性（virtuality）”是一种“虚拟实在”（virtual reality），也即“虚拟真实”。麦克卢汉认为，电子媒介把人变成“无形无像”的符号，把没有血肉之躯的人送到远方。麦克卢汉把我们带入一个虚拟世界，那里各种媒介相混杂交。在这样的世界里，肉身的人可以与非肉身的人对话和互动，而哈拉维的《赛博格宣言》，又把我们带进一个“杂种空间”。那里有令人难以置信的用“基因妖魔”组合的杂种物品，如转基因西红柿、转基因玉米、蛾基因土豆、防烂南瓜等。这种转基因或是“克隆”食品，有动物转移到植物的，有植物转移到动物的，它们的界限已经不再分明。在这个杂种世界里，笼子里关着致癌鼠，放养的是克隆羊、克隆猪、克隆牛……生产这些杂种产品的是“杂种组织”，他们创造了杂种空间。哈拉维的基因改良食品，对从保鲜番茄到被编制了癌症程序的实验室老鼠——致癌鼠的基因争论进行了剖析。她带领我们超越狂热和抗议的僵硬态度，进入赛博格拼接在一起的消除了人和非人先在范畴的新存在的模糊的和不安定的领地。哈拉维认为，机器成为任何普通人肢体的延伸，人也成为机器上的一个部件。这是一个“拼合”的混血杂种。我们处在一个差异场域下的多重空间、一个认同和边界跨越的复杂关系网络中，即后现代时代。在这样的背景下，现有的一切观念无不被冲击、涤荡，如自然与文化、人类与非人类、男性与女性，各种观念相互冲撞。法国著名思想家让·鲍德里亚（Jean Baudrillard）创建的“拟像理论”是后现代文化的核心特质，他所提出的“拟像（simulacres）”、“拟像化（simulacrization）”的文化语境是“后现代文化”的重要符码。他说：“拟像与真实之间的界限得以‘内爆’，今天的文化现实就是‘超现实的

(hyperreality)"。[1] 手机之前的一切媒介，即使是最神气的电脑，也分割了说话和走路、生产和消费。电脑之前的一切媒介把人都拴死了，或拘束在室内，或钉死在椅子上，唯独手机把人从机器跟前和禁闭的室内解放出来，送到大自然中去。多媒体的完全融合，营造了一个多感官的虚拟世界。英国学者克里斯托夫·霍洛克斯（Christopher Horrocks）的《鲍德里亚和千禧年》指出：它不再像现代科学经由公理演绎推出真理，而是用模型的方法来创造真实，这个通过模仿模本而得出的现实模本运用不同的相似形式（forms of semblance）取代了过去的"拟像体系（orders of simulacra)"。

一、虚拟实在的媒体与人造怪物奇案

麦克卢汉在《理解媒介：论人的延伸》（*Understanding Media：the Extensions of Man*）[2] 一书中提出了"媒介即信息"的理论，认为媒介概念的内涵和外延与通常的理解存在着差异。我们理解这种媒介是那些延伸人类器官的所有工具、技术和活动，它的范围是很广泛的。媒介即信息包含着这样两种含义：一种媒介的产生会在社会中产生新的行为标准和方式；媒介（技术）创造了新的环境，而环境又影响着人们的生活和思维方式。媒介之间是互相关联的，一种媒介注定是另一种媒介的内容。媒介即信息的理论在指导大众传媒的实践中具有重要意义。哈拉维认为，在媒介文化的语境里，赛博格表现为新型的"身体"及其特有的存在动姿。身体又成为杂交技术的产物，成为生物机体、符号文本、物质机器的混合物。"赛博格是文本、机器、身体和隐喻——它们在沟通实践中理论化，又在沟通实践中结合"[3]。作为身体动姿的赛博格是多种力量角逐的结果和异质建构的产物。作为以赛博格为主角表演的媒介文化奇观，身体被放置于进化历史之外和救赎历史的尽头。在哈拉维笔下，赛博格是一种特殊生物，既非

---

① Jean Baudrillard. *Symbolic Exchange and Death*, London：Sage Publications，1993，pp. 70 – 76.

② ［加］马歇尔·麦克卢汉著，何道宽译：《理解媒介：论人的延伸》，北京：商务印书馆 2000 年版。

③ ［美］堂娜·哈拉维著，小童译：《后现代身体的生命政治学：免疫系统话语中自我的构成》，见蒋原伦：《今日先锋》（第 13 辑），上海：上海世纪出版集团、上海人民出版社 2005 年版，第 60 页。

虚构，又非现实。作为虚拟空间中的身体，赛博格仿佛镜花水月，令人神往却又让人半信半疑。哈拉维写道：“我们全都是吐火女怪，即理论虚构的机器和生物机体的混合物，总之，我们是赛博格。赛博格是我们的存在本体，它赋予了我们的政治……赛博格，这一化身是外在于救赎史的。”①

虚拟实在的媒体，包括虚拟世界、物质世界和精神世界。其存在本身是真实的，并非虚幻的。它以微电子技术、计算机技术、多媒体技术和网络技术为依托，并通过电子计算机和互联网这些物质存在形式展现自身。这就是说，虚拟世界是离不开物质世界的。不仅如此，虚拟世界之所以能够真实地存在，还因为作为这个世界的载体、在这个世界中流动的信息，是物质存在着的一种属性或方式。虚拟世界的虚拟性和非真实性，让人们在网络中可以任意宣泄自己，从现实束缚中挣脱出来，不受任何外界限制，实现了身份自由。美国电脑和传播科技领域最具影响力的大师尼葛洛庞帝（Negroponte）说：“个人不再被淹没在普通性中，或作为人口统计学的一个子集，网络空间的发展所寻求的是给普通人以表达自己需要和希望的声音。”② 虚拟世界给主体创造了一个自我超越的精神家园，给主体的精神释放带来了前所未有的轻松，避开了权威而精神逍遥和独立。换言之，虚拟世界流动着的信息是客观存在着的，并非人们凭空创造出来的。假如一般所说的物的世界是一个由原子构成的世界，那么虚拟世界可以说是一个由数字化数据（比特）构成的世界。与此同时，虚拟世界中的信息还不同于精神世界的信息，按照尼葛洛庞帝的说法，它是结合了数据、声音和影像的“声光飨宴”，并且它能从一种媒介流动到另一种媒介，因而它能触动各种不同的人类感官经验。麦克卢汉有一句名言：“媒介即信息（The media is message）”。当人的思想、言语、外貌全部可以通过网络来传递的时候，网络延伸的就不仅仅是人类某一种功能或中枢神经，而是人类自己；网络将人们虚幻的自己延伸到社会的各个层面。

麦克卢汉所提出的媒介是人类器官延伸的一切工具和技术，广义上可以理解为人类所利用的一切工具。对媒介的定义是大同小异的，一般认为媒介就是人们传播信息的工具。在《理解媒介：论人的延伸》一书中，麦

---

① Donna Haraway, “A Cyborg Manifesto: Science, Technology, and Socialist-Feminism in the Late Twentieth Century”, in Neil Badmington, *Posthumanism: Readers in Cultural Criticism*, New York: Palgrave, 2000, p. 71.

② ［美］尼葛洛庞蒂著，胡泳、范海燕译：《数字化生存》，海口：海南出版社 1997 年版。

克卢汉提出了媒介是人类器官的延伸，换个表达方式就是人类器官的延伸就是媒介。这与哈拉维提出的赛博格通过技术手段，为一个人的体能经由机械而拓展进而超越人体的限制，或一个人由机械和电子装置辅助或控制某种程度的生理过程的道理是相同的。哈拉维把赛博格定义为"一个控制有机体，一个机器与生物体的杂合体，一个社会现实的创造物，同时也是一个虚拟的创造物"。在哈拉维看来，直接的植入是可能和必要的。她将赛博格视为一种突破界限的结合体，包括人类与动物、人类与机器、肉体与非肉体以及空间上的界限都可能突破。① 赛博格作为工辅助器材依赖的日益增长正体现着这一趋势，随着人工智能的发展，机器的自我复制和虚拟人物的独立思维也在不断发展。人们身上的所有"零件"是否将可以替换？作为自我意识的核心的记忆是否将可以格式化和"重写"？思考速度和思考内容是否将随着电脑中的核心配件——中央处理器（Central Processing Unit，简写 CPU）有所不同？哈拉维认为那种超性别、超物种、超生死的存在方式目前只是一个隐喻，它们都是赛博格。哈拉维尤其关注当代女性角色的建构。我们何尝不是一个个受到编码控制的机体，以某种虚拟的形象来符应某种社会和身体上的"真实"呢？② 麦克卢汉提到了26种媒介，其中包括货币、时钟、游戏、武器等。在这里麦克卢汉的媒介和传统的媒介概念存在着较大的差异。这些差异是麦克卢汉认为人类使用的工具和从事的一些活动，是人类器官的一种延伸或者说是一种外化。比如，麦克卢汉认为游戏是"人的延伸"，他认为："和制度一样，游戏是社会人和政体的延伸，正如技术是动物有机体的延伸一样。游戏和技术都是抗刺激的媒介，或者是适应专门化行动压力的方式；任何社会群体中都必然出现专门化行动压力的方式；任何社会群体中都必然出现专门化的行动。游戏是对日常压力的大众反应的延伸，因而成为一种文化准确可靠的模式。""游戏是人为设计和控制的情景，是群体知觉的延伸，它们容许人从惯常的模式中得到休整。""游戏是延伸，但不是我们个体的延伸，而是

---

① Donna Haraway, "A Cyborg Manifesto: Science, Technology, and Socialist-Feminism in the Late Twentieth Century", in *Simians, Cyborgs and Women: The Reinvention of Nature*, New York: Routledge, 1991, pp. 149 – 181.

② Donna Haraway, "A Cyborg Manifesto: Science, Technology, and Socialist-Feminism in the Late Twentieth Century", in *Simians, Cyborgs and Women: The Reinvention of Nature*, New York: Routledge, 1991, pp. 149 – 181.

我们社会肢体的延伸。游戏是传播媒介。”① 在这里麦克卢汉把游戏也看做一种媒介，是一种间接的媒介，它是“社会人和政体的延伸，是我们社会肢体的延伸”，“游戏是传播媒介”。麦克卢汉提出了人的延伸是媒介，使媒介概念的外延得到了扩大。媒介只不过是一个工具或者说是载体，具有影响的是媒介的内容而不是媒介本身，而媒介即信息的观点表明媒介本身就是一种内容，内容和载体是不可分离的。

哈拉维的“赛博格”就是当今的普罗米修斯、当今的弗兰肯斯坦(frankenstein)、当今的吐火女怪，它普遍存在于科幻小说、机械装置、劳动管理、现代战争以及艺术行为之中。从古代神话到浪漫主义，从尼采哲学到福柯生命权力形象，都有“赛博格”的前尘梦影，其未被命名的庞大谱系为当今媒介文化研究提供了基本原型、隐喻和意象，而它们在“赛博格”身上得到整合与提升。“迄至20世纪末期，这是我们虚拟的时代，一个神话的时代，我们全都是喀迈拉，被理论化和拼凑为机械和有机体的混血儿。”喀迈拉是怪物，是人兽。人兽同形或者神兽同形的原型，呈现出宇宙进化史上人与自然之间的连续性，表征精神发展史上人与神之间的亲近性。在遥远的两河流域苏美尔文明留下来的最古老的史诗《吉尔伽美什史诗》（*Epic of Gilgamesh*）中，苏美尔人所崇拜的最高神祇安奴（Annu）创造的人，不是半人半兽，就是半人半神。深受古代埃及文明影响的希腊神话中，戈耳工三姐妹之一的墨杜萨是一个蛇发美女，一瞥致人死命。这么一个怪物超越男女性别，融动物与人形为一体，更可怕的是，她总是以冷酷的杀人机器形式现身。她，或许就是赛博格血脉的近亲之一。德国文学巨人歌德从中世纪炼金术文献中获得灵感，将有灵无肉的“人造人”写进《浮士德》第二部。浮士德的学生瓦格纳在魔鬼梅菲斯特的协助下，制造了一个没有血肉之躯的精神怪胎——蒙古鲁士。蒙古鲁士是一个可爱的小男人，玲珑剔透，有灵无肉，形迹难求，有敏锐的智慧却没有行动的能力。用亚里士多德的范畴来描述，可以说“人造人”有潜能而没有现实，有深度却没有活力，几乎可以作为欧洲文化历史的象征。忧郁苍白的肉体意象，传达出对血肉之躯的忧虑以及生命对于感性的渴望。在浪漫主义的世界中，一个完全灭杀肉体的属灵世界、一个彻底失落活力的黄金时代令

---

① Jean Baudrillard. *Symbolic Exchange and Death*, London: Sage Publications, 1993, pp. 291 -303.

我们触目惊心。在《奥夫特丁根》（*Heinrich von Ofterdingen*）里，诺瓦利斯（Novalis）展示了浪漫之心迷恋的种种形象：苍凉婉转的邮车号角、凄迷月色照亮的古堡废墟、绚丽夏夜星光烛照下的潺潺泉流、童话公主、蓝色花朵。但这个诗化的世界是超越于肉体之外的："宇宙化为梦，梦化为宇宙"，"肉身将要被化为泪珠，世界变成无边的坟墓"。心中装满忧伤，神情无限黯淡，疲惫、憔悴、绝望的朝圣少年苍白的脸，如同一朵黑色的花。"潮水般的生命气息化为深深的哀叹"，"只剩下一片骨灰般的惨白"。[①]酒神化的生命远景，预示身体对于理性至上文化的叛逆，身体即将成为新的救赎者。尼采倡言自己的哲学乃是写给未来人的，从而以凸显未来的方式宣告浪漫主义身体工程的终结。尼采呼唤狄奥尼索斯神的再生，而这位"形而上学的蹉跎之神"所担负的使命是将被监禁在心性、理性以及灵性之中的身体解救出来，让生命的波涛充满浪漫少年枯萎的躯干。"这个作为权力意志的激情是什么？它是身体性的。"[②] 尼采为生命权力提供了合法性根据，将历史呈现为身体战争的故事，同时召唤希腊异教神话审美主义的回归。查拉图斯特拉，在尼采的文本中还是一道道幻影，但不像幽灵被幽闭在过去，而是召唤远景而凸显未来。[③]

虽然赛博格祖源可达古代神话，且踪迹遍及西方文学传统，但其直接的发源地与生存空间是电子媒介及其虚拟空间。20 世纪后期崛起的"赛博妄言小说"，为赛博格发放了生庚证书。"赛博妄言小说（cyber punk fiction）"是科幻小说的衍生形态，但它把后者的主人公及其行事与言辞移到电子媒介的虚拟空间，为一种濒临死亡的文类形式灌注了技术活力。威廉·吉布森（William Gibson）以《神经漫游者》（*Neuromancer*）预构 21 世纪赛博共同体的反面乌托邦以及血肉之躯所经历的科技梦魇。在《神经漫游者》整个叙述过程中，它经历了技术专制、身体碎形的种种环节，如整容手术、器官移植、药物、人造器官、人工脑、遗传工程等。酒吧侍者装上了义肢，他的牙齿是东欧钢制牙托和黄斑牙，那个叫茉莉（Molly）的女人的眼睛显然是手术植入的，随时向别人射击的手枪也成为她的身体之必要部分。身体不再是父精母血，而是"资讯的星丛"、"数据的组合"、"共

---

① ［德］诺瓦利斯：《奥夫特丁根》，见刘小枫编，林克等译：《大革命与诗化小说》，北京：华夏出版社 2008 年版，第 145～147 页。

② 参见汪民安：《尼采与身体》，北京：北京大学出版社 2008 年版，第 163 页。

③ 参阅胡继华：《赛博公民：后现代性的身体隐喻及其意义》，《文艺研究》2009 年第 7 期。

通的幻觉”以及“在心灵的虚无空间中漫游的光线”。凯斯对自己的身体常常报以轻蔑之情——这是“肉”和“肉体的牢笼”。性体验既不重要，也没有意思——这是他的感觉。永恒空间中的耀眼蓝色，像电脑网络一般无边无际——这是一种“神经漫游者”的兴奋感。一位追杀凯斯的警官指控他背叛自己的族类时援引了浮士德的故事，“人与魔鬼缔约”的千年梦想在今天终于得以实现——这是技术专制所重构的神话。①

赛博空间在媒介文化中通过网络无限弥漫，将一切共同体转化为虚拟的无为共同体。赛博格——赛博空间的身体成为一种集成电路上的编码文本，可以无限地繁殖，并加速了粉碎形象。赛博格的诞生以及网络弥漫见证了这一过程。按照哈拉维的逻辑，此乃20世纪发生在传播王国中的变革：从求知的意志到快感的猎取，从可以认同的“白人资本主义父权”走向“面目模糊的统治信息论”，从劳动到游戏，但我们必须看到，这一过程同现代性向后现代的转向是重叠在一起的。作为人机杂交的赛博格，它摧毁了所谓的“自然”、“纯真”、“确定”之物，而这些东西曾经是浪漫主义乡愁的指向，是现实主义认知的客体，也是现代主义者审美自律的支撑。

二、网络媒介信息观点与转基因混杂

人类技术的变革必然带来生存方式的变化。网络是人类自身力量的延伸和拓展。电脑网络这一新的技术工具出现，并广泛深入到社会各个领域，引起了社会生产和社会生活的深刻变化，形成了人们另一个生存空间——网络社会。人们进入了另一个新的生存世界——虚拟世界。在后现代主义思潮的影响下我们正在改变我们的思维方式和话语风格。在这个无主题的时代，精神危机的形态在我们的主体意识投射是多重的，虚拟世界为我们的主体生存营造了一个自我超越的精神家园。对于哈拉维来说，当代的中心主题是“基因和计算机”② 或“媒介信息和转基因”，它们不仅仅是单纯的符号，也是时代的主题。它们是我们借以组织我们在历史上的自我感觉的手段。“基因和计算机”或“媒介信息和转基因”是我们时代

---

① 参阅胡继华：《赛博公民：后现代性的身体隐喻及其意义》，《文艺研究》2009年第7期。

② Donna Haraway, *Modest_Witness @ Second_Millennium. FemaleMan @. Meets Onco Mouse*, New York and London: Routledge, 1997.

的核心价值观念，是我们时代区别于以往时代的方式，影响着我们生活的每个方面。基因是生命的神秘语言，基因食品给人带来希望和恐惧。哈拉维有一首叫做“基因轶事”（*anecdote of a Gene*）的诗，讲述番茄里的鲽鱼基因或者它的同伴中的细菌基因的故事。哈拉维把太阳系的全景图本身在这些“转基因（migratory gene）”面前采取了一种新形状（shape）。

传播学大师麦克卢汉在《理解媒介：论人的延伸》一书中提出“媒介即信息”，认为任何技术都逐渐创造出一种全新的人的环境，环境并非消极的包装用品，而是积极的作用进程。媒介即信息的意思是，一种全新的环境创造出来。这里完全可以把环境理解为组成社会生活方式和生产方式的“媒介”总和，把环境内容理解为“信息”，即媒介环境促使了人类意识形态的变化。而新的媒介环境的具体内涵往往不能脱离历史的惯性，也就是说，上一个时代的环境是以一种“人为艺术的形式”出现的，成为当前时代的环境内容，在我们的电影、电视、戏剧等艺术形式中往往以表现历史生活为内容，这样说也许更好理解。这主要是从媒介（或者说是技术）之间的相互作用、相互生存的横向角度来说的。麦克卢汉写道：“没有一种媒介具有孤立的意义和存在，任何一种媒介只有在与其他媒介的相互作用中，才能实现自己的意义和价值”。[①]“一种媒介成为一种媒介的内容”本质上指出了工具和技术互相结合才能够产生应有的功能。

麦克卢汉“媒介即信息”的理论对传播学特别是大众媒介是颠覆性的。这种理论在西方乃至整个世界引起了很大的震撼，深受关注。麦克卢汉认为传播媒介不光要考虑“内容”，更要考虑媒介及其赖以运转的文化母体。“许多人会说：机器的意义不是机器本身，而是人们用机器所做的事情。但是，如果从机器如何改变人际关系和人与自身的关系来看，无论机器生产的是玉米片还是卡迪拉克高级轿车，那都是无关紧要的。”[②] 麦克卢汉认为，相对于媒介技术对人和社会结构的影响来说，媒介的内容层面并不重要。但是长期以来在国际传播学界，与媒介内容研究相比，对媒介技术的研究始终处于不被重视的地位，甚至被贬斥为“技术决定论”。麦克卢汉的“媒介即信息”观，更被有些学者认为是绕开了对媒介内容的关

① ［加］马歇尔·麦克卢汉著，何道宽译：《理解媒介：论人的延伸》，北京：商务印书馆2000年版。

② ［加］马歇尔·麦克卢汉著，何道宽译：《理解媒介：论人的延伸》，北京：商务印书馆2000年版。

注，成为资本主义意识形态统治的同谋。然而，随着计算机技术尤其是因特网的迅速崛起，当人们越来越习惯“网络生活”这一生活方式时，学者们对媒介技术的社会作用的关注再次出现了高潮，而“媒介即信息”这一理论也显示出了其不可忽视的生命力。

由多个计算机网络相互连接而成的信息存储与传播叫网络媒体。网络媒体的信息存储与传播拥有无可比拟的兼容性，也带来了前所未有的震撼性。网络兼容了报纸的视觉功能、广播的听觉功能，当然也就集合了电视的视听功能。在此基础之上，网络还有其他媒体所无法比拟的互动性与自主性，网络的发展将传统媒体“一对多”的传播模式转变成了一种“多对多”的模式，大大提高了受众的参与度。网络还改变着人们的思维方式和生活方式。人们在网上结交朋友、谈情说爱、与远方的或就在周围的亲人朋友联络感情，人们在网上看新闻、传播新闻、发表对某些或近或远或大或小的事情的看法，人们在网上听音乐、看电影、翻阅各种各样的时尚杂志，一切日常生活中可以做的事几乎都可以在网上进行。麦克卢汉认为，人类线性逻辑的思维方式源于印刷媒介的大量使用，而他预言新的电子媒介将更为注重形象性、整体性的特征。网络对人的思维方式带来了很大的影响，也就是麦克卢汉所说的“中枢神经系统延伸了”。这种突破性的思维方式使人类进行更伟大的技术革新，产生新的媒体，而新媒体形式本身也将会不断给我们的生活带来新的变化。也许多少年后，网络传播的海量内容已经被遗忘，但是网络这门技术的产生所带来的对社会、对人们生活方式改变的影响将被历史铭记。

哈拉维的著作具有很强的相承特性，它们都是关于科学也是关于文化的。《灵长类视野》、《类人猿、赛博格和女人》和《谨慎的见证者》甚至被哈拉维戏称“三部曲”。哈拉维本人试图用自然的和文化的这两个概念来实现将它们串联在一起。其中，《谨慎的见证者》是内容最为庞杂的一部，赛博格是一种杂合体，她把有机的成分和非有机的成分混合在一起。从哈佛的致癌鼠到互联网，从孟山都公司的转基因作物到女性男人，许多看似不相关的事物，在这里都通过文化研究联系在一起。她说，“基因”为我们重新定义了未来的含义，并且继而反过来重新定义了现在的含义。①

---

① ［英］乔治·迈尔逊著，李建会、苏湛译：《哈拉维与基因改良食品》，北京：北京大学出版社2005年版，第53页。

因此，有人将《谨慎的见证者》这部书视为哈拉维从科学研究转向文化研究的标志。对于当代大多数西方左翼思想家和社会活动家而言，基于分子遗传学的现代生物技术是一种值得提防的、包藏祸心的东西。其中，转基因技术是遭到最激烈质疑的生物技术之一，质疑转基因技术的主要理由中，“基因污染”、转基因蛋白的安全性等，已逐渐被国内的一些学者广泛接受。

不久之前还发生过国人起诉雀巢公司销售转基因奶粉而未加提示的案例。至于转基因生物，这些被人类设计出来的生物，人类对它们也有一个流行的描述：弗兰肯斯坦的怪物。然而对于转基因生物本身，哈拉维的看法却并没有那么简单。在哈拉维眼中，转基因生物——无论是以保鲜番茄为代表的基因改良食品，还是以致癌鼠为代表的实验用转基因动物，它们并不是一个简单的“妖魔”形象；正相反，哈拉维对这些生物另眼相看。在这些转基因生物身上，她看到了赛博格的典型形象：难以划分其范畴、不知其父母、高度的女性化…… 转基因生物是拼合的，所以难以划分范畴。这种拼合不是弗兰肯斯坦式的用完整、独立的零件对整体的组装，而是说，它们身上的每一个细胞，从肌肤到骨髓，无一完整，无一“自然”——它们都是用来自不同细胞的成分拼合而成的。它们不但是非婚生的子女，而且是非有性生殖的子女，它们同样不是单性繁衍的产物。转基因生物是最具代表性的赛博格形象之一，它使得一切关于它的意见、立场、态度，无论是它的支持者还是它的反对者的阵营，都模糊不清了。对于转基因生物的评判，不能再以正确或错误来简单评论。

赛博格最大的意义在于它的“模糊性（ambiguity）”。转基因生物所带来的模棱两可或模糊性，既不是两边都对，也不是两边都不对，更不是既对也不对，而是原本就没有确定的好处和缺点，根本无从判断对还是不对。这的确很怪异，但这正是转基因生物和其他赛博格带来的。对于媒介的“模糊作用”，可以采用麦克卢汉所说的艺术家思维。因为“除了具有整合性意识的艺术家之外，人人都生活在比当前早一些的日子里”。“后视镜作为一种思考现在和未来的方式，其渗透极其广泛，连麦克卢汉也难免受其影响。”① 例如他的“地球村”概念本身就是一面镜子。他参照过去的村落，理解网络时代的新媒介。现在摆在整个人类面前，政治左翼——政

① 李建会、苏湛：《哈拉维及其“赛博格”神话》，《自然辩证法研究》2005 年第 3 期。

治上正确，也许已经不能认作同一的关联词，因为基因论战舞台上的“政治上正确”已经模糊，而且正在破碎，而在其他赛博格那里，它不知又要在哪座舞台上以何种方式模糊起来。哈拉维不但要为转基因生物辩护，还要站在它们当中，成为它们的同胞、它们的姊妹。因为它们正是赛博格世界理论的忠实的体现者和实践者。[1]

麦克卢汉媒介即信息的观点主要侧重媒介自身的影响和产生的社会后果，具有对实践的指导意义。媒介即信息的理论，可以在实践中使人们充分认识到媒介自身产生的社会影响问题，尤其是大众媒介，如电视、报纸、广播和网络等重要的大众媒介的自身社会影响，而不是单纯地关注媒介的内容。麦克卢汉认为没有一种媒介能够独立存在，一种媒介总是充当另一种媒介的“内容”。媒介之间只有进行相互作用才具有自身存在的意义。麦克卢汉引用了“新尺度”概念来概括媒介的形态变化，他认为，任何媒介（即人的任何延伸）对个人和社会的影响，都由于新的尺度产生；我们的任何一种延伸（或任何一种新的技术），都要在我们的事务中引进一种新的尺度。[2] 这非常明确地说明，媒介的发展和诞生必然会使人类的生活标准改变，或是引进新的标准。媒介即信息的理论的第二个含义可以给人们对大众媒介之间的关系，主要是竞争和合作的关系如何处理带来启示，媒介之间是相互作用的，电视、报纸、广播和网络之间的平衡是非常重要的。在一个地区内，这些媒介在数量和质量之间进行平衡，以有效地进行信息传播。如果盲目建设，使媒介种类失去平衡，反而适得其反，尤其是电视台和电视节目与报纸之间的平衡问题。

以麦克卢汉所说的“媒介即信息”来看，媒介本身对整个社会的建构有相当程度的影响。而当然更重要的是网络间流动的“信息”；上述的诸多条件与科技的发展讨论，为的就是“信息的处理”，若是地球的网络联结以及人工智能的结合使得整个网络能外在于人类且独立思考与记忆，并传承与修正，全球脑可算完整。目前信息科技的发展虽还不至于马上建构完成具备智力的全球脑，但此一发展趋势已不可逆转。电子书的设计人员已考虑让百科全书与字典的电子书具备自行建构内文与批注间超级链接关

---

① ［美］保罗·莱文森著，何道宽译：《数字麦克卢汉——信息化新纪元指南》，北京：社会科学文献出版社 2001 年版。

② 阮蓓茜：《大众传媒就是世界——论传播媒介技术对人类社会结构的影响》，http://rshliu999.bokee.com/5037626.html。

系的智能索引功能。事实上，人类与机械间的界限日益模糊，类似赛博格的观念与想法日渐增加，全球脑的时代终将在可预见的未来到临。[①] 当全球脑的时代来临，整个网络架构就已不再与我们生活的社会有所区隔。因为它就是社会的一部分，甚至可以说是最主要的部分，全球脑是无形的概念，社会也是一种建构的概念，由于网络的入侵最后导致两个概念统一，传统社会形态因而转变成为似乎是有生命的有机体社会。

三、媒介信息理论与赛博格变异思维

不同的思维表达不同的事物性质，组合不同的信息结构，会对机体、对宇宙产生不同的影响。而变异思维可以引起人体特殊变化，发放和感受特殊信息，同宇宙产生特殊关系。变异思维是医用静功最基本的功夫之一，处处在用，时时在用。麦克卢汉最有名的警句是“媒介即信息”。他自己的解释是：“所谓媒介即是信息只不过是说，任何媒介（即人的任何延伸）对个人和社会的任何影响，都是由于新的尺度产生的；我们的任何一种延伸（或者说任何一种新的技术），都要在我们的事物中引进一种新的尺度。”[②] 麦克卢汉提出的“媒介即信息”，将媒介研究引向传播媒介本身。而在互联网兴起之后，媒介技术的发展及其对人和社会构型的影响越来越显著。“媒介即信息”作为媒介研究技术取向的开创性理论，在媒介技术飞速发展的时代背景下对其进行内涵外延的廓清，具有重要的现实意义。

媒介使传播过程赖以实现，是传播者与传播对象发生关系的中介，信息是通过媒介传递的内容，麦氏将媒介对社会的影响视为媒介的“内容”——媒介带给社会的信息。麦克卢汉说：“传播媒介是我们人类意识的延伸，意识则是我们个人能量的‘固定资产’，它塑造了我们每个人的认知经验。”人类往往认为媒介是信息的载体，而麦克卢汉却提出“媒介即信息”这样一个标新立异的观点。麦氏从媒介技术的功能作用的角度理解“内容”，提出任何媒介的“内容”总是另一媒介。“言语是文字的内容，正如文字是印刷的内容一样。而印刷则是电报的内容。如果有人问，

---

① Jean Baudrillard, *Symbolic Exchange and Death*, London: Sage Publications, 1993, p. 291.

② ［加］马歇尔·麦克卢汉著，何道宽译：《理解媒介：论人的延伸》，北京：商务印书馆2000年版。

'言语的内容是什么？'那么就有必要回答说，'它是思想的实际过程，这本身是非言语的。"[①] 思维是一种信息结构体。通过这种结构体思维可以与人体本身相互联系，调控自身；通过这种结构体思维可以与外在宇宙相互联系，调控宇宙。各种身份认同及彼此矛盾冲突的困境，建构了一个多重、变异、多元的主体概念——如此一来，生命的定义或许就渐渐模糊了。我们的身体与情感组成了我们的生命，如果说人类身体的界限在科技的进攻下已经被突破的话，那么我们引以为傲且认定独一无二的情感能力能否固守防线呢？人工情感（Artificial Emotion）是利用信息科学的手段对人类情感过程进行模拟、识别和理解，使机器能够产生类人情感并与人类进行自然和谐的人机交互的研究领域。[②]

赛博格与变异是一个突破界限的文化思维，包括以对立的概念为基础深入探讨的人类与动物（human and animal）、人类与机器（human and machine）、自然的与非自然的（physical and non-physical translation）、空间的界限（between spaces）的深层的思维架构。在哈拉维看来，任何知识都是情境化的产物，因而是特定化、不全面的。地域等诸种差异使那些貌似雷同的个人经历发生变幻莫测的变异。哈拉维正是遵循这样一条学术路径，以宏大的学术视野，旁征博引、游刃有余地剖析了生化科技的进步，使得人们可借动物来产生人类的器官，从而使人类与动物的关系起了变化。哈拉维认为，科技上的修补已经开始将我们从身体的限制中"解放"出来，在哲学上应该破除二元论界定，用赛博格来指称人与动物、人与机器及特质与精神等界限崩解后的新主体的位置。一方面，由于科技带来的便利，人们对人工辅助器材的依赖日增；另一方面，由于人工智能的发展，机器人已具自行复制的能力，虚拟人物也可能具有思考的能力；此时赛博格可能就更像是诸多中译之中的"动物机器人"或是"动物—人—机器"。哈拉维指出了三种边界模糊的例子：人与动物；人、动物（有机体）与机器；自然与非自然。这是赛博格变异思维的知识创造。她认为，基因技术使得物种与物种之间的明确界限变得模糊起来。当科学家对植物进行分类，植物杂种的后裔正在重新混淆。可以说新的联系正在被揭示，或者说新的连接正在被建立，或者说界限正在被摧毁。当鲽鱼被用来拯救腐烂

---

① ［美］保罗·莱文森，何道宽译：《数字麦克卢汉——信息化新纪元指南》，北京：社会科学文献出版社2001年版，第49页。

② 邵培仁：《传播学》，北京：高等教育出版社2000年版，第146页。

中的番茄时，大自然是在交出它真正的秘密吗？

20世纪晚期的机器已经完全模糊了人与非人之间、自然与人工之间、思想和身体之间以及自我发展和外部设计之间的差别。哈拉维指出，“我们的机器令人不安地栩栩如生，而我们自己却令人恐慌地了无生气”。随着科学技术的发展，人与非人之间的界限变得难以判明。基因改良番茄与其他物种之间不存在明确界限，不能因为一个番茄是黄色的就认定它不是番茄，也不能因为它的保鲜期较长就指出它并非番茄。一个物种的确定不能简单地通过几个形容词来完成。哈拉维将基因改良后得到的保鲜番茄作为赛博格的一个例子：“一个带着蝶鱼基因的番茄使植物和动物、鱼和水果或大自然的和人造的范畴都不再是原封不动的了。在格外新鲜的番茄面前，我们再也不能满怀信心地谈论这些范畴。”① 那么，保鲜番茄带给我们什么样的启示呢？

哈拉维认为，保鲜番茄作为一个赛博格，内在地包含着变异和破碎的身份，而这一点恰好与女性主义的讨论密切相关，因为变异与身份问题一直是女性主义所关心的焦点问题。哈拉维表明，根据特定差异来表明身份认同的观点存在着明显的缺陷。这种身份认定反而有可能加剧殖民主义、人类中心主义等的无形统治。在她看来，命名就是一种排外，就意味着界定了“他者”。媒介是人体的延伸和冷媒体、热媒体，这是麦氏重要的媒介理论和观点。《理解媒介：论人的延伸》的副标题叫“论人的延伸”，它概括了麦克卢汉关于人造物的代数学，即人造物是人的感官或肢体的“外化”或延伸。我们要理解他的这个洞见，首先要探寻在麦克卢汉的理论中“媒介”的含义。麦克卢汉对媒介有一个宽泛界定：“媒介即万物，万物即媒介。”② 麦克卢汉认为，媒介会使我们麻木，会使我们着迷，会闭锁我们的感知，因此，我们往往不能立即认识和理解媒介的巨大影响，这是因为“由于环境在其初创期是看不见的，人只能意识到这个新环境之前的老环境。因此，我们看世界的观点总是要落后一步。因为新技术使我们麻木，它反过来创造了一种全新的环境，老环境往往更加清晰可见”③。“科学在

---

① Donna Haraway, *Modest_Witness @ Second_Millennium. FemaleMan @. Meets Onco Mouse*, New York and London: Routledge, 1997.

② 邵培仁：《传播学》，北京：高等教育出版社2000年版，第146页。

③ ［加］弗兰克·秦格龙著，何道宽译：《麦克卢汉精粹》，南京：南京大学出版2000年版，第362页。

辩论的世界里使事实变得可信。哈拉维通过创造一个被称作‘谨慎的见证者’的角色讲述这个故事。在这里‘科学’和‘媒体’间没有距离。”①美国人芒福德（Lewis. Mumford）在《技术和文明》（*Techniqul et Civilisation*）一书中提出了一个看法，就是传播技艺是“人的延伸”和技术变化文明史的核心，“这也是后来麦克卢汉的‘媒介是人体感官的延伸’的思想的直接起源”②从麦氏举的例子当中我们就可窥出其理论的奥秘。他说，任何一种媒介都放大了人的某一部分器官的功能，改变了原来的整合的特征，这是对人的一种异化。人的局部功能的放大和加强只能把人肢解和分裂。电子媒介是人的中枢神经的延伸。这是和机械媒介不同意义的延伸，凭借电子媒介造成的中枢神经的延伸，人是整体的，改变了机械媒介对人的异化，是人的完整性的回归。

无论是以保鲜番茄为代表的基因改良（GM）食品，还是以致癌鼠为代表的实验用转基因动物，哈拉维看到了赛博格的典型形象。遗传和变异基因对赛博格性状的控制，难以划分范畴。它们身上的每一个细胞，从肌肤到骨髓都不是完整的，而是拼合的。它们超越了物种的界限、跨越了动物和植物的界限，从鲽鱼到番茄、从天蚕蛾到土豆……它们都是单性繁殖，而不知其父母，是通过人的培植被生殖出来的。基因改良食品是公众关注的世界性话题。自20世纪90年代中期以来，基因的危机和恐惧占据了媒体、政治和伦理的中央舞台。恐慌上升的原因是明显的：基因食品搞乱了自然区化的纯洁性，把鲽鱼的基因连接在番茄的基因上违反了物种间的界限。这将是向着生产杂种的弗兰肯斯坦怪物的人类优生学工程前进的致命的一步。哈拉维是科学学领域的国际权威之一和激进的赛博格，对这场从保鲜番茄到被编制了癌症程序的实验室老鼠——致癌鼠的基因争论进行了剖析。她提出了一些困难的问题，带领我们超越狂热和抗议的僵硬态度，进入赛博格——拼接在一起的消除了人和非人先在范畴的新存在——的模糊的和不安定的领地。变异思维的内核是敏于生疑、敢于存疑、勇于质疑。并由此源源生发出新异、多彩、多元的发展性、创造性、突破性的新构思、新思想、新思维。变异思维并不是让人们不着边际地去胡思乱想，去异想天开，去任意蛮干，而是要在科学精神、科学理性、科学方法

---

① ［英］乔治·迈尔逊著，李建会、苏湛译：《哈拉维与基因改良食品》，北京：北京大学出版社2005年版，第80～82页。

② 陈卫星：《传播的观念》，北京：人民出版社2004年版，第21页。

的引导下，才会有正确的方向和积极的成果。

第三节 哈拉维赛博空间与后现代主义思潮

人们对当代的命名有很多种："全球化时代"、"后现代"、"信息时代"、"消费时代"、"视觉文化时代"等，或许可以说是"赛博格时代"。那是充满着复制与拟真的数字文化时代。随着电子媒介时代的降临，人们开始聚焦赛博空间的新视野，对赛博格着迷。有很多学者从不同的学科和角度对其进行了研究，如探讨赛博空间的形态、虚拟现实经验等一系列问题，进而理解赛博空间的哲学内涵。在庞杂的理论和著述之中，我们看到更多的是哈拉维定义的"赛博格"，是想象和物质现实的缩影形象，是虚构的事物，也是活生生的经验世界。以哈拉维为代表的赛博空间与后现代主义，研究计算机时代出现的新生命体（organism）以及人的主体性可能出现的新模式。在计算机前操作时，人、机界面的分野构成了一种奇异的"后现代景况"：显示器的这一边是牛顿式的物理空间，而那一边则是赛博空间，即电子网络空间。它是信息化、数字化的时空新观念，已不仅仅是一个技术概念，更是一个后现代概念。

赛博格开辟了一块"新的领域"，所谓有机体与人造物杂糅接合为一个整体，其自身就是一个"内在空间"，存在环境则是它们共同的"外部空间"。美国数字思想家马克·波斯特（Mark Poster）把电视时代称为"第一电子媒介时代"，把网络（电脑普及）时代称为"第二媒介时代"。"第一媒介时代"的信息制作者极少而信息消费者众多。播放型主导模式的隐退，引发了人们对以双向去中心化的交流为特征的"第二媒介时代"的思考①。他认为在这样一个时代，"信息的复制和传布如今不费吹灰之力"，文字与图像以光速穿梭，其繁殖之快令人类难以驾驭。传统的文化传媒模式遇到了前所未有的挑战。从后现代的视域看，当代以网络为标志的数字革命和"伊托邦（E-topia）"的生成，其重要性不亚于人类历史上任何一次意义深远的变革。电子传媒导致了虚拟现实的凸显与数字化时代

① ［美］马克·波斯特著，范静哗译：《第二媒介时代》，南京：南京大学出版社2000年版。

的来临，多媒体性、超链接性、虚拟性和互动性等新特征导致迷宫式、镜像式的赛博空间（cyberspace）的浮现。赛博空间是英文“cyberspace”的音义合译，指数字技术和全球化网络所创造的虚拟时空、虚拟社会，其中人造物杂糅接合，使有机体保持了其自身的主体意识。在此情境之下，他物所构成的外部空间已经被内在化了，并使得这种内在化既是心理的也是生理的。

一、赛博空间特征的后现代主义情结

20 世纪 90 年代以来，万维网面世，十数年光阴倏忽而过。数字化生存是后现代信息技术的理念。信息技术的基本概念、趋势和应用、巨大的价值和数字时代的宏伟蓝图，阐明了赛博空间、信息技术、网络对时代和人们生活的影响和价值。① 赛博空间不仅是一个超越日常生活世界的空间，而且也是一种以数码的方式重构我们日常现实性的空间。我们的离线生活不可避免地糅合了在线体验的众多特征，笛卡儿哲学的“我思故我在”正在演化成为“我在线故我在”。赛博空间借助多种显现方式（譬如电脑游戏、超媒体、超文本、超链接、信息技术、虚拟现实、人脑—电脑界面、数字成像等）“对我们的日常生活开始了庞大的殖民化”②，西方电脑和传播科技领域最具影响力的美国麻省理工学院教授尼葛洛庞帝（Negroponte）所谓的“数字化生存”正日益成为后现代的日常生活状态，人们熟悉的生活和体制正在产生极为深刻的变化。电视机与计算机屏幕的差别只是大小不同而已。从前所说的“大众”传媒正演变成个人化的双向交流。信息不再被“推给”消费者；相反，人们或他们的数字勤务员将把他们所需要的信息“拿过来”并参与到创造它们的活动中。空间就是文化舞台，社会存在决定社会意识。赛博空间是一个人工所造的世界，它是一个由计算机和互联网构筑的代表抽象数据的空间结构，信息在其中移来移去。电脑网络是伴随西方社会的后工业发展而来的，赛博空间打上了后现代主义文化的深深烙印。我们对赛博空间作文化学阐释，需要廓清这种虚拟空间与后现代主义文化逻辑背景。随着计算机和网络的普及、虚拟实在技术的发展，

---

① 麦永雄：《赛博空间与文艺理论研究的新视野》，《文艺研究》2006 年第 6 期。

② ［荷］德·穆尔著，麦永雄译：《赛博空间的奥德赛：走向虚拟本体论与人类学》，桂林：广西师范大学出版社 2007 年版。

人们渐渐发现，赛博空间不再仅仅是一个科学幻想，而成了活生生的现实，实际上已经出现在人们面前。赛博空间不仅是一种新的实验性维度，而且是超越了我们日常生活发生于其中的地理空间或历史时间，是后地理的和后历史的，而且创造出与我们日常生活几乎所有方面的种种杂交关系。当今时代赛博空间的出现使人们对物质世界的多样性及其统一性的理解又进入了一个深的层次。

赛博空间及其社会生活凝聚着解不开的后现代情结。赛博空间对科学知识的神秘性、神圣性、魅惑性的消解，使人们对崇高、典范、宏大叙事、元话语疑虑和颠覆。赛博空间在网络传播时代得到强化，网络自由空间的开放性、互动性，揭开了经典、宏伟、神圣的神秘面纱，开始大众化，走向普通民众。后现代主义作为一种知识态度，构成了电子网络传媒及其形成的赛博空间模式的文化逻辑。后现代的典型特征是削平深度模式，消退历史意识，主体性与个人风格的丧失、距离感、消失感，正在这文化精神的层面。后现代的解构、多元、变异和不确定性，目的是解构“二元对立”。赛博空间以后现代主义知识态度为背景，与后现代主义一样，否定人们赖以生存的正统，否定正义、理性的形而上学概念。后现代空间是一种“混杂的”空间。荷兰人类学家鹿特丹大学教授约斯·德·穆尔（Jos de Mul）在《赛博空间的奥德赛：走向虚拟本体论与人类学》（*Cyberspace Odyssey*）中讨论了牛顿、康德、爱因斯坦、海德格尔等人的空间观念，认为传统文学（观）与时间、地理空间、历史空间的关联性更为密切，但是在后现代，由于精神载体的变化、技术政治的发展以及虚拟现实日益与我们的日常生活时空互相缠绕，一种具有后地理、后历史特征的迷宫式的后现代空间正在形成，而且意义日益显豁。

数字信息时代的电子传媒与赛博空间为人类历史的发展和思想探索提供了新的可能性。“由于人类的空间总是互相缠绕，因而就出现了这些‘混杂的空间（mixed spaces）’。异质空间以多种方式交织在一起，构成了各种各样迷宫式的联系，这些异质空间互相强化、削弱和转化。主导空间能够征服其他的空间，并根据自身的配价从内部重新配置这种空间。”①“通向未来的高速公路”涉及数字文艺复兴时代无限想象、政治技术与赛

---

①［荷］德·穆尔著，麦永雄译：《赛博空间的奥德赛：走向虚拟本体论与人类学》，桂林：广西师范大学出版社2007年版。

博空间等。“赛博空间的想象”探讨赛博小说、文学空间、电影和文化数码的特征等，对充满可能的世界信息化、数码复制、文艺“祛魅（disenchantment）”等进行反思，研究时代的身份认同、虚拟人类学、虚拟宗教、赛博格的进化、信息技术等。

赛博文化对人类信息传播的最大贡献，是通过无限延伸的方式实现了世界收缩和信息扩散。在网络时代，赛博空间促成了普通民众话语对主流媒体话语权的消解。网络开放和低成本的高速传播，冲击和削弱了信息控制和舆论垄断，空间观念在后现代时期呈现出前所未有的丰富性和重要性。网络的散点辐射，四通八达，可以天然消解中心话语，从技术角度和文化精神上延伸并强化了后现代的边缘姿态。后现代话语使主体“边缘化”，逐渐丧失了中心地位，人成了一个没有中心、没有身份的自我。视觉文化的增殖与后现代的“空间转向”成为整个社会从传统、现代到后现代转型的一个重要维度。法国学者多斯（Francois Dosse）的巨著《从结构到解构》指出了这种空间转向的特质：在后现代，“历史意识受到了星际意识、地形学意识的压制。时间性移向了空间性”，“后历史带来了历史与‘膨胀的现在’的一种新关系”[①]。法国思想大师昂利·列斐伏尔（Henri Lefebvre，1901—1991）提出了作为社会生产的空间理论。爱德华·索雅（Edward W. Soja）在《第三空间：去往洛杉矶和其他真实和想象地方的旅程》（1996）提出的“第三空间”理论已成为近年来后现代学术中的一个热门话题。其学术框架涵盖了本雅明的城市空间批判、巴赫金的空间对话、法国后现代哲学家吉尔·德勒兹（Gilles Louis Réné Deleuze）之后的空间科学。空间存在与日俱增地呈现出相互交叉渗透的趋势。

赛博格割断了时间和空间，把历史感的时间换成“在场”空间，把灵魂记忆的时间转换成即时游戏的空间。赛博空间中的“我”很容易地改变自我，使主体身份能够在不断“漂移”中改变，最终使“真我”在失去外在束缚的同时也失去了个人心灵的根基，网民“移居赛博空间”与（通常是难以觉察的）“赛博空间对日常生活的殖民化”携手并行。由于这些空间在众多方面互相干扰，因此人类在其日常生活中发现自身处于一种多维

---

① ［法］弗朗索瓦·多斯著，季广茂译：《从结构到解构：法国20世纪思想主潮》（上卷），北京：中央编译出版社2004年版，第470页。

哈拉维赛博格技术长期关注和讨论科学的客观性。她认为客观性也是女性主义哲学绕不开的一个理论情结。赛博格技术问题对客观性的关注由来已久，渊源颇深。如彼特·诺维克（Peter Novick）所言：“客观性不是一个单一的概念，而是假设、看法、渴望和反感的一种杂乱集合……其确切的含义总是处于争论之中。”[①] 德国学者斯蒂芬·富克斯（Stephan Fuchs）也认为：“哲学家们普遍认同客观性是科学知识的独特标志，争论只是围绕以下问题产生：客观性如何可能？它怎样成为可靠的？客观性可以正确地表达哪种命题？”[②] 他指出：“科学知识被看作从两种力量的相互作用中产生的：认识者和被认识的世界。”认为在传统认识论中，对客观性的关注始于一种理性主义的先入之见，是植根于人性的一种理性情结，也是认识者对世界认识的一种贡献。但是，与社会建构论的观点不同，哈拉维探讨“我们的问题是怎样同时对所有知识主张与认识主体进行彻底的历史偶然性的解释，怎样对我们构成意义的‘符号技术’的认识进行批判地实践，怎样对真实世界的可靠解释有一个有效的承诺。”[③] 由此不难看出，她想建立一个全新的关于客观性的学说。她说，“我喜欢一种具体的客观性学说，它能容纳似是而非的和批判性的女性主义的科学方案：非常简单，女性主义客观性指的是情境化知识。”[④] 在她看来，这样一种学说和客观性的实践，可以“给论证、解构、充满热情的建构、网络联结以特权，并期待知识系统与看问题的方式的转换”。

在哈拉维那里，情境化知识就是对科学的客观性问题的注解，或者说是对客观性问题的女性主义解释。她认为，女性主义者处在一个历史性的关键时刻，为了更好地生活在这个世界中，也为了对支配我们自身和其他人的实践、特权的不平等部分有一个批判的、反身的关系，我们需要一种对客观性全新的理解。而对于什么是情境化知识，她并没有一言以蔽之，

---

① Peter Novick, *That Nobel Dream: The "Objectivity Question" and the American Historical Profession*, Cambridge: Cambridge University Press, 1988.

② Stephan Fuchs, "A Social Theory of Objectivity", in Ullica Segerstrale, *Beyond the Science Wars: The Missing Discourse about Science and Society*, Albany: State University of New York Press, 2000, p. 156.

③ Donna Haraway, "A Cyborg Manifesto: Science, Technology, and Socialist-Feminism in the Late Twentieth Century", in *Simians, Cyborgs and Women: The Reinvention of Nature*, New York: Routledge, 1991, p. 191 - 192.

④ Donna Haraway, "A Cyborg Manifesto: Science, Technology, and Socialist-Feminism in the Late Twentieth Century", in *Simians, Cyborgs and Women: The Reinvention of Nature*, New York: Routledge, 1991, p. 188.

而是将她对这个问题的理解散落在一些文字中。纵观她的一些解释，我们可以从以下几个特征入手来更好地理解她的“情境化知识”这一客观性学说。[①] 与情境关联的是对研究者与知识创造之关系的反思。美国地理学家协会（AAG）理事长苏珊·汉森（Susan Hanson）在美国地理学家协会发表演讲时曾对前述的“情境化知识”作过很好的阐释：女权主义者对情境的关切是源于她们意识到每个人都是站在某个位置上说话的，“你的情境——你在这世界上的位置决定了你对这个世界的看法以及你认为什么是重要的，什么值得去了解；情境也决定你想要描述和解释的理论/故事”。[②] 与情境相关的是对日常生活的探究。许多女权主义者一直致力于发现并寻求理解人们日常经历中的物质状况，即在特定时空里普通百姓是如何塑造和创造他们的生活的。[③] 哈拉维认为，知识皆为情境化的产物，是具体但不全面的。[④]

当今女权主义学者对社会位置、多重认同与知识生产的关系，对权力的运作及“真理”的片面性进行了大量自我反思性的理论建构。钱德拉·莫汉蒂（Chandra Mohanty）是第一个有影响的向西方女权主义话语中关于“第三世界妇女”的叙述发起挑战的后殖民女权主义者。在广为流传的《在西方人的眼里》（*Under Western Eyes：Feminist Scholarshipand Colonial Discourses*）一文中，她解构了西方女性主义建构的“第三世界妇女”这一本质主义的范畴，并进而表明“第三世界妇女”是千差万别而非板结成一块的。[⑤]哈拉维认为，凯瑟琳·麦金农（Catherine MacKinnon）关于激进女性主义的看法，本身就为行动提供依据的西方认同理论中占有、并吞和总体化倾向的一幅漫画。麦金农的理论的一个效应是，重写了所谓的激进女

---

① 周丽昀：《情境化知识——哈拉维眼中的“客观性”解读》，《自然辩证法研究》2005 年第 11 期。

② ［美］苏珊·汉森著，肖平、王方雄、李平译：《改变世界的十大地理思想》，北京：商务印书馆 2009 年版，第 571 页。

③ Peter Novick，*That Nobel Dream：The“Objectivity Question” and the American Historical Profession*，Cambridge：Cambridge University Press，1988. 1

④ Donna Haraway，“A Cyborg Manifesto：Science，Technology，and Socialist-Feminism in the Late Twentieth Century”，in *Simians，Cyborgs and Women：The Reinvention of Nature*，New York：Routledge，1991.

⑤ Chandra Talpade Mohanty，“Cartographies of Struggle：Third World Women and the Politics of Feminism”，in Chandra Talpade Mohanty，Ann Rosso，Lourdes Torres，*Third World Women and the Politics of Feminism*，Bloomingtom：Indiana University Press，1991.

的超空间。[①] 赛博空间多半是没有功利、没有欲望的表达，在逻辑上践履着后现代的“非真实性”的理念。正如美国后现代主义理论家弗雷德里克·詹姆逊（Fredric Jameson）所说：“过去意识既表现在历史中，也表现在个人身上，在历史那里就是传统，在个人身上就表现为记忆。现代主义的倾向就是同时探讨关于历史传统和个人记忆的两个方面。在后现代主义中，关于过去的这种深度消失了，我们只存在于现实，没有历史；历史只是一堆文本、档案，记录的是确已不存在的事件或时代，留下的只是一些纸、文件袋。”[②] 人类世界的一部分转变成为虚拟环境，我们的日常生活世界也日益与虚拟时空交织在一起。赛博空间就是当代超空间中的主导空间，它以瞬息同步、多元互动为特征，急剧地改变着我们的文化。

二、新媒体信息与赛博格数字化科技

新媒体信息是一个广泛的概念，包括电脑和一切运用微处理器、数码、激光、互联网的技术设备、电子娱乐产品，通过数字手段生产的艺术品，仿生信息产品，各种含有电子内容的输入、输出和存储设备等。新媒体如同后现代性相对于现代性一样，出现于现代媒体之后，广播、电影、电视等之后的数字技术媒体都可以称作新媒体。从广义上看，用于生产和消费的多媒体系统、高科技视频系统、遥感系统等，几乎涵盖了影响当代生活个体和集体生存质量和价值的所有新技术。一方面，传统媒体、现代媒体和新媒体在时间概念上有了清晰的区分，便于表述；另一方面，作为一个哲学美学概念，它是与特定意识形态结构相关联的技术符码。它唤醒了哲学美学对物质与意识关系的重新审视，它所蕴涵的时间与空间概念从本体上解构了以往对存在的理解和解释，因此在意义内涵上可以称为新媒体。

数字化和网络化把人的发展纳入全球化时空的轨道，数字化的时空结构改变着人们的生存方式和人的全面发展方式。数字化创造了一个虚拟空间，即赛博空间。它将时间转换成人类发展的空间，形成一种创造性的时

---

① ［荷］德·穆尔著，麦永雄译：《赛博空间的奥德赛：走向虚拟本体论与人类学》，桂林：广西师范大学出版社 2007 年版。

② ［美］弗·詹姆逊著，唐小兵译：《后现代主义与文化理论：弗·詹姆逊教授讲演录》，西安：陕西师范大学出版社 1986 年版，第 186 ~ 187 页。

空结构。现代网络技术把电脑、通讯、信息连接起来，构筑了一条数字化通道，将社会连接成“数字化空间”，将世界改造成“数字化地球”，专家们把这样的环境称为“赛博空间（cyberspace，或译为‘电脑空间’）”。赛博空间是呈现在人类面前与物理世界完全不一样的一个新世界，我们现在用“虚拟”的概念来描述它。之所以这样描述，是因为赛博空间和比特的特性与人们熟悉的物理世界中物质的实在性相悖。其实这个赛博世界及作为其基质的比特也是实实在在地存在着的。它体现于由人类自己创造的系统所产生的信息和人类反馈到系统中的信息所构成的世界之中，或者说，它就是这个系统中的信息世界本身。这个信息及其系统尽管由人所创造，并且离不开人类，但又是客观地存在着的以后现代性为基本特征的赛博空间，使我们步入了“文化数字化”时代。从IT（信息技术）到ICT（信息与传播技术）的转型，是与从集权式的现代控制到互动式的后现代控制的转型相伴而行的。信息技术正在从一种控制工具发展成为一种传播、咨询与合作的媒介。网络具有解中心化、自我组织、自我调节和系统交流的特征，可以视为一种集体智慧。它还有人所特有的受到新信息刺激产生的幻想、想象、猜测、顿悟、直觉等人的感性思想的内核结构功能。网络迥异于传统的文化传媒，以电子信息与传播技术为核心的多向互动式的电子文化传媒，可以超越传统国界，超越不同的社会制度和政治意识形态，将全人类空前地融为一体。德·穆尔认为，视觉艺术与电子计算机之间的联系极有可能导致一种新的、数字化的“文艺复兴”。也就是说，数字化时空结构使人全面交往、全面发展的空间维度得到了延伸。

从媒介哲学的意义上看，可以从文化传媒的嬗变维度概括人类的精神发展史和文化艺术播散史，从而获得一种新颖的视野。“于历史而论，一部人类文明史，必然是一部媒介的发展创造史，于文化而论，它必然是一定媒介系统作用下的文化，一种媒介的创制与推广，往往孕育了一种新的文化或文明”①。西方传播学里程碑式的人物麦克卢汉作为媒介—技术决定论的代表，在20世纪中叶提出的“地球村”、“媒介即信息”、“媒介是人的延伸”等概念，至今对我们反思数字文化传播与赛博空间仍然具有重要的理论启迪意义。麦克卢汉从媒介本体论和历史观的视域出发，其“部落化—非部落化—重新部落化”的著名公式将人类历史分为三大宏观阶段仍

① 王政挺：《传播：文化与理解》，北京：人民出版社1998年版，第202页。

不失为一家之言。在马歇尔·麦克卢汉文化媒介传播论的视野中，古代以东方各大文明为主体的原生态的聚落文化为第一阶段。第二阶段是以西方文化之源古希腊拼音文字的采用为标志的。他曾经引证罗素的《西方哲学史》论述拼音文字的出现使得希腊人陷入了在文化精神意义上主体的激情或理智二元裂变的痛苦，开启了西方非部落化的历程。现代社会文化向后现代转型的第三阶段则以电子媒介为主导媒介，文化传播体现出瞬息同步、游牧等特质。其中一些标志性的文化传媒，如电报（1844）、电话（1877）、电影（1895）、广播（1906）、电视（1924）、万维网（1993）①，建构了现当代人类的社会文化生活形态。

美国信息技术与创新委员会主席威廉·米切尔（William J. Mitchell，1944—）在其《伊托邦：数字时代的城市生活》，一书中提出“伊托邦”（E-topia）这个概念。所谓“伊托邦”，特指提供电子化服务、全球互联的当代生活和未来城市，既非充满美好而浪漫的社会想象色彩的乌托邦，亦非蕴涵着抑郁、怀疑、恐惧、绝望的黯淡情绪的恶托邦。米切尔关注传媒的嬗变对历史与人生的复杂而微妙的影响和革命性意义。以万维网为标志的由异类数字精英所引领的数字革命，其意义并不小于以往的任何一次科技和社会革命，② 这将导致一种新的全球共存的关系，也会引发我们对传媒与文艺研究空间关系的新思考。

鲍德里亚被称为“后现代理论的先锋”，是当代最重要、最富于思想挑衅性的社会学家之一。他指出当代社会人类文化价值及社会再生产取代生产成为社会的组织原则。在当代消费社会里，符号价值和象征性交换已经取代经典马克思主义关于商品生产的剩余价值、阶级斗争的逻辑而成为核心概念。③ 拟像比原作更真实，“审美幻境无处不在”。“这种虚拟的基本概念，就是高清晰度。影像的虚拟，还有时间的虚拟（实时）、音乐的虚拟（高保真）、性的虚拟（淫画）、思维的虚拟（人工智能）、语言的虚拟（数字语言）、身体的虚拟（遗传基因码和染色体组）。”鲍德里亚以独特的洞察力揭示了后现代社会符号与现实的关系日益剥离、拟像要比真实事

---

① ［加］麦克卢汉著，何道宽译：《理解媒介：论人的延伸》，北京：商务印书馆 2000 年版，第 1～11 页。

② ［美］威廉·米切尔著，吴启迪等译：《伊托邦：数字时代的城市生活》，上海：上海科技教育出版 2005 年版，第 11 页。

③ See D. Kellner, *Baudrillard: A Critical Reader*, *New York*: Blackwell publishing, 1994, p. 7.

物更加真实的严峻状况，认为虚拟的社会现实是一种“完美的罪行”，“完美的罪行就是创造一个无缺陷的世界并不留痕迹地离开这个世界的罪行”。[①] 他认为：“拟像不再是辖域、参照物抑或实体的拟像。这个时代的标志是没有本原或没有现实的现实模式：超现实。”[②] 图像的这种根本意义上的可变性冲击了传统的历史意识。往昔的图像并不是绝对固定不变的，而是像奥维尔著名的政治寓意小说《1984年》中被极权主义政党根据现实需要而不断地改写的历史一样，开放性地走向永恒的解构与重构。现代性给这个世界举起了一面镜子，把世界变成图像。后现代性把这面镜子变成了一个万花筒，从而生成无穷的世界图式。

德·穆尔在审视空间与文学发展史的关系时指出：现代世界分为三种空间，即物理空间、心理空间和虚拟空间。理论为基础，区分出三个阶段。第一个阶段的主题是奇幻的漫游叙事，如荷马的《奥德赛》，这部作品讲述的是对第一种世界即物理和地理空间的文学探索。第二个阶段的主题是叙述现代对人类主体性的内在空间的探索。几百年来的小说的伟大传统，是文学从第一种世界向第二种世界重点转移的结果。在现代主义文学中，对心理空间的探索成为富于特征的中心。第三个阶段的题旨是虚拟现实的赛博空间探索。[③] 在20世纪，随着电子传媒技术的发展，心理空间探索的重点转向了对第三种世界的虚拟空间的探索。虚拟世界的矩阵成为真正的主角。网络的诞生和发展是人类私欲和好奇心理膨胀的结果。人类用智慧创造了虚幻的网络，这个虚拟的世界被深深地打上了人类的烙印。虽然虚拟世界中的人物、生活环境和现实有些相似，但不可否认网络中的“装备”等都是拟制的。它们无形又无体，不占据物理空间，也没有一定的物质载体，而是以数字化的形态存在于虚拟的“赛博空间”。但这种“虚拟”不是一种假设，而是实实在在的存在。

数字技术对于今日聚讼纷纭的后现代文化的核心主题具有深远的意义。在从现代向后现代的转型中，信息与传播技术在图像文化增值方面扮演了一个至关重要的角色。尽管我们不赞成技术决定论或媒介决定论，但

---

① ［法］让·博德里亚著，王为民译：《完美的罪行》，北京：商务印书馆2000年版，第8页。

② ［荷］德·穆尔著，麦永雄译：《赛博空间的奥德赛：走向虚拟本体论与人类学》，桂林：广西师范大学出版社2007年版。

③ 麦永雄：《赛博空间与文艺理论研究的新视野》，《文艺研究》2006年第6期。

是恰如四大发明改变了人类文明史一样，电子传媒的出现确实正在为我们的文学艺术乃至整个社会文化带来重大的历史性转型——文化电子化日益明显的发展趋势正在促成当今的“数字文艺复兴”。不仅传统的或者现存的文学艺术作品正在快速地数字化，而且电子传媒在艺术品的生产、流通和消费中具有越来越重要的意义。例如，仅仅从消费社会的统计数据来看，2004 年美国电脑游戏工业的年营业额已经超过了好莱坞电影的年营业额。[①] 追溯历史，从荷马史诗向柏拉图《理想国》的发展历程标志着人类从前历史到历史的转型以及从口头文化到书写文化的转型。如今，人类在赛博空间中展开的奥德赛意味着从书写文化向超媒体赛博空间文化的转型，视听（电子）文化大有取代书写文化之势。纸质书籍已经开始部分地转化成为电子书籍（e-book）。在音乐复制领域，旧式留声机几近完全为 CD 和 MP3 所取代，现在大多成为具有怀旧情结的收藏者手中的玩物，成为音乐摩盘者和音乐节目主持人使用的器具。在影像拍摄领域，随着数码相机的出现和数字图像的发展，传统摄影同样呈现出日薄西山的颓势。

人类既是符号的动物也是游戏的精灵，我们的世界观在符号化、信息化、图像化、游戏化。图像和游戏通过插图出版物、电影、电视尤其是电脑网络而大量播散，促使图像文化不断增值，导致了“读图时代”的凸显，这是与当代日益加快的生活节奏和信息内爆的符号消费世界密不可分的。从书写文化到视觉文化的转型，在辩证法的意义上是对充满诗性与想象的人类原生态文明螺旋式的复归。当代法国著名哲学家、后现代思潮理论家利奥塔（Jean Francois Lyotard，1924—1998）曾经将“话语和图像”加以区分。它们分别演绎为以理性话语为中心的现代和以感性图像为中心的后现代。后现代的破碎化、拼贴化、破除中心和多元化，对应的是森严的理性终结和人类欲望的数字膨胀。当代多媒体网络文学如同一个驰骋欲望的场所。等级、秩序、权威已被打破，甚至时时被戏谑、调侃，“媒体的狂欢”在让人们无所顾忌地宣泄欲望的同时，也将受众引导到多媒体多元互动的图像空间之中。

---

① ［荷］德·穆尔著，麦永雄译：《赛博空间的奥德赛：走向虚拟本体论与人类学》，桂林：广西师范大学出版社 2007 年版。

三、赛博空间博客与万维网电子传媒

万维网是赛博空间一种虚拟故事的聚合，是虚拟性的完美表现。虚拟空间是指在数字化平台上，用网络的、代码的和数字化的方式构建人—机相互作用的一种关系，从而形成一个与现实不同却又被人真正地视、听和感觉的真实的数字化空间，并且在这个数字化空间中人能全面感觉、全面发展。这是一种新的时空观，这是一个生长和演化的时空，具有潜在存在与发展的新视野。[①] 作为数字传媒，个人主页也推波助澜，博客则自我转变成为一种艺术多媒体作品。人类身份的开放性和赛博空间的虚拟现实特质通过这种媒介获得了真正的表现。在网络的虚拟世界中，人们可以（按照自己的想象程度）“变成任何你想充当的人”。这一点尤其是在网络在线聊天系统（IRC）和多用户网络游戏（MUDs）中表现得更为突出，人们可以随心所欲地扮演不同性别、年龄或种族的角色，进行虚拟主体或网络身份的实践。[②]

博客（blog），又译为“网络日志”，是一种通常由个人管理、不定期张贴新的文章的网站。博客结合了文字、图像、其他博客或网站的链接及其他与主题相关的媒体。博客是私人性和公共性的有效结合，它不仅仅是纯粹个人思想的表达和日常琐事的记录。它所提供的内容可以用来进行交流和为他人提供帮助，是可以包容整个网络的，具有极高的共享精神和价值。博客是以网络作为载体，简易、迅速、便捷地发布自己的心得，及时、有效、轻松地与他人进行交流，再集丰富多彩的个性化展示于一体的综合性平台。大部分博客的内容以文字为主，也有一些博客专注于艺术、摄影、视频、音乐、播客等各种主题，与读者互动，博客是社会媒体网络的一部分。用鲍德里亚的术语来说，它们都是拟像，是没有原作的拷贝。不同的博客可能使用不同的编码，所以相互之间也不一定兼容。具体说来，“博客（blogger）”这个概念解释为使用特定的软件，在网络上出版、发表和张贴个人文章的人，代表着新的生活方式和新的工作方式，更代表着新的学习方式。微型博客，目前是全球最受欢迎的博客形式，博客作者

---

① 罗靖：《数字化时代及其网络文学的审美价值视域》，《中国文学研究》2005 年第 4 期。

② 麦永雄：《赛博空间与文艺理论研究的新视野》，《文艺研究》2006 年第 6 期。

不需要撰写很复杂的文章，而只需要抒写 140 字内的心情文字即可（如随心微博、Follow 5、网易微博、腾讯微博、叽歪、twitter）。

网络开辟了人类数字化生存的新时代。信息网络的交互性、开放性、自由性、虚拟性等垂本特征构成了一种全新的网络民主和网络生存方式。由于数字化媒介技术与网络文化的整合作用，赛博空间消解着传统媒体文本信息单一、单向传播以及单线型叙述的局限，从而使自身呈现出了双向交流、非线型叙述以及多维审美蕴涵的新内质。赛博空间打造的是一个数码技术和个性化色彩相融洽的虚拟空间，向我们不断演绎着数字化时代的后现代主义图景和网络审美范式。正如哈拉维指出的："在一些抨击西方阳具逻各斯中心主义（phallogo-centrism）——及其一神教、阳具的、威权的、唯一绝对的名称——的后现代理论中，受到越来越大的攻击。赛博格作者颠覆了西方文化的起源的核心神话。"[①]

电子传媒、虚拟现实与赛博空间是文化数字化时代的标志。它们带来了文学艺术的重大转型与理论空间的拓展，并且把新型的数字艺术和数字美学问题摆上了文艺美学的议程。它们共同构成虚拟现实体验的三种因素，已经深刻地影响到我们在物理空间与赛博空间的社会文化生活。第一个因素是在电脑生成数据中沉迷，它引发了网络成瘾症；第二个因素是在电脑计算的虚拟现实中穿梭航行，它让我们享用超现实的赛博空间；第三个因素则是它让用户与虚拟环境进行互动。虚拟世界的范例是虚拟现实系统，它让用户或玩家完全沉浸在一个非真实的世界里，并且给他们提供遨游天下以及互动的机遇。鲍德里亚认为，在后现代文化中，符号系统在某种程度上已经不再指向现实，这为赛博空间虚拟性提供了说明。作为虚拟现实的开创者之一的雅隆·拉尼尔也抓住了问题的要害，他把虚拟现实称为一种后符号传播模式（a post symbolic mode of communication）。[②] 在电影发展史上，电影因发现"蒙太奇"而确立了自己的"语法"，从而脱离摄录工具属性而成为一种创造性的艺术样式，进而成为以美国好莱坞为标志的跨国资本主义的大众消费文化工业。

在数字化文化时代，是否可以把鲍德里亚式的"拟像与仿真"论视为

---

① Donna Haraway, "A Cyborg Manifesto: Science, Technology, and Socialist-Feminism in the Late Twentieth Century", in *Simians, Cyborgs and Women: The Reinvention of Nature*, New York: Routledge, 1991.

② 麦永雄：《赛博空间与文艺理论研究的新视野》，《文艺研究》2006 年第 6 期。

赛博空间的“语法”而阐释这个虚拟现实系统的文学艺术以及理论空间？尽管现在回答这类问题还显得为时太早，但是，我们可以借一斑而窥全豹，用有限的篇幅分析数字化文化时代艺术作品的祛魅与复魅问题，由此折射出我们对电子传媒时代的文化反思，探讨数字文艺美学的理论空间拓展的可能性。“祛魅（disenchantment）”一词源于德国社会学家马克斯·韦伯（Max Weber，1864—1920），汉语也可译作“解咒”，指对于科学和知识的神秘性、神圣性、魅惑力的消解。引申之，也可以指主体在文化态度上对于崇高、典范、儒雅、宏大叙事、元话语的能指疑虑或表征确认。美国的大卫·格里芬（D. R. Griffin）在《后现代科学——科学魅力的再现》一书中认为：“这种祛魅的世界观既是现代科学的依据，又是现代科学产生的先决条件，并几乎被一致认为是科学本身的结果和前提。‘现代’哲学、神学和艺术之所以与众不同，在于它们把现代性的祛魅的世界观当作了科学的必然条件。”①

文艺作品的祛魅问题与德国现代卓有影响的思想家、哲学家瓦尔特·本雅明（Walter Benjamin，1892—1940）的光韵说（aura，该词蕴涵了宗教膜拜“灵光”之义）密切相关。本雅明在其著名的《机械复制时代的艺术品》（*Das Kunstwerk im Zeitalter seiner technischen Reproduzierbarkeit*，1936）中，对现实的批判与认知和电影写实主义，表现在作品生产、审美认知、作品流通等审美典范的革命。他指出，在传统文艺观中，艺术作品的魅力在于其所具有的“此时此地”和“独一无二”的特质，即圣灵光环般的“光韵”，由此艺术“真品”的偶像崇拜价值得以凸显。在早期大众传媒时代和技术复制时代，大量的技术复制摧毁了艺术品的光韵，即艺术品在时间与空间中的独一无二性，现代复制技术的发展使得“摹本”变成了艺术生产的标准，大量可复制的“类像”取代了独特的“形象”，艺术复制品的展示价值更为重要，从而导致了经典文艺作品“光韵”的消失和祛魅。哈拉维说：“这不仅是文学的解构，而且也是阈限的转变。每个以原始的纯洁开端，又特别喜欢整体性回归正题的故事，都把人生戏剧想象成个性

① ［美］大卫·格里芬著，马季方译：《后现代科学——科学魅力的再现》，北京：中央编译出版社，2004 年版，第 1 ~4 页。

化、分离的过程，是自我的诞生、自主的悲剧，是坠入书写，是异化。”[①] 本雅明具有某种缅怀往昔“光韵”时代的怀旧情结。视觉文化的复兴带来了图像的增值，文化传媒的数字化带来了物质现实异化和谬种误传的危险。在数字可复制性时代，全部现实都处于丧失其光韵以利于无休止的复制品循环的危险之中，可以从传统摄影向数字图像处理的转型中令人痛苦地看到这种情况。这种数字图像处理严重地影响了摄影图像的几乎公认的客观性和真实性。在真正采用电子文化传媒的情况下，读者、观众或者听众之间的互动，创造出的是一种新型的光韵。归根结底，这种“摹本”不仅仅是从前某个原作的复制品，而且也是一种独一无二的创造。在这种意义上，任何“摹本”都是一种“原作”。

在数字可复制性时代，文化的表现方式经历了一种重要的转型：在文艺作品的“光韵”时代，膜拜价值（cult value）是核心价值；在机械复制时代，展示价值（exhibition value）变成了核心价值；而在数字可复制性时代，操控价值（manipulation value）构成了核心价值。毋庸赘言，这同样对文化再现的政治学、美学具有意义。[②] 文艺复兴时期的艺术家凭借虚构揭示了地理空间，而现代信息技术则让我们栖居在生生不息的虚拟现实与赛博空间之中。我们不再利用虚构以逃避现实，而是创造一种异质的现实。在这里，特别令人着迷的是存在与幻象之间的等级制二元对立变成了数字艺术和电子传媒领域的基本问题。数字传媒在此也没有完全与传统文化传媒决裂，而是延续了始于现代大众传媒的一种发展。发生于现代性中的空间解魅化在此辩证地转变成一种数码复魅化。在此意义上，仿真构成了数字美学的基本特征之一。数字美学的崛起与数字的“文艺复兴”的一个重要特征就是电子传媒时代将曾经分道扬镳的艺术与技术重新融为一体。现代艺术家广泛地运用数字成像技术、电脑和互联网作为工具，在虚拟现实中将数字文化的艺术与技术重新融合，以螺旋向上发展的态势回归原点。虚拟现实技术归根结底是一种艺术形式：“也许虚拟现实的本质不在于技术而在于艺术，它也许是最高级的艺术。虚拟现实不是去掌控、逃

---

① Donna Haraway, “A Cyborg Manifesto: Science, Technology, and Socialist-Feminism in the Late Twentieth Century”, in *Simians, Cyborgs and Women: The Reinvention of Nature*, New York: Routledge, 1991.

② ［荷］德·穆尔著，麦永雄译：《赛博空间的奥德赛：走向虚拟本体论与人类学》，桂林：广西师范大学出版社 2007 年版。

避、娱乐或者交流，它的终极承载，或许是要改变和补救我们的现实感——这是最高级的艺术曾经尝试去做的事情，虚拟现实的标记……是对一个世纪的技术创新的总结，打下了时代的烙印。”①

以上分析了赛博空间、虚拟实在、网际互动的现象与本质，指出在赛博空间中存在的真正模式，并从后现代角度考察了赛博空间与网际的互动。赛博空间主体不仅仅是一般意义上的“个体”，而是一类由网络系统交互而联系起来的群体；网际互动双向交流方式呈现出后现代“碎片性”和“自我”消解特征。本章分析了赛博空间与网络技术的关系及其潜能与局限，且集中探讨了网络作为媒体对推动赛博空间发展的重要性。它论述了赛博空间、网络的结构、数据形式、作为时间的空间—作为空间的时间、交互性、商务的崛起、政治与艺术、摆脱交换、艺术机构以及艺术、智能机与对话赛博空间等问题；信息科技的发展如何对赛博空间产生深刻影响，反过来，信息科技又如何受赛博空间影响。网络赛博空间不仅在观点上有别于传统艺术空间，而且在形式上也酝酿着创新。哈拉维赛博空间与后现代主义思潮在走向人性化趋势的网络技术，为人类交往提供更多便利的同时，也导致人类生活世界的异化危机。我们从技术的社会建构论视角提出并阐释了赛博空间的控制问题。网络技术对生活世界有着重大的影响，对网络技术的批判性反思是哲学的重要任务。网络技术与历史上其他技术革命相比，影响范围涉及人类生活的方方面面，更广泛、更深刻。当前，对网络的研究是一个热点问题，也是一个难点问题。

---

① ［荷］德·穆尔著，麦永雄译：《赛博空间的奥德赛：走向虚拟本体论与人类学》，桂林：广西师范大学出版社 2007 年版。

第六章

哈拉维赛博理念问切时代脉搏

在赛博格时代，主体已经不再是先验的、不变的，而是借着使用各式各样的辅助工具，包括直接与人体相结合而展现出各种风貌的存在形式，这就是赛博格存在的主体性，这是多元的主体。赛博格以各种方式挑战实际存在的人与非人的界限，以“弥补人类的不足”（即补缺）。自古以来，义肢、拐杖、镶牙、眼镜等种种补充身体“缺失”的设计与装置，便构成了不可或缺的自我附加物。“补缺”强调了人类与物品之间经过技术中介的紧密关系，或者说，人类自我的存在状态已经超越了技术的中介。正如哈拉维指出的：人机合体几乎与人类文明一路相随。“它意味着机器、身份特征、范畴、联系和空间故事的建构和毁灭。虽然建构和毁灭都局限于螺旋舞蹈中，但我宁愿成为赛博格，而不是女神。”① 然而这种多元的主体并未丧失人类作为整体秩序的主体及其理性，这正是人文主义的根本。机器经人类制造出来以后，就可以在一定条件下相对于人而独立存在，这是与工业革命前人类所使用工具的本质区别。人对机器开始具有一定的依赖性，依赖机器来谋求自己的不断发展，谋求自身价值的不断实现，而机器越发展，人对机器的依赖性就越大。在高技术和情感的意图平衡中，数字化多媒体技术集图像、文字、声音于一体，为人的全面发展提供一个全新的动、感、视、听的信息世界，全面调动了人的各种感觉器官，彰显了人的开放性本质力量，使人类从读写时代进入视听时代。网络文学作为文学的一种类型，可以对既有文学及其观念立场起到丰富的补充作用，是文学生态景观中的一道风景。② 网络文学改变的是文学的存在状态、消费方式，其时空观及叙述方式显现出某种后现代写作姿态：非时间化链接和空间化叙述以及内在时间深度的消失和空间漂移。

网络已融入人类生活的方方面面。赛博空间以虚拟现实回应着生成论的挑战：“虚拟世界是对一个世界的仿真，在物理学意义上它不是真实的，但是在其效应上，它给观众以真实而深刻的印象。”③ 赛博空间（cyberspace）的虚拟化主体为生活于其中的个体提供了一种新的社会身

---

① Donna Haraway, "A Cyborg Manifesto: Science, Technology, and Socialist-Feminism in the Late Twentieth Century", in *Simians, Cyborgs and Women: The Reinvention of Nature*, New York: Routledge, 1991.

② ［荷］德·穆尔著，麦永雄译：《赛博空间的奥德赛：走向虚拟本体论与人类学》，桂林：广西师大出版社2007年版，第97页。

③ 蓝爱国：《网络文学的概念考察》，《文艺争鸣》2007第3期。

份。个体可以转换身份在虚拟空间中以数字化的方式存在，因此个体作为人的真实面貌被隐藏起来。赛博空间则代替现实世界成为人的第一生存空间。在这样一个空间中，一切都是数字化的状态，个人隐藏在电邮、ID、个人空间、博客背后，其主体性认知完全是通过界面进行的。目前的技术已经能够在视、听、触、嗅觉方面做到高度仿真，人们从头盔、手套这类虚拟现实技术中获得的人工体验与现实生活中获得的经验已无二致，这种人工智能的生成感觉就是一种“生成”。作为一种文化景观，赛博格是对人类在信息社会中主体性的文化新表征，这种文化表征不仅体现着个体与技术的关系，而且也为人体在面对日益扩张的信息文化提供了一种新的视角和参照系。这一新的视角不仅渐渐形成了今天个体所处的自然与社会环境，同时也造就了个体内在的身体和心灵。[①] 赛博格就是这样一种信息进程中的文化产物。作为一种文化标志，它所表征的是一个时代的精神；作为一幅文化图像，它所展现的是信息时代人类生存的新景观。

人类由于较发达的大脑，在物竞天择以及适者生存的竞争环境中取得掌控权，距今50万年前的“现代人（Homo sapiens sapiens）”的基因构造跟一些高等的灵长类动物差不多，DNA有97%以上跟猩猩是一样的，然而两者后续的发展不一样，前者完全由人脑主导，关键在于“科技”。[②] 人类祖先在享受科技所带来的便利之时，还将目光放远，有忧患意识，想到可能产生的危机。在未来赛博格时代，科技巨轮将带来新的巨变。

第一节　哈拉维赛博格虚拟的人文困惑

20世纪发展最惊人、最富传奇色彩的可能要数因特网。它提供了一种前所未有的交流方式。足不出户，我们就可以触及地球上的任何角落，可以在最短时间获取大量资讯，可以不受外界和自身心理的限制，对任何感兴趣的事物发表意见。因特网便利、快捷和难以想象的自由，对我们的生活产生了深层的影响。赛博格迷思之于人类的思考是对延续人类生命的研

① 陈静、王杰：《我们都是赛博格——信息时代的文化新景观》，《湘潭大学学报》（哲学社会科学版）2009年第5期。

② ［美］科兹威尔著，高宝编译中心译：《心灵机器时代》，台北：高宝国际2000年版。

究。国际趋势大师约翰·奈斯比特（John Naisbitt）在《大趋势》（*Megatrends*）一书中提出“信息社会”一词，将美国社会的转变的趋势，描述为从产业社会（Industrial Society）转变为所谓的信息社会（Information Society）。[①] 哈佛大学社会学家丹尼尔·贝尔（Daniel Bell，1919—）于1972年在他的著作中用“后工业社会（Post Industrial Society）”这样的名词来形容新时代的来临。[②] 美国未来学大师阿尔文·托夫勒（Alvin Toffler）在《未来的冲击》（*Future Shock*）中说明人类经历农业时代、工业时代之后，进入信息（information）时代，将信息时代称为第三波——第三次浪潮（the third wave）[③]，描述了全球电子社会的前景以及对人类与社会的冲击。

在世界大趋势语境下，虚拟现实是世界信息化的产物，赛博格成为首要的认知方式。以信息方式认知世界成为首要的认知方式，人们开始用“信息”这一概念来阐释知识。[④] 法国后现代主义哲学家利奥塔（Jean Francois Lyotard）在关于知识的合法化的讨论中指出：“不论是现在还是将来，知识的生产者和使用者都必须具备把他们试图发明和试图学习的东西转移到机器语言中去的手段。”[⑤] 也就是说，能否编码成了知识合法化的条件。在信息化时代，寻找精神家园是我们对日常生活物质性的超越，信息化也重新建构了个体的生存困惑。赛博格的意义并不在再现的层面而是在超越的层面实现。赛博格几乎为所有的可编码的客观知识提供了空间。赛博格的虚构和想象具有深刻的人文意味。虚构文学作为人类超越自身的一种方式，拓展了我们对现实的认识，也带来无穷的困惑。虚构行为能够让我们通过文学获得一种超越的情感，进而探究出人类本性的多种可能性。赛博格时代人类将面临巨大的人文困惑。

---

① ［美］约翰·奈斯比特著，梅艳译：《大趋势——改变人类生活的十个新方向》，北京：中国社会科学出版社1984年版。

② ［美］丹尼尔·贝尔著，高铦译：《后工业社会的来临》，北京：商务印书馆1984年版。

③ ［美］阿尔文·托夫勒著，朱志焱、潘琪译：《第三次浪潮》，北京：新华出版社1996年版。

④ 曾国屏：《赛博空间的哲学探索》，北京：清华大学出版社2002年版，第24页。

⑤ ［法］让·弗朗索瓦·利奥塔著，岛子译：《后现代状态：关于知识的报告》，北京：三联书店1997年版，第2页。

一、机器融入人体的赛博格身份

20 世纪晚期网络侵入生活的方方面面，人的生活方式发生了巨变，人人都是赛博格。在这种情况下，我们的身份不同于传统的由族群、种族、性别、阶级等划分出来的身份，而成为一种混淆的、难以辨别的融合体。当然，这种身份的“超越”传统，并非是一种“摆脱”，可能是一种复杂的杂糅。从媒介文化流行这一视角出发，我们将“赛博格”解读为一种新型主体的存在方式的象征，把“赛博空间”中的身体现象视为后现代性隐喻，并尝试揭示这一新型主体的文化政治含义。“传统”的身份，是人际交流时必须有的。而赛博格有身份吗？超越了传统意义上的身份，是什么身份？身份是相对于他者来说的，作为人类，无法与之对话，又如何给予它身份？赛博格是指“人—机混合体”，在本质上是指媒介文化所生产出来的一种身体奇观。赛博格背后设计者或操纵者是人的话，那它的身份就不可能摆脱族群、阶级、性别等传统因素的干扰，赛博格的设计、行为等一定会受到人类思维的制约。哈拉维说：“因为机器人也是西方不断升级的抽象个体支配权的可怕终极目标，是最终连接一切附属品的终极自我，是一个空间中的人。”① 我们生活在控制的社会，控制社会是通过赛博空间与日常生活空间持续的虚拟与现实交织的信息控制而运作的。在哈拉维那里，转基因番茄、科幻小说中的超人，都横跨了“赛博空间”和小说中的现实社会的人。

哈拉维的《赛博格宣言》，广泛运用电子技术科学、免疫科学以及人类体质学，整合和改造科幻作品、赛博妄言小说、现代影像媒介所提供的素材，建构出一个反讽的文化政治神话。媒介文化标志着一种新型的认同方式的生成，塑造了一种新的生存处境。以电子为动力的技术变革导致一种新的空间体验形式的诞生。这种新的空间就是赛博空间。赛博空间是将日常世界三维空间凝缩在二维电子屏幕上的空间形式，它既不是自然的空间，也不是社会的空间，而是内爆了自然—社会界限的“第三空间”。“第三空间”叠合对立面，消除界限，为呈现后现代多元性提供合适的隐喻。

---

① Donna Haraway, “A Cyborg Manifesto: Science, Technology, and Socialist-Feminism in the Late Twentieth Century”, in *Simians, Cyborgs and Women: The Reinvention of Nature*, New York: Routledge, 1991.

首先，在哈拉维看来，赛博格是一个没有神话的社会里脱颖而出的神话主角，一个主体死亡或者分解的哲学话语之中自我亵渎的主体。其次，赛博格的唯一身份是控制论式的有机体（cybernetic organism），即人—机混合的身体形象。不过这副身体既不是自然躯体，也不是文化躯体，而是作为政治身份的“第三躯体”，以可感可触的视觉形式象征身体从经济、性别和文化诸种体制的监禁下解放出来。最后，也是最重要的，哈拉维替赛博格撰写宣言，顺应了后现代的多元文化思潮。在哈拉维笔下，“赛博格”是一种特殊生物，既非虚构，又非现实。作为虚拟空间中的身体，赛博格仿佛镜花水月，令人神往却又让人半信半疑。哈拉维写道：“我们全都是吐火女怪，即理论虚构的机器和生物机体的混合物，总之，我们是赛博格。赛博格是我们的存在本体，它赋予了我们的政治……赛博格，这一化身是外在于救赎史的。”① 在媒介文化的语境里，赛博格表现为新型的“身体”及其特有的存在动姿。身体又成为杂交技术的产物，成为生物机体、符号文本、物质机器的混合物。“赛博格是文本、机器、身体和隐喻——它们在沟通实践中理论化，又在沟通实践中结合”②。作为身体动姿的“赛博格”是多种力量角逐的结果和异质建构的产物。作为以“赛博格”为主角表演的媒介文化奇观，身体被放置于进化历史之外和救赎历史的尽头。

随着新技术科学（techno-science）爆发出巨大的变革能量，赛博格尤为引人注目。赛博空间现象使“解构的主体移心现象（deconstructionist decentered subject）”落实在日常经验中，成为可感可触的事实。媒介文化诱导我们超越古腾堡印刷文化博物馆的遗产，从理性的封闭状态解放出来，从个体文化走向新型的电子部落文化。③ 当代技术哲学领域具有代表性的人物美国哲学家唐·伊德（Don Ihde）在具体的生活领域中反思技术的意义。伊德的技术哲学思想为我们理解教育领域中人与技术的复杂关系提供了富有启发意义的研究视角。哈拉维说，在现代的技术科学中，“我们

① Donna Haraway, “A Cyborg Manifesto: Science, Technology, and Socialist-Feminism in the Late Twentieth Century”, in Neil Badmington, *Posthumanism: Readers in Cultural Criticism*, New York: Palgrave, 2000, p. 71.

② ［美］堂娜·哈拉维著，小童译：《后现代身体的生命政治学：免疫系统话语中自我的构成》，见蒋原伦：《今日先锋》（第13辑），上海：上海世纪出版集团、上海人民出版社2005年版，第60页。

③ J. Baudrillard, “The Masses: The Implosion of the Social in the Media,” in *New Literary History*, Vol. 16, No. 3, 1985, pp. 577－589.

自己的器官都是积极的知觉系统，是建立在看问题的转换和特殊方式上，即生活方式之上的"[①]。情境化知识的非中立的位置正是身体一和身体二的交点，它们都强调了情境性。伊德指出的身体是当下的身体体验，是通过认识者的位置以及对世界的认识而反射性地体现出来的。而哈拉维的身体是赛博格，是由机械而拓展进而超越人体的生理过程。在这个意义上，我们可以通过积极的在世认识涉身性。"身体一是所有情境化知识的必要条件，但不是充分条件。"[②] 身体是文化的和社会建构的身体。因此，涉身存在也有一个文化的视角。可以看出，这两种身体话语是对现代认识论的双重解构。第一个解构来自身体的涉身性，解构的是笛卡儿的"上帝的视角"。对人类来说，没有上帝的视角，只有各种来自涉身的视角。第二个解构主要是认识到身体一和身体二的情境性。

科幻世界的赛博格用机器替换人体的一部分，组成大脑与机器的赛博格系统。如美国田纳西州某男子，因触电事故失去了双臂，如今，他装上了能随心所欲活动的人工手臂；完全失明的加拿大某男子，把摄影机拍摄的映像，直接传送到脑内，重见光明。医疗福利领域的赛博格技术，使人们重获新生，获得了人类前所未有的新感觉。例如安装了义肢、义齿、心脏起搏器，就可使人获得或者增强身体的某些功能。赛博格用在疑难病症的治疗中，运用于治疗忧郁症、强迫症等疾病；对能使手脚力量增强十倍的强力外套、使听力、视觉大幅提高等，不怕死的赛博格士兵的研究；把大脑和电脑直接连接，只凭心想，就能操纵所有机器；而赛博格武器的研究，尤其引发人们的广泛关注。

哈拉维的赛博格理论集中阐述了她的主要思想，即人体的赛博格身份。她认为，我们都是拼装而成的机器与有机体的混血儿，简言之，我们都是赛博格，赛博格即是我们的本体。赛博格完全具有了"拼合"的特点，转而成为一种"赛博格形象（cyborg figure）"。哈拉维认为，赛博格的出现，并不仅仅只是关于机器与人类的"拼合"，因为机器和人类一样，都不是一成不变的。成为赛博格，更深的意味是对于"拼合"的生物体，

---

① Donna Haraway, "A Cyborg Manifesto: Science, Technology, and Socialist-Feminism in the Late Twentieth Century", in *Simians, Cyborgs and Women: The Reinvention of Nature*, New York: Routledge, 1991, p. 190.

② Don Ihde, "Bodies in Technology", *Minneapolis*, London: University of Minnesota Press, 2002, p. 69.

是难以依据一定范畴进行划分的，它最终使“自身”这个范畴失去意义，并引发出一系列哲学与科学问题。科技的发展，方便了人们对人工辅助器材的使用。“动物机器人”或是“动物—人—机器”，都被称为赛博格——新的主体。哈拉维想借着这个新的主体来超越目前各种身份认同。人被视为一台精密的机器进行改造，用脑电波指挥电脑发出指令给瘫痪病人以自由，指挥老鼠像遥控汽车一样，这一切如果用到军事目的就很可怕了，高科技历来就是一把双刃剑！这种机器替换部分大脑机能的赛博格技术，给人类带来光明的技术，迅速发展。

赛博格技术世界，将是一个怎样的世界？这到底是福还是祸呢？哈拉维运用现代生物技术使番茄带有深海鲽鱼的基因、使土豆携带巨蚕丝蛾基因，基因搅浑了两者之间那些习以为常的界限。它模糊了物理世界和非物理世界的边限，不仅模糊了物种的界限，更模糊了植物与动物的界线，无性生殖技术则模糊了雄雌两性在生殖活动中的分工。哈拉维笔下的性别身份认同变得越来越模糊，甚至出现“女性男人”。“赛博格”所隐喻的是，原本鲜明对立的两极模糊化了，它意味着它所存在的世界正在被改变。电影《赛博格之恋》（*I' m A Cyborg*，*But That' s OK*）幻想一名男子爱上机器女告诉我们：机器人也没关系，不在乎你是赛博格，电子人也没关系——“因为我爱你，因为你爱我，所以电子人也无所谓”。哈拉维断言，“赛博格”称为“后性别世界的生物”，意指医学技术尤其是生殖技术，不仅使传统的性别与性别关系遭遇挑战，更造就了一个有别于传统的“后性别世界”。如克隆技术已打造出了绵羊多莉，可以预见出现克隆人是不可避免的。繁衍并非一定要以男女两性的结合来实现。这意味着科学技术的发展与应用可以人造人。

赛博格是新型主体的象征，赛博空间的身体现象带有后现代性的隐喻。一部电脑或者说一台机器可以取代成千上万的人。当技术接管一切，自然生命被编码化，肉体与精神、人与机器的界限发生内爆，意味着一个新精神王国正在降临，一个新生活世界正在生成，一种新的身份被确立。赛博身份是古代神话和古典文化传统在全球媒介文化语境中的现身方式，它表明启蒙之后一直被奉为神祇的主体性遭到根本的质疑，占主导地位的种族、性别与阶级认同模式被激进地侵越。一种“后人类的不确定性”启示着后现代多元性的状况。独一无二的自我“散播”为一种多重竞争的动力因、一种“集体的心灵”、一种没有普遍属从中心的多元自我意象。它运转在赛博空间，让我们发现“我”的诸种新维度，发现一系列丰富的瞬息万变的身份，发现形态各异却无真实个体隐匿其中的面具，继而还让我们体验到自我生产的意识形态机制，体验到这种生产、建构的内在暴力和强制意味。[①] 后现代主义与媒介文化交织和融合而成的语境，构成了电子媒介中身体形象出场和表演的平台。赛博空间的断裂、多元和悖论，将“后人类”从一个夸张的修辞术语转化为一种十分真切的现实。哈拉维认为，赛博格促使人的“新主体”诞生，人的身份界定不再受民族、种族、性别和阶级的制约，利于建立一个“多元的、没有清楚边界的、相互冲突的、非本质的”主体概念。赛博格式的“新主体”，不再追求也无须在某个原初点上实现最完整的统一，相反对差异、偏好、反讽、个性化则抱着坚定不移的态度。赛博格毁掉了人类对自身被救赎的祈望。机器成为任何一个普通人肢体的延伸，人也成为机器上的一个部件。这是一个“拼合”的混血杂种。连接大脑与机械的赛博格曾被认为属于科幻世界。哈拉维说，从一个角度看，赛博格世界是关于星球控制的最后的强加事物，是关于以防卫名义发动星球战争灾难的最后抽象，是关于男性战争肆虐中对女人身体的最后占用；从另一个角度看，赛博格可能是活生生的社会现实和身体现实，在其中，人们不再恐惧它们与动物和机器的亲属关系，不再恐惧永久的部分认同和矛盾立场。[②]

二、人类与机器合体的角色想象

赛博格之于人类的思考是人类的定义与本质，若说人类是万物之灵，不如说人其实就是一种动物。人与动物的重要不同之处在于人与其他动物大脑皮质的发达程度，在于运用智力的高低。真正可以以科学方式来验证的就是人与动物大脑构造的差异。赛博格通常就是指整合有机的和人工的系统于一身的生物体。精细的人工器官的移植，人类与机器合体的角色想象，将原本的“人”演变成赛博格，是人与机械合体的角色。而在电影或是电视影集中如机器战警、魔鬼终结者等，是不同程度的人类与机器合体的角色想象。赛博格可以增强与替代（augmentation and replacement）、融

① Slavojiek, *On Belief*, London and New York: Routledge, 2001, p. 25.

② ［英］乔治·迈尔逊著，李建会、苏湛译：《哈拉维与基因改良食品》，北京：北京大学出版社2005年版，第10页。

入机器接口（invasive machine interfaces），当人体遭受损害或是能力不足时而发明替代性装置，来弥补这样的不足或是增强自身的能力。

人工智能的研究，使电子计算机在执行速度与记忆能力方面将在不远的将来赶上人类的大脑构造。从计算机科技发展开始，有些专家就直接认为“人脑只不过是一部复杂的计算机”，依此想法推衍下去，灵长类只不过是从过去有机生命到未来芯片生命整个演化过程中的一段短暂插曲。① 科幻电影和小说总是大胆地预测与描绘想象中的未来，科幻电影与小说是在想象人类未来的角色。新的赛博格社会（cyborg society）住着赛博人。现在一些增强生活功能的辅助器材，已经成为现代人类社会所不可或缺的必需品。赛博格是为了增强功能才发明与创新的，这些个别的发明使人类交际、信息取得、知识等需求的达成，有了更快、更广、更好的方式。因特网的发明与我们的社会结构进行整合，沟通互动人际关系与生活将网络化或称之虚拟化等，虚拟融入真实，虚拟不再只是虚拟，而伴随着角色想象。人们可以透过网络在虚拟的各种社会场景活动、拜访朋友，或者是透过影像电话来联系彼此。角色想象可以用在包括文化活动、购物或者是开会等方面中，从而打造一个完全虚拟的立体网络城市空间。当身在超级市场的时候，你可以透过3G手机看到家中冰箱食物的剩余状况，然后马上就知道该购买哪些东西；在购买时，还可以利用手机联机银行直接付费，而不需要现金和信用卡。因特网是一种工具、一种媒介，在赛博格社会中是一个四通八达的公路网。

社会有机体的概念发源甚早，从史宾塞（Herbert Spencer，1820—1903）到涂尔干（Emile Durkheim，1858—1917），都将社会视为如同生物一般的有机体。哈拉维对赛博格的讨论，提出一个意义远为深广的问题：技术媒介以何种方式、在何种程度上建构着主体的主体性，其中嵌入了什么样的感性支配关系？作为一名文化人类学家和女性主义者，她从赛博格的角度切入问题是颇有深意的。在哈拉维看来：“赛博格乃是受到自动控制的有机体，是机器与生命的混种，既是社会现实的创造也是虚构的产物。”② 在文化的意义上，我们都是“被构造（constructed）”的赛博格。在视讯媒体的发明之后，曾经有人提出地球有机体或是超级有机体的说

① James Trefil, *Are We Unique*?, New York: John Wiley and Sons Inc., 2007.

② 曾国屏等：《赛博空间的哲学探索》，北京：清华大学出版社2002年版，第24页。

法，将整个地球视为人体一般，其中电视媒体如同人类的眼睛，广播媒体就如同耳朵，然而地球上的各项联结都是维持有机体生存的重要器官；这样的比喻虽然不错，但也仅能比喻为不具学习思考能力的低等生物罢了，因为此有机体缺少了“脑”。彼得·罗素（Peter Russell）在其《全球脑》（*The Global Brains*）一书中提出，经由科技的发展，电讯线路、光纤、卫星等可将地球的各个部分联结起来，并且认为由一百亿个个体的联结，地球整体将可视为一个如人类有机体所拥有的“脑”。全球脑的思想认为，地球是一个脑，每个人是一个神经元。全球脑所具有地球智能，可以逐渐揭示出人类社会运行和发展所遵循的本质规律以及人的价值、人与人之间的关系。关于“全球脑”的构想可能不及电子人那么惊心动魄，却具有更真切的现实意义。1960 年主持阿帕网（互联网前身）建设的利克里德尔（J. C. Licklider）发表了《人机共生》（*Man-Computer Symbiosis*）一文。利克里德尔深信，计算机终有一天会变成提高思维和创造力的工具，并提出了一个让当时世人吃惊的预言：“用不了多少年，人脑和电脑将非常紧密地联系在一起。人通过机器的交流将变得比人与人、面对面的交流更加有效。”利克里德尔指出，“网络就是更为直接更为有效的人与人的交流”①。

当然，计算机的运算方式较之人类的思维方式来说，还是有极大的差异。但很多人能办到的事情计算机也能办到了。过去被认为是不可能的事，现在有许多计算机已可以做到，如声控装置、同步翻译甚至是味道的辨认与输出等。美国知名小说家与散文家马克·史洛卡（Mark Slouka）预见的未来中，自然与科技间的那条界限将被抹灭。不久的将来，计算机的触觉也是可能的，移植到计算机上的心灵能够实现我们想象的内容。我们可以在其自身行为准则的电子生成空间中相会，最终，我们将置于人类物种演化的完全境界。② 如果人脑真的能如同计算机一般，可以修改、重制、改良，那么哈拉维在《赛博格宣言》中指称的二元对立界限就将抹灭。哈拉维在《赛博格宣言》中将赛博格视为突破界限的综合个体，包括人类与动物、人类与机器、自然的与非自然的、空间的界限。她所指称的综合体是人与机器的合体、生化科技的进步，动物可以产生人类的器官，人类与动物的关系变得模糊。

---

① ［美］利克里德尔：《人—机共生》，http://www.moon-soft.com/web/web1.htm。

② ［美］马克·史洛卡著，张义东译：《虚拟入侵——网际空间与科技对现实之冲击》，台北：远流出版社 1998 年版，第 24～25 页。

全球网络人口倍增的扩张速度接近数亿，若以脑的模拟来说，因特网的互动、思考（运算）以及记忆（储存）等特性，似乎更甚于彼得·罗素当初所采用的电话与视讯媒体的想象。网络具有强大的记忆储存能力，是多元而丰富的。数千部个人计算机看似闲置，实则通力合作，协力解答与制造微处理器相关的复杂计算。科技的发展是瞬息万变的，人类将面临复制人的争议。超越人类能力的人工智能能否产生？人类又将由谁掌控？人类的规范还能否起作用？若人工智能真如之前所提，可以超越人脑，也可以复制、可以取代，那么人类又是什么呢？人类与机器合体的角色想象将给人类带来什么？多年前试管婴儿引发伦理道德争议，现今最热门的人体干细胞的复制与复制人也存在很大的争议，这是人们所不愿去碰触的层面，但不碰触并不代表它不会发生。

三、赛博格提升了人的智慧能力

科技的发展与网络的扩张，对于人类来说忧喜参半。喜的是经由科技与网络的发展，全球脑可代替人类思考以及从事许多生活事务，如同亚里士多德《政治论》中所认为的："有生命的工具"（奴隶），是美好生活中不可或缺的必备品。[①] 在网络空间与科技发达的今天与未来，有了具备人工智能的代理程序，不需要奴隶，也不需要总管，每个人的生活将更加便利与丰富。德国社会学家马克斯·韦伯（Max Weber）指出：但是另一方面，人类为取得这样的便利性，必须牺牲部分的个体差异，以使个体间流通的信息能够"兼容"，并且提供足够的信息给代理程序；在不自觉的情况下，一点一点地失去自我，而全球脑对人类的掌控也随时间一步步加强，甚至于到最后个人的意义就仅剩一组代号或是一片芯片；届时，人们所塑造出来的信息网，似乎渐渐固着、成型、不可控制，所有生活条件都受到这外在于人类的体制所制约，而成了网住所有人类的"铁的牢笼"。[②]

都说《阿凡达》是一部"神作"，"神作"依赖于赛博格情结，作为一种表现艺术，《阿凡达》表现方式新颖。《阿凡达》的故事，尤其是中间部

---

① ［美］威廉·米切尔著，陈瑞清译：《人机全体公民·位城市》，台北：天下文化出版社 1998 年版。

② ［德］马克斯·韦伯著，彭强、黄晓京译：《新教伦理与资本主义精神》，西安：陕西师范大学出版社 2002 年版。

分对于潘多拉星球地貌生态以及纳美（Navi）土著文明的展现，克服了通常大片第二幕比较沉闷无聊的缺陷，使得整部电影非常紧凑，将近三个小时的片长也让观众在观影时感觉时间似乎过得特别快。《阿凡达》的定位是科幻小说（sci-fi fantasy）；在潘多拉星球，满载“矿物元素（unobtanium）”的整座山飘浮于这个奇幻世界的巨大磁场内。这种稀有矿藏的发现给地球上的技术带来彻底变革，而人类未来的经济发展则完全依赖于它。在电影场景中有“人机合一”机器系统的参与。对于硬核派科幻作品而言，在最近两百年的时空范围内（《阿凡达》的故事发生在公元2154年），“人机合一”系统将是人类举足轻重的道具。

《阿凡达》中的设定比以往要玄妙得多。《阿凡达》中人类主体的意识，必须通过一套设备来进驻纳美“化身”体内，但是，影片后来展现的情节，似乎在“化身”的物理身躯远离初始接入设备很远的地方，也能照样进行“种神大法”，为什么？其一，通过基因工程制造“化身”纳美人的时候、某种“无线神识接收装置”已经安装在体内了。说明真的可以有科学根据的“虚空种神”。《阿凡达》中所设定的“远程意识控制”技术，是比以电子网络技术为基础的无线连接方式更玄妙、也更和谐的方式。人体脑意识可能被直接转换为能量，而纳美克隆体在DNA合成阶段就通过基因工程改造了机体，变成可以进行类似“心灵感应”之类的远程意识交流；只不过克隆体没有主体意识，与人类主体意识的交流变成完全被动的接受，但这种“接受”的意识会被克隆体诠释成“原生”的，因而在意识指挥行动方面没有任何功能障碍。哈拉维的转基因技术，引入外来者，身体、客体和认知，都体现了赛博格理念。《阿凡达》讲的是“化身”的故事，是将人类与纳美土著的DNA融合而创造出一种可以让人类意识进入并控制的、外表上与常规纳美族人无异的新物种，体现了人与机器界限的突破，也是自然与非自然的突破。这虽不算新鲜的科幻理念，但其“克隆”与“灵魂出窍”就是使用了赛博格手法。从“化身”这一复杂技术系统所包含的几个核心元素来看，也比较具有开拓性。可见，赛博格提升了人的智慧能力。

我们在生活中所关切的每件事物都被科学碰触，然后被改变。人类的表达、思想、通讯乃至于生命，都已被高科技渗透。随着每个领域一一被复杂的科技占领，日常秩序被颠覆，新的规则建立。[①] 某著名手机的广告词是这么说的：科技始终来自于人性。因此，造福人群是科技发展的目标，赛博格之于人类来说是一项增强并且延续人类生命的研究。不可否认，这些人工装置的出现，使得人类得以活得更好、更强，但是科技的竞争却使得全球科技无限制地往前冲，反而可能忽略最初的出发点，也就是人性。复制人的制造取代上帝的角色，谁能断定人工智能机器人不是上帝对人类的反扑，是其派来取代人类与这个世界的呢。因为未来是无法想象的，但可以预期的就是人这样的一个概念，将会在这样一个新的世代中有着重大的转变。另一方面，人类为了生活的便利，一直不断创造出一些制度，而这些规则也就成为人与人相处以及生活中的准则。而人们为了过着文明的生活，得牺牲部分的自由，以换取全体人民的福祉。虽然如此，社会中还是会有一些无伤大雅的小地方并不一定绝对严格地遵守社会的一致规范，这也是人与人相处的另一种模式，或许可以把它以“人情”视之。也就是人情，让这个社会有着许多不同的文化，也就是说社会制度虽然有其限制，但仍有某种程度的弹性。然而，当全球脑的时代来临，社会中所有关系以及人们在社会中的活动，似乎将失去大部分的自由，文化不再多元，规则只有单一，人的社会又将呈现什么样的状态没有人知道，但可以确定的是，我们必须紧盯着社会的转变，而不能一味地相信事情没有那么糟。

社会学是一种研究人的方法，是一门研究社会关系、社会制度与社会的科学。涂尔干曾说：只有在其具备特定的研究领域时，一个学门才能够被称为是科学。社会科学能够存在，必须要能界定属于它的特定研究对象。[②] 在此时，它所指称的社会现象乃社会事实，涂尔干的《社会分工论》一书就在说明这样的一种关系：社会事实不是一种个人现象的总和，也不属于一种自然现象，它具有一种外在性（externality）与强制性（constraint），虽然出自个人行为，但最终却能够反过来制约个人的行为。也就是说，社会事实出于个人但又具有集体特性。就信息社会来说，或许

---

① ［美］凯文·凯利著，赵学信译：《NET & TEN》，台北：大块文化出版股份有限公司 1999 年版，第 8 页。

② E. Durkheim, “Montesquieu and Rousseau”, in Ann Arbor, *Michigan UP*, 1960，转引自翟本瑞：《虚拟社会学的虚拟社会基础》，第二届社会科学理论与本土化研讨会，嘉义南华大学，2000 年。

现在仍然可以采用传统的目光来解读，但是它已经慢慢地以超乎想象的速度进行改变。当全球脑正式形成之后，虽然人与人仍旧存在一种具外在性与强制性的现象，可是另一股新产生的力量，其强制性将更甚于现今的政府与国家的力量，因此人的生活场域必定会有截然不同的特性。再者，就前文所述，当赛博格的最后界限——“脑”一旦被突破，个人层面的问题也将是一个全新的演进，人类的思考、行为模式都将随之而发生极大的变化，甚至难以区分人与机器的差异。最后，关于人与人之间的关系又将如何呢？现在一群欧洲科学家正在为残障人士研发一种最先进的计算机操作方式：直接让计算机读取使用者的心思，转化为文字符号或是指令。这套名为“适应性脑部界面”（Adaptive Brain Interfaces，ABI）的尖端科技如果发展成功，日后只要戴上一顶特制的帽子，这顶帽子暗藏八个可读取脑波的电极，使用者在戴上帽子之前要先抹上特制发胶来加强脑波的传导性，而电极也不会直接触及使用者的头部。电极读取到的脑波经由缆线传输到一个可携式脑电图仪（EEG），而脑电图仪将脑波分析结果传送至计算机中，计算机再通过特殊软件将使用者脑波转化为有 72 个分量的向量，告诉计算机该执行哪些工作，例如输入文字。假使这样的发明与研究成功了，那么“剧场论”中，人与人之间是否还能够妥切表现出自己想表现出来的角色，或是否还能够保有前台与后台的区隔？

除了科技的探讨，最热门的网络研究也正在将人类自我以及社会的概念进行物种演化般的革命：网络空间系统的发展与扩张，将根本改变我们对物理空间、认同和小区的定义。它现在已经可以同时连接地球上各个地方的人们，不久的将来，连触觉也是可能的。回馈技术将提供直达神经系统的碰触幻觉，这种幻觉和真实物体的感觉没有分别。物理性的、真实的呈现是任人选择的，有时甚至是一种装模作样的表现。而且，削减了物理性的自我之后，我们也会这么处理小区；人类的演化亦将迈入新的境界，和身体分离之后，移植到计算机上的心灵能够实现我们想象的内容，我们可以在其自身行为准则的电子生成空间中相会，最终，我们将达到人类物种演化的完全境界。如此一来，信息社会的真实与网络空间的融合以及世界科技的发展，将使得整个社会中个人、社会环境、人与人之间的关系都将有着极大的转变。既然如此，我们看待世界的眼光就必须放远，不光将目光放至前方，更应朝向四面八方，以确切捕捉到转变的信息。然而，关于信息社会研究的争论议题，在传统社会学里只是信息社会学下的一章，甚至是历史。不过这是必须认真思考的问题，因为它或许即将成为一项不争的事实。

第二节　哈拉维赛博格延续人类生命

生命延续指增加生命的最高或平均寿命，特别指人类的寿命。生命延续的方法主要是减缓老化和衰老的过程。现代人可以通过科技探讨延续人类生命的奥秘。科学技术可以增加延长寿命，包括以赛博格作为手段的编码装置、人工器官、纳米医疗技术、遗传基因的技术、修理受损的细胞等。一些医学界人士认为，如果医疗科技够成熟，人类可以活到1 000岁。哈拉维认为："我们一直不断制造出各种机器以代替我们的双手、双脚、耳朵、眼睛、舌头，乃至大脑，而时至今日，我们已经从制造机器，进而演变成寄生于机器当中，机器已成为任何一个普通人肢体的延伸（或者是人成为机器上的一个组件，又或者他们都是赛博格身上的器官）。来自上帝之手的人体已经和来自人类之手的机器拼接在一起。"① 从赛博格的起源一直到电影中的呈现，其实可以看出这些辅助物质加到人类身上有程度之分，而真实生活中最常被使用的是"恢复性"的辅助品，就是人体上某个器官或是功能失去正常运作能力，用来恢复其原本功能的东西，例如之前提到的义肢或是人工心脏。原本的"人"都将演变成一个赛博格。而在电影或是电视影集中更有如机器战警、魔鬼终结者等不同程度的人类与机器合体的角色想象。因此，赛博格的中译名词就有"生化机器人"、"机器有机体"或"人—机器"。这些译名其实代表了科技器械已经而且将持续增强人类的能力、延续人类生命。科幻电影和小说总是大胆地预测与描绘想象中的未来，也有人说科幻电影与小说是在写人类的未来史。当大家都还沉浸在电影情节中的想象之时，说不定它早已慢慢在实现。哈拉维宣称，

---

① Donna Haraway, "A Cyborg Manifesto: Science, Technology, and Socialist-Feminism in the Late Twentieth Century", in *Simians, Cyborgs, and Women: The Reinvention of Nature*, London and New York: Routledge, 1991.

"我们是赛博格，赛博格是我们的本体"。①

一、赛博格因特网对人类社会的冲击

链接时代的"网络科学"，探索这个世界什么会发生以及如何发生。不管什么事物，人也好，草原上的石头也好，这里面有一堆东西，我们怎样去把这些东西联结起来？赛博格因特网等大型基础网络是一切事物的原点。人类正在步入信息时代，跨入网络化社会，走向新的文明。以计算机、通讯和信息技术为支撑的赛博格因特网将成为联结未来信息社会的纽带。各种网络将把世界上各个国家和地区连为一体，形成"地球村落"，促进人类的共同发展。赛博格因特网使远程观测、远程信息反馈、遥距控制、复杂市场的多方面跟踪监测成为可能，人们可以根据自身的需求，生产出个性化的产品。人们的工作和生活方式也将大大改变。家庭将再次成为社会重要的工作和生活单元，作为网络上的一个节点参与整个社会的运作。人们可以通过赛博格因特网同万里之外的朋友"面对面"地交谈思想认识、交流经济信息、商讨学术见解；利用网络选购各种物品，接受优良教育；利用网络欣赏全世界的优秀文化艺术节目。信息产业、知识经济将得到飞速发展，生产效率将大幅度提高。② 网络化对经济的影响十分巨大。在信息网络的支撑下，经济全球化和区域化将加速发展，使国家之间、国家与世界经济之间相互依赖、相互促进、相互影响。赛博格因特网对人类社会的影响和冲击极其广泛而深远，除了上述四个方面外，对外交、科技、教育、生态环境等都将产生不可估量的冲击。赛博格因特网对文化的影响是极其深远的。文化是维持社会稳定的重要基础。人类所创造的文化渗透在社会生活的各个方面，一定时代和一定民族的人们都生活在一定的文化模式之中。

人类将面临的赛博格问题令我们深思。人类是什么？人类其实就是一种动物。人与其他动物的本质区别在于人具有信仰，即人相信某种超越于个人和大自然的力量的存在。若是加上人类是万物之灵，人类是具有思考

---

① Donna Haraway, "A Cyborg Manifesto: Science, Technology, and Socialist-Feminism in the Late Twentieth Century", in *Simians, Cyborgs and Women: The Reinvention of Nature*, New York: Routledge, 1991, p. 150.

② 沈伟光：《网络化对人类社会的影响》，《人民日报》1998 年 9 月 19 日，第 5 版。

与智慧的动物，人类的能力真的就比其他动物要来得强，或许这算是一种立足点不同下的比较，因为能力高低的标准是以人类的能力为准。而随着时代的变迁，这个以人为主体的世界令人置疑。美国批评家蒂姆·帕克斯（Tim Parks）指出，因特网给我们生活带来最深刻的变化之一是“改变我们对叙述的体验”。而说故事的方式，我们对一个情节开端、发展和结局的感受，很大程度上决定了我们看待自己、看待我们从生到死的人生历程的方式。帕克斯研究介绍了近几年来因特网上出现的一种新类型的文学创作——网络文学，认为它不是人们通常所熟悉的“电子书”，电子书与传统印刷的书籍并无太大区别，它仍需要人们一页页地翻动，一字一字地阅读。而网络文学试图从根本上改变人们的阅读习惯，在网络上建立起一种真正与网络自身特点相适应——离开了键盘和鼠标就无法阅读的叙述方式。哈拉维说：“在当代科幻小说中，充满了社会赛博格——同时是动物又是机器的生物，居住在自然与人为之间的模棱两可的世界中。”倾向于虚拟化的一类赛博格当属那些通过玩电子游戏、在网上冲浪、观看电视或立体声与技术进行亲密交互的人们。国际趋势大师约翰·奈斯比特（John Naisbitt）提出，现今的社会是从产业社会（industrial society）转变为信息社会（information society）的时代。他的《大趋势》[①] 曾风靡全球。

科兹威尔（Ray Kurzweil）撰写的《心灵机器时代》（*The Age of Spiritual Machines*）[②]，描绘未来几十年赛博格与因特网的结合以及人类的处境，因为科技的加速进展永远都在模糊人与机器间的界限。赛博格在理想的虚拟城市中，网络如同街道般连接着每一个人所能前往的任何地方，虚拟即是真实，真实生活亦因虚拟通路而更加便利。在网络时空接合的过程，在全球化去地理与再地理的过程，节点必须重新界定。因此，节点的概念除了实质的基础设施与全球联结之外，还包含了上一节所述之都会区域、与因特网的网域所组成的虚拟城市。人们可以透过网络在虚拟的街道上活动、拜访朋友，或者是透过影像电话来联系彼此。如果这个计划普遍实施，可以预见它将使现实生活中居民的生活方式大为改变，以后各种现实城市生活中的参观活动、排队活动或是办公活动都可以改由透过家里的计算机与网络系统来完成。凡是文学都离不开人之所为，网络文学概莫能

---

① ［美］约翰·奈斯比特著，梅艳译：《大趋势——改变人类生活的十个新方向》，北京：中国社会科学出版社 1984 年版。

② ［美］雷·科兹威尔著，高宝编译中心译：《心灵机器时代》，台北：高宝国际 2000 年版。

外。如何打通网络、文学、技术、审美之间的深层次关联，特别是“之间”的“间性”如何建构，这里面有许多环节和问题需要研究。对网络文学何为的追问必须跳出网络文学自身，放到文学、人类社会发展的大视野中解读，审视它的生成，也许能探寻到某些新质生成的踪迹。真正的网络文学可能永远是未完成的，在技术性驱动下，只要它还有生命力就会永远互动下去，它的存在必然影响到人类精神和文学精神的传承，尤其是对作家的精神状态和人类的精神重建都会产生影响。“网络及其文学对于人类精神的营造，以及人类之于网络文学的人文精神浸润，无不是现代社会重建人类生存价值本体论的艺术文化方式。网络文学对于精神审美的解构和建构，体现的正是人文价值理性在知识经济时代的裂变和新生，也是人类在一个新的文学殿堂实施精神重铸所撒播的‘逻各斯的一粒种子’。”[①]科幻电影和小说总是大胆地预测与描绘想象中的未来。我们也可看出这些辅助物质加诸人类身上所发挥的作用。

因特网是一种工具、一种媒介，在赛博格社会（cyborg society）中是一个四通八达的公路网；然而对于未来的展望来说，应当不在于建设因特网的基础架构以及技术的进步，而是如何使用它，或是如何建立使用它的价值，让这个社会活起来，也就是让网络成为社会的血脉。以麦克卢汉（M. McLuhan）所说的“媒介即信息”来看，媒介本身对整个社会的建构会有相当程度的影响。而当然更重要的是网络间流动的“信息”。若是地球的网络联结以及人工智能的结合使得整个因特网具有外在于人类，而能独立思考与记忆，并且能够传承与修正的特性，全球脑可算是完整的。后现代主义大师德里达的解构主义在网络文学发展中，得到了绝妙体现。德里达的消解哲学就是要消除西方形而上学的整个“存在—神学的”、“言语中心主义的”和“语音中心主义的”传统。网络文学精神上具有一种后现代意识的解构特征，它解构了高雅，解构了深度，解构了经典趣味。具体而言，它解构的力量主要指向两个方面：一是解构了文学管理系统。网络文学的写作和发表不再有等级和权威的限制，编辑、出版商甚至书籍审查机构在某种意义上都不能进行限制。二是解构了文学语言系统。后现代性标志着一系列不同的话语的汇合，每种话语都展示出了设置自我的可能性。

---

① 欧阳友权：《论网络文学的精神取向》，《文艺研究》2002 年第 5 期。

赛博格科技的发展与网络的扩张，延续了人的生命，可是，对于人类来说是忧喜参半。喜的是经由科技与网络的发展，全球脑可代替人类思考以及从事许多生活事务，如同亚里士多德在《政治论》中所认为的："有生命的工具"（奴隶），是美好生活中不可或缺的必备品。[①] 在网络空间与科技发达的今天与未来，有了具备人工智能的代理程序，不需要奴隶，也不需要总管，每个人的生活更加便利与丰富。但是另一方面，人类为取得这样的便利性，必须牺牲部分的个体差异，以使个体间流通的信息能够"兼容"，并且提供足够的信息给代理程序；在不自觉的情况下，一点一点地失去自我，而全球脑对人类的掌控也随时间一步步加强，甚至于到最后，个人的意义就仅剩一组代号或是一片芯片。届时，人们所塑造出来的信息网，似乎渐渐固着、成型、不可控制，所有生活条件都受到这外在于人类的体制所制约，而成了网住所有人类的"铁的牢笼"。[②]

赛博格科技来自人性，依赖人文。因此，造福人类是科技发展的目标，赛博格之于人类来说是一项增强并且延续人类生命的研究。不可否认，这些人工装置的出现，使得人类得以活得更好、更强。但是科技的竞争却使得全球科技无限制地往前冲，反而可能忽略了最初的出发点，也就是人性。在此也许无意追随科技决定论的科技崇拜方向，可是当科技与文化互成螺旋状上升之时，我们若不尽早提出警语，我们的文化以及社会的反省是否真能赶得上无止境的科技发展呢？复制人的制造取代上帝的角色，谁能断定人工智能机器人不是上帝对人类的反扑，是其派来取代人类与这个世界的呢。未来是无法想象的。传播手段浓缩了人的生活方式，也一定会影响社会的深层文化内容，即思维方式与价值观念，"器用"关乎"道统"，这是规律。以电视为例，当它代替报纸成为第一媒体之后，人们习惯于每天通过这个"旋转窗口"来了解世界。"电视权威"不但控制着舆论导向，也控制着节目中所渗透着的道德意识、价值观念、审美情趣、文化品位，涉及几乎所有的人类精神文明要素。哈拉维说："这种转变就是从安逸的旧式等级统治向我把这一网络称为统治的信息论的可怕的新网

① ［美］威廉·米切尔著，陈瑞清译：《人机全体公民·位城市》，台北：天下文化出版社1998年版。

② ［德］马克斯·韦伯著，于晓、陈维纲译：《新教伦理与资本主义精神》，北京：三联书店1987年版。

络的转向。”[①] 技术进步为文化发展提供了操作平台，探索网络技术的目的是“利其器”，摸索赛博文化的目的是“求其道”。前者研究的是物质进步，后者研究的是物质进步与社会发展的关系。应该说，后者更带有终极特征。在赛博空间里，电脑、通讯、信息的连接方式是科学的、技术的、无机的，也是人文的、艺术的、有机的。如果缺少人文主义的终极关怀，“高科技”得不到“高情感”的补偿，就不可避免地出现科学主义与人文主义的矛盾，影响物质文明与精神文明的互动提高。信息化程度的提高会随着计算机网络技术与虚拟技术的成熟，产生“欲穷千里目，更上一层楼”的波及效果。哈拉维说：“在新技术导致的社会关系中，另一个关键特点是期望值、文化、工作和大量科技力量再生产的重构。”[②] 依靠虚拟技术的创造与网络技术的传播，物质世界可以随时随地被仿真出来，网上购物、网上旅游、网上会议、网上谈判将像现场一样逼真。人们在习惯于这种交流方式以后，会产生不自觉的心理错位，把“仿真”当成“真”，把“形象”当成“物象”。电视文化已经验证了这种误解，受众常常将被选择过了的视觉真实当成了全息现实。同样，未来社会的人们虽然在与虚拟世界打交道，但是会以为自己把握了全部体验。

二、赛博格技术提高人类器官的能力

科学技术提高了生产力，也提高了人类器官的能力，使人类成为地球的主宰。现代社会，赛博格技术已经渗透到我们生活中的每一个方面。赛博格技术究竟是给人类带来光明的技术，还是不可容忍的人体改造？未来我们的生活将会如何？哈拉维说：“20 世纪后期的机器制造已经彻底模糊了自然与人为、精神和肉体、自行运转与外部指令之间的差异以及很多其他通常认为的生物体与机械之间的区别。我们的机器具有令人不安的活跃

---

① Donna Haraway, “A Cyborg Manifesto: Science, Technology, and Socialist-Feminism in the Late Twentieth Century”, in *Simians, Cyborgs and Women: The Reinvention of Nature*, New York: Routledge, 1991.

② Donna Haraway, “A Cyborg Manifesto: Science, Technology, and Socialist-Feminism in the Late Twentieth Century”, in *Simians, Cyborgs and Women: The Reinvention of Nature*, New York: Routledge, 1991.

性，而我们自身则表现出可怕的惰性。”[①] 她认为，赛博格技术与人类器官的能力有着密切的联系，我们要关注赛博格技术的动向，这是赛博科学研究的最前线。数码细胞技术，用机械替换人体的一部分，连接大脑与机械的赛博格系统。人戴眼镜，说明现代人是后人类、赛博格。例如一些人接受移植人工电子耳的听损者，电子回路联结并刺激他的听觉神经，人机合为一体。又如不久的将来视障者因电子眼球而重见光明，身障者因电子步行辅具而行动如常。这种“自控机器（cybernetic machine）”是赛博格。打从古老的年代开始，人类就有强烈的创造人形机器的欲望。但是人形机器并不都是“机器人”，“自主性（autonomy）”和“可动性（mobility）”是机器人的两大基本特征。今天的机器人仍然是程控的机器，程序赋予它在不同环境下“自主决定”的能力，但这并不是人类的“自由判断”。

曾被认为属于科幻世界的赛博格，是机器化生物，是以无机物所构成的机器作为身体一部分的生物（包括人与其他动物在内）。通常这样做的目的是借由人工科技来增加或强化生物体的能力。若是人的心脏功能出了问题，可以装上人工节律器；可以更换上电子眼、电子耳、最新的电子肺脏，甚至连我们的大脑都将可以更替。有些专家就直接认为“人脑只不过是一部复杂的计算机”，依此想法推衍下去，灵长类只不过是从过去有机生命到未来芯片生命整个演化过程中的一段短暂插曲。[②] 当然，目前计算机的运算方式跟人类的思考方式还是有极大的差异。如果人脑真的能如同计算机一般，可以修改、重制、改良，正如哈拉维在《赛博格宣言》中所指称的二元对立界限抹灭，哈拉维说：“不可靠的区别是动物—人类（有机体）与机械之间的区别。预控制论机器可能被视为魔鬼附身，总有幽灵在机器上徘徊。这种二元论决定了唯物主义和唯心主义之间的对话。”[③] 人类与机械的分界点在未来数十年甚至是更短的时间内，终将出现快速的变化。科技的发展瞬息万变，人工智能可以超越人脑，试管婴儿、人体干细

---

① Donna Haraway, “A Cyborg Manifesto: Science, Technology, and Socialist-Feminism in the Late Twentieth Century”, in *Simians, Cyborgs and Women: The Reinvention of Nature*, New York: Routledge, 1991.

② ［美］詹姆斯·特赖菲尔著，陈月霞译：《人工智能之谜》，台北：时报文化出版公司1998年版。

③ Donna Haraway, “A Cyborg Manifesto: Science, Technology, and Socialist-Feminism in the Late Twentieth Century”, in *Simians, Cyborgs and Women: The Reinvention of Nature*, New York: Routledge, 1991.

胞的复制与复制人等尽管引起伦理道德争议，但这种研究将永无止境。未来对人类的规范，或许就是脑袋中的一个芯片内容罢了。“赛博格”这个概念由个体自身延伸到整个社会结构，形成了一个新的赛博格社会(cyborg society)。社会中住着赛博格的公民，整个社会结构就是赛博格，人类社会离不开赛博格，赛博格符合人类的需求。

赛博格使社会与自然的区分复杂化了。自然有机体与技术机器、技术手段的结合，形成了一种“新的合成生命体”，搅浑了物理世界和非物理世界的边界，因此，“赛博格”所隐喻的，是原本鲜明对立的两极模糊化了。“女性男人”形象是哈拉维笔下的性别身份认同变得越来越模糊的现代人的象征。乔安娜·拉斯（Joanna Russ）的《女性男人》（*The Female Man*）可能是女性主义科幻最雄辩的一位倡导者的奠基之作。哈拉维于是代表“女性男人”、相会的杂种、时间扭曲者以及新世纪受害人的支持者宣称：“致癌鼠是我的兄弟姐妹，无论雄性或雌性，她/他是我的姐妹。”[①] 哈拉维还断言，赛博格不只是简单地出现，它还意味着它所存在的世界正在被改变。因此，她将赛博格称为“后性别世界的生物”，意指医学技术尤其是生殖技术不仅使传统的性别与性别关系遭遇挑战，更造就了一个有别于传统的“后性别世界”。哈拉维指出，性别其实从来就不是“自然而然”的，而是在复杂的竞争话语中及相关社会实践中产生的，是一个被社会构造的范畴。

三、赛博格新学术富有生命力的景象

哈拉维赛博格理论不是发端于我们所熟知的独立的学术探索领域，赛博格是对科技、文化和社会合作都具有重要意义的研究对象，有自身发展的空间。赛博格研究的对象被界定为机器与生物体的杂合物，那是富有生命力的景象和物质现实的浓缩形象。赛博格新学术深入发展的锋芒边缘，包括生命科技、基因食品、科幻文学、虚拟现实。赛博格理论的认识论革命已经丧失了当代学术的哲学上的清白和纯真。科技发展和全球市场改变了生产知识的术语、科技、议程、社会关系与物质条件；为维护、尝试和

---

① Donna Haraway, *Modest_ Witness @ Second_ Millennium. FemaleMan @. Meets Onco Mouse*, New York and London: Routledge, 1997, p. 79.

证实知识要求的新结构，认识其处境和定位是关键。英国著名的传播学者斯图亚特·霍尔（Stuart Hall）所描述的“美丽的新世界（brave new world）”，从根本上改变了知识和社会关系的图貌。他说：“这一‘定位’的不可抗拒给人们提供了面对盛行的全球化和许多形塑其生活进程的跨国特征。”① 这里我们想强调的是，科学和历史的经验方法中的某些方式，捍卫了观察世界的视野。我们所面临的挑战和机遇意味着我们要用现在所掌握的概念来重新思考和嵌入对于过去的理解。这一意识也为可靠知识的嵌入与裁决提供了更加开放和负责的模板。总之，这种意识推动我们理解如何去构建可以局部认同的“一个‘真实’世界的忠实描述”，那正是“能够促进那些追求有限自由、充足物质富裕、适度理解苦难以及有限快乐的种种规划”②。

新的文化意识频繁地衍生了对于“差异（difference）”的轻而易举认可，进而为相对主义提供简易的理由。根据哈拉维的观点，科学的实际主张既不是“中立的（neutral）”，也不是“中性的（neutered）”。相反，哈拉维将已经被科学价值化的“客观性（objectivity）”，看做一种偶然的文化的人工制品。它们是通过那些参与奠基现代科学交谈的男人们的主观意见加以形式化和法典化而精心产制出来的。哈拉维对历史和科学文化实践的解释，与一些社会学家及科学史专家各自独立地对科学事业所作的解释有部分是重叠的。哈拉维的“情境化知识（situated knowledges）”认为，知识是被历史、物质、文化和语言所中介的，因此，知识也是有限的，女性主义认识论者并不认为所有反抗和解放的途径都被霸权的话语实践（hegemonic discursive practices）所阻塞。正如桑德拉·哈丁（Sandra Harding）所指出的那样，女性主义经验主义的研究发现，社会性别不仅是解释社会行为的一个重要变量，而且社会性别的差异也造成社会等级制度内部的差异。③ 这个发现不仅彻底改变了女性主义研究的未来，而且改变了女性主义社会学家和历史学家对过去的思考。这一发现产生了大量研究，其与日俱增的影响力超越了女性主义。这一研究表明，在剖析所有知识和权力关系形式的时候，社会性别是第一位的要素。

---

① ［英］斯图亚特·霍尔：《美丽的新世界·今日马克思主义》。

② Donna Haraway, “Situated Knowledges: The Science Question in Feminism and the Privilege of Partial Perspective”, *Feminist Studies*, 1988 (14), pp. 575 – 599.

③ Sandra Harding: *The Science Question in Feminism*, New York: Cornell University Press, 1986.

赛博格新学术富有生命力的景象还可以从“新浪潮（Nouvelle Vague）”科幻小说和“赛博朋克（cyberpunk）”运动见出端倪。“新浪潮”科幻小说在国际科幻小说界引起过强烈震动，而后的“赛博朋克”运动是一群作家发起但却不乐意过早地贴上标签而开始的。这群作家包括威廉·吉布森（William Ford Gibson）、布鲁斯·斯特灵（Bruce Sterling）、卢迪·拉克（Rudy Rucker）等。“新浪潮”就是呼唤科幻小说放弃自己的价值、传统并让主流文学所取代的一种努力。科幻小说作为某种独特的文学形式已经具备了本身的特点。与传统科幻小说不同的是，赛博朋克叙述的科学技术不仅是可能发生的，而且有些技术处于正在使用状态。威廉·吉布森的《神经漫游者》内容包括人类未来的赛博生活与精神生活。赛博朋克在顺应、预测人类可能的生活的同时，也从人文精神角度对人机生活的诸多问题进行了反乌托邦式的反思。现代科幻小说正是高科技与高超文学技巧的完美结合，那是富有生命力的景象。科幻小说的发展依赖于科技的进步，依赖于文学与时代的变化。西方科幻小说的发展一直受科技进步的直接推动，雪莱夫人的《弗兰肯斯坦》如果没有广义相对论、量子力学的发展，就不会产生绚丽多彩的黄金时代。

科幻小说反传统，乐于写作关于暴力、毒品、堕胎或其他形形色色的“灰色事物”，包含了对中产阶级美国价值观的戏谑。他们设计的未来场面也常常显得冷酷怕人。科幻小说作家布鲁斯·斯特灵（Bruce Sterling）《人造孩子》（*The Artificial Kid*），讲述如何控制环境、拓展人类生活，结果却使人类自身发生了改变的故事。斯特灵的作品特别注重描述未来的人性。他试图说服读者相信自己观点，而他自己的观点的核心是：未来的人性不能简单地等同于今天的人性，如何去面对未来的挑战以及技术将怎样发展，都是无法预知的，因为，人类本身会不断变化。《人造孩子》中就戏剧性地表达了这种看法：老人们跟不上时代步伐，年轻人无法保持信仰，明天会出现与今天截然不同的新真理。你若想要继续生存下去，那你必须跳出变化的世界与固定的价值系统相冲突的陷阱。

当代科幻作品，常常充斥着各种赛博格形象的再现。赛博格打破了身体的边界，模糊了有机体与机械之间的传统二元划分，但是这一形象在具体文本中仍然聚集着众多矛盾，为人们思考自身的现实处境提供了一个新的角度。日本动画《攻壳机动队》较好地再现了动画人物设定的特点与人物在故事叙事中的关系，解释赛博格如何在具体文本中达到跨越界限、冲击二元论的目标；同时，对于在达到这一目标过程中所产生的一些矛盾和冲突提出质疑。《攻壳机动队》是日本漫画家士朗正宗创作的连载的科幻漫画作品，其赛博朋克（cyberpunk）风格的复杂故事，极其专业的信息量以及绚丽多彩的赛博格人物形象，受到了一大批科幻爱好者们的追捧。在《攻壳机动队》的世界里，所有的人物最突出的特点是都被设定为赛博格，即生物体与机器的混合体，包括机器人、生化人和思考战车等。同时，这些赛博格在某种程度上又被赋予了哈拉维在《赛博宣言》中所提出的跨越边界的意义。它依据一个近未来发展趋势的法则来进行设定，故事大背景是第四次世界大战。主要人物几乎来自不同的国家，身世背景大多与战争有关。除了某些机械人，人物的形象是较为写实的风格，性别、年龄、身高等的设定几乎和一般的动画人物形象设定无太大差异。然而，西方科幻作家的更替速度也是非常惊人的，不少人只领风骚一两年就消失在茫茫人海之中。也许，正是这种代谢，给科幻作品的质量提高带来了好处。西方科幻小说的发展，有许多地方可以为中国科幻作品的发展提供借鉴。作为一种包含现代科技和社会生活元素的科幻小说，在东西方同样受到热烈欢迎的事实说明，在人与科幻小说之间，必定有着某种内在的联系。也许，正是对大自然、对整个宇宙以及个人内心世界的恒久好奇心，才产生了这种特殊文学品种，而这种好奇心一天不消失，科幻小说就不会消失。

信息连接方式与物质连接方式不同，与行为连接方式差别也很大。从本质上讲，赛博文化营造的是人为的非物质环境，建立的是“淡人格化”的、远距离的平面交流。在网上欣赏音乐会的效果总是比不上现场效果，感受不到那种气氛，艺术靠熏陶，熏陶靠气氛，“人气”不旺就体会不到艺术的魅力；虽然现在家庭被封闭在钢筋混凝土的建筑里，但是人还要走出“围城”去工作、去学习，与他人多交往。而到了网络化时代，人的生活被存放在更小的容器中，数据库参与整个社会运作，虽然效率提高了、物用减少了，但是效率与物用并不是人所追求的一切。所以，很难说人作为“人”的质量也在提高。当把自己的情趣、感受、梦想、友谊等内容，或全部或部分地变成电磁信号的时候，无疑是在按着科学理性来改造自己，使自己成了网站里的“套中人”，触觉、味觉、嗅觉都减少了参与感受信息的机会，听觉也在一定程度上受到了限制，人的全面发展便无从谈起。而且一旦出现网络依赖，就会像药性依赖一样，很难解脱出来。作为感性的人，人在蜕化；作为完整的人，人的素质会出现欠缺。人类未来的感性蜕化将伴随着感性孤独的出现。网络文化建立了另一种疏离的生活方式。人有社会归属欲望，天生恐惧感性孤独，这种原欲千百次地出现在以“爱”为主题的经典艺术作品之中。正常人都不愿意被环境所抛弃，希望融入社会，特别是主流社会，愿意把自己交给别人去抚慰。感性孤独、人格封闭最终会激化“他人是地狱”的敌视情绪，仇恨社会的势力是罪恶之源，漠视责任，认为世界是魔鬼嬉戏的天堂，从而酿成人类灾难。人们在试图减少电视文化负面影响的工作中，已经遇到了困难，尽管许多社会学家认为电视是“傻瓜盒子”，不利于青少年综合素质的发展。很多家长、学校与社会甚至联合起来倡导“离开电视”的运动，但是所起到的作用微乎其微，电视有着不可抗拒的魅力甚至是魔力，而网络诱惑则有过之而无不及。

哈拉维认为，赛博格超越了民族、种族、性别和阶级等界定人的身份。“赛博格”不仅正在改变这个世界，也正在改变生存于这个世界的主体——人。“新主体”的人无须担忧自己与动物、机器之间有某种“亲属”关系，不再顾虑人与人之间只能达到部分同一，能容忍不同的意见和立场。这样的人即“赛博格”，根本就不是从完美的原始统一体中分化而来的，因而也无须回归，它只是一个“拼合”的混血杂种，却适应这个世界。未来赛博格新学术富有生命力的景象有：移动电话的服务领域被大幅度扩大；光纤网也将普及到一般家庭；人类真正进入太空中活动，普通人也可以畅游太空；太空发电将一举解决能源危机；过去被认为只在科幻小说中存在的智能机器人将进入现实生活；生命科学和信息技术发展改变人们未来的餐桌，人类基因组的破译、克隆技术和 ES 细胞等生物技术的进步将使人类的平均寿命大大延长；更多智能化技术的应用使汽车驾驶不再依靠人力；电脑像衣服和随身饰物一样佩戴在身上。新世纪将成为完全循环型的社会，废弃物彻底化为乌有，汽车也不再需要汽油。哈拉维之延续人的生命，将赛博格视为处于新学术深入发展的锋芒边缘。[①]这种意识推动我们理解如何去构建可以实现局部认同的“一个‘真实’世界的忠实描述”。

---

① ［美］哈拉维：《作为文化实践的科学》，也见哈拉维：《赛博人宣言：1980 年代的科学、技术与社会主义的女性主义》。

第三节 赛博格：从“阿凡达”到“辛西娅”

20 世纪 90 年代因特网发明之后，信息时代似乎就与网络时代画上了等号。哈拉维的《赛博格宣言》是对这一现象关于西方世界后现代生活的先进的技术境遇的分析。在这种系统理论中，“赛博空间（cyberspace）”，是在因特网上全球性的互动空间。赛博格打破了传统人文主义的限制：人与动物、人与机器、有形的和无形的等。哈拉维认为，赛博格是一种拆分又重组的存在，是后现代的聚合性而个人化的自我。赛博空间最有价值的是它具有人文精神的功能，不但能让我们认清现实、获得真实感，而且还能扩展人类的心灵。赛博空间能够穿透虚假幻象、扩展心灵，在我们的生活里以及追求人生意义的过程中发挥重要作用。人与科技的真正紧密结合，铸成了由机器和生物结合的赛博格，而有灵有身的阿凡达就是赛博格，他为人类带来了诸多美丽的梦想，同时，思维由人控制的阿凡达也为人类带来了诸多问题。

赛博格自我调试的普遍理论和控制系统，是一种控制系统的科学，是通过人机结合、化学药品、仿生修复和神经系统一致而得到的加强的人类主体。1996 年克隆羊“多莉”（Dolly）诞生，世界舆论为之哗然。“多莉”的诞生完全是拜克隆（clone）技术所赐。克隆技术的出现给人类带来治疗疾病、移植器官、防止衰老、延长有质量生命的现实希望，但是也让人类陷入了一个巨大的伦理学困境。有人担心，一旦该技术被用于克隆人，千百年来人类一直遵循着的有性繁殖方式将被打破。2010 年美国科学家克莱格·文特尔制造出人造细胞“辛西娅”。“辛西娅”其实是一个人工合成的基因组，研究人员选取一种山羊蕈状支原体细菌，将它的染色体解码后，根据计算机程序，利用化学方法对其进行人工复制，而后将这人造 DNA 放入另外一个被掏空内核的山羊支原体细菌内。几个小时之内，受体细菌内原有 DNA 的所有痕迹全部消失，人造细胞不断繁殖，新的生命“辛西娅”诞生。这是人造生命、人造人的开始。

一、虚构物种：从 DNA 到阿凡达

物种（species），简称“种”，是生物分类学研究的基本单元与核心。它是一群可以交配并繁衍后代的个体，与其他生物不能交配、不能性交或交配后产生的杂种不能再繁衍。美国哈佛大学厄恩斯特·迈尔（Ernst Mayr）教授对物种进行了重新定义，他认为物种是由居群组成的生殖单元，和其他单元在生殖上是隔离的，在自然界占据一定的生态位。虚构物种是凭想象编造出来，凭自己的灵感虚构艺术想象的产物。哈拉维把赛博格定义为：“一个控制有机体，一个机器与生物体的杂合体，一个社会现实的创造物，同时也是一个虚构的创造物。”① 赛博格是想象和物质现实的浓缩形象，既是虚构的事物，也是活生生的经验。在当代科幻小说里，充满了赛博格——同时是动物又是机器的生物，居住在自然与人为之间的模棱两可的世界中；现代医学也充满了赛博格，即有机体和机器的联合；现代战争也是一种编码的赛博格的肆虐。

作家在创作过程中，依据生活逻辑，通过想象和撮合，创造出现实生活中并不存在又在情理中的人生图画。1953 年，英国生物学家詹姆斯·沃森（James D. Watson，1928—）和弗朗西斯·克里克（Francis Crick，1916—）提出了 DNA 分子结构的双螺旋模型，直接从遗传分子的结构出发探索生命，为人类探索生命直至改变生命的生命科学革命提供了理论基础。生命科学不只停留在思维之中，而且成为一门应用的科学。电影《阿凡达》（*Avatar*）中，昂贵的阿凡达是由人类和潘多拉星球的纳美人的 DNA 合成的，是 DNA 融合生成的“化身”。通过高科技生产的阿凡达可以适应潘多拉星球的自然环境，人类可以通过意识控制阿凡达的行为，从而达到为人类在星球上的科研活动和侵略战争服务的目的。如果说潘多拉星球的生物形态是通过改变地球一些生物形态而来的，那么纳美人通过辫子末端的神经末梢操控动物则是导演完完全全的独创了。他还想象出了整个潘多拉星球复杂的生态系统，将人类的互联网概念加入其中，让星球上的每个生物都能实现互联。转基因技术让一切皆有可能。老兵杰克拥有一个人类

---

① Donna Haraway, “A Cyborg Manifesto: Science, Technology, and Socialist-Feminism in the Late Twentieth Century”, in *Simians, Cyborgs and Women: The Reinvention of Nature*, New York: Routledge, 1991, p. 149.

DNA 与外星人 DNA 结合产生的化身——“阿凡达”。把人类 DNA 与外星人 DNA 结合，这项技术其实就是转基因技术。不过目前转基因技术只能改变很少一部分基因，还无法用于生物杂交。

影片《阿凡达》对于赛博格进行思考，想象人类可能的未来。阿凡达就是地球人借以进入纳美部落的“躯体”（这是通过人的 DNA 和纳美人的 DNA 克隆而成的），但是仅仅是这个躯体并不是阿凡达。真正的阿凡达必须联结了人的意识，是有灵又有身的。这样的阿凡达，与其说是克隆人，不如说是赛博格，用哈拉维的术语，就是“机器和生物体的结合体”。这样的赛博格创造了多元的主体，抹杀了传统的简单的主体和客体的二元对立。技术可能“内化”到身体中，成为身体的一部分。影片中的阿凡达是地球上的杰克，如果他失去技术的链接，就会失去“生命”。这对传统的“身体观”带来很大的冲击。赛博格如今已经渗透进生活的方方面面，甚至有人说，在赛博时代，几乎每个人都是赛博格。因此，如何理解真实的“自我”，如何理解身体，就成为一个新的命题。这也使得我们对“阿凡达”的界定变得困难而有趣：它是一个躯体，它又不仅仅是一个躯体。毕竟，失去了这个“克隆”的躯体的人，或者失去了人的意识的躯体，还是“阿凡达”么？影片的最后，杰克留在了潘多拉星球，而许多坏事做尽的人则被驱逐回地球。这是否意味着，在潘多拉星球这样的伊甸园里，除了原始的生存状态，也有赛博格的一席之地呢？

电脑技术和空前的网络世界给人类翻开了崭新的一页。相对于地理空间和太空空间，这样的赛博空间才是真正属于每一个赛博人的，更是属于全人类的。赛博空间是指人类通过虚拟技术虚构和模拟的空间。影片富含令人震撼的画面和令人感动的语言，而铭刻在脑海中更多的是意义。如在影片中，有两处杰克和纳美姑娘奈蒂莉的对白——“I see you”。第一次是两个人互相选择，四目相对，彼此走进对方的内心；第二次是奈蒂莉将氧气罩套在真实形象的“杰克”头上，将他救活，看到作为“地球人”的杰克的时候。第一次是看到了杰克的内心；第二次是看到了真实杰克的形象，而她也接受了这个杰克，称他是“我的杰克”。这是一个大团圆的结局。“I See You”① 是影片的主题曲，不但是歌颂这段爱情的，更是对真善美、和谐和自由的“发现”。最美的恰恰是最简单的、最本真的、最自然的。这种发现不是“对象化”的，而是在“无我”中，在与世界沟通的过程中自发呈现的，就像那一幕幕美景在我们面前展现一样，这些意义也自然地流淌出来，流淌到观众的心中。它的字面意思是“可航行的空间”，意指可操纵航向和可操作的空间。人类在庞大无边际的虚拟世界里面自由驰骋，漫无目的地驾驶着可真正属于自己的“宇宙飞船”。人类第一次意识到技术是自身的一种延伸。潘多拉星球上的完美生态，作者花费大量心血创造出的语言、文字、生物以及他们之间的关系，让人会以为这是一个真实存在的星球。在《阿凡达》中，我们看到了逼真的飞流瀑布、漂浮云中的山峦、似含羞草的粉红植物、旋转飞行的“蜥蜴”、夜间发光的森林，似水母般在空气中游动的树种……这些 3D 画面让人仿佛身临其境，也令人相信科技的进步的确会改变电影的观感。

在《阿凡达》的末尾段落，豪华的战争场面从天空打到森林，纳美勇士骑着空中飞禽 Ikran 与人类的战斗机对抗。森林里纳美勇士骑着类似马一般的生物与人类的机器人大战，这场战争在电影中一直持续了 20 分钟，加上雄浑的配乐，看得让人血脉贲张。人类士兵杰克与纳美“公主”奈蒂莉的感情故事一波三折，两个星球的冲突将两人的爱情卷入其中。当奈蒂莉的父亲因人类的进攻而牺牲时，她不愿再见“阿凡达”杰克；然而，当杰克连接阿凡达的仪器遭到攻击时，奈蒂莉选择挺身而出。这是《阿凡达》中两个催泪的场面。一个外太空人的脑子构思出了整个潘多拉星球的生态。意识的意义空前凸显，一个新的世界在鼠标下缓缓展开，只要愿意，可以选择做一个人或者阿凡达。《阿凡达》给了我们一个虚拟与梦幻的天堂。

DNA 重组阿凡达，转基因技术让一切皆有可能。两种不同的生物结合，生成一种新物种，对许多人来说还只能出现在科幻电影里。影片《阿凡达》里面潘多拉是虚拟的现实，但影片本身又是现实的虚拟。赛博时代之前，我们向来都习惯从现实走入虚拟，比如认定文学艺术作品源于生活

① 《阿凡达》里的纳美（纳威）语和英语是不同的，不能按字面意思翻译。“I see you”在英语里是“我了解你”的意思。电影院里的字幕翻译成“我看到你”是不准确的。“I see you”的纳美语则有微妙的区别，只可意会不可言传，主要是“see”的区别。整句大约是“我的眼里只有你”意思，是表达爱意的用法。

而又高于生活，在文学艺术作品中我们跟随作者走入一个虚拟的世界。但是在赛博时代，机器却引领我们在虚拟世界中走向现实。甚至在影片《阿凡达》中，因为虚拟的世界如此真实，让人不得不相信，那似乎是真实存在的。虚拟与现实变得模糊不清，这个虚拟与现实的二元对立概念处在被分解的状态。

二、基因克隆：从克隆到“辛西娅”

生命的本质是什么？来自哪里？人类对此进行了长期探索。但限于当时的科技水平和认识能力，人们无法解释生命本质和起源。直到19世纪，英国伟大的科学家达尔文（Charles Robert Darwin，1809—1882）创立了生物进化论，才改变了人们对生命的观念。在此前后，人们发现了细胞和基因，但仍不能真正解释生命。进入20世纪，遗传物质是DNA的证明，DNA双螺旋结构的发现，大大推动了生命科学的发展。从20世纪末至21世纪初，“人类基因组计划”完成，人类生老病死的“天书”开始被破解，几十种动植物和近千种微生物基因组测序，多条生物代谢途径、信号传导通路和基因调控网络阐明，基因组学时代已到来，为人类设计、合成生命打下了基础。几乎与此同时，DNA测序和化学合成、DNA重组和大片段克隆、转基因和基因组转移等技术以及计算机和信息技术快速发展，为模块化、工程化、标准化重新设计和合成基因及基因组提供了可能。2003年，诺贝尔奖得主美国生物学家哈密尔顿·斯密斯（Hamilton Smith）等合成了一个噬菌体的基因组。2007年，罗克斯等合成了“非典”病毒。但合成的都是很小的基因组，增加或者改变的基因不超过10个，不能说是能独立生存的生命。

克隆（clone），原意是指以幼苗或嫩枝插条，以无性繁殖或营养繁殖的方式培育植物，如扦插和嫁接。科学家把人工遗传操作动物繁殖的过程叫“克隆”，克隆也可以理解为复制或拷贝，指一个共同前体通过无性繁殖而形成的一群基因结构相同的细胞或个体。基因克隆，则指一个基因反复扩增后产生的多个拷贝。哈拉维指出：赛博格是自然有机体与技术机器、技术手段的结合，它使原本完全“自然而然”的身体具有了“拼合”、“嵌入”的特点，转而成为一种“新的合成生命体”。因此，赛博格所隐喻的是，原本鲜明对立的两极模糊化了。哈拉维的生物学研究背景，使得她十分关注生物技术。20世纪末，人类将基因技术广泛应用到人类的生产、生活中，基因改良食品由此产生。所谓基因改良，简单来说，就是指利用生物技术，把一段外来的基因剪下来，接种到某种生物中，以改变该生物原有的基因而生产出新的生物。她认为，基因技术使得物种与物种之间的明确界限变得模糊起来。基因改良番茄与其他物种之间不存在明确界限，不能因为一个番茄是黄色的或保鲜期较长就认定它不是番茄。一个物种的确定不能简单地通过几个形容词来完成。哈拉维将基因改良后得到的保鲜番茄作为赛博格的一个例子。她指出，"一个带着鲽鱼基因的番茄使植物和动物、鱼和水果或天然的和人造的范畴都不再是原封不动的了。在格外新鲜的番茄面前，我们再也不能满怀信心地谈论这些范畴"①。哈拉维凝视着我们新生活中出现的扭曲和动摇，她说："赛博格形象——例如千禧年之末的种子、芯片、基因、数据库、炸弹、胚胎、种族、大脑和生态系统……"② 基因为我们重新定义了未来的含义，并且继而反过来重新定义了现在的含义。从基因克隆到"辛西娅（Synthia）"，出现了一个受到威胁的未来。"辛西娅"是一个人工合成的基因组，是第一个人工合成的细胞，也是第一种以计算机为父母的可以自我复制的生物。

具有叛逆精神的著名生物学家文特尔，用人工合成DNA的方式创造了一种新的生命。"辛西娅"的产生并没有脱离遗传物质从一种生物细胞转入另一种生物细胞的俗套，但是其诞生却是人造生命征途上最重要、最关键的一步。这项具有里程碑意义的实验表明，新的生命体可以在实验室里被"创造"。文特尔小组的技术路线包含三步：第一，对一种名为丝状支原体的微生物进行基因组测序，以解码其DNA的排序；第二，根据这种自然生命的DNA排序，用基本化合物合成基因组；第三，为了证明这种经过人工排序的基因组能否准确表达，需要把它植入与其近似的山羊支原体中，观察它能否使细胞正常工作。人类应不应该制造新的生命体？20世纪90年代，克隆技术在全世界掀起巨大争论。这一次，文特尔有了更大的麻烦，"人造生命"不仅挑战上帝的创造，也遭到了达尔文主义者的诘难。文特尔目前所迈出的"一小步"也许并不意味着"人类的一大步"，但在

① Donna Haraway, *Modest_ Witness @ Second_ Millennium. FemaleMan @. Meets Onco Mouse*, New York and London: Routledge, 1997, p. 62.

② Donna Haraway, *Modest_ Witness @ Second_ Millennium. FemaleMan @. Meets Onco Mouse*, New York and London: Routledge, 1997, p. 12.

未来几年，它所导致的问题可能会以更激进的方式表现出来。

人活在世界上，总是不满足于单一的认识，不满足于贫乏与单调的生活，总想让生活变得丰富多彩。然而人们在现实中被各种文化、习俗、宗教、惯例和意识形态等熏陶，真正的自我被遮蔽起来难以发现，因此我们很难认清自我究竟是什么。在现实社会中，人们往往囿于狭窄的生活中很难超脱出来，不敢去体验自我也不愿去扩展自我经验。而文学虚构能够表达人类的生与死、幸福与不幸的生命感觉，能够充分把生命中自我经验的丰富性表达出来，所以，文学虚构是扩展自我的最重要的媒介。作为一种媒介，虚构所显示的所有固定形态是虚幻的，它甚至能将人类所有特性具体化为一种非真实性的幻象，这种幻象是文学呈现相关事物易变特征的唯一途径。1996 年，第一个真正意义上的克隆哺乳动物“多莉羊”的诞生，就引起过这种争论。在“多莉羊”之后，克隆猫、克隆猴等相继诞生，意大利甚至有克隆婴儿的报道，但至今未获证实。克隆实质上是一种无性繁殖技术，它将体细胞中完整的基因组提取出来，注入一个卵细胞空壳中，由此培育出基因型完全相同的后代。与克隆不同的是，文特尔采用的基因合成技术根据 DNA 排序，通过人工合成排列碱基而组成基因。克隆技术造就了人造生命，它势必在将来的生命科学中起到极大的效用。从克隆到“辛西娅”，人类能造出人吗？

中国生物学专家李大可认为：“文特尔等人的工作，仅仅是在人工合成生命的万里长征中迈出了重要的一步，离真正的人造生命还非常遥远。至于有关‘人造人’的遐想，更是离谱得出奇。最原始的单细胞生物支原体，与最复杂的生命形式‘人’之间，有着天壤之别。基因组是一个极其复杂的三维甚至四维结构，不仅涉及前后排列的顺序，还包含更多的空间信息；而单细胞生物则是简单的环状结构，做起来容易得多。”① 德国接受美学的重要理论家沃尔夫冈·伊瑟尔（Wolfgang Iser）认为文学虚构的世界永远是一个主观的世界。读者一般都相信作家的创作是真实的，相信他能给予真实的现实感；然而文学决不是对生活世界的反映，而是既有现实又有想象交织在一起的虚构的“可能性世界”，能够给我们以真正的“存在”感觉。他认为文学虚构以不同的方式揭示了这个需要，“虚构是人类

① 李大可：《辛西娅：人造生命的机遇和挑战》，《中国社会科学报》2011 年 4 月 14 日，第 12 版。

得以扩展自身的创造物，一种能从不同角度研究的状态。”[①] 西班牙哲学家奥特加·加塞尔（Ortegay Gasset，1883—1955）就指出了生命不会被感觉为预定的经历，我们的可能性世界的基本前提在于生命现象。人是感性存在，任何真正属于生命的满足都需要得到感官的认可。卡夫卡的文学虚构世界是人类世界的一种极限的可能性，这一可能性在我们的真实世界若隐若现，正预示着我们的未来。萨姆沙变成了一只甲虫，可他心里想的只有工作，因为他已经习惯了服从和规矩。这是一种没有主动性、没有创造、没有自由，只有命令和服从的世界，这就是人的一种基本的存在方式，是我们存在的无数可能性之一。正如米兰·昆德拉（Milan Kundera）所说的那样：“假如一个作者认为某种历史处境是人类世界中闻所未闻、见所未见、具有启发性的可能性，他就会照原样去描绘。总之，对史实的忠实相对于小说的价值而言是次要的。小说家既非历史学家，又非预言家：他是存在的探究者。”[②] 只有对可能性世界进行探索的小说才算是伟大的文学。寻找精神家园是我们对日常生活物质性的超越，文学虚构的意义并不在再现的层面而是在超越的层面实现。虚构和想象之间的互动具有深刻的人类学意味，虚构文学作为人类超越自身的一种方式，拓展了我们对现实的认识。

三、人造生命：难题、挑战、风险

对于人造生命的技术突破，科学界反应不一。许多科学家认为这一技术不仅对于生命科学的发展具有重大意义。从短期来看，这一技术可被应用于制造更好的药物、农产品、绿色燃料以及促进化学工业的发展，亦会极大地推动化学、材料、环境、信息、能源等学科的发展。随着科技的进步，合成 DNA 的进度还将更快、更廉价。当然，这一技术的应用也意味着任何人都可能随意订制 DNA，这种与生俱来的危险（例如被用于制造“生化武器”），让不少人担心恐怖灾难的发生。这一技术突破具有划时代的意义，可以颠覆人类长期以来对生命本质的看法，其深远意义堪比伽利略、

---

① ［德］伊瑟尔：《走向文学人类学》，见拉尔夫·科恩主编，程锡麟等译：《文学理论的未来》，北京：中国社会科学出版社 1993 年版，第 279 页。

② ［捷克］米兰·昆德拉著，许钧译：《无知》，上海：上海译文出版社 2004 年版，第 56 页。

哥伦布、达尔文和爱因斯坦等先贤对人类发展作出的贡献。

目前的DNA合成技术还不能一次得到很长的序列片段，文特尔小组合成的蕈状支原体基因组，也是将整个基因组截成1 078条DNA片段来合成，然后把它们插入酵母细胞中，利用酵母中具有超强DNA修复功能的酶，将DNA片段拼接成基因组。如果不是借助酵母的细胞环境，仅靠化学合成是不能完成合成基因组使命的。赛博空间在科学技术越来越精湛的条件下越来越侵入人们的生活、心灵，这是一个赛博格重构社会也重构人类的时代。在赛博空间中漫游着的赛博人，肉体对他们来说，越来越沦为一种累赘。意识可以无止境地延伸，却也更虚无缥缈。人类在赛博空间中建造的"城市"也可能在无尽的虚无感中化为乌有。人的身体被忽视了，精神也受到了威胁，"就算被视为人类独一无二、无法复制的思想和个性也可以在赛博空间中化为信息和符号，从而随意地复制和更改"。"所谓'精神'、'人格'和'个性'等词汇有可能从人类话语中消失，没有了这些特质后人类们将如何重新确立他们的属性和自我呢?"杰克有纳美人奈蒂莉的引领而走向他的新家园，在赛博空间里漫游世界的人们却在这个网络大众狂欢的空间里面越来越迷失自我了，这体现了人们在赛博空间里面的孤独感和漂泊感。也正因为如此，这种对人类来说"技术是身体的延伸"的新空间带来的可能是人类对自身的一种反思，引发更多关于"我们是谁，我们从何而来，又将去往何方"这个古典问题的思考。在这样一个赛博空间里面，既然连周围的事物是真是假都无法分辨，那么，"我们将往哪里去呢"?《阿凡达》里的杰克刚开始只是希望能通过这个计划获得自己想要的东西——足够医治双脚的钱，但是当他通过高科技与他的新的"身体"阿凡达连接之后，他在新的世界里面获得了更为珍贵的东西——爱与淳朴。这一份纯真的感情让他在战争爆发之后站在了纳美人一边，并且鼓励纳美人为家园而战。最终，杰克在纳美人那里，获得了一个真正属于自己的家园，在新的生命体中实现了意识和身体的再次结合。我们在为杰克的"重生"欢呼雀跃的同时，也在思考一个问题——我们的"阿凡达"该走向何处?

人类在历史上经历了神话英雄时代、凡人时代，在科技发达到人类可以忽略身体以及人类的精神不再神秘和崇高的时代，"人是什么"这样的问题越来越受到哲学家和社会学家的青睐。甚至有人说，继"上帝之死"以后，人类的主体性也遭到质疑，"人之死"似乎为时不远了。人类是时代的产物，机器制造了人类的生活也参与了人类的精神重构，“人之将死”似乎有道理。但是，我们通过《阿凡达》这部影片仍然可以得到些许美丽的希望：信仰和残存于人类心灵深处的美好可能终将拯救人类。保持一颗对自然的崇敬之心以及更关注人类的心灵而不是外在的欲望，人类也许还有希望回归像人类早期部落那样的美好生活。

我们可以再举人文学的例子。1995 年因特网上发表了雪莱·杰克逊的小说《拼缀女孩，或一个现代怪物》。小说伊始出现在人们面前的是一个达·芬奇风格的女人画像，上面题写“拼缀女孩，玛丽、雪莱或者她自己著”。读者被要求在画像中人体的各个部位以及平面解剖图式的大脑的各个区域进行点击。每次点击网页上都会出现故事文本的一个部分，少则单独一句话，多则满满一页纸，而更多的是进一步的网络链接。小说的构思来自玛丽·雪莱著名的科幻小说《弗兰肯斯坦》。弗兰肯斯坦是一个狂热的科学家，他用偷来的死人尸体拼凑、缝合了一个人造人，几经实验，当这个怪物成活时，他自己却首当其冲地成了牺牲品。通过模仿这个故事，作者意在使文本叙述的片断性、碎片化和女孩拼缀起来的身体形成一种类比。通过这种方式，小说隐喻地展现了茫茫人海中女主人公寻找自我、追求自身价值的迷惘。随着网络文学的发展，文字在文本中所占比重越来越少，而将（变换了字体、颜色的）文字、图片、音乐、动画还有影视片断乃至现实物象的视频等交融在一起，如早期实验作品费利克斯·强的诗歌《残酷》呈现在读者面前的是一棵动画片中常见的树，旁边分列着两个小图标——鸡蛋和蛇，还有一张背景房间模糊不清的图片，一个壮年男子严肃甚至是严厉地看着大家。面对这突兀的图像和几句短得不能再短、不知所云的说明性文字，人们既不知道彼此间的联系是什么，也不知道哪儿是中间，哪儿是结尾。《拼缀女孩》的叙述方式及由此带给人们的情感体验与传统媒质的小说显然有所不同，其中最大的区别就在于它打破了文本的直线性。这不仅仅是说取消了页码。传统小说也并不强迫读者必须按照顺序从第一页读到最后一页，事实上，许多读者都喜欢凭个人的兴趣跳读。但这种跳跃式的阅读仍然有章可循，一条清晰、明确常常是以时间为维度的内在逻辑线索，始终引导着读者。然而在新型网络文学中，这条无碍读者自由，却能为其提供安全感的线索隐匿不见了。就像美国后代现主义作家罗伯特·库佛（Robert Coover，1932—）所说：“传统叙述的时间连线，消失在一片地形分布图似的风景画中，或者说消失在一个没有出口的迷宫里。”①

关于人造生命，如果仅仅是伦理道德问题，可权且争论，毕竟是仁者见仁、智者见智的事情。但人造生命，已不仅仅关乎伦理道德，而且关乎人类未来的命运。这种技术可以创造出前所未有的奇迹，也可以演化成最恐怖的灾难。就连文特尔本人都承认，研究中涉及的技术，从理论上来说有可能用于制造新的致病微生物，甚至用于研制生物武器。即使不被恐怖分子用来合成大量生物武器，也可能因为人类的疏忽造成恶果。万一实验室中走出来的不是天使，而是魔鬼，人类的明天会怎样？也许会有新型的生命衍生，而这些生物的某些特性很可能影响到生态环境，对人类或全球野生动植物构成不可估量的危害。当然，也有一部分科学家对“辛西娅”的科技含量存在疑问，认为“辛西娅”被称为“人造生命”并不准确，它只不过是一个带有人造基因组的生物体，并未跨越“无中生有、创造生命”的界限。对于人造生命来说，合成基因组固然重要，但制造适合人工合成基因组生存的细胞环境更为关键，也更难。在这次实验中，山羊支原体就是这个环境。但它并非由人类制造，它只是一个被掏空了遗传物质的普通细胞。虽然本次实验的最终产品是支原体细胞，但真核酵母却是这场表演的真正主角。因此说，文特尔等人的工作，仅仅是在人工合成生命的万里长征中迈出了重要的一步，离真正的人造生命还非常遥远。至于有关“人造人”的遐想，则更是离谱。最原始的单细胞生物支原体，与最复杂的生命形式“人”之间，有着天壤之别。前者的基因组只包含 108 万个碱基对，而后者拥有 30 多亿个碱基对，体外合成的工作量不可同日而语。更重要的是，人类基因组图谱上的 2 万多个基因所组成的，是一个极其复杂的三维甚至四维结构，不仅涉及前后排列的顺序，还包含更多的空间信息；而单细胞生物则是简单的环状结构，做起来容易得多。但人造生命造成的伦理挑战、潜在风险值得我们关注。

从伦理学角度对人造生命技术提出批评的人认为，尊重生命、爱护生命是生命伦理的最高原则，任何生命都是一个不可分割、不可拆卸的自然实体。当人类把生命看成是可以任意剪切、编辑、修改和重新组装的程序时，亿万年生命进化的漫漫旅程有可能在实验室内转眼之间完成，曾经激

---

① 《浅谈后现代文化语境中的网络文学》，http://www.gzsfjj.com/zixun.asp? id = 687，2010 年 2 月 12 日。

烈而复杂的“物竞天择、适者生存”自然选择结果将被某些人决定。在人这个新“上帝”面前，生命的意义和价值将会丧失殆尽。如果说达尔文的生物进化论对宗教是一次重大的冲击，那么人造生命的诞生同样会对宗教的上帝创造万物的信念产生巨大冲击。一些宗教组织认为，人造生命是对生命的亵渎，是以人的身份扮演上帝的角色。其实，“辛西娅”的出现在伦理道德领域所引起的冲击，在人类基因组工程开展以来就已存在，并且早已得出人造生命的出现只是时间问题的结论。此前关于克隆技术、试管婴儿、胚胎干细胞研究等现实问题，都曾进行过广泛而深入的讨论。焦点就在于生命科学研究的目的在于提高生命质量、挽救人类生命和改善人类未来。伦理学家不能简单地根据现有的所谓某些伦理法则，大而无当地一概否定这种科学研究与探索。相反，应当鼓励科学家以有序的方式积极探索这种技术，以便更好地服务于人类。

也有一部分科学家认为，人造生命失控的风险极其微小，人类制造的任何东西都不可能与那些在自然界进化了数十亿年的生物竞争。此外，科学家们为了防范人造生命技术失控，还设计了另一层保护措施：所有人造生命的存在都依赖于自然界中不存在的化学物质，将这些关键性的化学物质消除，人造生命就会死亡。况且，一些致病的病毒和细菌同样是自然界的产物，而人类却一直为消灭它们而进行着斗争。天花病毒早已灭绝，脊髓灰质炎病毒也几近绝迹，没有什么比这更像在充当上帝的角色，但也不会有哪个理智的人对此感到遗憾。事实上，科学技术进步历来都是一把双刃剑。从克隆技术的发现到转基因生物的出现，从试管婴儿的诞生到干细胞技术的应用等，无一不是有利亦有弊。一味地逃避风险而停下探索的脚步，无异于因噎废食。当然，对人造生命技术的担心与讨论也值得重视，相关的观点也应该受到尊重。对于“合成细胞”能否被定义为“人造生命”，其实在于如何定义“创造生命”。中国著名学者、生物博士方舟子认为，用“人造生物”或“人造细胞”来定义这个成果，“未免夸大其词”。他指出，“文特尔的试验解决了一些技术难题”。但他强调，对生物进行改造肯定存在变数。化学合成的基因组代替天然基因组的方法，在过去几十年实践中一直都用到，只是过去合成的长度有限。基因技术从诞生起就存在风险，关键是如何控制。过去数十年来，遗传工程已在很多领域造福人类，如大幅度降低生产胰岛素的成本，所以，不能由于存在风险而不去开发它。方舟子表示，文特尔的试验解决了一些技术难题，如达到足够的精确度让人造基因组被细菌识别并用于繁殖。“合成的只是基因组，但细胞的其他部分，蛋白质、细胞膜、细胞质都是现成的，都是来自活的细胞，并非人工合成。”在其看来，化学合成的基因组代替天然基因组并不奇怪。在过去几十年的生物工程实践中，一直都用到了化学合成的 DNA，只是合成的长度有限。然而，他认为这种方法“比较笨”，不具备优势；或者说，化学合成与现有的遗传工程相比，只是合成的方法不同。方舟子将基因组比作一本书。以前的遗传工程的操作手法，如同用复印机把书内容复印下来，那么化学合成 DNA 的方式，则是用打字机按照原书的内容逐字敲下来，再证明和原书一致。“但这本书讲的是什么还不知道。如果想改写这本书就必须先了解它的内容，而现在还没到那一步。”①

虽然文特尔制造出的“合成细胞”，尚不足以让人类一步登天地实现“人造生命”的梦想，但正如支持者指出的，这一成果“迈出了关键的一步”，而且它所揭示的可能性非常诱人。英国《经济学人》杂志的文章甚至预测，将来有一天，新的细菌、动物或者植物等生命体将被电脑设计，最后被人类制造出来。在某种程度上，这种创造生命的举动比第一颗原子弹爆炸更能证明人类掌控自然的能力。同样，“合成细胞”在技术上展现了众多优势，也让不少科学家对其应用前景表示乐观。美国哈佛大学厄恩斯特·迈尔（Ernst Mayr）教授 100 岁生日时发表了一篇论文，回顾了近 80 年来进化生物学研究的过程。在这论文里，他以这样的词句结束：“对活跃的进化生物学家们而言，这些新近完成的研究带来了一个鼓舞人心的消息：进化生物学研究是一个无尽的前沿，仍然有很多未知的东西等待被发现。我个人唯一的遗憾就是，我已经不能陪伴诸君，去享受这些未来的发展了。”②

---

① 方舟子：《人造细胞诞生意味着人类可造万物》，《新京报》2010 年 5 月 25 日。

② Erhst Mayr, Happy Birthday: 80 Years of Watching the Evolutionary Scenery, *Science*, 305, pp. 46 – 47.

结论：赛博格是人类生存的新景观

西方著名科学学（science studies）领域的跨学科学者堂娜·哈拉维（Donna Haraway，1944—）思想激进且前卫。她的《赛博格宣言》（*A Cyborg Manifesto*）[1] 中的学术观点、赛博格理念，为西方文化思潮添上了独特的一笔。哈拉维以哲学家睿智的眼光、高屋建瓴的科学视野和缜密的论析，引导我们穿越科学哲学的重重迷雾去领略一种思想文化反思的赛博格之旅。"赛博格"作为虚构物，反映了我们社会和身体的现实，作为想象的源泉，提出了一个有价值的难题。她提醒我们去关注当代社会变迁的一些重要问题。数字信息时代的电子传媒与赛博空间为人类科技发展和思想探索提供了新的可能。本书分六个部分：哈拉维赛博格的科学哲学神话；哈拉维赛博格是人类意识核心；哈拉维赛博格的科技哲学特征；哈拉维理论与赛博格女性主义；网络传媒是赛博格科技发展契机；哈拉维赛博理念问切时代脉搏。全书力争观念新颖、信息丰富，具有启迪人睿智的思想前沿性。在本书即将完成之际，回首历时四年的艰辛求索，本人对哈拉维赛博格理论有所思考和感悟：

一、延续人类生命的研究

科技始终来自人性。因此，造福人类是科技发展的目标，赛博格对于人类来说是一项增强并且延续人类生命的研究。哈拉维在《赛博格宣言》中，对从保鲜番茄到被编制了癌症程序的实验室老鼠——致癌鼠的基因争论进行了剖析。她提出了一些困难的问题，带领我们超越狂热和抗议的僵

---

① Donna Haraway, "A Cyborg Manifesto: Science, Technology, and Socialist-Feminism in the Late Twentieth Century", in *Simians*, *Cyborgs and Women*: *The Reinvention of Nature*, New York: Routledge, 1991, pp. 295 – 337.

硬态度，进入赛博格拼接在一起的消除了“人”和“非人”的新存在的模糊的和不安定的领地。计算机、人工智能、网络等通过医学技术、心律调整器等人工装置的出现，使得人类得以活得更好、更强。所有正式与非正式的沟通互动人际关系与生活都将网络化（或称之虚拟化），虚拟公司、虚拟商店、虚拟货币等所有增强与替代的发明都朝向网络生活。电报、电话的发明是为了功能的增强，电视媒体的发明用以替化维持远距离情谊的书信；计算机的发展，使得一些复杂的运算得以快速完成，人类交际、信息取得、知识等增强与替代都朝向网际网络发展。

赛博格是自然有机体与技术机器、技术手段的结合，它使原本完全“自然而然”的身体具有了“拼合”、“嵌入”的特点，转而成为一种新的合成生命体。赛博格是自然有机体与技术机器、技术手段的结合，是一种“新的合成生命体”。它所隐喻的是，原本鲜明对立的两极模糊化。如现代生物技术使番茄带有深海鲽鱼的基因，这不仅模糊了物种的界限，更模糊了植物与动物的界限，无性生殖技术则模糊了雄雌两性在生殖活动中的分工。哈拉维在《赛博格宣言》一文中，将赛博格视为突破界限的综合个体，这也正是其哲学意义所在；这种界限的突破包括人类与动物（human and animal）、人类与机器（human and machine）、自然的与非自然的（physical and non-physical）、空间的界限（between spaces）等。[①] 这种思想被称为赛博格理论（cyborg theory）。社会与自然区分复杂化了，根据哈拉维的观点，赛博格不仅穿越了自然有机体和技术机器的边界，而且模糊了物理世界和非物理世界的边界，并搅浑了两者之间那些习以为常的界限。哈拉维破除二元论的界定，用赛博格来指称人与动物、人与机器及物质与精神等界限崩解后的新主体的位置，促进了新主体的诞生；凭借“赛博格”的概念，来超越目前各种身份认同及彼此矛盾冲突的困境，建构一个多重、差异、多元的主体概念。哈拉维的论述把赛博格变成了一种寻找到打破自然与文化界线之方法的隐喻。

赛博格是神经机械装置（cybernetic device）和有机体在语言上和材料上的混合体，是一个强有力的科学和社会实体。赛博格这一融合幻想与现实且目前大部分出现在科学幻想中的字眼，承载了人类对科技的不同态

---

① Donna Haraway, “A Cyborg Manifesto: Science, Technology, and Socialist-Feminism in the Late Twentieth Century”, in *Simians, Cyborgs and Women: The Reinvention of Nature*, New York: Routledge, 1991, pp. 295 – 337.

度。信息技术和医学水平飞速发展的状况在一定程度上代表了另一种形式的进化。人类正在试图超越自然进化学说而进入人工进化的大胆领域，后者不仅仅是生命增值的技术，其继续发展和运用，将迫使我们对生命的参数重新定义。由于人的身份不断被符号化，人的存在性出现了更多争议，从而必须对人的主体性作出新的诠释。机器有延伸人类器官的能力，使人类成为地球的主宰。赛博格是延续人类生命的新世界。

二、赛博格新的主体身份

赛博格是人与动物、人与机器及物质与精神等界限崩解后的一个新的主体。哈拉维超越了以往的用一种固定的、一成不变的方式对身份进行确认，如以民族、种族、性别和阶级等来界定人的身份。这样的超越有助于克服彼此的矛盾冲突，有利于建立一个多元的、没有清晰边界的、相互冲突的、非本质的主体概念。[①] 赛博格不仅正在改变这个世界，也正在改变生存于这个世界的主体——人。“新主体”的人无须担忧自己与动物机器之间有某种亲属关系，不再顾虑人与人之间只能达到部分同一。他们容忍不同的意见和立场。赛博格式的新主体，不再追求、也无须在某个原初点上实现最完整的统一，相反，它对差异、偏好、反讽、个性化抱着坚定不移的态度。[②] 机器可能正在与我们同化，也可能是我们与它们同化了。于是，一个最基本的问题便接踵而来：随着人造物对人体的介入，人与人造物的界限模糊了，分不清到底是技术物变成人还是人变成了技术物，人的主体的身份模糊了。譬如，人脑中植入电脑晶片，使人脑同时具有电脑的功能，那么到底是人脑的部分在起决定作用还是电脑的部分在起决定作用呢？是电脑变成了人脑还是人脑变成了技术物——电脑呢？或者说，是人变成了物还是物变成了人？我们可以将人体内的心脏换成不会衰竭的人工心脏，或将眼睛升级成具有红外线扫描功能的数字摄影机眼，但究竟机械所占百分比为多少时，赛博格才不再被称作“人”而成为另一种生物？我们与技术融为一体后，人在多大程度上称得上是一个完人、一个“赛博公

---

① Donna Haraway, “A Cyborg Manifesto: Science, Technology, and Socialist-Feminism in the Late Twentieth Century”, in *Simians, Cyborgs and Women: The Reinvention of Nature*, New York: Routledge, 1991, pp. 152 – 153.

② 李建会、苏湛：《哈拉维及其“赛博格”神话》，《自然辩证法研究》2005 年第 3 期。

民”？在媒介文化符号之流的种种奇观中，赛博公民尤为引人注目。赛博公民是指“人—机混合体”，在本质上是指媒介文化所生产出来的一种身体奇观。我们身上的哪个部分尚隶属于不折不扣的肉体？如果不断地用高科技来扩充我们的血肉之躯，人类是否会变成另外一种存在呢？

人作为意志自由的人，在思考和行为中还有多少人的自由意志，还有多少没有被事先编排好的自由行动呢？美国的哲学家罗伯特·诺齐克（Robert Nozick，1938—2002）就曾怀疑，一旦完全局限于模拟的现实之中，人们是否还值得继续活着？[①] 在不久的将来，如果人们身上的所有“零件”都可以被替换，记忆可以被“格式化（formal）”，思考速度以及思考内容也可以随中央处理器与应用软件的不同而有所不同，那么，具有独立思考能力的“人”，在这样的时代又代表些什么呢？如果大脑仅仅是一种传导性介质，人性是否更多地由我们的感情强度来界定范畴的呢？果真如此，留给人类的就只有“情感”了，之后不久也许连“情感”也会被某种装置所取代，这样，人类将应付永无止境的挑战。那么最后也是最根本性的问题是——人类还是人类吗？[②] 不可思议的是，2010 年 5 月 21 日，《科学》杂志报告了世界上首例“人造生命”的诞生。一种由人工合成的基因组所控制产生的单细胞生物——丝状支原体，由美国克雷格·文特尔研究所的科学家“制造”出来，它被命名为“辛西娅”，意为“合成体”。[③]

美国克雷格·文特尔（J. Craig Venter）研究所的研究人员宣布他们在实验室中制造出世界首个人工生命细胞。文特尔将一种称为丝状支原体丝状亚种的微生物的 DNA 进行重塑，并将新的 DNA 片段“粘”在一起，植入另一种细菌中，新的生命由此诞生。这种新生的微生物能够生长、繁殖，并产生一代又一代的人造生命。这个人工生命被称为“辛西娅”，它是人类科学史上革命性的成果，为今后人造微生物的应用研究铺平了道路，文特尔及其团队的工作将会成为基因工程和相关学科教科书式的经典研究。这预示着生物学可能将进入新纪元。人们总是在用“潘多拉的盒子”来形容新生事物，又总是担心世界的未来会毁在这些“藐视上帝”的

---

① ［美］里吉斯著，张明德等译：《科学也疯狂》，北京：中国对外翻译出版公司 1994 年版，第 169 页。

② 费多益：《“进化”的文化选择》，《自然辩证法通讯》2009 年第 2 期。

③ 王家敏：《“辛西娅”来了》，《中国新闻周刊》2010 年第 63 期。

人的手里。虽然“辛西娅”为我们展开了无限的可能，但它现在毕竟还在培养皿里面。事实上，每种技术从实验室到现实社会都需要很长的时间。因此说，文特尔等人的工作，仅仅是在人工合成生命的万里长征中迈出了重要的一步，离真正的人造生命还非常遥远。对于人造生命来说，合成了基因组固然重要，但制造适合人工合成基因组生存的细胞环境更为关键，也更难。人类应不应该制造新的生命体？20 世纪 90 年代，克隆技术在全世界掀起巨大争论。这一次，文特尔“人造生命”不仅挑战上帝的创造，也遭到了达尔文主义者的诘难。此前关于克隆技术、试管婴儿、胚胎干细胞研究等都曾进行过广泛而深入的讨论，目的在于提高生命质量、挽救人类生命和改善人类未来。“辛西娅”标志着人造生命的诞生，成为合成生物学走向新时代的机遇和挑战。

三、赛博格传媒的空间转向

哈拉维作为领袖式的国际权威和激进的《赛博格宣言》的作者，反思赛博空间的当代社会文化意义，预测人类空间发展的未来的可能性。她注重将哲学和科学、传媒和空间、传统问题的框架与新的学术理念结合起来。数字化是后现代“空间转向”的理论取向，她对后现代电子传媒、视角文化和网络空间进行了广泛的研究。哈拉维对这个后现代“混杂”空间进行了令人印象深刻的概括。网络是一种集体智慧，不同于传统的文化传媒，是以电子信息与传播技术为核心的多向互动式电子文化传媒。虚拟传媒的赛博视野站在“文化数字化”的门槛上，实现从 IT（信息技术）到 ICT（信息与传媒技术）的转型。尽管人类不可能创造出等同于自身智能的智能，因为他不可能掌握创建者在支配自身的智能时所曾拥有的全部信息，但是，人类利用赛博格却可以超越自身目前的智能水平——将超级计算机与人脑两者各自的优势有机结合起来，就是可能的途径之一。未来神经科学的发展将使我们能够绘制大脑神经元运作图，记录单个神经元之间的信号传输并用比大脑速度快数百万倍的技术模仿大脑的部分区域。当我们能够把人脑中的各种神经元同体外的设备相连，把大脑与颅骨上或颅骨内的纳米技术设备和遥远的超级计算机直接相连时，我们将以惊人的方式改变人类的能力。

我们也看到了相反的观点，赛博格产生的问题比解决的问题更多。赛博格被视为一种与自然过程断裂和退化的表现。科技的干预与监控不仅被视为是不自然的，更被当成是危险的，它们让人类面临前所未有的挑战与省思。[①] 虽然以当今的电脑科技的应用状况而言，真正的赛博格并未出现，但对人工辅助器材依赖的 ET 增长正强烈暗示着这一趋势；同时，由于人工智能的发展，机器的自我复制和虚拟人物的独立思维也并非遥不可及。人类是靠着感官与环境互动的生物，当环境逐渐掺入机械之后，这些机械也成为环境的一部分，于是机械无可避免地成为人类的一部分，同时人类也成为机械的一部分，这就是赛博格。当科技发展到赛博格时代时，人类的主体性也相应地成了一种多元和流动的主体，但我们必须认识到，人类的主体虽然发生了变化却仍不失其主体性，只是需要重新审视和考察人与物、人与机器的关系以及人与物的连接与共生，就可以在去人类中心化的前提下弘扬人文主义。

电子传媒、虚拟现实与赛博空间是数码化时代的标志。后现代“空间转向”昭示着空间研究特别是赛博空间研究的空前重要性。随着电子传媒技术的发展，心理空间探索的重点转向对虚拟空间的探索。作为一种文化景观，赛博格是对人类在信息社会中主体性的文化新表征，这种文化表征不仅体现着个体与技术的关系，而且，它也为人体在面对日益扩张的信息文化提供了一种新的视角和参照系。一方面，人类从诞生伊始，就从未停止过对自身以及自身与外物之间关系的探索；另一方面，外在环境的日益变化及技术的推陈出新又对人类的繁衍、生存和发展造成了不可避免的巨大影响和复杂作用。这一相互作用的过程不仅渐渐形成了今天个体所处的自然与社会环境，同时也造就了个体内在的身体和心灵。赛博格就是信息进程中的文化产物。作为一种文化标志，它所表征的是一个时代的精神；作为一幅文化图像，它所展现的是信息时代人类生存的新景观。[②]

---

① ［美］法兰西斯·福山著，杜默译：《后人类未来——基因工程的人性浩劫》，台北：时报文化出版公司 2002 年版。

② 陈静、王杰：《我们都是赛博格——信息时代的文化新景观》，《湘潭大学学报》（哲学社会科学版）（第 33 卷），2009 年第 5 期。

附　录

Donna Haraway A Cyborg Manifesto

(Donna Haraway, A Cyborg Manifesto: Science, Technology, and Socialist-Feminism in the Late Twentieth Century, in *Simians, Cyborgs and Women: The Reinvention of Nature*, New York: Routledge, 1991, pp. 149 – 181.)

另见 *The Haravay Reader.* Published in 2004 by Routledge, 29 West 35th Street, New York, NY10001 pp. 7 – 45. www. routledge – ny. com

AN IRONIC DREAM OF A COMMON LANGUAGE FOR WOMEN IN THE INTEGRATED CIRCUIT

This chapter is an effort to build an ironic political myth faithful to feminism, socialism, and materialism. Perhaps more faithful as blasphemy is faithful, than as reverent worship and identification. Blasphemy has always seemed to require taking things very seriously. I know no better stance to adopt from within the secular-religious, evangelical traditions of United States politics, including the politics of socialist feminism. Blasphemy protects one from the moral majority within, while still insisting on the need for community. Blasphemy is not apostasy. Irony is about contradictions that do not resolve into larger wholes, even dialectically, about the tension of holding incompatible things together because both or all are necessary and true. Irony is about humour and serious play. It is also a rhetorical strategy and a political method, one I would like to see more honoured within socialist-feminism. At the centre of my ironic faith, my blasphemy, is the image of the cyborg.

A cyborg is a cybernetic organism, a hybrid of machine and organism, a creature of social reality as well as a creature of fiction. Social reality is lived social relations, our most important political construction, a world-changing fiction. The international women's movements have constructed 'women's experience', as well as uncovered or discovered this crucial collective object. This experience is a fiction and fact of the most crucial, political kind. Liberation rests on the construction of the consciousness, the imaginative apprehension, of oppression, and so of possibility. The cyborg is a matter of fiction and lived experience that changes what counts as women's experience in the late twentieth century. This is a struggle over life and death, but the boundary between science fiction and social reality is an optical illusion.

Contemporary science fiction is full of cyborgs-creatures simultaneously animal and machine, who populate worlds ambiguously natural and crafted. Modern medicine is also full of cyborgs, of couplings between organism and machine, each conceived as coded devices, in an intimacy and with a power that was not generated in the history of sexuality. Cyborg 'sex' restores some of the lovely replicative baroque of ferns and invertebrates (such nice organic prophylactics against heterosexism). Cyborg replication is uncoupled from organic reproduction. Modern production seems like a dream of cyborg colonization work, a dream that makes the nightmare of Taylorism seem idyllic. And modern war is a cyborg orgy, coded by C3I, command-control-communication-intelligence, an $84 billion item in 1984's US defence budget. I am making an argument for the cyborg as a fiction mapping our social and bodily reality and as an imaginative resource suggesting some very fruitful couplings. Michael Foucault's biopolitics is a flaccid premonition of cyborg politics, a very open field.

By the late twentieth century, our time, a mythic time, we are all chimeras, theorized and fabricated hybrids of machine and organism; in short, we are cyborgs. Thus cyborg is our ontology; it gives us our politics. The cyborg is a condensed image of both imagination and material reality, the two joined centres structuring any possibility of historical transformation. In the traditions of 'Western' s science and politics—the tradition of racist, male-dominant capitalism; the tradition of progress; the tradition of the appropriation of nature as resource for the productions of culture; the tradition of reproduction of the self from the reflections of the other-the relation between organism and machine has been a border war. The stakes in the border war have been the territories of production, reproduction, and imagination. This chapter is an argument for pleasure in the confusion of boundaries and for responsibility in their construction. It is also an effort to contribute to socialist-feminist culture and theory in a postmodernist, non-naturalist mode and in the utopian tradition of imagining a world without gender, which is perhaps a world without genesis, but maybe also a world without end. The cyborg incarnation is outside salvation history. Nor does it mark time on an oedipal calendar, attempting to heal the terrible cleavages of gender in an oral symbiotic utopia or post-oedipal apocalypse. As Zoe Sofoulis argues in her unpublished manuscript on Jacques Lacan, Melanie Klein, and nuclear culture, Lacklein, the most terrible and perhaps the most promising monsters in cyborg worlds are embodied in non-oedipal narratives with a different logic of repression, which we need to understand for our survival.

The cyborg is a creature in a post-gender world; it has no truck with bisexuality, pre-oedipal symbiosis, unalienated labour, or other seductions to organic wholeness through a final appropriation of all the powers of the parts into a higher unity. In a sense, the cyborg has no origin story in the Western sense - a 'final' irony since the cyborg is also the awful apocalyptic telos of the 'West's' escalating dominations of abstract individuation, an ultimate self untied at last from all dependency, a man in space. An origin story in the 'Western', humanist sense depends on the myth of original unity, fullness, bliss and terror, represented by the phallic mother from whom all humans must separate, the task of individual development and of history, the twin potent myths inscribed most powerfully for us in psychoanalysis and Marxism. Hilary Klein has argued that both Marxism and psychoanalysis, in their concepts of labour and of individuation and gender formation, depend on the plot of original unity out of which difference must be produced and enlisted in a drama of escalating domination of woman/nature. The cyborg skips the step of original unity, of identification with nature in the Western sense. This is its illegitimate promise that might lead to subversion of its teleology as star wars.

The cyborg is resolutely committed to partiality, irony, intimacy, and perversity. It is oppositional, utopian, and completely without innocence. No longer structured by the polarity of public and private, the cyborg defines a technological polls based partly on a revolution of social relations in the oikos, the household. Nature and culture are reworked; the one can no longer be the resource for appropriation or incorporation by the other. The relationships for forming wholes from parts, including those of polarity and hierarchical domination, are at issue in the cyborg world. Unlike the hopes of Frankenstein's monster, the cyborg does not expect its father to save it through a restoration of the garden; that is, through the fabrication of a heterosexual mate, through its completion in a finished whole, a city and cosmos. The cyborg does not dream of community on the model of the organic family, this time without the oedipal project. The cyborg would not recognize the Garden of Eden; it is not made of mud and cannot dream of returning to dust. Perhaps that is why I want to see if cyborgs can subvert the apocalypse of returning to nuclear dust in the manic compulsion to name the Enemy. Cyborgs are not reverent; they do not remember the cosmos. They are wary of holism, but needy for connection—they seem to have a natural feel for united front politics, but without the vanguard party. The main trouble with cyborgs, of course, is that they are the illegitimate offspring of militarism and patriarchal capitalism, not to mention state socialism. But illegitimate offspring are often exceedingly unfaithful to their origins. Their fathers, after all, are inessential.

I will return to the science fiction of cyborgs at the end of this chapter, but now I want to signal three crucial boundary breakdowns that make the following political-fictional (political-scientific) analysis possible. By the late twentieth century in United States scientific culture, the boundary between human and animal is thoroughly breached. The last beachheads of uniqueness have been polluted if not turned into amusement parks—language tool use, social behaviour, mental events, nothing really convincingly settles the separation of human and animal. And many people no longer feel the need for such a separation; indeed, many branches of feminist culture affirm the pleasure of connection of human and other living creatures. Movements for animal rights are not irrational denials of human uniqueness; they are a clear-sighted recognition of connection across the discredited breach of nature and culture. Biology and evolutionary theory over the last two centuries have simultaneously produced modern organisms as objects of knowledge and reduced the line between humans and animals to a faint trace re-etched in ideological struggle or professional disputes between life and social science. Within this framework, teaching modern Christian creationism should be fought as a form of child abuse.

Biological-determinist ideology is only one position opened up in scientific culture for arguing the meanings of human animality. There is much room for radical political people to contest the meanings of the breached boundary. The cyborg appears in myth precisely where the boundary between human and animal is transgressed. Far from signalling a walling off of people from other living beings, cyborgs signal disturbingly and pleasurably tight coupling. Bestiality has a new status in this cycle of marriage exchange.

The second leaky distinction is between animal-human (organism) and machine. Pre-cybernetic machines could be haunted; there was always the spectre of the ghost in the machine. This dualism structured the dialogue between materialism and idealism that was settled by a dialectical progeny, called spirit or history, according to taste. But basically machines were not self-moving, self-designing, autonomous. They could not achieve man's dream, only mock it. They were not man, an author to himself, but only a caricature of that masculinist reproductive dream. To think they were otherwise was paranoid. Now we are not so sure. Late twentieth-century machines have made thoroughly ambiguous the difference between natural and artificial, mind and body, self-developing and externally designed, and many other distinctions that used to apply to organisms and machines. Our machines are disturbingly lively, and we ourselves frighteningly inert.

Technological determination is only one ideological space opened up by the preconception of machine and organism as coded texts through which we engage in the play of writing and reading the world. 'Textualization' of everything in poststructuralist, postmodernist theory has been damned by Marxists and socialist feminists for its utopian disregard for the lived relations of domination that ground the 'play' of arbitrary reading. It is certainly true that postmodernist strategies, like my cyborg myth, subvert myriad organic wholes (for example, the poem, the primitive culture, the biological organism). In short, the certainty of what counts as nature—a source of insight and promise of innocence—is undermined, probably fatally. The transcendent authorization of interpretation is lost, and with it the ontology grounding 'Western' epistemology. But the alternative is not cynicism or faithlessness, that is, some version of abstract existence, like the accounts of technological determinism destroying 'man' by the 'machine' or 'meaningful political action' by the 'text'. Who cyborgs will be is a radical question; the answers are a matter of survival. Both chimpanzees and artefacts have politics, so why shouldn't we (de Waal, 1982; Winner, 1980)?

The third distinction is a subset of the second: the boundary between physical and non-physical is very imprecise for us. Pop physics books on the consequences of quantum theory and the indeterminacy principle are a kind of popular scientific equivalent to Harlequin romances as a marker of radical change in American white heterosexuality: they get it wrong, but they are on the right subject. Modern machines are quintessentially microelectronic devices: they are everywhere and they are invisible. Modern machinery is an irreverent upstart god, mocking the Father's ubiquity and spirituality. The silicon chip is a surface for writing; it is etched in molecular scales disturbed only by atomic noise, the ultimate interference for nuclear scores. Writing, power, and technology are old partners in Western stories of the origin of civilization, but miniaturization has changed our experience of mechanism. Miniaturization has turned out to be about power; small is not so much beautiful as preeminently dangerous, as in cruise missiles. Contrast the TV sets of the 1950s or the news cameras of the 1970s with the TV wrist bands or hand-sized video cameras now advertised. Our best machines are made of sunshine; they are all light and clean because they are nothing but signals, electromagnetic waves, a section of a spectrum, and these machines are eminently portable, mobile—a matter of immense human pain in Detroit and Singapore. People are nowhere near so fluid, being both material and opaque. Cyborgs are ether, quintessence.

The ubiquity and invisibility of cyborgs is precisely why these sunshine-belt machines are so deadly. They are as hard to see politically as materially. They are about consciousness—or its simulation. They are floating signifiers moving in pickup trucks across Europe, blocked more effectively by the witch-weavings of the displaced and so unnatural Greenham women, who read the cyborg webs of power so very well, than by the militant labour of older masculinist politics, whose natural constituency needs defence jobs. Ultimately the 'hardest' science is about the realm of greatest boundary confusion, the realm of pure number, pure spirit, C3I, cryptography, and the preservation of potent secrets. The new machines are so clean and light. Their engineers are sun-worshippers mediating a new scientific revolution.

The US equivalent of Mills & Boon. associated with the night dream of post-industrial society. The diseases evoked by these clean machines are 'no more' than the minuscule coding changes of an antigen in the immune system, 'no more' than the experience of stress. The nimble fingers of 'Oriental' women, the old fascination of little Anglo-Saxon Victorian girls with doll's houses, women's enforced attention to the small take on quite new dimensions in this world. There might be a cyborg Alice taking account of these new dimensions. Ironically, it might be the unnatural cyborg women making chips in Asia and spiral dancing in Santa Rita jail whose constructed unities will guide effective oppositional strategies.

So my cyborg myth is about transgressed boundaries, potent fusions, and dangerous possibilities which progressive people might explore as one part of needed political work. One of my premises is that most American socialists and feminists see deepened dualisms of mind and body, animal and machine, idealism and materialism in the social practices, symbolic formulations, and physical artefacts associated with 'high technology' and scientific culture. From *One-Dimensional Man* (Marcuse, 1964) to *The Death of Nature* (Merchant, 1980), the analytic resources developed by progressives have insisted on the necessary domination of technics and recalled us to an imagined organic body to integrate our resistance. Another of my premises is that the need for unity of people trying to resist worldwide intensification of domination has never been more acute. But a slightly perverse shift of perspective might better enable us to contest for meanings, as well as for other forms of power and pleasure in technologically mediated societies.

From one perspective, a cyborg world is about the final imposition of a grid of control on the planet, about the final abstraction embodied in a Star Wars apocalypse waged in the name of defence, about the final appropriation of women' s bodies in a masculinist orgy of war (Sofia, 1984). From another perspective, a cyborg world might be about lived social and bodily realities in which people are not afraid of their joint kinship with animals and machines, not afraid of permanently partial identities and contradictory standpoints. The political struggle is to see from both perspectives at once because each reveals both dominations and possibilities unimaginable from the other vantage point. Single vision produces worse illusions than double vision or many-headed monsters. Cyborg unities are monstrous and illegitimate; in our present political circumstances, we could hardly hope for more potent myths for resistance and recoupling. I like to imagine LAG, the Livermore Action Group, as a kind of cyborg society, dedicated to realistically converting the laboratories that most fiercely embody and spew out the tools.

A practice at once both spiritual and political that linked guards and arrested anti-nuclear demonstrators in the Alameda County jail in California in the early 1985. Of technological apocalypse, and committed to building a political form that actually manages to hold together witches, engineers, elders, perverts, Christians, mothers, and Leninists long enough to disarm the state. Fission Impossible is the name of the affinity group in my town. (Affinity: related not by blood but by choice, the appeal of one chemical nuclear group for another, affinity.)

FRACTURED IDENTITIES

It has become difficult to name one' s feminism by a single adjective—or even to insist in every circumstance upon the noun. Consciousness of exclusion through naming is acute. Identities seem contradictory, partial, and strategic. With the hard-won recognition of their social and historical constitution, gender, race, and class cannot provide the basis for belief in 'essential' unity. There is nothing about teeing 'female' that naturally binds women. There is not even such a state as 'being' female, itself a highly complex category constructed in contested sexual scientific discourses and other social practices. Gender, race, or class consciousness is an achievement forced on us by the terrible historica experience of the contradictory social realities of patriarchy, colonialism, and capitalism. And who counts as 'us' in my own rhetoric? Which identities are available to ground such a potent political myth called 'us', and what could motivate enlistment in this collectivity? Painful fragmentation among feminists (not to mention among women) along every possible fault line has made the concept of woman elusive, an excuse for the matrix of women's dominations of each other. For me—and for many who share a similar historical location in white, professional middle-class, female, radical, North American, mid-adult bodies—the sources of a crisis in political identity are legion. The recent history for much of the US left and US feminism has been a response to this kind of crisis by endless splitting and searches for a new essential unity. But there has also been a growing recognition of another response through coalition affinity, not identity.

Chela Sandoval (n. d., 1984), from a consideration of specific historical moments in the formation of the new political voice called women of colour, has theorized a hopeful model of political identity called 'oppositional consciousness', born of the skills for reading webs of power by those refused stable membership in the social categories of race, sex, or class. 'Women of color', a name contested at its origins by those whom it would incorporate, as well as a historical consciousness marking systematic breakdown of all the signs of Man in 'Western' traditions, constructs a kind of postmodernist identity out of otherness, difference, and specificity. This postmodernist identity is fully political, whatever might be said abut other possible postmodernisms. Sandoval's oppositional consciousness is about contradictory locations and heterochronic calendars, not about relativism and pluralism.

Sandoval emphasizes the lack of any essential criterion for identifying who is a woman of colour. She notes that the definition of the group has been by conscious appropriation of negation. For example, a Chicana or US black woman has not been able to speak as a woman or as a black person or as a Chicano. Thus, she was at the bottom of a cascade of negative identities, left out of even the privileged oppressed authorial categories called 'women and blacks', who claimed to make the important revolutions. The category 'woman' negated all non-white women; ‘black’ negated all non-black people, as well as all black women. But there was also no ‘she’, no singularity, but a sea of differences among US women who have affirmed their historical identity as US women of colour. This identity marks out a self-consciously constructed space that cannot affirm the capacity to act on the basis of natural identification, but only on the basis of conscious coalition, of affinity, of political kinship. Unlike the ‘woman’ of some streams of the white women's movement in the United States, there is no naturalization of the matrix, or at least this is what Sandoval argues is uniquely available through the power of oppositional consciousness. Sandoval's argument has to be seen as one potent formulation for feminists out of the world-wide development of anti-colonialist discourse; that is to say, discourse dissolving the ‘West’ and its highest product—the one who is not animal, barbarian, or woman; man, that is, the author of a cosmos called history. As orientalism is deconstructed politically and semiotically, the identities of the occident destabilize, including those of feminists. Sandoval argues that ‘women of colour’ have a chance to build an effective unity that does not replicate the imperializing, totalizing revolutionary subjects of previous Marxisms and feminisms which had not faced the consequences of the disorderly polyphony emerging from decolonization.

Katie King has emphasized the limits of identification and the political/poetic mechanics of identification built into reading ‘the poem’, that generative core of cultural feminism. King criticizes the persistent tendency among contemporary feminists from different ‘moments’ or ‘conversations’ in feminist practice to taxonomize the women's movement to make one's own political tendencies appear to be the telos of the whole. These taxonomies tend to remake feminist history so that it appears to be an ideological struggle among coherent types persisting over time, especially those typical units called radical, liberal, and socialist-feminism. Literally, all other feminisms are either incorporated or marginalized, usually by building an explicit ontology and epistemology. Taxonomies of feminism produce epistemologies to police deviation from official women's experience. And of course, ‘women's culture’, like women of colour, is consciously created by mechanisms inducing affinity. The rituals of poetry, music, and certain forms of academic practice have been pre-eminent. The politics of race and culture in the US women's movements are intimately interwoven. The common achievement of King and Sandoval is learning how to craft a poetic/political unity without relying on a logic of appropriation, incorporation, and taxonomic identification.

The theoretical and practical struggle against unity-through-domination or unity-through-incorporation ironically not only undermines the justifications for patriarchy, colonialism, humanism, positivism, essentialism, scientism, and other unlamented-isms, but all claims for an organic or natural standpoint. I think that radical and socialist/Marxist-feminisms have also undermined their/our own epistemological strategies and that this is a crucially valuable step in imagining possible unities. It remains to be seen whether all 'epistemologies' as Western political people have known them fail us in the task to build effective affinities.

It is important to note that the effort to construct revolutionary standpoints, epistemologies as achievements of people committed to changing the world, has been part of the process showing the limits of identification. The acid tools of postmodernist theory and the constructive tools of ontological discourse about revolutionary subjects might be seen as ironic allies in dissolving Western selves in the interests of survival. We are excruciatingly conscious of what it means to have a historically constituted body. But with the loss of innocence in our origin, there is no expulsion from the Garden either. Our politics lose the indulgence of guilt with the naivete of innocence. But what would another political myth for socialist-feminism look like? What kind of politics could embrace partial, contradictory, permanently unclosed constructions of personal and collective selves and still be faithful, effective—and, ironically, socialist-feminist?

I do not know of any other time in history when there was greater need for political unity to confront effectively the dominations of 'race', 'gender', 'sexuality', and 'class'. I also do not know of any other time when the kind of unity we might help build could have been possible. None of 'us' have any longer the symbolic or material capability of dictating the shape of reality to any of 'them'. Or at least 'we' cannot claim innocence from practicing such dominations. White women, including socialist feminists, discovered (that is, were forced kicking and screaming to notice) the non-innocence of the category 'woman'. That consciousness changes the geography of all previous categories; it denatures them as heat denatures a fragile protein. Cyborg feminists have to argue that 'we' do not want any more natural matrix of unity and that no construction is whole. Innocence, and the corollary insistence on victimhood as the only ground for insight, has done enough damage. But the constructed revolutionary subject must give late-twentieth century people pause as well. In the fraying of identities and in the reflexive strategies for constructing them, the possibility opens up for weaving something other than a shroud for the day after the apocalypse that so prophetically ends salvation history.

Both Marxist/socialist-feminisms and radical feminisms have simultaneously naturalized and denatured the category 'woman' and consciousness of the social lives of 'women'. Perhaps a schematic caricature can highlight both kinds of moves. Marxian socialism is rooted in an analysis of wage labour which reveals class structure. The consequence of the wage relationship is systematic alienation, as the worker is dissociated from his (sic) product. Abstraction and illusion rule in knowledge, domination rules in practice. Labour is the pre-eminently privileged category enabling the Marxist to overcome illusion and find that point of view which is necessary for changing the world. Labour is the humanizing activity that makes man; labour is an ontological category permitting the knowledge of a subject, and so the knowledge of subjugation and alienation.

In faithful filiation, socialist-feminism advanced by allying itself with the basic analytic strategies of Marxism. The main achievement of both Marxist feminists and socialist feminists was to expand the category of labour to accommodate what (some) women did, even when the wage relation was subordinated to a more comprehensive view of labour under capitalist patriarchy. In particular, women's labour in the household and women's activity as mothers generally (that is, reproduction in the socialist-feminist sense), entered theory on the authority of analogy to the Marxian concept of labour. The unity of women here rests on an epistemology based on the ontological structure of 'labour'. Marxist/socialist-feminism does not 'naturalize' unity; it is a possible achievement based on a possible standpoint rooted in social relations. The essentializing move is in the ontological structure of labour or of its analogue, women' s activity. The inheritance of Marxian humanism, with its pre-eminently Western self, is the difficulty for me. The contribution from these formulations has been the emphasis on the daily responsibility of real women to build unities, rather than to naturalize them.

Catherine MacKinnon' s (1982, 1987) version of radical feminism is itself a caricature of the appropriating, incorporating, totalizing tendencies of Western theories of identity grounding action. It is factually and politically wrong to assimilate all of the diverse 'moments' or 'conversations' in recent women' s politics named radical feminism to MacKinnon' s version. But the teleological logic of her theory shows how an epistemology and ontology—including their negation—serase or police difference. Only one of the effects of MacKinnon' s theory is the rewriting of the history of the polymorphous field called radical feminism. The major effect is the production of a theory of experience, of women' s identity, that is a kind of apocalypse for all revolutionary standpoints. That is, the totalization built into this tale of radical feminism achieves its end—the unity of women—by enforcing the experience of and testimony to radical non-being. As for the Marxist/ socialist feminist, consciousness is an achievement, not a natural fact. And MacKinnon' s theory eliminates some of the difficulties built into humanist revolutionary subjects, but at the cost of radical reductionism.

MacKinnon argues that feminism necessarily adopted a different analytical strategy from Marxism, looking first not at the structure of class, but at the structure of sex/gender and its generative relationship, men' s constitution and appropriation of women sexually. Ironically, MacKinnon' s 'ontology' constructs a non-subject, a non-being. Another' s desire, not the self' s labour, is the origin of 'woman'. She therefore develops a theory of consciousness that enforces what can count as 'women' s' experience—anything that names sexual violation, indeed, sex itself as far as 'women' can be concerned. Feminist practice is the construction of this form of consciousness; that is, the self-knowledge of a self-who-is-not. Perversely, sexual appropriation in this feminism still has the epistemological status of labour; that is to say, the point from which an analysis able to contribute to changing the world must flow. But sexual objectification, not alienation, is the consequence of the structure of sex/gender. In the realm of knowledge, the result of sexual objectification is illusion and abstraction. However, a woman is not simply alienated from her product, but in a deep sense does not exist as a subject, or even potential subject, since she owes her existence as a woman to sexual appropriation. To be constituted by another's desire is not the same thing as to be alienated in the violent separation of the labourer from his product.

MacKinnon's radical theory of experience is totalizing in the extreme; it does not so much marginalize as obliterate the authority of any other women's political speech and action. It is a totalization producing what Western patriarchy itself never succeeded in doing—feminists' consciousness of the non-existence of women, except as products of men's desire. I think MacKinnon correctly argues that no Marxian version of identity can firmly ground women's unity. But in solving the problem of the contradictions of any Western revolutionary subject for feminist purposes, she develops an even more authoritarian doctrine of experience. If my complaint about socialist/Marxian standpoints is their unintended erasure of polyvocal, unassimilable, radical difference made visible in anti-colonial discourse and practice, MacKinnon's intentional erasure of all difference through the device of the 'essential' non-existence of women is not reassuring.

In my taxonomy, which like any other taxonomy is a reinscription of history, radical feminism can accommodate all the activities of women named by socialist feminists as forms of labour only if the activity can somehow be sexualized. Reproduction had different tones of meanings for the two tendencies, one rooted in labour, one in sex, both calling the consequences of domination and ignorance of social and personal reality 'false consciousness'.

Beyond either the difficulties or the contributions in the argument of any one author, neither Marxist nor radical feminist points of view have tended to embrace the status of a partial explanation; both were regularly constituted as totalities. Western explanation has demanded as much; how else could the 'Western' author incorporate its others? Each tried to annex other forms of domination by expanding its basic categories through analogy, simple listing, or addition. Embarrassed silence about race among white radical and socialist feminists was one major, devastating political consequence. History and polyvocality disappear into political taxonomies that try to establish genealogies. There was no structural room for race (or for much else) in theory claiming to reveal the construction of the category woman and social group women as a unified or totalizable whole. The structure of my caricature looks like this:

socialist feminism—
structure of class // wage labour // alienation labour,
by analogy reproduction, by extension sex, by addition race
radical feminism—
structure of gender // sexual appropriation // objectification
sex, by analogy labour, by extension reproduction, by addition race

In another context, the French theorist, Julia Kristeva, claimed women appeared as a historical group after the Second World War, along with groups like youth. Her dates are doubtful; but we are now accustomed to remembering that as objects of knowledge and as historical actors, 'race' did not always exist, 'class' has a historical genesis, and 'homosexuals' are quite junior. It is no accident that the symbolic system of the family of man—and so the essence of woman—breaks up at the same moment that networks of connection among people on the planet are unprecedentedly multiple, pregnant, and complex. 'Advanced capitalism' is inadequate to convey the structure of this historical moment. In the 'Western' sense, the end of man is at stake. It is no accident that woman disintegrates into women in our time. Perhaps socialist feminists were not substantially guilty of producing essentialist theory that suppressed women's particularity and contradictory interests. I think we have been, at least through unreflective participation in the logics, languages, and practices of white humanism and through searching for a single ground of domination to secure our revolutionary voice. Now we have less excuse. But in the consciousness of our failures, we risk lapsing into boundless difference and giving up on the confusing task of making partial, real connection. Some differences are playful; some are poles of world historical systems of domination. 'Epistemology' is about knowing the difference.

THE INFORMATICS OF DOMINATION

In this attempt at an epistemological and political position, I would like to sketch a picture of possible unity, a picture indebted to socialist and feminist principles of design. The frame for my sketch is set by the extent and importance of rearrangements in worldwide social relations tied to science and technology. I argue for a politics rooted in claims about fundamental changes in the nature of class, race, and gender in an emerging system of world order analogous in its novelty and scope to that created by industrial capitalism; we are living through a movement from an organic, industrial society to a polymorphous, information system—from all work to all play, a deadly game. Simultaneously material and ideological, the dichotomies may be expressed in the following chart of transitions from the comfortable old hierarchical dominations to the scary new networks I have called the informatics of domination:

Representation Simulation

Bourgeois novel, realism Science fiction, postmodernism

Organism Biotic Component

Depth, integrity Surface, boundary

Heat Noise

Biology as clinical practice Biology as inscription

Physiology Communications engineering

Small group Subsystem

Perfection Optimization

Eugenics Population Control

Decadence, Magic Mountain Obsolescence, Future Shock

Hygiene Stress Management

Microbiology, tuberculosis Immunology, AIDS

Organic division of labour Ergonomics/cybernetics of labour

Functional specialization Modular construction

Reproduction Replication

Organic sex role specialization Optimal genetic strategies

Biological determinism Evolutionary inertia, constraints
Community ecology Ecosystem
Racial chain of being Neo-imperialism, United Nations humanism
Scientific management in home/factory Global factory/Electronic cottage
Family/Market/Factory Women in the Integrated Circuit
Family wage Comparable worth
Public/Private Cyborg citizenship
Nature/Culture fields of difference
Cooperation Communications enhancement
Freud Lacan
Sex Genetic engineering
Labour Robotics
Mind Artificial Intelligence
Second World War Star Wars
White Capitalist Patriarchy Informatics of Domination

This list suggests several interesting things. First, the objects on the right-hand side cannot be coded as 'natural', a realization that subverts naturalistic coding for the lefthand side as well. We cannot go back ideologically or materially. It's not just that igod is dead; so is the 'goddess'. Or both are revivified in the worlds charged with microelectronic and biotechnological politics. In relation to objects like biotic components, one must not think in terms of essential properties, but in terms of design, boundary constraints, rates of flows, systems logics, costs of lowering constraints. Sexual reproduction is one kind of reproductive strategy among many, with costs and benefits as a function of the system environment. Ideologies of sexual reproduction can no longer reasonably call on notions of sex and sex role as organic aspects in natural objects like organisms and families. Such reasoning will be unmasked as irrational, and ironically corporate executives reading Playboy and anti-porn radical feminists will make strange bedfellows in jointly unmasking the irrationalism.

Likewise for race, ideologies about human diversity have to be formulated in terms of frequencies of parameters, like blood groups or intelligence scores. It is 'irrational' to invoke concepts like primitive and civilized. For liberals and radicals, the search for integrated social systems gives way to a new practice called 'experimental ethnography' in which an organic object dissipates in attention to the play of writing. At the level of ideology, we see translations of racism and colonialism into languages of development and under-development, rates and constraints of modernization. Any objects or persons can be reasonably thought of in terms of disassembly and reassembly; no 'natural' architectures constrain system design. The financial districts in all the world's cities, as well as the export-processing and free-trade zones, proclaim this elementary fact of 'late capitalism'. The entire universe of objects that can be known scientifically must be formulated as problems in communications engineering (for the managers) or theories of the text (for those who would resist). Both are cyborg semiologies.

One should expect control strategies to concentrate on boundary conditions and interfaces, on rates of flow across boundaries——and not on the integrity of natural objects. 'Integrity' or 'sincerity' of the Western self gives way to decision procedures and expert systems. For example, control strategies applied to women's capacities to give birth to new human beings will be developed in the languages of population control and maximization of goal achievement for individual decision makers. Control strategies will be formulated in terms of rates, costs of constraints, degrees of freedom. Human beings, like any other component or subsystem, must be localized in a system architecture whose basic modes of operation are probabilistic, statistical. No objects, spaces, or bodies are sacred in themselves; any component can be interfaced with any other if the proper standard, the proper code, can be constructed for processing signals in a common language. Exchange in this world transcends the universal translation effected by capitalist markets that Marx analysed so well. The privileged pathology affecting all kinds of components in this universe is stress—communications breakdown (Hogness, 1983). The cyborg is not subject to Foucault's biopolitics; the cyborg simulates politics, a much more potent field of operations.

This kind of analysis of scientific and cultural objects of knowledge which have appeared historically since the Second World War prepares us to notice some important inadequacies in feminist analysis which has proceeded as if the organic, hierarchical dualisms ordering discourse in 'the West' since Aristotle still ruled. They have been cannibalized, or as Zoe Sofia (Sofoulis) might put it, they have been 'techno-digested'. The dichotomies between mind and body, animal and human, organism and machine, public and private, nature and culture, men and women, primitive and civilized are all in question ideologically. The actual situation of women is their integration/ exploitation into a world system of production/reproduction and communication called the informatics of domination. The home, workplace, market, public arena, the body itself—all can be dispersed and interfaced in nearly infinite, polymorphous ways, with large consequences for women and others—consequences that themselves are very different for different people and which make potent oppositional international movements difficult to imagine and essential for survival. One important route for reconstructing socialist-feminist politics is through theory and practice addressed to the social relations of science and technology, including crucially the systems of myth and meanings structuring our imaginations. The cyborg is a kind of disassembled and reassembled, postmodern collective and personal self. This is the self feminists must code.

Communications technologies and biotechnologies are the crucial tools recrafting our bodies. These tools embody and enforce new social relations for women world-wide. Technologies and scientific discourses can be partially understood as formalizations, i. e. , as frozen moments, of the fluid social interactions constituting them, but they should also be viewed as instruments for enforcing meanings. The boundary is permeable between tool and myth, instrument and concept, historical systems of social relations and historical anatomies of possible bodies, including objects of knowledge. Indeed, myth and tool mutually constitute each other.

Furthermore, communications sciences and modern biologies are constructed by a common move—the translation of the world into a problem of coding, a search for a common language in which all resistance to instrumental control disappears and all heterogeneity can be submitted to disassembly, reassembly, investment, and exchange.

In communications sciences, the translation of the world into a problem in coding can be illustrated by looking at cybernetic (feedback-controlled) systems theories applied to telephone technology, computer design, weapons deployment, or data base construction and maintenance. In each case, solution to the key questions rests on a theory of language and control; the key operation is determining the rates, directions, and probabilities of flow of a quantity called information. The world is subdivided by boundaries differentially permeable to information. Information is just that kind of quantifiable element (unit, basis of unity) which allows universal translation, and so unhindered instrumental power (called effective communication). The biggest threat to such power is interruption of communication. Any system breakdown is a function of stress. The fundamentals of this technology can be condensed into the metaphor C3I, command-control-communication-intelligence, the military' symbol for its operations theory.

In modern biologies, the translation of the world into a problem in coding can be illustrated by molecular genetics, ecology, sociobiological evolutionary theory, and immunobiology. The organism has been translated into problems of genetic coding and read out. Biotechnology, a writing technology, informs research broadly. In a sense, organisms have ceased to exist as objects of knowledge, giving way to biotic components, i. e., special kinds of information-processing devices. The analogous moves in ecology could be examined by probing the history and utility of the concept of the ecosystem. Immunobiology and associated medical practices are rich exemplars of the privilege of coding and recognition systems as objects of knowledge, as constructions of bodily reality for us. Biology here is a kind of cryptography. Research is necessarily a kind of intelligence activity. Ironies abound. A stressed system goes awry; its communication processes break down; it fails to recognize the difference between self and other. Human babies with baboon hearts evoke national ethical perplexity—for animal rights activists at least as much as for the guardians of human purity. In the US gay men and intravenous drug users are the 'privileged' victims of an awful immune system disease that marks (inscribes on the body) confusion of boundaries and moral pollution (Treichler, 1987).

But these excursions into communications sciences and biology have been at a rarefied level; there is a mundane, largely economic reality to support my claim that these sciences and technologies indicate fundamental transformations in the structure of the world for us. Communications technologies depend on electronics. Modern states, multinational corporations, military power, welfare state apparatuses, satellite systems, political processes, fabrication of our imaginations, labour-control systems, medical constructions of our bodies, commercial pornography, the international division of labour, and religious evangelism depend intimately upon electronics. Micro-electronics is the technical basis of simulacra; that is, of copies without originals.

Micro-electronics mediates the translations of labour into robotics and word processing, sex into genetic engineering and reproductive technologies, and mind into artificial intelligence and decision procedures. The new biotechnologies concern more than human reproduction. Biology as a powerful engineering science for redesigning materials and processes has revolutionary implications for industry, perhaps most obvious today in areas of fermentation, agriculture, and energy. Communication sciences and biology are construction of natural-technical objects of knowledge in which the difference between machine and organism is thoroughly blurred; mind, body, and tool are on very intimate terms. The 'multinational' material organization of the production and reproduction of daily life and the symbolic organization of the production and reproduction of culture and imagination seem equally implicated. The boundary-maintaining images of base and superstructure, public and private, or material and ideal never seemed more feeble.

I have used Rachel Grossman's (1980) image of women in the integrated circuit to name the situation of women in a world so intimately restructured through the social relations of science and technology. I used the odd circumlocution, 'the social relations of science and technology', to indicate that we are not dealing with a technological determinism, but with a historical system depending upon structured relations among people. But the phrase should also indicate that science and technology provide fresh sources of power, that we need fresh sources of analysis and political action (Latour, 1984).

Some of the rearrangements of race, sex, and class rooted in high-tech-facilitated social relations can make socialist-feminism more relevant to effective progressive politics.

THE 'HOMEWORK ECONOMY' OUTSIDE 'THE HOME'

The 'New Industrial Revolution' is producing a new world-wide working class, as well as new sexualities and ethnicities. The extreme mobility of capital and the emerging international division of labour are intertwined with the emergence of new collectivities, and the weakening of familiar groupings. These developments are neither gender nor race-neutral. White men in advanced industrial societies have become newly vulnerable to permanent job loss, and women are not disappearing from the job rolls at the same rates as men. It is not simply that women in Third World countries are the preferred labour force for the science-based multinationals in the export-processing sectors, particularly in electronics. The picture is more systematic and involves reproduction, sexuality, culture, consumption, and production. In the prototypical Silicon Valley, many women's lives have been structured around employment in electronics-dependent jobs, and their intimate realities include serial heterosexual monogamy, negotiating childcare, distance from extended kin or most other forms of traditional community, a high likelihood of loneliness and extreme economic vulnerability as they age. The ethnic and racial diversity of women in Silicon Valley structures a microcosm of conflicting differences in culture, family, religion, education, and language.

Richard Gordon has called this new situation the 'homework economy'. Although he includes the phenomenon of literal homework emerging in connection with electronics assembly, Gordon intends 'homework economy' to name a restructuring of work that broadly has the characteristics formerly ascribed to female jobs, jobs literally done only by women. Work is being redefined as both literally female and feminized, whether performed by men or women. To be feminized means to be made extremely vulnerable; able to be disassembled, reassembled, exploited as a reserve labour force; seen less as workers than as servers; subjected to dme arrangements on and off the paid job that make a mockery of a limited work day; leading an existence that always borders on being obscene, out of place, and reducible to sex. Deskilling is an old strategy newly applicable to formerly privileged workers. However, the homework economy does not refer only to large-scale deskilling, nor does it deny that new areas of high skill are emerging, even for women and men previously excluded from skilled employment. Rather, the concept indicates that factory, home, and market are integrated on a new scale and that the places of women are crucial—and need to be analysed for differences among women and for meanings for relations between men and women in various situations.

The homework economy as a world capitalist organizational structure is made possible by (not caused by) the new technologies. The success of the attack on relatively privileged, mostly white, men's unionized jobs is deaf to the power of the new communications technologies to integrate and control labour despite extensive dispersion and decentralization. The consequences of the new technologies are felt by women both in the loss of the family (male) wage (if they ever had access to this white privilege) and in the character of their own jobs, which are becoming capital-intensive; for example, office work and nursing.

The new economic and technological arrangements are also related to the collapsing welfare state and the ensuing intensification of demands on women to sustain daily life for themselves as well as for men, children, and old people. The feminization of poverty—generated by dismantling the welfare state, by the homework economy where stable jobs become the exception, and sustained by the expectation that women's wages will not be matched by a male income for the support of children—has become an urgent focus. The causes of various women-headed households are a function of race, class, or sexuality; but their increasing generality is a ground for coalitions of women on many issues. That women regularly sustain daily life partly as a function of their enforced status as mothers is hardly new; the kind of integration with the overall capitalist and progressively war-based economy is new. The particular pressure, for example, on US black women, who have achieved an escape from (barely) paid domestic service and who now hold clerical and similar jobs in large numbers, has large implication for continued enforced black poverty with employment. Teenage women in industrializing areas of the Third World increasingly find themselves the sole or major source of a cash wage for their families, while access to land is ever more problematic. These developments must have major consequences in the psychodynamics and politics of gender and race.

Within the framework of three major stages of capitalism (commercial/early industrial, monopoly, multinational) —tied to nationalism, imperialism, and multinationalism, and related to Jameson' s three dominant aesthetic periods of realism, modernism, and postmodernism—I would argue that specific forms of families dialectically relate to forms of capital and to its political and cultural concomitants. Although lived problematically and unequally, ideal forms of these families might be schematized as (1) the patriarchal nuclear family, structured by the dichotomy between public and private and accompanied by the white bourgeois ideology of separate spheres and nineteenth-century Anglo-American bourgeois feminism; (2) the modern family mediated (or enforced) by the welfare state and institutions like the family wage, with a flowering of a-feminist heterosexual ideologies, including their radical versions represented in Greenwich Village around the First World War; and (3) the 'family' of the homework economy with its oxymoronic structure of women-headed households and its explosion of feminisms and the paradoxical intensification and erosion of gender itself.

This is the context in which the projections for world-wide structural unemployment stemming from the new technologies are part of the picture of the homework economy. As robotics and related technologies put men out of work in 'developed' countries and exacerbate failure to generate male jobs in Third World 'development', and as the automated of fice becomes the rule even in labour-surplus countries, the feminization of work intensifies. Black women in the United States have long known what it looks like to face the structural underemployment ('feminization') of black men, as well as their own highly vulnerable position in the wage economy. It is no longer a secret that sexuality, reproduction, family, and community life are interwoven with this economic structure in myriad ways which have also differentiated the situations of white and black women. Many more women and men will contend with similar situations, which will make cross-gender and race alliances on issues of basic life support (with or without jobs) necessary, not just mice.

The new technologies also have a profound effect on hunger and on food production for subsistence world-wide. Rae Lessor Blumberg (1983) estimates that women produce about 50 percent of the world's subsistence food. Women are excluded generally from benefiting from the increased high-tech commodification of food and energy crops, their days are made more arduous because their responsibilities to provide food do not diminish, and their reproductive situations are made more complex. Green Revolution technologies interact with other high-tech industrial production to alter gender divisions of labour and differential gender migration patterns.

The new technologies seem deeply involved in the forms of 'privatization' that Ros Petchesky (1981) has analysed, in which militarization, right-wing family ideologies and policies, and intensified definitions of corporate (and state) property as private synergistically interact. The new communications technologies are fundamental to the eradication of 'public life' for everyone. This facilitates the mushrooming of a permanent high-tech military establishment at the cultural and economic expense of most people, but especially of women.

Technologies like video games and highly miniaturized televisions seem crucial to production of modern forms of 'private life'. The culture of video games is heavily orientated to individual competition and extraterrestrial warfare. High-tech, gendered imaginations are produced here, imaginations that can contemplate destruction of the planet and a sci-fi escape from its consequences. More than our imaginations is militarized; and the other realities of electronic and nuclear warfare are inescapable. These are the technologies that promise ultimate mobility and perfect exchange—and incidentally enable tourism, that perfect practice of mobility and exchange, to emerge as one of the world's largest single industries.

The new technologies affect the social relations of both sexuality and of reproduction, and not always in the same ways. The close ties of sexuality and instrumentality, of views of the body as a kind of private satisfaction—and utility-maximizing machine, are described nicely in sociobiological origin stories that stress a genetic calculus and explain the inevitable dialectic of domination of male and female gender roles. These sociobiological stories depend on a high-tech view of the body as a biotic component or cybernetic communications system. Among the many transformations of reproductive situations is the medical one, where women' s bodies have boundaries newly permeable to both 'visualization' and 'intervention'. Of course, who controls the interpretation of bodily boundaries in medical hermeneutics is a major feminist issue. The speculum served as an icon of women' s claiming their bodies in the 1970s; that handcraft tool is inadequate to express our needed body politics in the negotiation of reality in the practices of cyborg reproduction. Self-help is not enough. The technologies of visualization recall the important cultural practice of hundng with the camera and the deeply predatory nature of a photographic consciousness. Sex, sexuality, and reproduction are central actors in high-tech myth systems structuring our imaginations of personal and social possibility.

Another critical aspect of the social relations of the new technologies is the reformulation of expectations, culture, work, and reproduction for the large scientific and technical workforce. A major social and political danger is the formation of a strongly bimodal social structure, with the masses of women and men of all ethnic groups, but especially people of colour, confined to a homework economy, illiteracy of several varieties, and general redundancy and impotence, controlled by high-tech repressive apparatuses ranging from entertainment to surveillance and disappearance. An adequate socialist-feminist politics should address women in the privileged occupational categories, and particularly in the production of science and technology that constructs scientific-technical discourses, processes, and objects.

This issue is only one aspect of enquiry into the possibility of a feminist science, but it is important. What kind of constitutive role in the production of knowledge, imagination, and practice can new groups doing science have? How can these groups be allied with progressive social and political movements? What kind of political accountability can be constructed to the women together across the scientific-technical hierarchies separating us? Might there be ways of developing feminist science/technology politics in alliance with anti-military science facility conversion action groups? Many scientific and technical workers in Silicon Valley, the high-tech cowboys included, do not want to work on military science. Can these personal preferences and cultural tendencies be welded into progressive politics among this professional middle class in which women, including women of colour, are coming to be fairly numerous?

WOMEN IN THE INTEGRATED CIRCUIT

Let me summarize the picture of women's historical locations in advanced industrial societies, as these positions have been restructured partly through the social relations of science and technology. If it was ever possible ideologically to characterize women's lives by the distinction of public and private domains—suggested by images of the division of working-class life into factory and home, of bourgeois life into market and home, and of gender existence into personal and political realms—it is now a totally misleading ideology, even to show how both terms of these dichotomies construct each other in practice and in theory. I prefer a network ideological image, suggesting the profusion of spaces and identities and the permeability of boundaries in the personal body and in the body politic. 'Networking' is both a feminist practice and a multinational corporate strategy—weaving is for oppositional cyborgs.

So let me return to the earlier image of the informatics of domination and trace one vision of women's 'place' in the integrated circuit, touching only a few idealized social locations seen primarily from the point of view of advanced capitalist societies: Home, Market, Paid Work Place, State, School, Clinic-hospital, and Church. Each of these idealized spaces is logically and practically implied in every other locus, perhaps analogous to a holographic photograph. I want to suggest the impact of the social relations mediated and enforced by the new technologies in order to help formulate needed analysis and practical work. However, there is no 'place' for women in these networks, only geometries of difference and contradiction crucial to women's cyborg identities. If we learn how to read these webs of power and social life, we might learn new couplings, new coalitions. There is no way to read the following list from a standpoint of 'identification', of a unitary self. The issue is dispersion. The task is to survive in the diaspora.

Home: Women-headed households, serial monogamy, flight of men, old women alone, technology of domestic work, paid homework, re-emergence of home sweat-shops, home-based businesses and telecommuting, electronic cottage, urban homelessness, migration, module architecture, reinforced (simulated) nuclear family, intense domestic violence.

Market: Women's continuing consumption work, newly targeted to buy the profusion of new production from the new technologies (especially as the competitive race among industrialized and industrializing nations to avoid dangerous mass unemployment necessitates finding ever bigger new markets for ever less clearly needed commodities); bimodal buying power, coupled with advertising targeting of the numerous affluent groups and neglect of the previous mass markets; growing importance of informal markets in labour and commodities parallel to high-tech, affluent market structures; surveillance systems through electronic funds transfer; intensified market abstraction (commodification) of experience, resulting in ineffective utopian or equivalent cynical theories of community; extreme mobility (abstraction) of marketing/financing systems; interpenetration of sexual and labour markets; intensified sexualization of abstracted and alienated consumption.

Paid Work Place: Continued intense sexual and racial division of labour, but considerable growth of membership in privileged occupational categories for many white women and people of colour; impact of new technologies on women's work in clerical, service, manufacturing (especially textiles), agriculture, electronics; international restructuring of the working classes; development of new time arrangements to facilitate the homework economy (flex time, part time, over time, no time); homework and out work; increased pressures for two-tiered wage structures; significant numbers of people in cash-dependent populations world-wide with no experience or no further hope of stable employment; most labour 'marginal' or 'feminized'.

State: Continued erosion of the welfare state; decentralizations with increased surveillance and control; citizenship by telematics; imperialism and political power broadly in the form of information rich/information poor differentiation; increased high-tech militarization increasingly opposed by many social groups; reduction of civil service jobs as a result of the growing capital intensification of office work, with implications for occupational mobility for women of colour; growing privatization of material and ideological life and culture; close integration of privatization and militarization, the high-tech forms of bourgeois capitalist personal and public life; invisibility of different social groups to each other, linked to psychological mechanisms of belief in abstract enemies.

School: Deepening coupling of high-tech capital needs and public education at all levels, differentiated by race, class, and gender; managerial classes involved in educational reform and refunding at the cost of remaining progressive educational democratic structures for children and teachers; education for mass ignorance and repression in technocratic and militarized culture; growing anti-science mystery cults in dissenting and radical political movements; continued relative scientific illiteracy among white women and people of colour; growing industrial direction of education (especially higher education) by science-based multinationals (particularly in electronics and biotechnology-dependent companies); highly educated, numerous elites in a progressively bimodal society.

Clinic-hospital: Intensified machine-body relations; renegotiations of public metaphors which channel personal experience of the body, particularly in relation to reproduction, immune system functions, and 'stress' phenomena; intensification of reproductive politics in response to world historical implications of women's unrealized, potential control of their relation to reproduction; emergence of new, historically specific diseases; struggles over meanings and means of health in environments pervaded by high technology products and processes; continuing feminization of health work; intensified struggle over state responsibility for health; continued ideological role of popular health movements as a major form of American politics.

Church: Electronic fundamentalist 'super-saver' preachers solemnizing the union of electronic capital and automated fetish gods; intensified importance of churches in resisting the militarized state; central struggle over women's meanings and authority in religion; continued relevance of spirituality, intertwined with sex and health, in political struggle.

The only way to characterize the informatics of domination is as a massive intensification of insecurity and cultural impoverishment, with common failure of subsistence networks for the most vulnerable. Since much of this picture interweaves with the social relations of science and technology, the urgency of a socialist-feminist politics addressed to science and technology is plain. There is much now being tione, and the grounds for political work are rich. For example, the efforts to develop forms of collective struggle for women in paid work, like SEIU' s District 925①, should be a high priority for all of us. These efforts are profoundly deaf to technical restructuring of labour processes and reformations of working classes. These efforts also are providing understanding of a more comprehensive kind of labour organization, involving community, sexuality, and family issues never privileged in the largely white male industrial unions.

The structural rearrangements related to the social relations of science and technology evoke strong ambivalence. But it is not necessary to be ultimately depressed by the implications of late twentieth-century women' s relation to all aspects of work, culture, production of knowledge, sexuality, and reproduction. For excellent reasons, most Marxisms see domination best and have trouble understanding what can only look like false consciousness and people' s complicity in their own domination in late capitalism. It is crucial to remember that what is lost, perhaps especially from women' s points of view, is often virulent forms of oppression, nostalgically naturalized in the face of current violation. Ambivalence towards the disrupted unities mediated by high-tech culture requires not sorting consciousness into categories of clear-sighted critique grounding a solid political epistemology ' versus ' manipulated false consciousness', but subtle understanding of emerging pleasures, experiences, and powers with serious potential for changing the rules of the game.

There are grounds for hope in the emerging bases for new kinds of unity across race, gender, and class, as these elementary units of socialist-feminist

① Service Employees International Union' s office workers organization in US.

analysis themselves suffer protean transformations. Intensifications of hardship experienced world-wide in connection with the social relations of science and technology are severe. But what people are experiencing is not transparently clear, and we lack sufficiently subtle connections for collectively building effective theories of experience. Present efforts—Marxist, psychoanalytic, feminist, anthropological—to clarify even 'our' experience are rudimentary.

I am conscious of the odd perspective provided by my historical position—a PhD in biology for an Irish Catholic girl was made possible by Sputnik's impact on US national science-education policy. I have a body and mind as much constructed by the Post-second World War arms race and cold war as by the women's movements. There are more grounds for hope in focusing on the contradictory effects of politics designed to produce loyal American technocrats, which also produced large numbers of dissidents, than in focusing on the present defeats.

The permanent partiality of feminist points of view has consequences for our expectations of forms of political organization and participation. We do not need a totality in order to work well. The feminist dream of a common language, like all dreams for a perfectly true language, of perfectly faithful naming of experience, is a totalizing and imperialist one. In that sense, dialectics too is a dream language, longing to resolve contradiction. Perhaps, ironically, we can learn from our fusions with animals and machines how not to be Man, the embodiment of Western logos. From the point of view of pleasure in these potent and taboo fusions, made inevitable by the social relations of science and technology, there might indeed be a feminist science.

CYBORGS: A MYTH OF POLITICAL IDENTITY

I want to conclude with a myth about indentity and boundaries which might inform late twentieth-century political imaginations (Plate 1). I am indebted in this story to writers like Joanna Russ, Samuel R. Delany, John Varley, James Tiptree, Jr, Octavia Butler, Monique Wittig, and Vonda McIntyre. These are our story-tellers exploring what it means to be embodied in high-tech worlds. They are theorists for cyborgs. Exploring conceptions of bodily boundaries and social order, the anthropologist Mary Douglas (1966, 1970) should be credited with helping us to consciousness about how fundamental body imagery is to world view, and so to political language. French feminists like Luce Irigaray and Monique Wittig, for all their differences, know how to write the body; how to weave eroticism, cosmology, and politics from imagery of embodiment, and especially for Wittig, from imagery of fragmentation and reconstitution of bodies.

American radical feminists like Susan Griffin, Audre Lorde, and Adrienne Rich have profoundly affected our political imaginations—and perhaps restricted too much what we allow as a friendly body and political language. They insist on the organic, opposing it to the technological. But their symbolic systems and the related positions of ecofeminism and feminist paganism, replete with organicisms, can only be understood in Sandoval' s terms as oppositional ideologies fitting the late twentieth century. They would simply bewilder anyone not preoccupied with the machines and consciousness of late capitalism. In that sense they are part of the cyborg world. But there are also great riches for feminists in explicitly embracing the possibilities inherent in the breakdown of clean distinctions between organism and machine and similar distinctions structuring the Western self. It is the simultaneity of breakdowns that cracks the matrices of domination and opens geometric possibilities. What might be learned from personal and political 'technological' pollution? I look briefly at two overlapping groups of texts for their insight into the construction of a potentially helpful cyborg myth: constructions of women of colour and monstrous selves in feminist science fiction.

Earlier I suggested that 'women of colour' might be understood as a cyborg identity, a potent subjectivity synthesized from fusions of outsider identities and in the complex political-historical layerings of her 'biomythography', Zami (Lorde, 1982; King, 1987a, 1987b). There are material and cultural grids mapping this potential, Audre Lorde (1984) captures the tone in the title of her *Sister Outsider*. In my political myth, Sister Outsider is the offshore woman, whom US workers, female and feminized, are supposed to regard as the enemy preventing their solidarity, threatening their security. Onshore, inside the boundary of the United States, *Sister Outsider* is a potential amidst the races and ethnic identities of women manipulated for division, competition, and exploitation in the same industries. 'Women of colour' are the preferred labour force for the science-based industries, the real women for whom the world-wide sexual market, labour market, and politics of reproduction kaleidoscope into daily life. Young Korean women hired in the sex industry and in electronics assembly are recruited from high schools, educated for the integrated circuit. Literacy, especially in English, distinguishes the 'cheap' female labour so attractive to the multinationals.

Contrary to orientalist stereotypes of the 'oral primitive', literacy is a special mark of women of colour, acquired by US black women as well as men through a history of risking death to learn and to teach reading and writing. Writing has a special significance for all colonized groups. Writing has been crucial to the Western myth of the distinction between oral and written cultures, primitive and civilized mentalities, and more recently to the erosion of that distinction in 'postmodernist' theories attacking the phallogocentrism of the West, with its worship of the monotheistic, phallic, authoritative, and singular work, the unique and perfect name. Contests for the meanings of writing are a major form of contemporary political struggle. Releasing the play of writing is deadly serious. The poetry and stories of US women of colour are repeatedly about writing, about access to the power to signify; but this time that power must be neither phallic nor innocent. Cyborg writing must not be about the Fall, the imagination of a once-upon-a-time wholeness before language, before writing, before Man. Cyborg writing is about the power to survive, not on the basis of original innocence, but on the basis of seizing the tools to mark the world that marked them as other.

The tools are often stories, retold stories, versions that reverse and displace the hierarchical dualisms of naturalized identities. In retelling origin stories, cyborg authors subvert the central myths of origin of Western culture. We have all been colonized by those origin myths, with their longing for fulfilment in apocalypse. The phallogocentric origin stories most crucial for feminist cyborgs are built into the literal technologies—technologies that write the world, biotechnology and microelectronics—that have recently textualized our bodies as code problems on the grid of C3I. Feminist cyborg stories have the task of recoding communication and intelligence to subvert command and control.

Figuratively and literally, language politics pervade the struggles of women of colour; and stories about language have a special power in the rich contemporary writing by US women of colour. For example, retellings of the stom of the indigenous woman Malinche, mother of the mestizo ‘bastard’ race of the new world, master of languages, and mistress of Cortes, carry special meaning for Chicana constructions of identity. Cherrie Moraga (1983) in *Loving in the War Years* explores the themes of identity when one never possessed the original language, never told the original story, never resided in the harmony of legitimate heterosexuality in the garden of culture, and so cannot base identity on a myth or a fall from innocence and right to natural names, mother' s or father' s. Moraga' s writing, her superb literacy, is presented in her poetry as the same kind of violation as Malinche' s mastery of the conqueror' s language——a violation, an illegitimate production, that allows survival. Moraga' s language is not ‘whole’; it is self-consciously spliced, a chimera of English and Spanish, both conqueror' s languages. But it is this chimeric monster, without claim to an original language before violation, that crafts the erode, competent, potent identities of women of colour. *Sister Outsider* hints at the possibility of world survival not because of her innocence, but because of her ability to live on the boundaries, to write without the founding myth of original wholeness, with its inescapable apocalypse of final return to a deathly oneness that Man has imagined to be the innocent and all-powerful Mother, freed at the End from another spiral of appropriation by her son. Writing marks Moraga' s body, affirms it as the body of a woman of colour, against the possibility of passing into the unmarked category of the Anglo father or into the orientalist myth of ‘original illiteracy’ of a mother that never was. Malinche was mother here, not Eve before eating the forbidden fruit. Writing affirms Sister Outsider, not the Woman-before-the-Fall-into-Writing needed by the phallogocentric Family of Man.

Writing is pre-eminently the technology of cyborgs, etched surfaces of the late twentieth century. Cyborg politics is the struggle for language and the struggle against perfect communication, against the one code that translates all meaning perfectly, the central dogma of phallogocentrism. That is why cyborg politics insist on noise and advocate pollution, rejoicing in the illegitimate fusions of animal and machine. These are the couplings which make Man and Woman so problematic, subverting the structure of desire, the force imagined to generate language and gender, and so subverting the structure and modes of reproduction of 'Western' identity, of nature and culture, of mirror and eye, slave and master, body and mind. 'We' did not originally choose to be cyborgs, but choice grounds a liberal politics and epistemology that imagines the reproduction of individuals before the wider replications of 'texts'.

From the perspective of cyborgs, freed of the need to ground politics in 'our' privileged position of the oppression that incorporates all other dominations, the innocence of the merely violated, the ground of those closer to nature, we can see powerful possibilities. Feminisms and Marxisms have run aground on Western epistemological imperatives to construct a revolutionary subject from the perspective of a hierarchy of oppressions and/or a latent position of moral superiority, innocence, and greater closeness to nature. With no available original dream of a common language or original symbiosis promising protection from hostile 'masculine' separation, but written into the play of a text that has no finally privileged reading or salvation history, to recognize 'oneself' as fully implicated in the world, frees us of the need to root politics in identification, vanguard parties, purity, and mothering. Stripped of identity, the bastard race teaches about the power of the margins and the importance of a mother like Malinche. Women of colour have transformed her from the evil mother of masculinist fear into the originally literate mother who teaches survival.

This is not just literary deconstruction, but liminal transformation. Every, story that begins with original innocence and privileges the return to wholeness imagines the drama of life to be individuation, separation, the birth of the self, the tragedy of autonomy, the fall into writing, alienation; that is, war, tempered by imaginary respite in the bosom of the Other. These plots are ruled by a reproductive politics—rebirth without flaw, perfection, abstraction. In this plot women are imagined either better or worse off, but all agree they have less selfhood, weaker individuation, more fusion to the oral, to Mother, less at stake in masculine autonomy. But there is another route to having less at stake in masculine autonomy, a route that does not pass through Woman, Primitive, Zero, the Mirror Stage and its imagination. It passes through women and other present-tense, illegitimate cyborgs, not of Woman born, who refuse the ideological resources of victimization so as to have a real life. These cyborgs are the people who refuse to disappear on cue, no matter how many times a 'western' commentator remarks on the sad passing of another primitive, another organic group done in by 'Western' technology, by writing. These real-life cyborgs (for example, the Southeast Asian village women workers in Japanese and US electronics firms described by Aihwa Ong) are actively rewriting the texts of their bodies and societies. Sumival is the stakes in this play of readings.

To recapitulate, certain dualisms have been persistent in Western traditions; they have all been systemic to the logics and practices of domination of women, people of colour, nature, workers, animals—in short, domination of all constituted as others, whose task is to mirror the self. Chief among these troubling dualisms are self/other, mind/body, culture/nature, male/female, civilized/primitive, reality/appearance, whole/part, agent/resource, maker/made, active/passive, right/wrong, truth/illusion, total/partial, God/man. The self is the One who is not dominated, who knows that by the semi-of the other, the other is the one who holds the future, who knows that by the experience of domination, which gives the lie to the autonomy of the self. To be One is to be autonomous, to be powerful, to be God; but to be One is to be an illusion, and so to be involved in a dialectic of apocalypse with the other. Yet to be other is to be multiple, without clear boundary, frayed, insubstantial. One is too few, but two are too many.

High-tech culture challenges these dualisms in intriguing ways. It is not clear who makes and who is made in the relation between human and machine. It is not clear what is mind and what body in machines that resolve into coding practices. In so far as we know ourselves in both formal discourse (for example, biology) and in daily practice (for example, the homework economy in the integrated circuit), we find ourselves to be cyborgs, hybrids, mosaics, chimeras. Biological organisms have become biotic systems, communications devices like others. There is no fundamental, ontological separation in our formal knowledge of machine and organism, of technical and organic. The replicant Rachel in the *Ridley Scott* film Blade Runner stands as the image of a cyborg culture' s fear, love, and confusion.

One consequence is that our sense of connection to our tools is heightened. The trance state experienced by many computer users has become a staple of science-fiction film and cultural jokes. Perhaps paraplegics and other severely handicapped people can (and sometimes do) have the most intense experiences of complex hybridization with other communication devices. Anne McCaffrey' s pre-feminist *The Ship Who Sang* (1969) explored the consciousness of a cyborg, hybrid of girl' s brain and complex machinery, formed after the birth of a severely handicapped child. Gender, sexuality, embodiment, skill: all were reconstituted in the story. Why should our bodies end at the skin, or include at best other beings encapsulated by skin? From the seventeenth century till now, machines could be animated—given ghostly souls to make them speak or move or to account for their orderly development and mental capacities. Or organisms could be mechanized—reduced to body understood as resource of mind. These machine/organism relationships are obsolete, unnecessary. For us, in imagination and in other practice, machines can be prosthetic devices, intimate components, friendly selves. We don' t need organic holism to give impermeable wholeness, the total woman and her feminist variants (mutants?). Let me conclude this point by a very partial reading of the logic of the cyborg monsters of my second group of texts, feminist science fiction.

The cyborgs populating feminist science fiction make very problematic the statuses of man or woman, human, artefact, member of a race, individual entity, or body. Katie King clarifies how pleasure in reading these fictions is not largely based on identification. Students facing Joanna Russ for the first time, students who have learned to take modernist writers like James Joyce or Virginia Woolf without flinching, do not know what to make of *The Adventures of Alyx or The Female Man*, where characters refuse the reader' s search for innocent wholeness while granting the wish for heroic quests, exuberant eroticism, and serious politics. *The Female Man* is the story of four versions of one genotype, all of whom meet, but even taken together do not make a whole, resolve the dilemmas of violent moral action, or remove the growing scandal of gender. The feminist science fiction of Samuel R. Delany, especially *Tales of Neveyon*, mocks stories of origin by redoing the neolithic revolution, replaying the founding moves of Western civilization to subvert their plausibility. James Tiptree, Jr, an author whose fiction was regarded as particularly manly until her ‘true’ gender was revealed, tells tales of reproduction based on non-mammalian technologies like alternation of generations of male brood pouches and male nurturing. John Varley constructs a supreme cyborg in his arch-feminist exploration of Gaea, a mad goddess-planet-trickster-old woman-technological device on whose surface an extraordinary array of post-cyborg symbioses are spawned. Octavia Butler writes of an African sorceress pitting her powers of transformation against the genetic manipulations of her rival (*Wild Seed*), of dme warps that bring a modern US black woman into slavery where her actions in relation to her white master-ancestor determine the possibility of her own birth (Kindred), and of the illegitimate insights into identity and community of an adopted cross-species child who came to know the enemies as self (*Survivor*). *In Dawn* (1987), the first instalment of a series called Xenogenesis, Butler tells the story of Lilith Iyapo, whose personal name recalls Adam’s first and repudiated wife and whose family name marks her status as the widow of the son of Nigerian immigrants to the US. A black woman and a mother whose child is dead, Lilith mediates the transformation of humanity through genetic exchange with extra-terrestrial lovers/rescuers/destroyers/genetic engineers, who reform earth’s habitats after the nuclear holocaust and coerce surviving humans into intimate fusion with them. It is a novel that interrogates reproductive, linguistic, and nuclear politics in a mythic field structured by late twentieth-century race and gender.

Because it is particularly rich in boundary transgressions, Vonda McIn-tyre’s *Superluminal* can close this truncated catalogue of promising and dangerous monsters who help redefine the pleasures and politics of embodiment and feminist writing. In a fiction where no character is ‘simply’ human, human status is highly problematic. Orca, a genetically altered diver, can speak with killer whales and survive deep ocean conditions, but she longs to explore space as a pilot, necessitating bionic implants jeopardizing her kinship with the divers and cetaceans. Transformations are effected by virus vectors carrying a new developmental code, by transplant surgery, by implants of microelectronic devices, by analogue doubles, and other means. Lacnea becomes a pilot by accepting a heart implant and a host of other alterations allowing survival in transit at speeds exceeding that of light. Radu Dracul survives a virus-caused plague in his outer world planet to find himself with a time sense that changes the boundaries of spatial perception for the whole species. All the characters explore the limits of language; the dream of communicating experience; and the necessity of limitation, partiality, and intimacy even in this world of protean transformation and connection. *Superluminal* stands also for the defining contradictions of a cyborg world in another sense; it embodies textually the intersection of feminist theory and colonial discourse in the science fiction I have alluded to in this chapter. This is a conjunction with a long history that many 'First World' feminists have tried to repress, including myself in my readings of *Superluminal* before being called to account by Zoe Sofoulis, whose different location in the world system's informatics of domination made her acutely alert to the imperialist moment of all science fiction cultures, including women's science fiction. From an Australian feminist sensitivity, Sofoulis remembered more readily McIntyre's role as writer of the adventures of Captain Kirk and Spock in TV's Star Trek series than her rewriting the romance in *Superluminal*.

Monsters have always defined the limits of community in Western imaginations. The Centaurs and Amazons of ancient Greece established the limits of the centred polls of the Greek male human by their disruption of marriage and boundary pollutions of the warrior with animality and woman. Unseparated twins and hermaphrodites were the confused human material in early modern France who grounded discourse on the natural and supernatural, medical and legal, portents and diseases—all crucial to establishing modern identity. The evolutionary and behavioural sciences of monkeys and apes have marked the multiple boundaries of late twentieth-century industrial identities. Cyborg monsters in feminist science fiction define quite different political possibilities and limits from those proposed by the mundane fiction of Man and Woman.

There are several consequences to taking seriously the imagery of cyborgs as other than our enemies. Our bodies, ourselves; bodies are maps of power and identity. Cyborgs are no exception. A cyborg body is not innocent; it was not born in a garden; it does not seek unitary identity and so generate antagonistic dualisms without end (or until the world ends); it takes irony for granted. One is too few, and two is only one possibility. Intense pleasure in skill, machine skill, ceases to be a sin, but an aspect of embodiment. The machine is not an it to be animated, worshipped, and dominated. The machine is us, our processes, an aspect of our embodiment. We can be responsible for machines; they do not dominate or threaten us. We are responsible for boundaries; we are they. Up till now (once upon a time), female embodiment seemed to be given, organic, necessary; and female embodiment seemed to mean skill in mothering and its metaphoric extensions. Only by being out of place could we take intense pleasure in machines, and then with excuses that this was organic activity after all, appropriate to females. Cyborgs might consider more seriously the partial, fluid, sometimes aspect of sex and sexual embodiment. Gender might not be global identity after all, even if it has profound historical breadth and depth.

The ideologically charged question of what counts as daily activity, as experience, can be approached by exploiting the cyborg image. Feminists have recently claimed that women are given to dailiness, that women more than men somehow sustain daily life, and so have a privileged epistemological position potentially. There is a compelling aspect to this claim, one that makes visible unvalued female activity and names it as the ground of life.

But the ground of life? What about all the ignorance of women, all the exclusions and failures of knowledge and skill? What about men's access to daily competence, to knowing how to build things, to take them apart, to play? What about other embodiments? Cyborg gender is a local possibility taking a global vengeance. Race, gender, and capital require a cyborg theory of wholes and parts. There is no drive in cyborgs to produce total theory, but there is an intimate experience of boundaries, their construction and deconstruction. There is a myth system waiting to become a political language to ground one way of looking at science and technology and challenging the informatics of domination—in order to act potently.

One last image organisms and organismic, holistic politics depend on metaphors of rebirth and invariably call on the resources of reproductive sex. I would suggest that cyborgs have more to do with regeneration and are suspicious of the reproductive matrix and of most birthing. For salamanders, regeneration after injury, such as the loss of a limb, involves regrowth of structure and restoration of function with the constant possibility of twinning or other odd topographical productions at the site of former injury. The regrown limb can be monstrous, duplicated, potent. We have all been injured, profoundly. We require regeneration, not rebirth, and the possibilities for our reconstitution include the utopian dream of the hope for a monstrous world without gender.

Cyborg imagery can help express two crucial arguments in this essay: first, the production of universal, totalizing theory is a major mistake that misses most of reality, probably always, but certainly now; and second, taking responsibility for the social relations of science and technology means refusing an anti-science metaphysics, a demonology of technology, and so means embracing the skilful task of reconstructing the boundaries of daily life, in partial connection with others, in communication with all of our parts. It is not just that science and technology are possible means of great human satisfaction, as well as a matrix of complex dominations. Cyborg imagery can suggest a way out of the maze of dualisms in which we have explained our bodies and our tools to ourselves. This is a dream not of a common language, but of a powerful infidel heteroglossia. It is an imagination of a feminist speaking in tongues to strike fear into the circuits of the supersavers of the new right. It means both building and destroying machines, identities, categories, relationships, space stories. Though both are bound in the spiral dance, I would rather be a cyborg than a goddess.

参考译文

哈拉维：赛博格宣言

（选自唐娜·哈拉维：《赛博格宣言：20 世纪晚期的科学、技术、社会女性主义》，见《类人猿、赛博格和女人》，纽约：Routledge 出版社 1991 年版，第 149～181 页）

另见唐娜·哈拉维：《哈拉维读者》，纽约：Routledge 出版社 2004 年版，第 7～45 页。

反讽的梦想：集成电路中妇女的共同语言

本文旨在尝试构建一个忠实于女性主义、社会主义以及唯物主义的反讽式政治神话。或许亵渎是比恭敬和认同更忠实的表现。亵渎似乎总是要求对事物采取十分严肃的态度。除此之外，我不知道是否有更适合的立场，让我衷心地接受美国政治中世俗宗教化的、基督教新教会的传统和社会主义—女性主义政治。亵渎能让人从内心抵御大多数道德的压力，同时又能坚持共同体的必要性。亵渎不是背叛。反讽关系到那些不能融入更大的整体的矛盾，辩证地说，反讽甚至就是试图将不兼容的事物连在一起而产生的张力。因为两个或那些不相容的事物都是必要的和真实的。反讽是一种幽默，一种严肃的游戏。它也是一种修辞策略和政治手段，我认为在社会主义女性主义中，这种策略和方法更为体面。我的反讽信仰、我的亵渎的行为的核心是赛博格（cyborg，或机器人）的形象。

赛博格（或意译成“机器人”）是一个控制论的有机体，是机器和生物体的杂合体，它既是社会现实的创造物，也是一个虚构的创造物，亦是活生生的经验。当代科幻小说中，充满了社会赛博格——同时是动物又是机器的生物，它们居住在自然与人为之间的模棱两可的世界中。国际妇女运动构建了“妇女的经验”，并揭示或发现了这一至关重要的集体对象。这种经验既是虚构也是事实，具有重要的政治性质。解放依赖于对压迫的意识建构，同样也关涉潜在可能性的创造性理解。赛博格既是虚构的，也是实践经验的，它改变20 世纪末女性经验之本质的虚构和切实经验。这是一场超越生死的斗争，但科学幻想和社会现实之间的界限只是视觉上的幻影。

当代的科学幻想中充满赛博格——既是动物又是机器的创造物，它们将成为既是自然的又是制作的世界的居民。现代医学中也充满赛博格，即充满生物体和机械之间的组合物，每个赛博格都可以看做编码装置的组合物。赛博格的“性征”恢复了蕨类植物和无脊椎动物的一些有趣的可自我复制的巴洛克风格（这是一种微妙的可预防异性恋的机体机制）。赛博格的自我复制与有机质的生殖不同。现代化生产像是赛博格将工作殖民化的梦，一个将泰勒主义的噩梦变得田园诗般轻松的梦。现代战争是赛博格的狂欢，战争由 C3I——指命令—控制—传播—智能——系统进行编码。1984 年，美国国防预算拨款 840 亿美元研制这个项目。我提出的赛博格是勾勒我们社会和身体现实的一个构想，作为一种富有创意的对策，它将提供一些富有成果的组合。米歇尔·福柯的“身体政治（biopolitics）”是赛博格政治的一个十分开放的领域的朦胧先兆。

20 世纪末期迄今，这是我们虚拟的时代，一个神话的时代，我们全都是喀迈拉，被理论化和拼凑为机械和有机体的混血儿。总之，我们都是赛博格，赛博格是我们的本体。我们的政治由此产生。赛博格是凝聚着想象和具体现实的形象，历史变迁的一切可能都由这两个组合起来的核心来构建。“西方”的科学与政治传统，是种族主义的、男性支配的资本主义传统，是进步的传统，是为了文化生产而占有自然的传统，是通过对他者的反思来实现自我复制的传统；在这种传统，生物体和机械之间的关系曾是一场边界战争。在这场边界混乱的界标，至关重要的是生产、再生产和想象等领域。本文是对边界的混淆的欣慰、边界构建的责任的论证；以后现代理论、非自然主义模式，构想一个没有性别、也许没有起源甚至没有终结的世界，一种乌托邦传统中。这是为了促进社会主义女性主义者的文化和理论，赛博格的化身与救赎的历史无关。它也不在俄狄浦斯的日历上标示时间，以图用言辞上的写作或后俄狄浦斯启示来治愈性别之间的可怕裂痕。正如佐伊·索福尔斯（Zoe Sofoulis）在她关于雅克·拉康（Jacques Lacan）、梅拉尼·克莱恩（Melanie Klein）与核文化的未刊手稿中指出的，赛博格是世界中最可怕的但也许是最有前途的怪物，它以另类的压迫逻辑体现在非俄狄浦斯的叙事中，而我们为了生存便必须理解这种逻辑。

赛博格是一种后性别世界的生物；它与双性恋、前俄狄浦斯的共生现象、非异化劳动或其他有机体完整性的诱惑毫无关系，因为它最终将各部分的全部能量整合到一个更高的统一体中。从某种意义上说，赛博格没有

“西方”意义上的起源故事，它是一个“终极”反讽，因为机器人是“西方”不断升级的抽象个体支配权的可怕终极目标，是最终连接一切附属品的终极自我，是一个空间中的人。“西方”起源故事的人道主义意义在于原初的统一性、完整性、赐福和恐怖的神话，它体现在所有人都应与之分离的阳具母体身上，体现在个人发展和历史的目标中，而个人发展和历史这对孪生的神话，对我们来说强有力地铭刻在我们的精神分析学和马克思主义中。希拉里·克莱恩（Hilary Klein）认为，无论是马克思主义还是心理分析，它们关于劳动、个体化和性别形成的观念，都来源于原初统一性的故事。根据这个故事，差异必须产生于并融入一幕不断强化的自然控制的戏剧性的原初统一性，差异必然从中产生情节。赛博格（或机器人）则跨越了原初统一性，即西方意义上的与自然的同化这一步。正是它所具有的不合情理的前景，如星球大战那样的目的才有可能被颠覆。

赛博格断然坚持偏向性、反讽性、私密关系和反常变态。它是对抗性的、乌托邦式的，且完全不是清白无辜的。赛博格不再具有公共与私人之间的对立结构，它界定了部分基于家庭的社会关系变革和技术城邦的范围。自然和文化被重构，其中一方不再是被另一方为实现占有或并吞而利用的资源。由部分构成整体、极化和等级统治等关系，都将在赛博格的世界里被重新审视。与弗兰肯斯坦怪物的希望不同的是，赛博格并不指望其父亲以修复花园来拯救它：即通过制造一个异性伴侣，通过融合于最后的整体、城市和宇宙来实施拯救。在那个没有俄狄浦斯方案的时代，赛博格不会梦想构建一种以有机家庭为模式的共同体。赛博格不知道何为伊甸园，它不是由泥土制成，也不会梦想回归尘土。也许这就是为什么我要看看赛博格能否颠覆回归尘埃、于狂躁的强迫症中去寻找敌人的启示。赛博格并不虔敬；他们不会祈求宇宙。他们提防整体论，但他们渴望并需要相互联系。他们似乎对统一阵线政治具有某种天然意识，但在这种政治中没有先锋政党。当然，赛博格的主要问题是，他们是军国主义和男权资本主义的非法产儿——更不用提国家社会主义了。非法的产儿往往极不忠实于他们的源头。毕竟，他们的父亲究竟是谁是无关紧要的。

我将在本文的结尾回到关于赛博格科学幻想小说这个问题，但现在我想指出三个关键的边界缺口，这三个缺口使得下面的政治虚拟（或政治科学）分析成为可能。在 20 世纪后期的美国科学文化中，人与动物之间的边界已被彻底突破。独特性的最后滩头已被污染，如果不是变成了游乐场的话——语言工具的使用、社会行为、心理活动，没有任何东西能令人信服地确定人与动物的分界线。而且很多人不再认为需要这种分离；的确，女性主义文化的许多派别都确认，人与其他生物之间的联合是件愉悦的事情。保护动物权益运动并非对人类独特性的不合理的否认；它们眼光锐利地认识到这种关联弥合了自然与文化之间不光彩的隔阂。近两个世纪以来，生物学和进化论既使得现代有机体成为认识的对象，也把人类与动物之间的界限简化为意识形态斗争中，或人生论与社会科学的专业争论中的一个模糊印记。在这样的背景下，讲授现代基督教创世说会被视为一种虐童行为而受到反对。

生物决定论的思想只是在科学文化中开辟了为人类动物性辩护的唯一立场。对于政治激进派来说，关于突破界限的意义还有很大的论辩的空间。赛博格正是出现在人类与动物之边界已被跨越的神话世界中。赛博格远不是要把人和其他生物分离开，而是要使他们无障碍地、愉快地、紧密地结合起来。在这一新的婚姻交换中，兽性在这种人兽交合中具有新的地位。

第二个不可靠的区别是动物—人类（有机体）与机械之间的区别。预控制论机器可能被视为魔鬼附身，总有幽灵在机器上徘徊。这种二元论决定了唯物主义和唯心主义之间的对话，这一对话最终有了一个辩证的结果，这就是精神或历史——其叫法依据各人的偏好。但机械基本是不能自行运动、自我设计，亦不具有自主性。它们不可能实现人的梦想，只能使其破灭。它们不是人，不是自为的作者，只是男性复制梦想中的滑稽模仿。认为它们是别的什么东西则是一种偏执。现在我们并不如此确定，20世纪后期的机器制造已经彻底模糊了自然与人为、精神和肉体、自行运转与外部指令之间的差异以及很多其他通常认为的生物体与机械之间的区别。我们的机器具有令人不安的活跃性，而我们自身则表现出可怕的惰性。

技术决定论只是对机器和有机体重新构想后开辟的一个思想空间，这种构想认为两者都是编码文本，我们可以通过这些文本介入世界的书写和阅读游戏。在后结构主义、后现代主义理论中，一切都被“文本化”，马克思主义者和女权主义者一直在指责文本化，因为它异想天开地否认活生生的统治关系，而这种关系才是武断解读方式的“游戏”基础。的确，后现代主义策略，如我的赛博格神话，颠覆了无数的有机整体（例如诗歌、原始文化、生物学有机体)。总之，被视为自然之物的确定性——洞察力和确定的纯洁性的来源——已受到损害，很可能是致命的损害。阐释的先验权威已经丧失，作为“西方”认识论基础的本体论也随之丧失。不过，可供选择的既不是玩世不恭也不是背信弃义，也就是说，不是某种关于抽象的生存形式，就如关于技术决定论的各种说法：这种决定论将以“机器”摧毁“人”，或以“文本”摧毁“有意义的政治行动”。赛博格究竟是何种角色？这将是个根本性问题，答案生死攸关。黑猩猩和人工制造都有政治学，为什么我们不能？(德瓦尔，1982；Winner，1980)

第三个区别是第二个区别的派生物：物态和非物态之间的区分已经很模糊。关于量子论和测不准原理的通俗物理书籍，就好像滑稽小说的科普读物，它们是美国白人异性恋关系的激烈变革的一个标志：尽管它们歪曲了它，但其涉及的主题是正确的。现代机器就本质上说是微电子设备：它们无处不在，但又无一可见。现代机器体系是一种不虔敬的新上帝，它嘲弄上帝的无所不在和精神性。硅片成为书写的表面，它铭刻在唯一能扰乱它的原子的噪音的分子刻度上，众多的原子构成终极干扰。在关于文明起源的西方故事中，书写、权力和技术是古老的伙伴，但微型化已经改变了我们关于机械运作的经验认识。微型化涉及权力；微型与其说是美丽，不如说具有高度的危险性，如巡航导弹。请将19世纪50年代的电视机或19世纪70年代的新闻摄像机与今天正在推广的腕戴电视或手提录像机进行比较。我们最好的机器由阳光制成，它们既轻巧又洁净，因为它们仅仅是信号、电磁波，即频谱的一部分，这些机器非常便携，易于携带——一个在底特律和新加坡让人头疼的大问题。人类在任何时候都没有如此易变，既是物质的也是不透明的。赛博格是以太，是精粹，是无处不在的要素。

赛博格的无所不在和不可见性正是为什么这些阳光地带的机器如此极端的原因。无论从物质上看还是从政治上看，它们都是难以看清楚。它们是关于意识或关于意识的类像有关。它们是乘坐在小型卡车中穿行于欧洲浮动的能指，通过对流离失所和反自然的格林汉姆（Greenham）妇女——她们对赛博格权力网的解读十分出色——的巫术组织有效地阻挡。其效果要比旧式男性政治的积极劳作更好，因为后者政治的天然选民需要进行防御工作。说到底，最“艰深”的科学是关于界限无比混乱之领域的科学，即只有数字和纯粹的精神、C3I系统、密码系统以及潜在秘密的维护工作。新的机器是如此清洁和轻便。他们的工程师是太阳的崇拜者，他们与后工业社会密切相关并正在酝酿一场新的科学革命。

它们可以把一家英国书店的美国版与后工业社会的黑夜之梦联系在一起。这些清洁机器诱发的疾病“无非是”免疫系统抗原中的细小编码变化，“无非是”紧张的体验。“东方”妇女的灵巧手指，带着玩具小屋的维多利亚时代的盎格鲁撒克逊小女孩的旧式魅力，妇女对微小事物不由自主地关注，在当今世界上呈现出相当新颖的维度。也许考虑这些新维度的可能是一个赛博格爱丽丝（Alice）。具有反讽意味的是，它也许是在亚洲制造芯片，并在圣丽塔（Santa Rita）跳螺旋舞的非自然的赛博格妇女，它被构建起来的各统一体将引导有效的对抗策略。

因此，我的赛博格神话是跨越各种界限的、有效的融合，具有潜在融合力以及危险的可能性的设想，改革派人士可能认为对这些可能性的探索是必须的政治工作的一部分。我的一个理论前提是，大多数美国社会主义者和女权主义者都认为，在社会实践、符号表达以及“高科技”和科学文化相关的人造物中，都存在身体和精神、动物和机器、唯心主义和唯物主义的深刻的二元论。从马尔库塞《单向度的人》（*One-Dimensional Man*）（Marcuse，1964）到麦茜特《自然的死亡》（*The Death of Nature*）（Merchant，1980），改革派所阐发的分析方法一直强调技术统治的必然统治，他们号召我们以某种想象出来的有机体去整合我们的抵抗。我的另一理论前提是，对于试图抵制世界范围技术统治的强化的人们来说，团结一致比任何时候都更紧迫。不过，稍微乖张一点的视角转换也许能使我们更好地探讨意义问题，探讨权力的其他形式及技术构想在社会中的愉悦。

从一个角度看，赛博格世界意味着一个全球控制网络的最终完成，意味着以防御名义进行的星球大战的世界末日获得了最终的抽象观念，意味着男性战争狂欢中对女性身体的最终占有（索菲亚，1984）。从另一个角度看，一个赛博格的世界也可能意味着活生生的社会和身体现实，在这个现实中，人们不必害怕自己同动物和机器的共同亲缘关系，不必担心存在持久的不完全身份和相互矛盾的立场。政治斗争必须同时从这两个角度去考察，因为每一个角度都揭示了统治权以及从另一个角度看不可能设想的可能性。单一视角产生的幻象比双重或多重视角产生的幻象更为糟糕。赛博格统一体是怪物，是非法的；在我们目前的政治情境中，我们很难希望有更有力的关于抵制和重新组合的神话构想。我希望 LAG（Livermore Action Group，利弗莫尔行动小组）能成为某种赛博格团体，切实地致力于

时女性主义者中的一种持续倾向，即从女权主义实践的不同“契机”或“对话（moments or conversations）”出发，对妇女运动进行分类，以便使个人自己的政治倾向看起来像是全体的终极目标。这些分类倾向于重构女性主义史，以使其显得是各种有序的类型之间长期的意识形态斗争，特别是那些被称作激进的、自由的和社会主义的女权运动类型团体。确实，所有其他的女性主义要么被融合，要么被边缘化，使用的方式通常是构建某种明确的本体论和知识论。女性主义的分类导致控制的认识论可以控制对常规妇女经验的偏离。当然，“妇女文化”也像有色妇女一样，是具有诱导作用的亲和性机制有意识地创造出来的。诗歌、音乐以及某些形式的学术实践等仪式是出色的。在美国妇女运动中，种族政治和文化紧密交融。金和桑多瓦尔的共同成果是教导人们如何创建一种诗歌或政治统一体而不必依赖占有、并吞和身份分类认同的逻辑。

具有反讽意味的是，反对以支配求统一或以并吞求统一的理论斗争和实践斗争，不但损害了为父权主义、殖民主义、人道主义、实证主义、本质主义、科学主义以及其他种种不值得惋惜的主义辩护的理由，而且削弱了一切对有机论和自然论立场的诉求。我认为，激进主义和社会主义/马克思主义的女性主义者，同样损害了他们或我们自己的认识论策略，而设想可能的统一是具有关键价值的一步。西方政治人士所熟知的一切“认识论”是否会导致建构有效亲和关系上的失败，这需拭目以待。

重要的是，构建革命立场、构建作为人民改造世界之成就的认识论，这一努力是揭示身份认同之局限性的历程的一部分。消解西方的自我的行动可以视为一个具有反讽意义的同盟者。后现代理论的尖刻方法与关于革命主体的本体论话语中的建设性方法，或许被看作生存手段而被解剖。我们强烈地意识到，拥有一个历史构建的身体究竟意味着什么。但由于我们源头上的纯真性已经丧失，也就不可能从伊甸园中被放逐。我们的政治丧失了对天真无邪的过错的宽容。但社会主义女性主义者的另一种政治构想是什么面貌呢？什么样的政治能容纳片面的、矛盾的、永远开放的个人和集体自我的构建，并仍然是可靠的、有效的且具有讽刺意味的社会主义的女权主义呢？

我不知道历史上是否还有其他什么时代更需要政治联合，以有效地应付种族、性别、性差异和阶级的支配。我也不知道，我们可能帮助创立的这种联合会在别的时代是否可行。“我们”任何人都不能拥有支配他人现实的象征性或物质性能力，至少我们不能声称实施这样的支配权是无辜的。白人妇女，包括社会主义女性主义者，发现（即被强迫和提醒去注意）“妇女”这一范畴并非清白无辜。这种意识改变了此前范畴的面貌；它就像热能改变一个脆弱的蛋白质一样地改变了这些范畴的性质。赛博格女性主义者争辩说，“我们”不需要任何关于统一的自然模式，任何构建都不是完整的。清白无辜以及由之导出的对受害者身份的强调（这是洞见的唯一基础）已经造成很严重的损害。但是构建起来的革命主题必然让20世纪末的人们踌躇不前。在各种身份的扰乱和构建它们的思想策略中，打开了为在预言式地终结了救赎历史预言的世界末日之后，创建一个非尸布编织物的可能性。

无论是马克思主义、社会主义女性主义还是激进的女性主义，都同时对“妇女”这一范畴和“妇女”的社会生活意识进行了自然化和去自然化。也许，一种系统的漫画式描绘可以鲜明地表现这两种运动的性质。马克思式的社会主义植根于一种对雇佣劳动的分析，这一揭示是对阶级结构和雇佣劳动的分析。雇佣关系的后果是系统的异化，因为工人与其产品分离了。抽象和幻想规范着知识，统治权规范着实践。对马克思主义者而言，劳动是个特别突出的范畴，它可以克服幻象，找到改变世界所必不可少的视角。劳动是创造人的教化活动，劳动是有关主体的知识范畴，它使有关主体的知识以及有关屈从和异化的认识成为可能的范畴。

作为忠实来源，社会主义女性主义是通过与马克思主义的基本分析策略联合而发展的。马克思主义女性主义者和社会主义女性主义者的主要成就是，对劳动范畴进行了扩展，以使其囊括某些妇女所从事的工作，即使雇佣关系从属于一种更全面的资本主义父权制之下的劳动观念。特别重要的一点是，妇女的家庭劳动和作为母亲的一般性活动，即社会主义女权主义者意义上的再生产，以马克思主义劳动观念的类推法进入了理论之中。在此，妇女的联合依赖于以“劳动”的本体论结构为基础的认识论。马克思主义或社会主义女性主义没有使联合进行自然改造；它是以某种植根于社会关系中的可能性立场为基础的可能性成就。这一本质化举动在于劳动或其类似物——妇女活动——的本体论结构之中。对我们来说，继承马克思主义人道主义及其在西方的显赫地位，是一件麻烦的事情。它们表述中的贡献是强调现实生活中的妇女在构建统一性中的日常责任，是建立联合而不是对她们进行改造。

凯瑟琳·麦金农（Catherine MacKinnon）关于激进女性主义的看法，本身就是关于为行动提供依据的西方认同理论中占有、并吞和总体化倾向的一幅漫画。它将最近被名之为激进女权主义中的各种“因素”和“言论”都融入麦金农的理论，这一做法无论在事实上还是在政治上都是错误的。但她理论中的目的论逻辑表明，认识论和本体论——包括它们的对立面——是如何抹杀或规范差异性的。麦金农的理论的一个效应是，重写了所谓的激进女性主义的多姿多彩的领域的历史。主要的影响是产生了一种关于经验、女性身份的理论，这是所有革命立场的终结。这种理论意味着，植入激进女权主义故事的总体化达到了其目标——妇女的统一，而使用的手段是将经验和证据强行塞进根本不存在的事物中。至于马克思主义或社会主义女性主义者，意识是一项成就，而不是一个自然事实。而麦金农的理论消除了一些人道主义革命主题中的困难，但代价是彻底的还原主义。麦金农认为，女性主义必然采取一种不同于马克思主义的分析策略，它首先注意到的不是阶级结构，而是性别结构及其生殖关系、男性的体质及其对妇女的性占有。具有讽刺意味的是，麦金农的“本体论”构建起来的是不存在的主体，是一种虚无。构成“妇女”源头的是他人的愿望，而不是其自我的劳动。因此，她阐发的是这样一种意识理论，这种理论对可被视为“妇女的”经验（任何称为性侵犯的东西，事实上还有涉及“妇女”的性）实行强制性规范。女性主义实践是一种意识形式的构建，就是说，是关于非自我的自我认识。令人费解的是，在这种女权主义中，性占有在认识论上仍具有劳动地位；这就是说，有利于改造世界的分析出发点必须是合乎逻辑的。但是，性对象化，而不是异化，才是性/性别结构的后果。在认识领域，性对象化的结果是幻象和抽象。然而，妇女不仅仅异化于她的产品，从深层意义上说，妇女不是作为一个主体而存在，连潜在的主体也不是，如果她作为一个女人的存在只是为了别人的性占有的话。靠别人的欲望而存在，这与同自己产品的强制异化关系不是一回事。

麦金农的激进经验论是极端的总体化。这个理论与其说是使任何其他女性政治言行的权威边缘化，还不如说是抹杀它们。这一总体化产生了西方父权主义都未曾达到的效果：女权主义者关于妇女的非存在（除非是作为男人的欲望的产物）的意识。我认为，麦金农正确地论证了，马克思主义身份观的论点并不能为妇女的联合提供坚实的基础。但是，在为女权主义目标而试图解决西方革命主体中矛盾的问题时，她发展了的是一种更为专横的经验学说。如果说对社会主义/马克思主义立场的不满使它们无意识地抹杀了反殖民话语和实践中表现得很明显的多元化、不可同化的根本性差异，那么麦金农则有意识地通过妇女“本质上的”属于非存在，而取消所有的差异是让人不安的。

我的分类像任何其他分类一样，也是对历史的再书写。在我的分类中，激进女权主义可以接纳一切被称为社会主义女权主义的劳动妇女的所有活动，只要这些活动在某种程度上可以被性别化。在两个方向上，再生产具有不同的意义色调，一个方向以劳动为基础，另一个植根于性别，但两者都把支配和忽视社会和个人现状的后果无知称作“虚假意识”。

除了任何作者的论证中都会有的困惑和贡献之外，马克思主义和激进主义女权主义者的观点都倾向于拥护一种片面的解释；两者通常都被建构成一种整体性。西方人的解释要求这样做，那么西方作者如何能囊括自己与他者结合呢？每一种支配都试图兼并其他的支配，其方法是通过类推、简单的列举或添加来扩展其基本范畴。白人激进社会主义女权主义者对种族问题的尴尬的沉默，便是一个严重的破坏性的政治后果。历史和多种话语消失在试图确立谱系的政治分类之中。在声言要揭示妇女范畴之构建和揭示妇女作为一个统一或总体化之整体的社会集团的理论中，是没有种族问题（或很多其他问题）留在结构空间的。我的漫画式结构表述如下：

社会主义女权主义——

阶级结构/工资劳动/异化劳动，
类比生育、延伸到性、添加种族
激进的女权主义——
性别结构/性占有/对象化性，
类比劳动、延伸到生育、添加种族

法国理论家朱莉娅·克里斯蒂娃（Julia Kristeva）在另一种语境中声称，第二次世界大战以后，妇女与青年一样，构成了一个历史群体。她提到的日期是可疑的；但我们现在习惯于记得，“种族”作为认识对象和历史行为角色并不是一直存在的，“阶级”有其历史成因，而“同性恋”则是相当晚的概念。地球上的人们联系的网络空前激增、丰富和复杂的同时，人类家庭这个象征系统以及妇女的本质在崩溃。“先进的资本主义”不足以承载这一历史时刻的结构。在“西方”的意义上说，人的终结是至关重要的。在我们这个时代，作为统称的女人分裂为个体化的妇女不是偶然的。本质主义理论取消了妇女的特殊性及其相关利益的矛盾性，对于这一理论的产生，社会主义女权主义者也许不应该负主要责任。我认为，我们对此负有责任，这至少是由于我们不假思索地涉足白人女性主义者的理论、话语和实践，也由于我们曾试图寻找统治的单一的支配基础，以确保我们革命话语的影响力。现在我们的托词少了。但在关于我们时代的意识中，我们可能滑向漫无边际的差别性中，我们可能放弃构建部分真实的联系的困难任务的危险。有些差异是十分有趣的，但有些差异是世界历史支配的两极。“认识论”关涉的是对差异的认识。

统治的信息论

在这段关于认识论和政治立场的阐述中，我想勾勒出一幅关于可能的统一联合的画卷，这一画卷深深受惠于社会主义和女性主义原则。我的原则是强调与科学技术紧密相连的全世界范围内与科学与技术有关的重组的程度和重要性来设计的。我主张这样一种政治，它要求对新兴世界秩序中的阶级、种族和性别作根本变革（而这个新世界秩序在其新颖和范围上堪比工业资本主义创造的秩序）；我们正处于一个从有组织的工业社会向一个形态多样的信息系统转变的过程，从一切都是工作转为一切都是游戏、一场致命的游戏。这类二分法既有物质又有精神，可能在随后的转变过程中得以表达出来。此图表显示了这种转变就是从安逸的旧式等级统治向我把这一网络称为统治的信息论的可怕的新网络的转向：

再现	模拟
资产阶级小说，现实主义	科学幻想，后现代主义
有机论	生物构件
深度，整合表面，	表面，边界
热闹	喧闹
作为临床实践的生物学	作为铭写的生物学
生理学	通讯工程学
小团体	亚系统

完美	优化
优生学	人口控制
颓废，《魔山》	蜕化，《未来的冲击》
卫生学	压力管理
微生物学，肺结核	免疫学，艾滋病
有机劳动分工	人类工程学/劳动控制学
职能专业化	模数构建
繁殖	复制
器官性功能专门化	最佳遗传策略
生物决定论	进化惯性，限制
共同体生态学	生态系统
种族生存链	新帝国主义，联合国人道主义
家庭/工厂的科学管理	全球工厂/电子村落
家庭/市场家庭/工厂	集成电路中的妇女
家庭工资	可比价值
公共/私人	赛博格公民
自然/文化	差异领域
合作	增进交流
弗洛伊德	拉康
性	基因工程
劳动	赛博格技术
脑力	人工智能
第二次世界大战	星球大战
白宫资本主义父权制	统治的信息学

这份清单显示了几件有趣的事情。首先，清单右边各项不能被称为“自然”的结果，也不是颠覆了清单左侧各项自然主义编码的事实。我们在意识形态和物质方面都不能回到过去。这不仅仅是因为“上帝死了”，也是因为“神性”也死了。然而，两者都在充满微电子和生物技术政治的世界里被复活了。对于生物构件这样的课题，我们不能从本质特征的角度来思考，而应从规划、边界限制、流动速率、系统逻辑和降低限制的代价等方面来考虑。对很多人来说，有性繁殖是多种生殖策略的一种，当然其成本和效益取决于系统环境。关于有性生殖的意识形态再也不能合理地将

性和性别角色等观念称为自然客体中的有机方面——就像有机体和家庭一样。这样的推理将被视为非理性的，具有反讽意味的是，阅读《花花公子》的公司管理人员和反色情的激进女权主义者在共同揭露这一非理性主义的同时，又能成为奇特的床笫伙伴。

同样，对种族而言，关于人类多样性的意识形态也必须以参数频率的方式表述出来，这些参数如血亲集团或智力等级。援引原始与文明这样的概念是“非理性的”。对自由派和激进派来说，对整合性社会制度的追求已让位于一种被称作“实验人种学”的新实践，在这种新实践中，有机客体溶解于对书写游戏的关注中。在意识形态层面上，我们看到种族主义和殖民主义被转译成关于发展和欠发展、现代化的速度和限制等话语。任何客体和个人都以分解和重组等方式被考量；没有“自然”的构建来限制系统规划。世界上所有城市的金融区以及出口加工和自由贸易区，都宣告了“晚期资本主义”这一基本事实。全宇宙可以科学认识的整个客体世界，都必须表述为通讯工程学中的问题（对管理者而言）或作为文本理论（对抵制者而言）中的问题加以系统阐述，两者都是赛博格的符号学。

有人可能指望控制论来关注边界条件和交界面，关注跨越边界的流动速率——但不是关注自然客体的完整性。西方自身的“正直”或“真挚”已让位于决策程序和专家体制。例如，运用于妇女生育能力的控制论，将可能以人口控制论、个人决策者目标实现之最大化的语言中得到发展。控制论将被速率、控制的代价和自由的程度来系统阐发。人也像其他构件和亚系统一样，必须置身于一个系统化架构中，这一架构的基本运作模式基于偶然论和统计学之上。任何对象、空间或物体本身都是神圣而不可侵犯的；如果恰当的标准和代码能够建立从而能以共通的语言交换信号的话，任何组件都可与其他组件发生接触、结合。马克思曾对资本主义市场带来的普遍转换作过精彩分析①，但当今世界的交换比资本主义市场实现的那种普遍转化更胜一筹。影响当今世界各类成分的特殊疾病是张制——通信交流的中断（Hogness，1983）。赛博格不服从福柯的生物政治；它在模拟政治，这可是一个更有潜力的行动领域。

---

① A Left Entry to Biotechnology Debate: *GeneWatch*, A Bulletin of the Committee for Responsible Genetics, 5 Doane St., 4th floor, Boston, MA02109; Susan Wright, “Recombinant DNA: The Status of Gazards and Controls,” *Environment*, July / August 1982, pp. 12-30, 51-53; Edward Yoxen, *The Gene Business*, New York: Harper and Row press, 1983.

自第二次世界大战以来，这种关于认识的科学和文化对象的分析，使我们已从历史方面注意到女权主义分析中的某些重大缺欠。自亚里士多德以来左右西方话语的有机等级制二元论仿佛仍支配着女性主义分心的进行。这些二元论已被解体，或者如佐伊·索菲亚（Zoe Sofia）可能指出的，它们已经“在技术上被消化”。精神与肉体、动物与人类、有机体与机器、公共与私人、自然与文化、男人与女人、原始与文明，所有这类二分法都在思想上受到质疑。当下的妇女的实际状况是，她们被榨取、被利用于生产、再生产与交流的世界体系，这个体系被称为统治信息论。家庭、工作场所、市场、公共领域、身体本身，都可以几乎无限多样地分散和组合，对妇女和其他人来说，由此带来了巨大的后果——这些后果本身对不同的人来说性质十分不同，这就使潜在的反对派国际运动变得难以想象，但这一运动又关乎我们的生存。重建社会主义女性主义政治的一条重要途径是依靠面向科学技术的社会关联的理论和实践——至关重要的是要包含可以塑造我们的想象力的想象和意义体系。赛博格是一种拆分和组装，它是后现代的集体和个人。这是女权主义者必须编码的自我。

通信技术和生物技术是重构我们身体的关键工具。这些工具体现和实施了全世界的妇女的新的社会关系。技术和科学话语在某种程度上可以理解为程式化，即理解作为构建它们的社会交流的相互作用的固定的时刻，但它们也应该被视为强化意义的手段。工具和设想、手段和概念、历史的社会关系体系和潜在肌体——包括认识对象——的历史性剖析之间的界线是可以穿越的。事实上，构思和工具是相互构建的。

此外，通信科学和现代生物学是在一个共同方向上构建起来的——这就是将世界转换成编码的问题，这是一种对共同语言的追求，在这种语言中，所有对工具的控制的抵制都会消失，所有异质因素都要被分解、重组、覆盖和转换。

在通信科学中，把世界转化为编码的问题，可以通过对系统控制（反馈—控制）论的考察来进行解释，这类理论运用于电话技术、电脑设计、武器部署及数据库的建设和维护的控制论的系统理论来加以阐明。在每种情形下，关键问题的解决依赖于某种语言和控制理论；而关键的运作是确定速率、方向以及信息流量概率。世界被划分为不同的范畴，这些范畴的信息穿越量是不尽相同的。信息是这样一种可以量化的因素（单位，基本单位），这种因素可以进行全面的转换，因而无障碍工具性权力（称作有效交流）的可计量成为可能。这种权力面临的最大威胁是交流的中断。任何系统的崩溃都取决于一种压力。这种技术的基本原理可简化为一个比喻的说法——C3I，命令—控制—通信—情报，虽然这是军事行动理论的代号。

在现代生物学中，把世界转化为编码的问题，可以通过分子遗传学、生态学、社会生物进化理论以及免疫生物学来加以阐释。有机体已被转换为基因编码和解码的问题。生物技术作为一种书写的技术，已经广泛扩展到研究领域。从某种意义上说，生物体已不再是认识的对象，转而成为各种生物构件，即各种特殊的信息处理装置。生态学中类似的发展方向，可以通过探索历史和生态系统这一概念的效用来予以考察。在免疫学及相关的医疗实践中，重视编码的例子比比皆是，对我们而言，认知系统已成为认识对象和肌体切实的构建。生物学在这里已成为一种代码系统，研究必然是一种智力活动。这颇有反讽意味。受压迫的体系已经不灵，它的传导方式已经崩溃，它无法认识自我与他者的差异。带有狒狒心脏的人类婴儿引发全民性伦理困惑——动物权利活动家至少与人类纯洁性的卫道士一样困惑。在美国，男同性恋以及静脉注射毒品使用者是可怕的免疫系统疾病的"特别"受害者，这种疾病标志着（它铭刻在身体上）界限的混乱和道德的堕落（Treichler，1987）。

但是，涉足通信科学和生物学的课题已经达到比较超脱的层次；还有一个寻常的、基本上是经济方面的现实可以支持我的如下诉求：这些科学和技术为我们指明了世界结构的重大变迁。通信技术依赖于电子学。现代国家、跨国公司、军事力量、福利国家机构、卫星系统、政治过程、创造我们的想象力、劳动管理系统、我们身体的医学结构、商业性色情业、国际劳动分工、宗教福音传道，都紧密依赖电子技术。微电子技术是模拟物——即没有原件的复制品——的技术基础。

微电子技术将促成劳动向赛博格技术和语言加工的转换、性向遗传工程和生殖技术、大脑向人工智能和决策程序的转换。新的生物技术更加关心人的生殖。作为一种重新规划质料和程序的强有力的工程科学，生物学对工业具有革命性意义，今天这也许最明显地表现在发酵、农业和能源等方面。信息科学和生物学是对自然—技术知识对象的建构，这种对象彻底模糊了机器与有机体之间的差异：大脑、身体和工具之间有着非常亲密的关系。生产原料的"多国"组织结构、日常生活的再生产、生产的象征性组织、文化和想象的再生产，都平等地结合在一起。经济基础和上层建筑、公共和私人、物质和思想之间的维持界限的形象似乎前所未有地弱化了。

我曾用雷切尔·格罗斯曼（Rachel Grossman，1980）描绘的集成电路中的妇女形象来形容，来给一个如此严密地通过科学与技术的社会关联而紧密重构的社会里的妇女状况命名。我用了一个奇特的说法，“科学与技术的社会关联”，用以表明我们谈论的不是技术决定论，而是一种依赖于人们之间的结构化的关系的历史体系。但是，这个用语同样意味着，科学和技术提供新的动力源泉，我们也需要新的分析和政治行动的源泉（Latour，1984）。植根于高科技促成的社会关系中的种族、性别和阶级的重构，可以让社会主义女权主义与切实的进步主义政治产生更多的关联。

“家庭”之外的“家庭劳作经济”

“新工业革命”正在创造一个新的世界范围内的工人阶级以及新的性别和种族，资本的高度流动性和新兴的国际劳动分工与新集体的产生和我们熟知的团体的衰落交织在一起。这些发展趋势与性别和种族都有关联。发达工业社会的白种男子再次时刻面临失业的威胁，妇女失业的比率不像男人那样从工作名册上消失。这不仅仅是因为，第三世界的妇女是那些在出口加工特别是电子工业领域的出口加工业中，跨国科技公司特别青睐的劳动力。更为体系化描绘包括生育、性、文化、消费和生产。在颇具代表性的硅谷，许多妇女的生活都是围绕依赖电子行业工作的职业而展开的，她们的私生活现实中包括一系列的异性恋一夫一妻制，如孩子护理工作的协商，与疏远亲属或大多数其他形态的传统社团群体，生活中的孤独十分普遍，随着年龄的增长，经济上也易陷入极端的脆弱状态。硅谷妇女在民族和种族上的多样性，构成了一个文化、家庭、宗教、教育和语言上存在着矛盾差异的微型世界。

理查德·戈登（Richard Gordon）把这一新情况称为“家庭劳作经济（homework economy）”。虽然他的说法包括了与电子技术集合相关的真正意义上的家庭劳作，但他想用“家庭劳作经济”来称呼工作的结构重组，从宽泛的意义上说，这类工作从前被视为是女性干的，或的确仅由妇女来干。工作正被重新定义为女性和女性化的，无论是男性还是妇女在做。女性化意味着变得高度脆弱；可以被拆分、组装，可以被用作劳动力的储备；她们更多的是被视为服务者，而不是工人；她们服从带薪工作断断续续的时间安排，这种工作是对每天固定劳作制的嘲讽；导致她们的生活总处于不光彩的边缘，无所适从以至于还原为性的生存。消除非技能化需求是新近适合于从前的特权工人的一种老策略。但是，家庭劳作经济不仅指大规模地消除非技能化，它也不否认新领域的高技能正在出现，甚至对先前被排除出技能岗位的妇女和男子来说也如此。毋宁说，这一概念表明的是，工厂、家庭和市场在一个新的层次上整合，妇女的地位至关重要——我们需要分析妇女中的差异，分析不同情境下男女关系的意义。

家庭劳作经济作为一种世界资本主义有机结构，通过新技术成为可能。新的通信技术具有整合和控制劳动的功能（尽管采取外延分散和非集中化的方式），但这种技术没有注意到攻击的主要是白人、男子的联合、拥有工会组织的工作。对妇女而言，新技术的后果既体现在（男性）家庭工资的丧失（如果她们曾涉足这种白人特权的话），也体现在她们自己工作的性质中，这种工作越来越成为资本密集型工作，如办公室工作和护理工作——的特征这两方面感受到新技术的后果。

新的经济和技术的调整也牵涉到福利国家的崩溃和随之而来的对妇女需求的强化：需要她们维持自己的日常生活，还有男人、孩子和老人的生活。贫困的女性化已成为一个紧迫的焦点问题，这种贫困化的起因很多，如福利国家的瓦解，如家庭劳作经济中稳定的工作十分稀少，由于人们希望妇女的工资不能与男子平齐（因为要照看孩子），贫困化便维持下去。各种以妇女为主导的家庭存在的原因在于种族、阶级或性别方面的功能；但其日益增长的普遍性则成为妇女在许多问题上联合的基础。妇女一般需维持日常生活，这是其作为母亲的强制性地位导致的功能之一，这一点早已不新鲜；但是，全面融入资本主义和以战争为基础的经济的那种整合的日益增多却是一个新课题。例如，美国黑人妇女虽然已经（勉强地）摆脱了薪资家政服务行业，并开始大量从事文员之类的工作，但她们承受的特殊压力很大程度上与持续的强制性黑人贫困（与就业相关）具有巨大的暗示意味。在第三世界那些正在工业化的地区，十几岁的女孩越来越成为家庭唯一或主要的现金收入来源，而从事农活则比以前更为困难。这类发展必定对精神动力学和性别与种族政治学产生重大影响。

资本主义的三大阶段（商业/工业资本主义、垄断资本主义、跨国资本主义）与民族主义、帝国主义和跨国主义联系在一起，按照弗雷德里克·詹姆逊（Fredric Jameson）的说法，也与三大主要审美阶段联系在一起——现实主义、现代主义和后现代主义；我想指出的是特别的家庭形态与资本形态及其政治文化伴生物是辩证地联系在一起的。虽然现实生活中存在各种矛盾和不平衡，但我们仍可把家庭理想类型归结为如下系统：①父权制核心家庭，其结构基础在于公共与私人之间的二分法，伴随着与此有关的白人资产阶级关于各领域划分的意识形态和19世纪英美资产阶级女权主义；②福利国家和家庭工资等制度所调节（或强制）的现代家庭，伴随着非女性主义的异性恋意识形态的发展，其中有一些很激进的主张，如第一次世界大战前后格林威治村为核心所表现的那样；③家庭劳作经济或“家庭”带来的妇女主导型家庭的奇特矛盾建构，随之而来的是女权主义的爆炸性发展以及性别本身令人困惑地同时强化与淡化。

在这种背景下，世界范围内的结构性失业源于新技术在全球结构性的发展，这种前景描绘了家庭劳作经济的图景。在一些“发达”国家，由于赛博格及相关技术使得工作不需要人力，从而加剧了第三世界“发展中国家”产生男子工作岗位的困难；由于办公室自动化已成为通则（甚至在劳动力过剩的国家也是这样），因此，工作的女性化程度将进一步提高。在美国，黑人妇女很早就对黑人男子结构性失业（“女性化”）的情形有所了解，也了解他们在雇佣经济体制中高度脆弱的地位。性、生育、家庭和群体生活与经济结构紧密相连，这已不是什么秘密，而联系的方式有很多种，它们同时也区分了白人和黑人妇女的地位差异。更多的妇女和男子将与类似的处境抗争，因为这种处境在事关生活支柱（有没有工作）的问题上将跨越性别和种族。

新技术也对全世界的饥饿和维持生存的粮食食品生产具有深刻影响。雷·莱瑟·布鲁姆博格（Rae Lessor Blumberg，1983）估计，妇女大约生产了全世界50%的粮食。一般而言，妇女不能从高技术发展带来的食品改良和能源作物中受益，她们的日子日益艰难，因为她们提供食品的责任没有降低，但她们再生产的条件变得复杂多了。绿色革命技术与其他高科技工业品相互影响，一起改变了性别劳动分工和不同的性别移民模式。新技术似乎深刻地牵涉到罗斯·别彻斯基（Ros Petchesky，1981）曾分析过的“私人化”形式之中，在私人化形态中，军事化、右翼家庭观念和政策以及将共同的（和国家）财产强行作为私人的财产，两者互相影响、相互作用。新的通讯技术对于根除每个人的“公共生活”是至关重要的。这一技术推动某种持久的高科技军事设备的大发展，而大多数人尤其是妇女将在文化和经济利益上付出代价。

像视频游戏和高度微型化的电视之类的技术，对产生现代类型的“私人生活”形式似乎是至关重要的。视频游戏文化被缓慢地引向以个人竞争和外星战争为主要导向。这里产生的高科技的、性别化的想象，这类想象可以设想摧毁星球及如何逃离这样的星球。不仅仅是我们的想象力被军事化了，其他的电子和核子战争也是难以避免的。这些技术憧憬着极端的流动性和彻底的交换，不经意间也促进了旅游这一美好流动和交流实践，并使旅游业成为世界上最大的产业之一。

新技术对性和生育的社会关系都有影响，但影响的方式并不总是一样的。性与工具之间的紧密联系，身体是一种私人满足和效用最大化的机器的看法，都已经在社会生物学的起源故事中有过精彩描述，这些故事强调遗传微积分，并解释男女角色支配关系的必然辩证法。这些社会生物学故事依赖于一种将身体作为生物构件或赛博格交流系统的高科技观念。生育环境的诸多变迁之一是医学方面的变革，即妇女身体可以具有新的方式，在“可视性”和“干涉性”方面更为松动了。当然，在医学阐释学中，谁从医学理论上控制着身体界限是一个很重要的女权主义问题。在 20 世纪 70 年代，反射镜曾是妇女要求其身体权利的偶像；这个手制的工具不能表达我们在赛博格实践中急需阐发的身体政治。自助是不够的。可视性技术提醒人们注意摄像机的重要文化实践意义，注意摄影意识中深刻的掠夺性质。在构建我们关于个人和社会可能性的想象的高科技构思体系中，性别、性活动和生育是关键角色。

在新技术导致的社会关系中，另一个关键特点是期望值、文化、工作和大量科技力量再生产的重构。一个主要的社会政治危险是具有强烈二元模式的社会结构的形成，随之而来的是，所有种族集团（首先是有色人种）中大量的妇女和男子都局限于家庭劳作经济，他们对多样性无知，对普遍裁员无能为力，受到高科技压迫机器的控制，这类工具有从娱乐到监视再到消隐等装置。恰当的社会主义女性主义政治应该面向特别重要职业化的妇女，尤其是从事构建科技话语、程序与对象的科技创造领域中的妇女。

这个问题只是考察女性主义科学中的可能性的一个方面，但这个方面很重要。在知识、想象和实践的生产中，新的从事科学研究的群体究竟扮演何种角色？这些群体怎样才能与进步的社会政治运动联合？应该创建什么样的政治责任感以跨越分离我们的科技等级制度而将妇女联合起来？在与反对科学设备军事化的行动群体的联合中，是否可能有发展女性主义科技（政治）与军事科技的途径？硅谷的很多科技工作者包括高科技牛仔，都不想从事军事科学工作。这类个人偏好和取向能否与包括妇女（有色妇女）的职业中产阶级中的进步主义政治结合，以使这样的群体庞大起来？

集成电路中的妇女

让我总结一下妇女在发达工业社会中的历史地位，因为这些地位部分来说是通过科技的社会关联而重构出来的。如果说过去能以公共和私人领域的区分（即工人阶级的生活画面分为工厂和家庭，资产阶级的生活分为市场和家庭，而性别存在则分为个人领域和政治领域）从思想上定义妇女生活的特征，那么今天这已经完全是一种误导的意识形态，即使它是要揭示这些二分法中的术语是如何在理论和实践中互相建构对方的。我更愿意提出一种网络意识形态，它意味着空间和身份特征的多样化，意味着个人身体和身体政治之间边界的可渗透性。“联网”既是一种女权主义的实践，也是一种跨国公司的战略——网络将各种对立的赛博格编织在一起，彼此是对抗的。

让我回到前面的统治信息论，回顾一下妇女在集成电路中的“地位”，不过我们只涉及少数理想化的社会位置，这些位置主要是从发达资本主义社会的观点来考察：家庭、市场、工资劳动岗位、国家、学校、临床医院和教会。从逻辑上和实践上说，每个观念化的空间都与另外的空间有关联，这也许类似于全息照片。我想指出的是新技术酝酿或强制产生的社会关系的影响，以便提出必须的分析和实践成果。然而，在这些空间网络中是没有妇女的“位置”的，而只有涉及对于妇女赛博格之身份来说至关重要的差异和矛盾的几何学。如果我们学会如何解读权力和社会生活的网络，我们也可能学会新的组合和新的结合方式。从“身份认同”和单一化自我的立场出发是不可能解读下述列表的。这里的关键是散布，是在离散中求生存。

家庭：妇女主导型家庭，一夫一妻制，男子不固定，孤单的老年妇女，家庭工作技术，工薪制家庭劳作，家庭血汗工厂的再现，家庭为基础的商业和远程办公，电子村舍，城市中的无家可归现象，移民，单元式建筑，强化（或模拟的）核心家庭，激烈的家庭暴力。

市场：妇女继续消费工作，并再次成为新技术催生的大量新产品的购买者（尤其是在工业化和正在工业化的国家，她们是一个有竞争力的群体，可以避免大量失业，这是为那些不再那么必须的商品寻找更大市场所必须的）；双重形态的购买力，大量流动群体成为广告推销目标和对从前大众市场的忽视；与高科技相关的非正式劳动力市场和商品的重要性日益增长，充足的市场结构；电子转账的监控体系；实际经验的进一步市场抽象化（商品化），这就导致关于共同体的无能为力的空想的或近乎玩世不恭的共同体理论；销售（融资）体制的高度流动性（抽象性）；性市场和劳动力市场的相互渗透；抽象和异化消费的进一步性别化。

工资劳动岗位：劳动的性别和种族分工的持续强化，但很多白人妇女和有色人的特殊职业种类有可观的增长；在文员业、服务业、制造业（特别是纺织业）、农业和电子行业中，新技术对妇女工作的影响；工人阶级的国际性重组；为方便家庭劳作经济而出现的新的时间安排（弹性工作时间、业余时间、加班或休假）；家内工作和户外工作；两级工资结构承受的日益增长的压力；世界范围内大量依靠现金的居民对稳定的工作没有体验甚或没有指望；大部分劳动被“边缘化”或“女性化”。

国家：福利国家不断削弱；国家随着监管和控制的增强而降低中央集权程度；信息技术造就公民身份；以信息富饶、信息贫困之差异而表现出来的帝国主义和政治权力；更为增强的高科技军事化日益受到众多社会群体的反对；由于办公室工作的资本投入的增长，民用服务工作职位被缩减，这意味着有色妇女的工作具有流动性；物质和精神生活及文化的日益私人化；私人化与军事化之间的紧密整合，资产阶级资本主义个人和公共生活的高科技形态；不同社会群体的彼此不可见性，这与相信抽象敌人的心理机制联系在一起。

学校：在所有层次上，高科技资本需求和公共教育的关系都更加紧密，但这种关系在种族、阶级和性别方面存在差异；管理阶层涉足教育改革和资助，而对孩子和教师来说，这种现象的代价是残存的进步主义教育民主结构的丧失；针对普遍的无知、压制技术统治和军事化文化的教育；神秘崇拜的日益传播及激进政治运动；白人妇女和有色人当中相对的科学文盲现象；由于以科学为基础的跨国公司（特别是依赖电子和生物科学的公司）的影响，教育的产业化日益增长（特别是高等教育）；逐步双元化的社会中出现大量受过高等教育的精英。

临床医院：身体和机器的关系进一步强化；表达个人身体经验（特别是与生殖有关的经验）、免疫系统功能和“紧张”现象的公共隐喻重新调配；针对妇女的非现实化的、具有世界历史意义的生育政治日益强化，对妇女与生殖之间关系的潜在控制；新型的具有历史特殊性的新疾病的产生；高技术产品和手段弥漫的环境中关于健康的意义和方式的斗争；卫生工作持续女性化；关于对国家所负的健康责任的斗争在强化；公共卫生运动作为美国政治的一个主要形态继续扮演意识形态角色。

教会：电子原教旨主义“超级救星”的布道者们宣扬电子资本与自动化拜物神之间的联盟；教会在抵制军事化国家中的地位进一步强化；关于宗教中妇女的意义和权威的核心斗争；属灵性仍有重要意义；在政治斗争中，性与健康交织在一起。

唯一能揭示统治信息论的方式是把它视为不安全感和文化贫困的急剧强化以及最脆弱者的生存网络的普遍失效。鉴于这幅画卷很大程度上与科学技术的社会关联交织在一起，社会主义女权主义者关于科学技术的政治的紧迫性便显而易见。政治行动的领域十分丰富。例如，扩展为争取工资劳动妇女的权益而进行集体斗争的方式，如 SEIU 925 区，便应成为我们所有人的高度优先考虑。在劳动过程的技术重构和工人积极的改革中，这类努力被严重忽视。这类努力同样能让人理解更为广泛的劳动组织，并能涉及社群、性别和家庭问题，而家庭问题从未在大部分白人男子产业工会中得到重视。

与科学技术的社会关系有关的结构调整引起强烈的矛盾心理。但这并不必然因为 20 世纪末妇女与工作、文化、知识生产、性和生育等方面的复杂关系而前景黯淡。由于一些充分的理由，大部分马克思主义流派都认为支配权是最佳选择，它们对理解何为错误意识和人们在晚期资本主义中的统治合谋感到困惑。记住以下这一点很重要：失去的（特别是从妇女的角度看）通常是暴虐压迫的男性形式，面对当下的反抗，这些压迫形式已带着怀旧情调被自然归化了。对待被高科技文化打乱了的同一体的矛盾心态，并不要求将意识排列进清晰的批判范畴中，这类范畴针对“被操纵的错误意识”而为坚实的政治认识论提供基础，而是对新出现的快感、经验和权力带有改变游戏规则之重大潜力的权力的微妙理解。

对于跨种族、跨性别和跨阶级的新型统一体的初生的基础，我们有理由充满希望，因为社会主义女权主义分析的基本组织单位自身是变化无常的。世界范围内体验到的与科技社会关系的困难局面在强化，这是十分严重的情况。但人们经历的东西并不是显而易见，而且，对于集体构建，我们与有效的经验理论缺少充分巧妙的联系。目前种种试图阐明“我们”之经验的努力——马克思主义、心理分析、女性主义和人类学——仍只是初步的。

我意识到我所处的历史位置带来的奇特观点——一个信奉天主教的爱尔兰女孩，被授予生物学的哲学博士学位论文。论文大胆设想人造卫星对美国国民教育政策的影响。我的身心既深受“二战”后军备竞赛和冷战的影响，同样也受妇女运动的影响。我们有更多的理由希望将注意力放在旨在创造忠实的美国技术专家这一政策的矛盾性效果之上，而不是放在当下的挫折失败上。

对女性主义者观点的长期偏见影响了我们关于政治组织和参与形式的期待。我们并不是为了好好工作才需要一个整体论观点。女性主义关于共同语言（它完全忠实于经验的意义）的梦想，就像所有关于完美真理语言的梦想一样，只是一种极权化的帝国主义的梦想。在这个意义上，辩证法也是一种期望解决矛盾性梦想语言。具有反讽意味的是，我们也许可以从与动物和机器的融合中学会如何避免成为那种体现了西方逻各斯体现的大写的人（Man），从科学技术的社会关联而不可避免造成的这些潜在和禁忌的融合（但由于）中可以获得愉悦，从这个观点来看，这的确可以成为一种女性主义的科学。

赛博格：一种政治身份的神话

我想以一个有关身份和界限的神话来总结，它可能揭示20世纪末政治想象的边界问题。关于我讲的故事，我借鉴了乔安娜·拉斯（Joanna Russ）、塞缪尔·德拉尼（Samuel R. Delany）、约翰·瓦利（John Varley）、詹姆斯·蒂普特里（James Tiptree）、小欧雅·巴特勒（Jr, Octavia Butler）、莫尼克·威蒂格（Monique Wittig）以及冯达·麦金太尔（Vonda McIntyre）等作家的观点。对我们来说，他们都是讲故事的人，但他们探索的高科技世界里体现的东西究竟意味着什么。他们是关于赛博格的理论家。在探索身体界限和社会秩序等概念时，我们应感激人类学家玛丽·道格（Mary Douglas）（1966，1970），她帮助我们意识到了基本的身体想象与世界观和政治话语的关系问题。

法国女权主义者露丝·伊丽格瑞（Luce Irigaray）和莫尼克·威蒂格

(Monique Wittig) 等——尽管她们之间有各种各样的分歧，但都擅长从对化身物的意象描述出发，尤其是威蒂格，她的出发点是身体的分解和重组意象，书写身体，编织色情，组合宇宙学和政治。

美国激进女性主义者苏珊·格里芬（Susan Griffnn)、奥德尔·洛德(Audre Lorde) 和阿德里安·里奇（Adrienne Rich）等人，深刻地影响了我们的政治想象——也许也太过限制我们自认为友好的团体和政治语言。她们强调生理有机的东西，以反对技术的东西。但是，她们的象征体系及与生态女权主义和女性异教主义相关的立场（充满有机体主义)，只能以桑多瓦尔的术语理解为与20 世纪末相适合的对抗性意识形态。她们能迷惑任何不关心机器和晚期资本主义意识的人。在这个意义上说，她们是赛博格的一部分。但是，对女性主义者而言，明确拥护有机体与机器之间的清晰区别及类似构建西方自我的区分的崩溃，这本身就是一笔很大的财富。统治模式的瓦解与打开几何图形可能性是同时发生的。个人和政治“技术”污染有什么教益呢？我简短地考察一下两组相互交叠的文献，这些文献体现了他们对可能有益的机器人构想的洞察力：关于有色妇女的构建和女权主义科幻小说中的奇特自我。

早些时候我认为，“有色人种妇女”可以理解为一种赛博格身份，一个既融合各种外在身份，也涉足其“生物神话学（biomythography)”的复杂政治历史层面的综合性潜在主体性。在一个描述这种潜在性的物质和文化网络里，奥德丽·罗德（Audre Lorde，1984）曾以《局外人姐妹》(*Sister Outsider*) 表达了这种基调。在我的政治神话中，局外人姐妹是国外的妇女，而美国的女性和女性化的工作者，会把这些妇女看作阻碍她们团结、威胁她们安全的敌人。在美国边境之内，局外人姐妹是各类种族和群体中潜在的一员，她们在相同的产业中会被操纵，以便达到分裂、竞争和利用之目的。对于科技产业，“有色人种妇女”是优先选用的劳力，对这些妇女而言，全球的性市场、劳动力市场、五花八门的再生殖政治进入其日常生活。受雇于性产业和电子装备车间的年轻韩国妇女是从高中生中招募的，她们学过集成电路，有读写能力，尤其是英语方面的读写能力，这种“廉价”女性劳动力的特征，对那些跨国公司特别具有吸引力。

与东方主义的“口传原始文化（oral primitive)”的陈词滥调不同，有读写能力是有色人种妇女的一个特殊标记，这个标记，美国黑人妇女和黑人男性都曾冒死学习和教授阅读与读写以获得这种能力。书写对所有被殖民的群体都有特殊意义。书写对区分口传文化与书面文化的西方关于各种神话具有关键意义。原始心态和文明心态有着区分；最近，在一些抨击西方阳具逻各斯中心主义（phallogo-centrism）及其一神教、阳具的、威权的、唯一绝对的名称的后现代理论中，受到越来越大的攻击。关于书写意义的争论是当代政治斗争的一个主要形式。解放书写游戏是极其严肃和至关重要的。美国有色人种妇女的诗歌和小说反复涉及书写，探讨如何获得意指的力量；但这种力量绝不能有阳具崇拜性质，亦不是清白的。赛博格书写肯定是不涉及衰落，不涉及语言、书写和人类之前的整体性想象。赛博格书写牵涉的是生存的力量，它不是以原始的无辜清白为基础，而是基于利用工具去为他们打上烙印的世界。

工具通常是故事，被重述的故事，这是颠覆和取代自然化身份中的等级二元论的变体。在重述起源故事时，赛博格作者颠覆了西方文化起源的核心神话。我们的头脑渴望在天启中实现起源的神话。对女性主义赛博格来说，最为重要的阳具崇拜的起源故事，已经进入文字技术中，就是书写世界的技术：生物技术和微电子学的要素。这类技术已把我们的身体文本化为一个关于 C3I 网络中的编码问题。女性主义的赛博格故事为了推翻指挥权和控制权，有对通信和智能重新编码的任务。

从象征性和实际的角度来看，有色人种妇女的斗争弥漫着话语政治；在当代大量关于美国有色妇女的书写中，关于话语的故事具有特别的力量。例如，关于土著妇女马林奇（Malinche）是新世界的混血种族梅斯提索的母亲、科尔特斯的情妇的故事的重述，对墨西哥裔美国人身份的重建具有特殊的意义。彻丽·莫拉加（Cherrie Moraga，1983）在《战争年月的爱情》（*Loving in the War Years*）中探讨各种认同问题，包括人从未拥有的原始语言，从未讲述的原始故事，从未享有文明世界的合法的异性恋的和谐，因此不可能将身份认同奠基于想象或脱离原初无辜清白及享有自然名称（父亲或母亲）的基础上的身份主题。莫拉加的书写，其卓越的文学手法，都表现在她的诗歌中，其方式就像表现马林奇掌握征服者的语言这一强制性行为一样——这种强制式非法的产品，但它可以求得生存。莫拉加的话语不是“整体”，而是有意识地叠加的英语和西班牙语两种征服者的语言。但这是一个虚幻中的怪物，没有对强制前的原始语言提出诉求，不过它造就了有色人种妇女色情的、适当的、有能力的身份。《局外人姐妹》指出世界生存的可能性，其原因并非她的清白无辜，而是因为她在边缘上生存的能力，书写而不必创造原初整体性神话的能力——这种整体性不可避免致命的同一性的最终回归。人类曾设想这种同一性是清白无辜而又全能的母亲，她最终摆脱被她的儿子再次利用并从占有中解放出来。书写记录着莫拉加的身体标记，确认这是一个有色人种妇女的身体，不可能滑入英国父亲的毫无标记范畴中，或滑入关于“原初文盲”母亲（虽然从来不是这样）的东方神话中。马林奇是个实在的母亲，不是偷吃禁果前的夏娃。书写确认了局外人姐妹，而不是人类阳具崇拜的男性家庭所需要的坠入书写之前的妇女。

书写显然是赛博格的技术，赛博格是20世纪后期的刻写表面。赛博格政治是一场话语斗争，一场反对纯粹的交流、反对完全用一种编码来翻译所有意义的斗争，而这种完美的转换编码是男性中心主义的核心信条。这就是为什么赛博格政治强调噪音、为不纯净的事物辩护、为动物与机器的混合而庆幸的原因。有些结合使得男女双方都很成问题，它们颠覆了欲望的结构和创造性语言与性别的想象性力量，因而也就颠覆了“西方”身份之再生产的模式和结构以及自然与文化、镜像与眼睛、奴隶与主人、身体与大脑的再生产的模式和结构。“我们”并没有一开始就选择成为赛博格，但我们的选择基于一种自由的政治和认识论之上，这种自由主义的政治和认识论设想，在更广泛的“文本”复制前就能进行个体的再生产。

如果赛博格不需要将政治奠基于“我们的”压迫者特权地位（这一地位凝聚了所有其他的统治），如果它们不需要那种遭受侵犯的清白和更为接近自然的统治理由，那么从它们的角度看，我们便会发现巨大的可能性。为了从一种压迫等级的视角和（或）从潜在的道德优越地位、从清白和更为亲近自然的立场出发，构建一种革命性主体，女权主义和马克思主义已经搁浅在西方认识论的律令上。它们没有可行的共同语言的原创性设想或者能防止敌对“男性化的”隔离的原始共生体梦想，而是以文本游戏的形式表达出来，这个文本游戏没有特别的解读方式，也没有救赎历史；承认“个人自己”完全置身于这个世界，就是让我们免于将政治植根于身份认同、先锋党派、纯洁性和母性生产之中。被剥离了身份的混血种族，传授着边缘人的政治和像马林奇这样的母亲的重要意义。有色人种妇女已经把她从带有男性化的恐惧的恶魔母亲转变成传授生存手段的有创意的识文断字的母亲。

这不仅是文学的解构，而且也是阈限的转变。每个以原始的纯洁开端又特别喜欢整体性回归正题的故事，都把人生戏剧想象成个性化、分离的过程，是自我的诞生、自主的悲剧，是坠入书写，是异化。这是一种战争，只是因为被他者胸怀中想象的歇息所缓解的战争。这些情节都受生殖政治的支配——毫无瑕疵的再生，尽善尽美和抽象。在这样的情节中，想象的妇女要么较好，要么更坏，但她们全都同意自己缺乏自我特性，个性化能力薄弱，与口语、母性联系更紧密，与男性的自立关系不大。但还有一条与男性自立关系不大的路径，一条不必穿越妇女、未开化的人、无足轻重的人、镜像阶段及其想象物的路径。这条路径穿越妇女及其他当下状况，这就是非经妇女生育的非法赛博格，它否认欺骗的意识形态根源，也拒绝拥有真实的生命。这些赛博格是拒绝此时消失的人，虽然很多西方评论者提到，由于"西方"技术和书写的影响，另一种原始性、另一种有机群体正在令人悲哀地消失。这些具有真实生命的赛博格，即爱娃·奥格（Aihwa Ong）所描绘的日本和美国的电子公司中工作的东南亚乡村女工，实际上重新书写自己身体及社会的文本。在这种阅读游戏中，生存是至关重要的。Sumival 是解读游戏中的标志。

概而言之，西方传统中存在的某些二元论源远流长；它们全都是关于对女性、有色人种、自然、工作者和动物的统治，简言之，是对所有构成他者、以作为自我之镜像的事物的统治逻辑和实践。这些糟糕的二元论主要有：自我/他者，思想/身体，文化/自然，男性/女性，文明/原始，现实/表象，整体/部分，行动者/资源，制作者/制成品，积极/消极，正确/错误，真理/假象，全面/片面，神/人。自我是不能被支配的一方，自我通过他者来了解这一点，而他者是包含未来的一方，他者通过被统治的经验来了解这一点，这种经验揭示了自我独立的谎言。成为单一就成为自主独立的、有权利的，就成为神；但成为单一也意味着一个假象，而且与他者一起卷入了一种辩证法的启示中。而作为他者则意味着多数，没有清晰的界限，是受到磨损的非实在。单一太少，而二则太多。

高科技文化以有趣的方式对这些二元论构成挑战。在人和机器的关系中，到底谁是制造者、谁是被制造者，这一点并不清楚。在分解为代码作用的机器中，何谓思想、何谓实体也不清楚。从我们在形式与话语（如生物学）及日常生活中（如集成电路中的家庭劳作经济）对自己的认识而言，我们发现自己成了赛博格，一种杂交品、拼凑图和嵌合物。生物有机体变成了生命体系以及像其他人一样的信息交流装置。在我们关于机器和有机体、技术有机体的正式认识中，它们之间没有根本的本体论上的分离。在雷德利·斯科特（Ridley Scott）的电影《银翼杀手》（*Blade Runner*）手中，复制品雷切尔（Rachel）是一种赛博格文化中恐惧、爱和混乱的表象。

由此导致的后果之一是，我们的意识与我们的工具之间的联系增强了。很多计算机用户体验过的昏昏欲睡状态已经成为科幻电影和文化笑话中的一大题材。也许截瘫者和其他重度残疾人可以（有时的确）在与其他信息装置的复杂混合中最强烈地体验到与其他交通工具混为一体的感觉。安妮·麦卡弗里（Anne McCaffrey）的前女权主义作品《唱歌的船》（*The Ship Who Sang*，1969）探讨了一个赛博格的意识问题，这个赛博格由女孩的大脑和复杂的机器装置杂交而成，它是随一个严重残疾的儿童而诞生的。性别、性、具体化身、技艺这些便构成了故事。为什么我们的身体应以皮肤为界，或者说最多能包含被皮肤包裹的他者？从17世纪到现在，机器可能有灵气——给予它魔鬼的灵魂，使其能说话或运动，或能自行有序地发展并获得心智能力。然而，有机体可以被机器化——将身体化约为一种心智资源。这种机器（有机体）关系已经过时，不必要了。对我们而言，在想象和其他实践中，机器可以成为一种修复设备，一种亲密的成分，一种友好的自我。我们不需要有机整体论去给出不可穿越的整体，给出整体性妇女及其女性主义变体。我们且对本文第二部分中的赛博格怪物（一种女性主义的科学幻想）的逻辑进行一点十分片面的解读，并由此总结。

女性主义科学幻想中的赛博格，使得男人和女人、人类、人造品、种族成员、个人实体或身体的地位变得极成问题。凯蒂·金（Katie King）清楚地表达出在阅读度这些基本不以身份特征为基础的科幻小说时的欣悦之情主要不是基于认同。第一次面对乔安娜·罗斯（Joanna Russ）的学生，第一次学着毫不退缩地阅读詹姆斯·乔伊斯（James Joyce）和弗吉尼亚·伍尔芙（Virginia Woolf）等现代主义作家的学生们，还不知道《埃里克斯或阴性男人历险记》（*The Adventures of Alyx or The Female Man*）作品中的这类人物拒绝读者去寻找原初的整体性，但同时能产生英雄主义冒险、炽烈的情欲和严肃的政治的愿望。《阴性男子》（*The Female Man*）是关于一个基因类型的四个版本的故事，版本之间的交流甚至联合都不意味着构成整体，它们解决了行动的困境，或去除了日益增长的性别丑闻。塞缪尔·迪拉尼（Samuel R. Delany）的女权主义科幻小说——特别是《纳弗文的故事》（*Tales of Neveyon*）重构了新石器革命，重构西方文明的创始步骤以质疑它们的貌似合理性，从而嘲笑了各种起源传说。小詹姆斯·蒂普特里（James Tiptree, Jr），这位作家的小说被视为特别男性化的作品——直到她的“真实”性别被揭开；她讲述的生殖故事奠基于非哺乳技术之上，这类替代技术如轮流生育和男子育儿囊和男性哺育。约翰·瓦雷（John Varley）在他对盖亚的著名女权主义探讨中构想出一种超级赛博格，一种疯狂的女神、星际骗子和老年妇女，在这种技术装置的平台上，大量出色的后赛博格共生体想象物诞生了。奥克特维亚·巴特勒（Octavia Butler）描写非洲女巫以权力转变来对付其对手的基因控制（《野生种子》，*Wild Seed*），她使时间倒流，将一位现代美国黑人妇女带入了一种奴隶制中，在这种制度中，她们与其白人主人的祖先相关，并决定她们种族生育血统的可能性；她还描写对一个收养的跨物种孩子对身份和社群问题的非常规看法，这个孩子后来认为敌人就是自我（《幸存者》，*Survivor*）。《黎明》（*In Dawn*，1987 年）是一系列所谓"自生创世纪"（Xenogenesis）中的第一部，巴特勒在书中讲述了莉莉丝（Lilith Iyapo）的故事，她的本名让人想起亚当的第一个且被休弃的妻子，而名字中的家族姓氏则意味着，这个人是美国的尼日利亚移民之子的寡妻。作为一个黑人妇女和一个死了孩子的母亲，莉莉丝表达了这样一种人类转换，即通过与外星爱人（拯救者、摧毁者、遗传工程师）的基因交流来达到这种转换，后者在核大战后改造了地球的栖居形态，并强迫幸存的人类与他们紧密结合。这部小说在一个 20 世纪末的种族和性别的想象空间里，探讨了生殖、语言学和核政治问题。

冯德·麦金太尔（Vonda McIntyre）的作品《超光速》（*Superluminal*）因其特别丰富的跨越界限的想象，而可以成为我们这一有限的作品目录的最后一部，这些作品中充满前景广阔而又危险的怪物，它们帮助我们重新界定愉悦、化身政治和女权主义书写。《超光速》中没有什么角色是"简单的"人，人的身份充满难题。奥卡（Orca，兽人），一个改变了遗传基因的潜水员，可以同虎鲸交谈，可以在深海条件下生存，但她渴望作为一个飞行员探索太空，这就必须进行仿生学移植，但移植会危及她与各种鲸类的亲缘关系。这些转变通过带有新代码的病毒媒介来完成，这需要进行外科移植手术，植入微电子器件，还要通过模拟复制以及类似转换的其他手段。雷尼（Lacnea）因接受超光速的速度变化的心脏移植和许多其他变更而成为飞行员，这些变更使其可以穿越时间而生存下来。拉杜·德拉库尔在外星球的一场病毒瘟疫中幸存下来，并发觉自己有一种转变所有物种的空间意识之界限的时间意识。所有这类人物都在探索语言的界限、探索信息交流体验的梦想以及限制、部分、私密性的必要性，即便是在这样一个多变而又联系的世界中。《超光速》也主张以另外的方式确定赛博格世界的矛盾；从文本上说，它体现了女权主义理论和殖民话语在科学幻想中的交叉。我在该文中曾提到过这一点。这是一种历史很长的交叉，很多“第一世界”的妇女都曾试图防止之，包括我自己在阅读《超光速》时都是这样，直到佐伊·索菲亚（Zoe Sofoulis）的叙述提醒了我，她在统治信息论中的不同地位使她对所有科幻文化（包括妇女科幻）中的帝国主义因素有敏锐的警觉。她从一个澳大利亚女权主义者的敏感性出发，更愿意记得 McIntyre 是柯克船长冒险故事以及电视系列片“星际旅行”中斯波克故事的作者，而不是记得麦金太尔在《超光速》中重写了这种传奇。

在西方的想象中，怪物一直在界定社群共同性的界限。古希腊的人头马怪物和亚马逊女战士，已经以两者混乱的婚姻和界限的模糊（带有动物特种和女性特征的武士）而确定了希腊男性的中心城邦的界限。在近代早期的法国，不能分离的双胞胎和雌雄同体是混乱的人体形态，它们构成自然与超自然、医学与法律、奇迹与疾病等话语的基础——所有这些话语对近代特性的确立都是关键性的。研究猴子和猿的进化论和行为科学标示出 20 世纪末产业工业身份特征的多重界限。女性主义科幻中的赛博格怪物确定了十分不同的政治可能以及关于男子和女人的平淡想象中提出的各种政治可能性和局限。

有几个后果使我们可以不把赛博格意象看作我们的敌人：我们的身体，我们自己；身体是权力和身份的地图。赛博格也不例外。赛博格的身体并非纯洁清白；它不是诞生在伊甸园里；它并不追求单一的身份，也不会导致没完没了（或直至世界末日）的对抗性二元主义；它认为反讽是理所当然的事。单一个体太少，而二只是可能性的一种。对技能、机器技能的强烈愉悦感不再是罪孽，而是具体化身的一个方面。机器不再是受驱动、受崇拜和受支配的。机器就是我们，我们的程序，我们化身的一个方面。我们可以对机器负责；它们不再支配或威胁我们。我们也对界限负责，我们就是各种界限。到现在为止（或曾经），女性的化身看来是被给予的，是有机、必然的；女性的化身看来也意味着作为母亲及其隐喻性延展功能的技艺。只有摆脱这种状况，我们才能享受机器中的强烈快乐，然后辩解说，这毕竟也是一种适合于女性的有机活动。赛博格可能更严肃地考虑性和性的化身对部分的、流动的方面。即便它有深刻的历史广度和深度，性别可能不是总体性身份特征。

何谓日常活动，何谓经验？这种意识形态化的问题可以采用赛博格意象来进行探讨。女权主义者最近声言，妇女生来是为了日常生活的，某种意义上说，她比男子承担更多的日常生活，因此她在认识论上拥有潜在的特权地位。这种诉求中有一个引人瞩目的特点，这一特点使得不受重视的妇女活动呈现出来，并称之为生活的基础。但何为生活的基础？妇女的无知、妇女在知识和技能方面的被排斥和失败，这些作何解释？男子涉足日常技能，了解如何构建事物、分解事物和运用之，这种现象意义何在？其他的化身现象有何意义？赛博格性别是一种具有全球性反响的地方性可能。种族、性别和资本要求整体与部分的赛博格理论。赛博格中没有产生整体性理论的动力，但有一种对于各种界限及界限的构建与解构的亲密体验。有一种神话体系期待成为政治话语，而这种政治话语为确立一种考察科学技术及挑战统治信息论的方式奠定基础——目的是为了采取更有力的行动。

最后一个有机体形象以及有机整体论政治依赖于重生（rebirth）的隐喻，并且总是诉诸生殖性功能这一资源。我想指出，赛博格所做的不止是再生（regeneration），它还怀疑生殖模式和大部分的生育行为。对火蜥蜴来说，受伤（如失去了肢体）后的再生意味着结构的重新生长和功能的恢复，在此过程中，先前受伤的地方总有各种孪生或单生的各类形状的产物。新生的肢体可能奇形怪状，或者是复制品，或者十分有效。我们全都深受创伤。我们需要的是再生，而不是重生，我们的被重构可能性中包括期待一个没有性别的异形世界的乌托邦梦想。

赛博格意象可以帮助表述本文的两个关键论点：第一，普遍的整体化理论的生产是个重大错误，这将忽略大部分现实性，情况很可能永远是这样，而现在肯定如此；第二，勇于承担科学技术的社会关联中的责任意味着拒斥反科学的形而上学和技术魔鬼论，也意味着接受重构日常生活之界限的棘手任务，部分来说，这种任务涉及与他者的联系，也涉及与我们各个部分之间的交流。科学技术本身不仅是使人类得到伟大幸福的可能手段，也是复杂的统治系统的大发源地。赛博格意象可以提示一条走出二元论迷宫的道路，而我们过去就曾在这些二元论中解释我们的身体和我们的工具的迷宫途径。这不是一个共同语言的梦想，而是一个强大的非正统众声齐鸣的梦想。在这种设想中，一个正在言说的女性主义者会让新右派超级救星的势力范围感到恐惧。它意味着机器、身份特征、范畴、联系和空间故事的构建和毁灭。虽然构建和毁灭都局限于螺旋舞蹈中，但我宁愿成为赛博格，而不是女神。

参考文献

一、外文部分

1. Andy Clark, *Natural-born Cyborgs: Minds, Technologies, and the Future of Human Intelligence* , New York: Oxford University Press, 2003.

2. Bradley E. Lewis, Prozac and the Post-human Politics of Cyborgs, *Journal of Medical Humanities*, 2003.

3. Barrow, J. D, *The Origin of the Universe*, New York: Basic Books, 1994.

4. Sherif C. W., Bias in Psychology, in S. Harding *Feminist and Methodology*, Bloomington: Indiana University Press, 1987.

5. Chris Hables Gray, *The Cyborg Handbook*, New York and London: Routledge, 1995.

6. Carolyn Merchant, The Death of Nature,

7. Donna Haraway, "A Manifesto for Cyborgs: Science, Technology, and Socialist Feminism in the 1980s", *Socialist Review*, 1985 (80).

8. Donna Haraway, *Primatology Is Politics by Other Means*, New York: Pergamon Press, 1986.

9. Donna Haraway, "A Manifesto for Cyborgs: Science, Technology and Socialist Feminism in the 1980s", in *Simians, Cyborgs and Women: The Reinvention of Nature*, New York: Routledge, 1989.

10. Donna Haraway, *Primate Visions: Gender, Race, and Nature in the World of Modern Science*, New York: Routledge, 1989.

11. Donna Haraway, *Simians, Cyborgs and Women: The Reinvention of Nature*, New York: Routledge, 1991.

12. Donna Haraway, *Modest_Witness @ Second_Millennium. FemaleMan @. Meets Onco Mouse*, New York and London: Routledge, 1997, p. 12.

13. Donna Haraway, "A Cyborg Manifesto: Science, Technology, and Socialist-Feminism in the Late Twentieth Century", in *Simians, Cyborgs and Women: The Reinvention of Nature*, New York: Routledge, 1991.

14. Donna Haraway, *How Like A Leaf: An Interview with Donna Haraway*, New York and London: Routledge, 2000.

15. Donna Haraway, *The Companion Species Manifesto: Dogs, People, and Significant Otherness*, Pricklt: Paradigm Press, 2003.

16. Donna Haraway, *The Haraway Reader*, New York and London: Routledge, 2004.

17. David Tomas, "Feedback and Cybernetic: Reimaging the Body in the Age of the Cyborg", *Body and Society*, 1995.

18. Halacy D. S. , *Cyborg: Evolution of the Superman*, New York: Harper and Row Publishers, 1965.

19. Smith D. , "A Sociology For Woman", in J. A. Sherman. *The Prism of Sex*, The University of Wisconsin Press, 1979.

20. Evelyn Fox Keller, *Reflections on Gender and Science*, New Haven: Yale University Press, 1985.

21. Herbert Marcuse, *One-Dimensional Man*, Boston: Beacon Press, 1964.

22. Jean Baudrillard, *Symbolic Exchange and Death*, London: Sage Publications, 1993.

23. Jürgen Habermas, *The Theory of Communicative Action*, Vol. 1, trans. by Thomas McCarthy, Cambridge: Polity Press, 1986.

24. Jürgen Habermas, *Knowledge and Human Interests*, Boston: Beacon Press, 1971.

25. Jonathan Crewe, *Transcoding the World: Haraway' s Post-modernism*, Chicago: The University of Chicago Press, 1997.

26. James Trefil, *Are We Unique?*, John Wiley and Sons Inc. , 2007.

27. Kate Soper, Of Oncomice and Female/Man: Donna Haraway on Cyborg Ontology, *Capitalism, Nature, Socialism*, 1999.

28. Keller E. F. kuhn, Longino H. E. , *Feminism and Science*, Oxford:

Oxford University Press, 1996.

29. Keller E. F. kuhn, *Reflections on Gender and Science*, New Haven: Yale University Press, 1985.

30. Meyrowitz, Joshua, *No Sense of Place: The Impact of Electronic Media on Social Behavior*, New York: Oxford University Press, 1986.

31. Munt S., *Technospace*, London: Continuum, 2001.

32. Mitchell W. J., *E-topia: Urban Life, Jim-But Not as We Know It*, Cambridge: MIT Press, 1999.

33. McLuhan, *Understanding Media: The Extensions of Man*, Beijing: The Commercial Press, 2000.

34. Mike Crang and Nigel Thrift, *Thinking Space*, London: Routlege, 2000.

35. Ketherine Hayles N., *How we Became Posthuman: Virtual Bodies in Cybernetics, Literature, and Informatics*, Chicago: The University of Chicago Press, 1999.

36. Rene Munnik, "Donna Haraway: Cyborg for Earthly Survival?", *American Philosophy of Technology: The Empirical Turn*, 2004.

37. Bleier R., *Feminist Approaches to Science*, New York: Pergamon Press, 1986.

38. Rayna R. Reiter, *Toward An Anthropology of Women*, New York: Monthly Review Press, 1975.

39. Sandra H., J. F. O'Barr, *Sex and Scientific Inquiry*, Chicago: The University of Chicago Press, 1987.

40. Donna Haraway, "Situated Knowledges: The Science Question in Feminism and the Privilege of Partial Perspective", *Feminist Studies*, 1988 (14).

41. John R. Searle, *Speech Acts: An Essay on the Philosophy of Language*, Cambridge: Cambridge University Press, 1970.

42. Shilling C., *The Body in Culture Technology and Society*, London: Sage Publications, 2005.

43. Sandra Harding, *Whose Science? Whose Knowledge?: Thinking from Women's Lives*, New York: Cornell University Press, 1991.

44. Sandra Harding, *The Science Question in Feminism*, New York: Cornell University Press, 1986.

45. Stuart Hall, *Brave New World*, *Marxism Today*, Albany: State University of New York Press, October 1988.

46. Scott Bukatman, *Terminal Identity*: *The Virtual Subject in Post-modern Science Fiction*, Durham: Duke University Press, 1993.

47. Sue V. Rosser, *Feminism and Science*, Bloomington: Indiana University Press, 1989.

48. Terry Lovell, *The Blackwell Companion to Social Theory*, Oxford: Blackwell, 1996.

49. Ullica Segerstrale, *Beyond the Science Wars*: *The Missing Discourse about Science and Society*, Albany: State University of New York Press, 2000.

50. William J Mitchell, *Me + + : the Cyborg Self and The Networked City*, Boston: MIT Press, 2003.

51. William Grassie, Cyborgs, Trickster, and Hermes: Donna Haraway's Metatheory of Science and Religion, *Journal of Religion and Science*, 1999.

52. Wolfgang Iser, *The Fictive and the Imaginary*: *Charting Literary Anthropology*, Baltimore: Johns Hopkins University Press, 1993.

二、中文部分

1. [美] 丹尼尔·贝尔著，高铦译：《后工业社会的来临》，北京：商务印书馆 1984 年版。

2. [美] 约翰·奈斯比特著，梅艳译：《大趋势——改变我们生活的十个新方向》，北京：中国社会科学出版社 1984 年版。

3. [美] 阿尔文·托夫勒著，朱志焱、潘琪译：《第三次浪潮》，北京：新华出版社 1996 年版。

4. [美] 马克·史洛卡著，张义东译：《虚拟入侵——网际空间与科技对现实之冲击》，台北：远流出版社 1998 年版。

5. [美] 凯文·凯利著，赵学信译：《NET & TEN》，台北：大块文化出版股份有限公司 1999 年版。

6. [美] 雷·库兹韦尔著，沈志彦、祁阿红、王晓冬译：《灵魂机器的时代——当计算机超过人类智能时》，上海：上海人民出版社 2006 年版。

7. ［美］桑德拉·哈丁著，夏侯炳、谭兆民译：《科学的文化多元性：后殖民主义、女性主义和认识论》，南昌：江西教育出版社 2002 年版。

8. ［美］雷·科兹威尔著，高宝编译中心译：《心灵机器时代》，台北：高宝国际 2000 年版。

9. ［美］堂娜·哈拉维：《伴侣物种宣言：狗、人与意义重大的他性》，汪安民主编：《五月风暴“四十年反思”》，桂林：广西师范大学出版社 2008 年版，第 227 页。

10. ［美］保罗·莱文森著，何道宽译：《数字麦克卢汉——信息化新纪元指南》，北京：社会科学文献出版社 2001 年版。

11. ［美］马克· 波斯特著，范静哗译：《第二媒介时代》，南京：南京大学出版社 2000 年版。

12. ［美］威廉·米切尔著，吴启迪等译：《伊托邦：数字时代的城市生活》，上海：上海科技教育出版社 2005 年版。

13. ［美］威廉·米切尔著，陈瑞清译：《人机合体公民·位城市》，台北：天下文化出版社 1998 年版。

14. ［美］大卫·格里芬著，马季方译：《后现代科学——科学魅力的再现》，北京：中央编译出版社 2004 年版。

15. ［美］诺伯特·维纳著，陈步译：《人有人的用处——控制论与社会》，北京：商务印书馆 1989 年版。

16. ［美］卡洛琳·麦茜特，吴国盛等译：《自然之死》，长春：吉林人民出版社 1999 年版。

17. ［美］尼葛洛庞蒂著，胡泳、范海燕译，《数字化生存》，海口：海南出版社 1997 年版。

18. ［美］约翰·塞尔著，涂纪亮译：《言语行为：语言哲学论》，北京：外语教学与研究出版社 2002 年版。

19. ［美］约瑟芬·多诺万著，赵育春译：《女性主义的知识分子传统》，南京：江苏人民出版社 2003 年版。

20. ［美］盖尔·卢宾著：《女人交易》，见王政、杜芳琴译：《社会性别研究选译》，北京：三联书店 1998 年版。

21. ［美］约瑟夫·坎贝尔著，朱侃如译：《千面英雄》，上海：上海文艺出版社 2000 年版。

22. ［美］罗斯玛丽·帕特南·童著，艾晓明等译：《女性主义思潮导论》，武汉：华中师范大学出版社 2002 年版。

23. ［美］赫伯特·马尔库塞著，刘继译：《单向度的人》，上海：上海译文出版社 1989 年版。

24. ［美］托马斯·库恩著，金吾伦等译：《科学革命的结构》，北京：北京大学出版社 2003 年版。

25. ［美］卡尔·亨普尔著，张华夏译：《自然科学的哲学》，北京：中国人民大学出版社 2006 年版。

26. ［美］伊夫林·福克斯·凯勒，《性别与科学的起源、历史与政治出自第一人称的表述》，见希拉·贾撒诺夫著，盛晓明译：《科学技术论手册》，北京：北京理工大学出版社 2004 年版。

27. ［美］凯特·米莱特：《性政治》，纽约：纽约出版社 1970 年版。

28. ［美］卡伦·霍尔奈著，窦卫霖译：《女性心理学》，上海：上海文艺出版社 2000 年版。

29. ［美］马克·斯劳卡著，黄锫坚译：《大冲突：赛博空间和高科技对现实的威胁》，南昌：江西教育出版社 1999 年版。

30. ［美］史蒂芬·赛德曼著，吴世雄等译：《后现代转向：社会理论的新视角》，沈阳：辽宁教育出版社 2001 年版。

31. ［美］华莱斯著，陈美静译：《网络心理讲义》，台北：天下文化出版社 1978 年版。

32. ［美］马克·第亚尼著，滕守尧译：《非物质社会——后工业世界的设计、文化和技术》，成都：四川人民出版社 1998 年版。

33. ［美］弗雷德里克· 詹姆逊著，王逢振译：《时间的种子》，桂林：漓江出版社 1997 年版。

34. ［美］弗雷德里克· 詹姆逊著，唐小兵译：《后现代主义与文化理论》，北京：北京大学出版社 1997 年版。

35. ［德］沃尔夫冈·伊瑟尔著，陈定家、汪正龙等译：《虚构与想象：文学人类学疆界》，长春：吉林人民出版社 2003 年版。

36. ［德］马丁·海德格尔著，周兴译：《林中路》，上海：上海译文出版社 1997 年版。

37. ［德］彼德·科斯洛夫斯基著，毛怡红译：《后现代文化——技术发展的社会文化后果》，北京：中央编译出版社 1999 年版。

38. ［德］瓦尔特·本杰明著，王才勇译：《机械复制时代的艺术作品》，北京：中国城市出版社 2002 年版。

39. ［德］马克斯·韦伯著，陈平译：《新教伦理与资本主义精神》，西安：陕西师范大学出版社 2007 年版。

40. ［法］列维·斯特劳斯著，李幼蒸译：《野性的思维》，北京：商务印书馆 1997 年版。

41. ［法］弗朗索瓦·多斯著，季广茂译：《从结构到解构——法国 20 世纪思想主潮》（上、下卷），北京：中央编译出版社 2004 年版。

42. ［法］伊丽嘉纳著：《法国新女性主义》，剑桥：剑桥大学出版社 1987 年版。

43. ［法］米歇尔·福柯著，严锋译：《权力的眼睛——福柯访谈录》，上海：上海人民出版社 1997 年版。

44. ［法］米歇尔·福柯著，刘北成、杨远婴译：《规训与惩罚》，北京：三联书店 1999 年版。

45. ［法］米歇尔·福柯著，余碧平译：《性经验史》，上海：上海人民出版社 2000 年版。

46. ［法］让·鲍德里亚著，王为民译：《完美的罪行》，北京：商务印书馆 2000 年版。

47. ［法］让·鲍德里亚著，马海良译：《仿真与拟像》，见汪民安等主编：《后现代性的哲学话语——从福柯到赛义德》，杭州：浙江人民出版社 2000 年版。

48. ［法］西蒙娜·德·波伏娃著，桑竹影、南姗译：《第二性》，长沙：湖南文艺出版社 1986 年版。

49. ［英］蔡汀·沙达著，金吾伦译：《库恩与科学城》，北京：北京大学出版社 2005 年版。

50. ［英］乔治·迈尔逊著，李建会、苏湛译：《哈拉维与基因改良食品》，北京：北京大学出版社 2005 年版。

51. ［英］克里斯托夫·霍洛克斯著，刘千立译：《麦克卢汉与虚拟实在》，北京：北京大学出版社 2005 年版。

52. ［英］迈克·费瑟斯通著，刘精明译：《消费文化与后现代主义》，上海：译林出版社 2000 年版。

53. [加] 威廉·吉布森著，雷丽敏译，文楚安校：《神经漫游者》，上海：上海科技教育出版社 1999 年版。

54. [加] 大卫·莱昂著，郭为桂译：《后现代性》，长春：吉林人民出版社 2004 年版。

55. [加] 马歇尔·麦克卢汉著，何道宽译：《理解媒介——论人的延伸》，北京：商务印书馆 2000 年版。

56. [加] 埃里克·麦克卢汉、秦格龙著，何道宽译：《麦克卢汉精粹》，南京：南京大学出版社 2000 年版。

57. [荷兰] 德·穆尔著，麦永雄译：《赛博空间的奥德赛：走向虚拟本体论与人类学》，桂林：广西师范大学出版社 2007 年版。

58. [荷兰] 杜威·佛克马：《后现代主义文本的语义结构和句法结构》，见佛克马、伯顿斯编，王宁等译：《走向后现代主义》，北京：北京大学出版社 1991 年版。

59. 和钟华：《对摩梭母系家庭的再相识》，见李小江、朱红、董秀玉主编：《性别与中国》，北京：三联书店 1994 年版。

60. 郑颐寿、林承璋：《新编修辞学》，厦门：鹭江出版社 1987 年版。

61. 高亮华：《人文主义视野中的技术》，北京：中国社会科学出版社 1996 年版。

62. 李银河：《妇女：最漫长的革命》，北京：三联书店 1997 年版。

63. 王政挺：《传播：文化与理解》，北京：人民出版社 1998 年版。

64. 张咏华：《大众传播社会学》，上海：上海外语教育出版社 1998 年版。

65. 杨善华：《当代西方社会学理论》，北京：北京大学出版社 1999 年版。

66. 朱立元、王文英：《真的感悟》，上海：上海文艺出版社 2001 年版。

67. 王岳川：《后现代主义文化研究》，北京：北京大学出版社 1992 年版。

68. 吴小英：《科学、文化与性别——女性主义的诠释》，北京：中国社会科学出版社 2000 年版。

69. 方汉文：《后现代主义文化心理：拉康研究》，北京：三联书店 2000 年版。

70. 邵培仁：《传播学》，北京：高等教育出版社 2000 年版。

71. 佟立：《西方后现代主义哲学思潮》，天津：天津人民出版社 2003 年版。

72. 翟振明：《赛伯空间及赛伯文化的现在与未来——虚拟实在的颠覆性》，台北：开放时代出版社 2003 年版。

73. 苏建华：《科技未来与人类社会——从 Cyborg 概念出发》，台北：南华大学社会所 2003 年版。

74. 陈卫星：《传播的观念》，北京：人民出版社 2004 年版。

75. 黄鸣奋：《新媒体与西方数码艺术理论》，上海：学林出版社 2009 年版。

76. 刘介民：《西方后现代人文主流》，北京：北京大学出版社 2010 年版。

77. 陈昌曙：《技术哲学引论》，北京：科学出版社 1999 年版。

后　记

这本书写得很辛苦，耗费体力，颇为不易。在长达四年的时间里，我看过的书、浏览过的材料、翻译过的文章和书籍都是无法与过去写过的书稿比拟的。这期间我常常是坐在电脑前，一坐就是几个小时，连续三个春节没出门。吃的是最简单的饭菜，拒绝了很多交往，也很少参加学术会议。也许是我对时间太吝啬，过去没有放纵过，更难理解奢侈。我真想早点写完，好好睡上一觉，也许那是过于腐朽没落了。可是一想到自己的年岁已经不能与年轻人相比，常常想停笔，却无论如何也难自慰，还有多少事情要做?

以前我从不把写文章写书当作很难的事，凭着自己的学识和经验，无论要写什么，都觉得不在话下。这一次涉及的不仅仅是人文社会科学，更让我感觉有难度的是有关科学技术哲学领域的知识，自己是欠缺的。弥补有相当难度，更何况“赛博格”又是“舶来品”，很多材料需要自己翻译才能得来。我也梦想能有较多的参考材料，或是有关软件，找来找去，几乎是尽了全力，包括请国外的朋友帮忙，却收获甚微。无奈只能自己动手，刻苦面对，总算功夫不负有心人，有了这个成果，虽不十分满意，却也只能接受。

空间就是文化舞台，社会存在决定社会意识。研究外国学术文化至关重要，因为它提供的思想资源，可以促进我们的学术训练，培养我们真正的国际视野。没有思想资源、没有学术训练，就不知道什么是学问；没有真正的国际视野，就只能盲目自大、坐井观天。研究赛博格理论是浩如烟海的学问。本课题研究更多地涉及科学技术哲学、自然辩证法以及信息社会高科技等。从人文社会科学到科学哲学的跨越，带来了很多新鲜的感觉。自然科学哲学与社会科学哲学在题材、目的、方法上有根本的差别，但在“探讨自然科学哲学的过程中我们将不时地投下比较的眼光来注视社会科学。我们将会看到我们有关科学研究方法和科学探索原理的发现不但

可以应用于自然科学而且可以应用于社会科学”。

学术目的是跟随学术，学术分析的关键是发现学术的转折点，要建立适合自己独立判断的思想观念和理论体系，适合自己独创的原则体会，适合自己独创的治学操守。我没有超人的智慧，也不一定马上就有超人的跨越，只有脚踏实地地走自己的道路，努力地学习，刻苦地钻研，认真地总结，积极地训练，日积月累建立起自己的盈利模式和操作准则，相信能够正确认识自我之日，就是开始走向成功之时。与大家共勉！共同加油！用爱心做事业，用感恩去做人！

本课题是2008年广州市教育局科技社科项目，编号：08B118。本书内容广泛，思想丰富，从人文社会科学到自然科学领域包含很多学科，而赛博格理论研究尚有很多术语尚无定义也难定位，许多理论著作正在译介中。过去，总以为我国的科学技术落后于西方，但撰写此书给我很大的启发，我对我国的人文社会科学的认识，有了新的感觉。岂不知，我们在人文思想和社会科学领域与西方的差距较科学技术来相差得更多。本课题得以完成，首先要感谢我的美国朋友Carl Wang，他寄来几本哈拉维的英文原版书，使我有机会看到哈拉维的著作和第一手资料，对哈拉维有了更多的了解，并翻译了部分章节。本书的出版要感谢广东外语外贸大学外国文学与文化研究中心及栾栋教授给予的关怀和帮助，感谢刘小晨参加撰写章节、翻译、整理资料，还得到暨南大学出版社的热情支持。感谢本书策划编辑史小军、责任编辑谭水漩精心设计、认真修改，倾注了很多心血和智慧。作者学力有限，时间仓促，错讹难免。在此书出版之际，盼学者同仁匡正悖谬、补苴罅漏。

作者

2012年6月28日